FRIEDRICH HENK

HÜHNER-HALTUNG

ÖKONOMISCH – ÖKOLOGISCH

unter Mitarbeit von Ing. Ingeborg Ehringer

LEOPOLD STOCKER VERLAG

Umschlaggestaltung: Atelier Geyer, Albersdorf.
Sämtliche Abbildungen und Fotos wurden freundlicherweise von den Autoren dem Verlag zur Verfügung gestellt.

ISBN 3-7020-0534-X

Printed in Austria
Satz: Fotosatzzentrum Süd-Ost Ges. m. b. H., Graz
Druck: Leykam Universitätsbuchdruckerei Ges. m. b. H., Graz

Inhaltsverzeichnis

Vorwort der 2. Auflage

In einer Zeit, in der häufig vom Wertwandel und vom erforderlichen Umdenken die Rede ist, ist es nicht leicht, die zweite Auflage des Buches *„Hühnerhaltung heute"* der ersten folgen zu lassen, ohne diese Zeichen der Zeit zu berücksichtigen. Die Grundlagen der Hühnerhaltung sind zwar gleichgeblieben, zur Gänze geändert haben sich Ausgangspunkte und zum Teil eine Reihe von Wert- und Zielvorstellungen; auf alle diese Änderungen muß im besonderen Maße eingegangen werden.
Grund genug, dies auch im neuen Titel des Buches *„Hühnerhaltung ökonomisch – ökologisch"* auszudrücken.
Waren die Jahrzehnte nach dem 2. Weltkrieg durch den Mangel an Lebensmitteln geprägt, in der die Landwirtschaft auf allen ihren Gebieten zu vermehrten Lebensmittelproduktionen durch Intensivierung ihrer Produktionsmethoden aufgefordert wurde, so hat sich diese Situation gegenwärtig derart geändert, daß aus dem früheren Mangel auf der ganzen westlichen Welt ein Überschuß entstanden ist. In diesem Fall ist aber jedes „Mehr", welches früher als ein „Besser" eingestuft wurde, heute, nach Erreichen des Sättigungsgrades, ein belastendes „Negativum". Daran ändert sich leider auch nichts, wenn der größere Teil der Weltbevölkerung noch hungert und Not leidet. Mit dieser Problematik muß sich unsere gegenwärtige Generation, die ein so hohes Maß an materieller Bedürfnisbefriedigung erreicht hat, in vielen Belangen, nicht nur in der Agrarwirtschaft, auseinandersetzen.
Zu einem weiteren Wertwandel haben Erkenntnisse geführt, die die Grenzen der Belastbarkeit unserer Erde als Folge der steigenden Intensivierung unserer Agrarproduktion aufgezeigt haben. Dies führt uns hin zu ökologischen Themen, die auch in der Hühnerhaltung Berücksichtigung finden müssen. Wir dürfen dabei allerdings nicht vergessen, daß der Mensch, was er jemals entdeckt, erfunden oder entwickelt hat, niemals vergessen kann, wodurch uns nur der Weg nach vorne übrig bleibt, in dem wir das Positive des Fortschrittes beibehalten und weiterführen und negative Auswirkungen in Sinn und Überlegung durch weitere Forschungsarbeit bekämpfen und ausscheiden.
Lebensmittelhygiene und Tierschutz waren schon Themen des ersten Buches, sie werden durch weitere Erfahrungen ergänzt und weitergeführt.
So versucht vorliegendes Buch diesem Wertwandel im Bereich der Geflügelhaltung gerecht zu werden. Zentrales Problem bleibt nach wie vor die Gesunderhaltung der Herde durch Krankheitsvorbeuge und Krankheitsbekämpfung, weil nur gesunde Tiere einwandfreie Lebensmittel sicherstellen. Rationelle und ökonomische Produktion, wichtig für die Einkommenssicherung unserer bäuerlichen Bevölkerung, wird mit Umweltschutz und Tierschutz in Verbin-

dung gebracht und behandelt. Alternative Haltungsformen werden neuerdings aufgrund früherer Erkenntnisse dargestellt.
So hoffe ich, daß dieses Buch zu einem erfolgreichen Umdenken im Bereich der Geflügelwirtschaft führt, und danke für die unermüdliche Mitarbeit meiner Assistentin, Frau Ing. Ingeborg Ehringer.

Im Herbst 1987 *Vet.-Rat Dr. F. Henk*

1. Die Entwicklung vom Wildhuhn zum heutigen Leistungshuhn

1.1. Vom Wildhuhn zum Haushuhn

Schon in der Urzeit hat der Mensch das Vogelei als besonders wertvolles Nahrungsmittel entdeckt. Auf Grund prähistorischer Funde wird angenommen, daß die ursprüngliche Entwicklung unseres Haushuhnes vor Jahrtausenden im südostasiatischen Raum ihren Anfang genommen hat. Noch heute befinden sich in Vorder- und Hinterindien, in Südchina und auf einigen malaiischen Inseln, in freier Wildbahn lebend, eine Reihe von Wildhühnern, die dem wahrscheinlichen Ursprungshuhn, dem Bankivahuhn (Gallus gallus L.), ähnlich sehen. Gerade diesem Huhn, klein von Gestalt, mit rebhuhnfarbiger Henne und buntem Hahn, billigt man den Hauptanteil bei der Entstehung unserer Haushühner zu.
Der Urmensch hat sicherlich bald den Nutzen, den ihm die Zähmung dieses Wildhuhns brachte, erkannt. Die Eigenschaften des Huhnes, wie Bewohner des Bodens mit schlechtem Flugvermögen, Erdbrüter und Küken als Nestflüchter, da sie vom ersten Lebenstag an selbständiger Nahrungssuche fähig sind, förderten die Vergesellschaftung mit dem Menschen und erleichterten wesentlich die Domestikation.
Schon von Anfang an hat der Mensch, wie auch heute noch, die Eier aus dem Nest genommen und dabei beobachtet, daß das Huhn immer mehr und mehr Eier legt, da es bestrebt ist, sein Gelege von 8 bis 12 Eiern zu ergänzen. So wurde allmählich durch Gewöhnung, sicherlich aber auch durch mutative Veränderungen, aus dem gezähmten Wildhuhn das Haushuhn. Frei von Nahrungssorgen und geschützt vor Gefahren und Witterungseinflüssen, veränderte sich allmählich der Organismus und brachte schließlich wesentlich mehr Eier hervor, als für die Fortpflanzung und Erhaltung der Art notwendig gewesen wäre.

1.2. Verbreitung des Haushuhnes

Ausgrabungen von Tonfiguren, erkannt als Darstellungen von Hühnern, bestätigten, daß diese schon vor ca. 4000 Jahren in Indien als Haustiere gehalten wurden. Von dieser Urheimat Indien aus verbreitete sich das Haushuhn sowohl nach Osten in den chinesischen Kulturbereich, in die Mongolei und nach Japan, als auch nach Westen, nach Kleinasien und Phönizien. Von da einerseits nach den nördlichen Mittelmeerländern, Rußland, Mittel- und Nordeuropa, und schließlich kam es vor ca. 500 Jahren auch nach Amerika.

1.3. Entstehung der einzelnen Hühnerrassen

Als weitere Folge der Domestikation entstand in allen Ländern der Erde, hauptsächlich durch Züchtung, die bunte Vielzahl der heutigen Hühnerrassen und bodenständigen Landhuhnschläge.
Manche Rassen sind nicht immer durch planmäßige Züchtung hervorgegangen, viele sind durch Zufallspaarungen entstanden. Immerhin kennen wir heute einschließlich der vielen Zwergtypen an die 150 verschiedene Hühnerrassen. Nur wenige haben wirtschaftliche Bedeutung erlangt, viele davon werden bloß aus Liebhaberei zur Freizeitbeschäftigung und als Sportzucht gehalten und vermehrt.

1.3.1. *Entstehung der Nutzrassen*

Die Hochzucht unserer heutigen leistungsfähigen Nutzrassen ist nicht alt. Noch im vorigen Jahrhundert galt eine Jahresleistung von 80 bis 100 Eiern als Spitze. Der Start der Leistungszucht begann in der ersten Hälfte des 19. Jahrhunderts und fällt mit dem bedeutungsvollsten Ereignis, nämlich einer Ausfuhr weißer und rebhuhnfarbiger Italiener vom italienischen Hafen Livorno nach Amerika, zusammen.
Umbenannt in weiße Leghorns, in ihrer Leistung jedoch wesentlich verbessert und im Aussehen einheitlicher gezüchtet, kamen sie durch Reimport am Ende des vorigen Jahrhunderts von Amerika nach Europa zurück.
Zu ungefähr der gleichen Zeit, Ende des 19. Jahrhunderts, fanden die bis zu 5 kg schweren Cochinhühner den Weg von Asien nach Europa. Durch zahlreiche Kreuzungen dieser schweren asiatischen Riesenhühner mit den leichten Landhuhnschlägen entstanden die besonders in der ersten Hälfte unseres Jahrhunderts so sehr geschätzen Zwiehuhnrassen.
Der dritte Grundtyp, der an der Vielfalt unserer heutigen Hühnerrassen beteiligt ist, kommt seiner Herkunft nach aus dem Malaiischen Archipel und ist der sogenannte „Kämpfertyp“. Diese Art verkörpert schon seit zwei Jahrtausenden einen aufrechten, schlanken und gestreckten Typ. Es sind Hühner mit hohen Beinen und einer ausgezeichneten Bemuskelung der Beine und der Brust. Seit Jahrhunderten werden diese Tiere in bestimmten Ländern der Erde nur wegen ihres Kampfesmutes gezüchtet, den sie gelegentlich bei Hahnenkämpfen zur Volksbelustigung zu beweisen haben. Wegen ihrer guten Bemuskelung werden sie in letzter Zeit zur Kreuzung anderer mastfähiger Rassen herangezogen.
In den verschiedenen Ländern der Erde, vor allem aber in den USA, in England, Holland, Deutschland, Frankreich, Belgien u. a. m., bemühte man sich, durch die verschiedenartige Zusammenführung der Erbfaktoren von schweren asia-

Abb. 1.
Die drei Grundtypen sind auch heute noch bei unseren Nutzhühnern zu erkennen, leichter Legetyp-Legehybrid, weiß.

Abb. 2.
Mittelschwerer Zwiehuhntyp, Masthybrid, braun.

Abb. 3.
Schwerer Masttyp, Elterntiere, Hahn + Henne, Masthybrid d. Fa. Hubbart.

tischen Rassen den der leichteren Mittelmeerhühner bzw. Landrassen, Arten zu erzüchten, die sowohl gute Eierleistung als auch Mastfähigkeit aufweisen. So sind eine Reihe von Rassen entstanden, die gute Leistungen erzielt haben und auch heute noch Bedeutung in der bäuerlichen, allerdings extensiven, Geflügelhaltung haben.
Als amerikanische Züchtungsprodukte sind uns die Wyandotten, Plymouth, White Rock, Rhodeländer und New Hampshire gut bekannt. In England die Orpingtons und Sussex; in Holland die Barnevelder; in Frankreich die Faverolls; in Belgien die Mechelner; in Deutschland das „Deutsche Huhn" und in Österreich die Altsteirer und Sulmtaler. Von all der Vielzahl haben jedoch nur wenige Bedeutung erlangt. Folgende reine Rassen, die auch noch nach dem Zweiten Weltkrieg wirtschaftlich genutzt wurden, waren:
Leichte Legerassen: weiße Leghorn, rebhuhnfarbige Italiener, Altsteirer.
Zwiehühner: Sussex, Rhodeländer, New Hampshire.
Mastrassen: White Rock, Cornish (Kämpfertyp).
Somit kann festgestellt werden, daß die Domestikation des Huhnes schon Jahrtausende zurückliegt, daß aber erst im letzten Jahrhundert durch Anwendung planmäßiger Züchtungsmethoden jenes Leistungshuhn entstand, welches dem steigenden Bedarf einer wachsenden Weltbevölkerung an Eiern und Geflügelfleisch gerecht werden kann.

1.4. Züchtungsmethoden

Züchten bedeutet unter einzelnen Individuen einer Rasse auszuwählen, um wünschenswerte Merkmale und Eigenschaften von den Eltern auf die Nachkommenschaft zu übertragen. Der Schwerpunkt jeder wirtschaftlichen Geflügelzucht wird durch die Züchtung auf Nutzeigenschaften des Huhnes ohne Verlust an Vitalität festgelegt. Dabei ist gerade das Huhn infolge seiner raschen Generationsfolge und großen Popularisierungsbreite sowie durch den geringen wirtschaftlichen Wert des Einzelindividuums jene Haustiergattung, bei der Experiment und Forschung hinsichtlich genetischer Beeinflussung des Tiermaterials bisher am intensivsten bearbeitet wurden und daher am weitesten fortgeschritten sind. Die Voraussetzung für diese Entwicklung ist zweifelsohne die Perfektionierung der Kunstbrut, wodurch Generationsfolge und Nachkommenzahl zu jeder Jahreszeit in fast unbegrenztem Umfang erzeugt werden können. Damit können die erzielten Ergebnisse zur Zuchtauslese und Passerpaarung in relativ kurzer Zeit festgestellt und registriert werden. Die Vielzahl der Leistungsdaten werden in unserem volltechnisierten Zeitalter den elektronischen Rechnern übermittelt und entsprechend gespeichert. Die verantwor-

tungsvolle Aufgabe des Genetikers besteht in der richtigen Interpretierung der Versuchsergebnisse und in einer zielführenden Zuchtplanung. Die rechnerische Arbeit wird zur Gänze von den elektronischen Supermaschinen übernommen und in kürzester Zeit bewältigt.
Die Züchtung bedient sich heute jener Methoden, deren Anwendung noch vor kurzem ausschließlich in der Pflanzenzucht möglich erschien. Langjährige und zielstrebige Züchtungsarbeit in riesig großen, amerikanischen Geflügelzuchtbetrieben haben es ermöglicht, ausgehend von der bekannten, altbewährten Reinzucht über Inzucht und Kreuzungszucht hinweg, auch beim Huhn zur Hybridzucht zu gelangen.

1.4.1. *Reinzucht – Herdbuchzucht*

Unter Reinzucht in der praktischen Tierzucht versteht man die Paarung von Individuen, die sich dem Aufbau der Gene nach sehr nahestehen, zumindest aber ein und derselben Rasse angehören. So kann unter Reinzucht auch Rassezucht verstanden werden, wobei die Gemeinsamkeit durch sogenannte Rassenmerkmale gekennzeichnet wird. Im Reinzuchtverfahren wird die Züchtung innerhalb der Rasse auf bestimmte Einzeleigenschaften ausgerichtet, die in reinerbiger (homozygoter) Form zu erreichen, angestrebt werden, während alle übrigen Anlagen in mischerbigem (heterozygotem) Zustand nebeneinander bestehen können.
In der Wirtschaftsgeflügelzucht ist die Reinzucht im allgemeinen auf Herauszüchtung der Eigenschaften wie Eizahl, Eigewicht, Frohwüchsigkeit, Brutfähigkeit, gute Futterverwertbarkeit und Mastleistung sowie schnelle Befiederung, Langlebigkeit u. a. m. ausgerichtet. Je weniger Eigenschaften in ein Zuchtprogramm aufgenommen werden, desto schneller erreicht der Züchter das angestrebte Ziel. Eine streng geführte Herdbuchzucht, deren Höhepunkt in der ersten Hälfte unseres Jahrhunderts erreicht war, hat zu großen Erfolgen geführt. Zumindest konnte die Leistung unserer Haushühner beträchtlich gesteigert werden. Das deutsche Wettlegen 1933/34 ergab Durchschnittszahlen der Wettlegeleistung von mehr als 200 Eiern pro Jahr.
Die österreichische Leistungsprüfung für Hühner, damals in Klosterneuburg, brachte für das gleiche Jahr einen Gesamtdurchschnitt von 202 Eiern, was beweist, daß auch die österreichische Zucht diese Ziele erreichen konnte.

1.4.2. *Geschlossene Zucht*

Ein weiterer züchterischer Fortschritt wird durch die Erstellung von Elterntierlinien mit mäßigem bis mittlerem Inzuchtgrad angestrebt. Durch mehrere Generationsfolgen ohne fremde Blutzufuhr wird nach ca. 10 Jahren ein Inzuchtkoeffizient erreicht, der einer einmaligen Geschwisterpaarung nahekommt. Wir erhalten mit dieser Zuchtmethode eine große genetische Streubreite mit einer größeren Zahl günstiger Kombinationsvarianten, die wir nach Ermittlung der Passer-Linien durch ständig kontrollierte Rückkreuzung anhand von Testhybriden immer wieder selektieren müssen. Dies wird als sogenannte reziproke rekurrente Selektion bezeichnet. In der heutigen Zeit, besonders durch die Anwendung der elektronischen Datenverarbeitung, zeigt sich dieses Zuchtverfahren weniger aufwendig, als die Hybridisation mittels Inzuchtlinien.

1.4.3. *Hybridisation durch Inzuchtlinien*

Hervorragende Erfolge durch beträchtliche Steigerung der Erträge bei der Kreuzung selektierter Inzuchtlinien auf dem Gebiet der Maiszucht gaben in Amerika Anreiz, sich auch beim Geflügel dieser Züchtungsverfahren zu bedienen. So ging man daran, durch Kreuzung von Inzuchtlinien ein Hybridhuhn zu schaffen, welches in seinen Leistungen die Ausgangsstämme weit übertrifft. Die Vorbedingung für diese Zuchtarbeit ist der Aufbau einer entsprechend großen Anzahl von Inzuchtlinien aus reinrassigen Stämmen mit hoher Schlupffähigkeit, hoher Legeleistung und Lebenskraft. Innerhalb der Inzuchtgeneration müssen alle Individuen, bei welchen sich ein Rückgang in der Leistungsfähigkeit und Vitalität bemerkbar macht, rücksichtslos ausgemerzt werden. Dieses Vorgehen setzt große Tierbestände und sehr viel Kapital voraus, da bei der Heranbildung von Inzuchtlinien große Ausfälle in Kauf genommen werden müssen. Die Intensität der Inzucht hängt nämlich nicht allein vom Grad der Verwandtschaft, sondern weitaus mehr von der Zeit, wie lange derartige Paarungen vorgenommen werden, ab. Je länger Inzucht betrieben wird, desto höher steigen erfahrungsmäßig die Mängel und Ausfallserscheinungen. Als Inzuchtlinie darf aber erst jener Stamm bezeichnet werden, der mindestens drei Generationen lang in Geschwisterpaarung gehalten wurde.
Geschwisterpaarungen über 4–5 Generationen steigern homozygote Erbanlagen um rund 50%. Gleichzeitig sinkt aber die Vitalität. Diese Inzuchtlinien werden als Großelterntiere bezeichnet und in Basiszuchten unter optimalsten Bedingungen gehalten. Ihre erhöhte Anfälligkeit schließt in der Regel eine Verwendung als Elterntiere aus. Daher erfolgt mit 4 Inzuchtlinien, nachdem die negativen Varianten ausgemerzt wurden, mit dem übriggebliebenen, reinerbigen, auserlesenen Tiermaterial eine vierfache Kreuzung, die sogenannte Hybridisierung, als dessen Ergebnis dann die Single-cross oder Elterntiere, bestehend aus einer Hennen- und Hahnenlinie, entstehen.
Diese Art der Hybridzucht ist in der Lage, den erwarteten Heterosiseffekt, das Florieren der Bastarde, voll zur Entfaltung zu bringen.

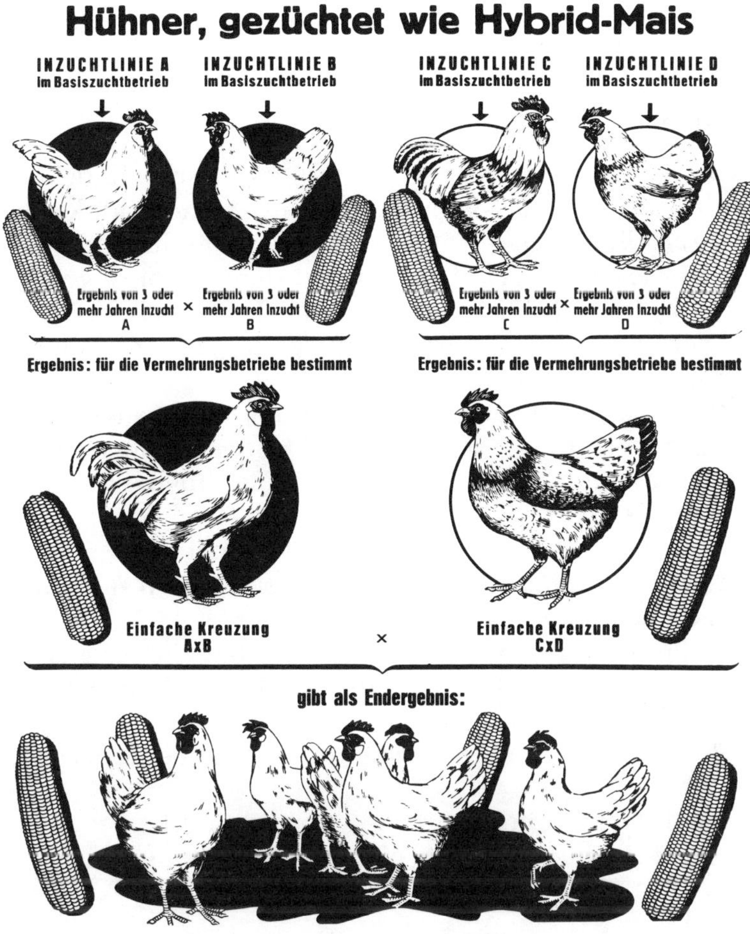

Abb. 4.
Hybridzuchtsystem: Nach mehreren Jahren engster Inzucht, um zu sog. reineren Linien zu gelangen, kreuzt man nach Durchführung entsprechender Testungen zwei dieser reinen Linien und erhält die sog. „Einfache Kreuzung" (Single Cross), welche als Elterntiere den Vermehrungsbetrieben gegeben werden. Die aus dieser Kreuzung hervorgegangenen Endtiere dienen der Produktion und sind zur Weiterzucht nicht mehr geeignet.
(Bildschema von Hy-Linie. Erstes Inzucht-Hybrid-System.)

Durch die Kombination von Inzuchtlinien gleicher oder verschiedener Rassen, jedoch weitgehend homozygoter Gruppen, werden, je nach dem Ausgangsmaterial, Inzucht-, Rassen- oder Linienhybriden erzielt. Derartige Tiere zeigen hohe biologische Aktivität, die sich in gesteigerter Lebenskraft und spezifisch hohem Leistungsvermögen äußert.

In Österreich wird man niemals daran denken können, diese aufwendigen Zuchtmethoden einzuführen, da dazu die entsprechend großen Zuchtherden fehlen.

1.4.4. Die Hybriden in Österreich

Wir haben zwar eine Reihe von Elterntierhaltungen, sowohl bei Lege- wie bei Masthybriden zur Erzeugung von Bruteiern für das Endprodukt, doch müssen diese Zuchttiere als Eintagsküken alljährlich aus ausländischen Zuchtbetrieben neu beschafft werden. Ein Weiterzüchten mit dem daraus erzeugten Endprodukt, Lege- oder Masthybrid, ist kaum möglich, da sich bei jeder weiteren Generation die erreichten Eigenschaften aufspalten und die hohen Spitzenleistungen nie mehr erreicht werden.
So unterscheiden wir derzeit Legehybriden mit weißschaligen Eiern, hervorgegangen aus den weißen Leghorns, und mehr oder weniger hell- bis dunkelbraune Hybriden mit braunschaligen Eiern, wobei mehrere Ausgangsrassen dazu Verwendung fanden.
Bei den braunen Hybriden hat die Kennkükenzüchtung starke Verbreitung erfahren, wodurch die Eintagsküken geschlechtskenntlich sind und das Sortieren wesentlich erleichtert wird.
Weiters gibt es die schweren Masthybriden ausschließlich zur Erzeugung von Back- und Brathuhn, ihre Eierleistung von ca. 140 bis 170 Stück im Jahr ist im Vergleich zu den Legehybriden mit 240 und mehr Eiern eher bescheiden und wird nur zur Bruteigewinnung in Vermehrungszuchtbetrieben wirtschaftlich genutzt.
Die verschiedenen Namen bei den Hybridsorten sind keineswegs Rassenbezeichnungen, sondern ausschließlich Namen der jeweiligen Zucht- oder Herkunftsfirmen.

Abb. 5. Kennküken, dunkles Küken Henne, Lichtes Küken Hahn.

2. Zuchtziele – Zuchtgrenzen

Wenn Anfang der 70er Jahre die Meinung weit verbreitet war, daß das durch die Hybridisierung erreichte Leistungsniveau der Legehennen und Masthühner nur mehr geringfügig zu erhöhen wäre, so ist heute, nach 15 Jahren, diese Meinung zu revidieren. Trotzdem zeigen sich jedoch Grenzen, die aus physiologischen, biologischen, vor allem aber aus produktqualitativen Gründen kaum mehr überschritten werden können. Da die Wissenschaft aber nicht stillsteht, wurden, neben der Selektionsmethode, weitere Möglichkeiten zur Zuchtverbesserung gefunden. Gegenwärtig befaßt sich die Forschung einerseits mit der erblichen Kontrolle der Infektionsresistenz und andererseits mit der Nutzung der genetischen Manipulation („genetic engineering").
Die Theorie ist für Fachwissenschaftler kein Geheimnis und für den, der sich dafür interessiert, in der Fachliteratur nachzulesen. Selbstverständlich ist die Theorie, die der praktischen Zuchtarbeit zugrunde liegt, noch lange nicht abgeschlossen.
Was bei der Zucht für die Praxis herauskommt, ist ebenfalls kein Geheimnis: Viele Millionen Hennen eines Zuchtproduktes stehen täglich auf der ganzen Welt in Praxisbetrieben auf dem Prüfstand, Leistungsprüfungen geben vollständigen Aufschluß über die Leistungseigenschaften verschiedener Zuchtprodukte, mehr als dies für irgendeine andere Tierart möglich wäre.

2.1. Zuchtziele für Legehybriden

Die praktische Zuchtarbeit wird ständig und weitgehend durch die Anpassung an die zur Zeit noch immer sich ändernden Produktionsbedingungen und die Erfordernisse des Marktes beeinflußt. Die Zielsetzungen sind daher folgende:
- Weitere Anpassung an die Käfighaltung.
- Allgemeine und spezifische Resistenzverbesserung gegen Infektionskrankheiten.
- So weit wie möglich, Senkung der Produktionskosten je Ei bzw. je kg Eimasse.
- Verbesserung und Stabilisierung der Eiqualität, im besonderen der Eischale.

2.1.1. *Anpassung an die Käfighaltung*

Sowohl bei weißen wie braunen Legehybriden ist die Anpassung an die Käfigsysteme weit fortgeschritten. Bestes Kriterium dafür ist die natürliche Paarung und das normale Fortpflanzungsverhalten in Käfigen.

2.1.1. *Genetische Aspekte für Gesundheit*

Unter den vor 20 bis 30 Jahren üblichen Haltungsbedingungen waren Aufzuchtsverluste von 30% keine Seltenheit. Heute sind 5% Aufzuchtsverluste und 1% Verluste pro Monat während der Legeperiode Normalwerte.
Direkte züchterische Maßnahmen zur Verbesserung der Lebensfähigkeit der Legehennen sind in den kommerziellen Zuchtprogrammen nur gegen Leukose und die Mareksche Krankheit durchgeführt worden. Bestrebungen zur Steigerung der allgemeinen Abwehrkraft wurden in allen Zuchtprogrammen aufgenommen und werden ausgedrückt durch den Index der Legeleistung je eingestallter Henne. Inwieweit die Markergenforschung und deren praktische Anwendung dabei weiterhelfen wird, bleibt abzuwarten.

2.1.2.1. *Genetische Resistenz gegen Leukose*

Trotz eines komplizierten Resistenzmechanismus bei Infektionen durch Leukoseviren ist es gut gelungen, die Leukoseinfektion durch genetische Bearbeitung zu beherrschen.

2.1.2.2. *Genetische Resistenz gegen Marieksche Krankheit*

Bei der Marekschen Krankheit können nur bedingt gute Erfolge erzielt werden, da zur Marekresistenz eine negative Korrelation zur Legeleistung besteht. Daher kann die Marieksche Krankheit nur durch das Zusammenwirken einer genetischen Bearbeitung und der spezifischen Impfung beherrscht werden.

2.1.2.3. *Genetische Verbesserung der allgemeinen Widerstandskraft*

Das Bemühen, die Lebensfähigkeit und Gesundheit des Wirtschaftsgeflügels zu steigern, sollte mehr denn je durch die genetische Verbesserung der allgemeinen Widerstandskraft zu erreichen versucht werden, da die Verhinderung von spezifischen Geflügelkrankheiten, sei es genetisch durch Züchtung oder immunologisch durch Impfungen, wegen der Vielfalt der Krankheiten nicht für alles durchgeführt werden kann.
Die in den letzten 10 Jahren erzielten Ergebnisse über genetische Unterschiede in der Immunreaktion im Rahmen der Markergenforschung lassen dieses Bemühen sehr aussichtsreich erscheinen.

2.1.2.4. *Genetische Manipulation*

Mit der Nutzung genetischer Manipulation (genetic engineering) zur Verbesserung des Wirtschaftsgeflügels sind wohl die derzeitigen Grenzen der züchterischen Möglichkeiten erreicht. Wenn auch die Techniken bereits bekannt und verfügbar sind, wird noch umfangreiche Forschungsarbeit notwendig sein, bevor man beurteilen kann, ob derartige Techniken in der kommerziellen Tierzucht überhaupt erstrebenswert sind.

2.1.3. *Senkung der Produktionskosten*

Für die Senkung der Produktionskosten sind im einzelnen folgende Ansatzpunkte gegeben:

2.1.3.1. *Senkung der Kükenkosten*

durch Verbesserung der Elterntierhaltung. Zuchtarbeit in den Basiszuchten.

2.1.3.2. *Senkung der Aufzuchtkosten*

durch geringeren Futteraufwand, geringere Aufzuchtverluste sowie indirekt durch längere Nutzungsdauer der Legehennen. Bei dem Bestreben, einen geringeren Futteraufwand zu erreichen, werden bereits durch die negative Korrelation mit geringerem Körpergewicht Grenzen erreicht, die die Widerstandskraft und das Durchhaltevermögen der Henne beeinträchtigen.

2.1.3.3. *Senkung der Kosten in der Legeperiode*

Da eine Kostensenkung in der Legeperiode weit mehr durch Optimierung der Futterqualität- und quantität, durch Krankheitsprophylaxe, durch die Besatzdichte und die Qualität der technischen Einrichtung erreicht werden kann, und weit weniger durch züchterischen Einfluß, haben diese wenig Bedeutung.

2.1.3.4. *Steigerung der Legeleistung*

Die Leistungssteigerung wird dagegen wieder durch Verbesserung des genetischen Potentials erreicht und findet ihren Niederschlag in züchterischer Tätigkeit. Die züchterische Arbeit wird dabei in erster Linie auf eine Erhöhung der Eizahl je eingestallter Henne achten, wobei das Durchhaltevermögen wirtschaftlich wichtiger ist als ein früher Legebeginn oder eine hohe Spitzenleistung. Die Selektion auf Eizahl je Anfangshenne schließt gleichzeitig geringere Verluste ein, dabei ist eine negative Korrelation zum Eigewicht und zur Schalenstabilität unbedingt zu beachten. Auf günstige Futterverwertung wird kaum direkt selektiert, da mit steigender Eimassenproduktion der Anteil für das Erhaltungsfutter anteilsmäßig sinkt und dadurch ein geringerer Futteraufwand erreicht wird.

Tabelle 1: Fortschritte in der Leistung der Legehennen

	Eizahl je AH^x	Eigew. g	Futter-verwertg.	Endgew. kg	Verluste %
1962	238	58,8	2,8	2,00	6,6
1972	260	61,0	2,7	2,10	6,9
1982	287	61,7	2,4	1,90	5,0

Durchschnittsergebnisse 4 verschiedener Hybridherkünfte

AH^x = Anfangshenne

2.1.4. *Verbesserung der Eiqualität*

Bei der Eiqualität können zwei Gruppen von Merkmalen unterschieden werden:

- äußere Merkmale: Eigewicht, Eischalenstabilität, Schalenfarbe und Eiform.
- innere Merkmale: Höhe, Farbe und Konsistenz von Dotter und Eiklar, Blut- und Fleischflecken sowie Eigengeruch und -geschmack.

2.1.4.1. *Eigewicht*

Das Eigewicht vererbt sich mit ziemlich großem Hereditabilitätsgrad. Auf Eigewicht läßt sich um vieles leichter züchten als auf Eileistung. Eizahl und Eigewicht stehen miteinander in enger Beziehung. Die genetischen Möglichkeiten einer Verbesserung des Eigewichtes sind bei den einzelnen führenden Legehybriden weitgehendst ausgeschöpft und werden vom Optimum des Marktes bestimmt. Bei weißen Legehybriden beträgt das durchschnittliche Eigewicht im ersten Legejahr etwa 61 g, bei braunen um 62–63 g. Das Eigewicht steht im direkten Zusammenhang mit dem Erlös je Ei und ist deshalb von großer wirtschaftlicher Bedeutung.

2.1.4.2. *Eischalenqualität*

Die Eischalenqualität ist gleichfalls von hoher wirtschaftlicher Bedeutung, da Bruch-, Knick- sowie Lichtsprungeier billiger abgegeben werden müssen. Hiezu kommen Totalverluste und vor allem beim automatischen Absammeln, erhöhte Schmutzeieranteile durch auslaufende Eier. Die bisherige Meinung, daß einer genetischen Verbesserung der Schalenstabilität als schwierigstes Hindernis die negative Korrelation zur Legeleistung und Eigröße entgegensteht, wird durch neuere Untersuchungen zumindest zum Teil widerlegt.

Durch Kombination von Legeleistung und Schalenstabilität in einem Index können beide Merkmale gleichzeitig verbessert werden, ebenso besteht zwischen der Eischalenqualität und der Verringerung des Eigewichtes innerhalb von Zuchtlinien nur eine geringe, negative Korrelation, so daß die züchterische Verbesserung der Schalenqualität keinen nennenswerten Einfluß auf das Eigewicht erwarten läßt. Aufgrund dieser neueren Erkenntnisse haben viele Zuchtfirmen die Verbesserung der Eischalenstabilität in ihr gegenwärtiges genetisches Programm aufgenommen.

2.1.4.3. *Eischalenfarbe*

Eine wirtschaftliche Bewertung der Eischalenfarbe ist nicht leicht. Anspruchsvolle Konsumenten wollen reinweiße Eier von weißen Legehybriden und möglichst einheitlich dunkelbraune Eier von braunen. Die Schalenfarbe hat eine relativ hohe Hereditabilität. Innerhalb eines Zuchtproduktes ist die Korrelation zur Legeleistung zu beachten; mit steigender Eizahl nimmt die Intensität der Schalenfarbe ab.

2.1.4.4. *Eiform*

Die Eiform ist weniger von wirtschaftlicher Bedeutung. Wenn auch zwischen reinen Linien augenfällige Unterschiede bestehen, so unterscheiden sich die Eiformen bei den führenden Legehybriden in keiner Weise.

2.1.4.5. *Dotterfarbe*

Die Dotterfarbe wird durch entsprechende Futterzusammensetzung erreicht und ist kein genetisches Merkmal.

2.1.4.6. *Eiklar*

Das Eiklar ist nahezu farblos; durch bestimmte Futterkomponenten oder durch Krankheiten bzw. Krankheitsprophylaxe (z. B. bestimmter Kokzidiostatika) können gelegentlich Farbveränderungen auftreten. Eine züchterische Bearbeitung des Eiklars hinsichtlich Farbe oder dessen Konsistenz ist nicht zielführend.

2.1.4.7. *Blut- und Fleischflecken*

Blut- und Fleischflecken treten bei weißschaligen Eiern weniger häufig als bei braunschaligen auf. Wegen des geringen Prozentsatzes haben Fleckeneier jedoch kaum wirtschaftliche Bedeutung, allerdings führen sie beim Konsumenten zu Reklamationen, wenn sie nicht bei der Sortierung mittels Durchleuchtung ausgemustert werden. Selektion auf niedrigen Anteil an solchen Blut- und Fleischflecken ist besonders bei braunen Legehybriden sinnvoll; mit abnehmender Häufigkeit sind Fortschritte jedoch immer schwieriger zu erreichen.

2.1.4.8. *Eigeschmack*

Geschmacksabweichungen können durch bestimmte Futterkomponenten (z. B. Rapsschrot oder minderwertige Futterfette) durch Medikamente (z. B. bestimmte Kokzidiostatika), durch die Einstreu (z. B. Imprägnierstoffe bei Hobelspänen oder ausländische Holzarten) sowie vor allem durch unsachgemäße Lagerung auftreten.
Ein genetischer Aspekt liegt lediglich bei der Verfütterung von Rapsschrot vor, insbesondere bei farbigen Rassen, bei denen bestimmte Hennen infolge einer Stoffwechselentgleisung die Komponente Trimethylamin produzieren, wodurch der eigentümliche Geruch und Geschmack der Eier hervorgerufen wird. Sicherlich läßt sich dieses Problem durch eine Änderung der Futterrezeptur lösen; doch scheint langfristig eine Selektion gegen diese Stoffwechselentgleisung sinnvoll zu sein.

2.2. Zuchtziele in der Broilerproduktion

Die Hühnermast ist ein vergleichsweise junger Zweig der tierischen Veredelung. Die organisatorische Struktur wurde mit wenigen Ausnahmen derart aufgebaut, daß eine konsequente Aufgabenteilung zwischen Zuchtbetrieb – Brüterei – Mäster – Schlächterei zu erkennen ist. Jeder einzelne Betriebszweig hat seinen klar begrenzten Aufgabenbereich und die Möglichkeit, den Gewinn aus der Mast zu beeinflussen; andererseits möchte jeder innerhalb seines eigenen Betriebszweiges alle Gewinnchancen höchstmöglich nützen.
Bei der Bearbeitung der Zuchtziele in der Broilerzucht steht leider einer überdurchschnittlichen Reproduktionsleistung der Elterntiere immer wieder eine unterdurchschnittliche Mastleistung oder umgekehrt gegenüber. Das bedeutet, daß nur durch geeignete Berücksichtigung beider Merkmalskomplexe die Koexistenz der einzelnen Produktionszweige erreicht werden kann.

2.2.1. *Selektionsmerkmale in der Broilerzucht*

Selektionsmerkmale sind in unterschiedlicher Relevanz beim Broiler und beim Mastelterntier.

2.2.1.1. Selektionsmerkmale beim Broiler

Wachstumsvermögen, Futterverwertung, Überlebensrate, Ausgeglichenheit, Konformation des Körpers (Fleisch-Knochen-Verhältnis) und Schlachtkörperqualität.

2.2.1.2. *Selektionsmerkmale Broiler-Mutter*

Eizahl je Anfangshenne, % Bruteier, Widerstandsfähigkeit, Futterverbrauch je Brutei, Wachstumsvermögen, Herdenverhalten.

2.2.1.3. *Selektionsmerkmale Broiler-Vater*

Wachstumsvermögen, Konformation, Spermaqualität, Durchhaltevermögen.

Tabelle 2: Fortschritte in der Mastleistung (41 Masttage)

	Endgewicht in g	Futterverwertung	Tierverluste %
1978	1530	1,80	4,6%
1983	1672	1,75	3,3%

Durchschnittsleistung 5 verschiedener Herkünfte

2.2.1.4. *Spezialmerkmale*

In jüngster Zeit sind aus wirtschaftlichen Überlegungen noch weitere Merkmale hinzugekommen. Farbsexen, Federsexen und vor allem aber der Zwergfaktor.
Diese Liste erhebt keinen Anspruch auf Vollständigkeit. Der Genetiker muß entscheiden, welche Merkmale bei der Selektion überhaupt berücksichtigt werden sollen und welche Bedeutung den Einzelmerkmalen beizumessen ist.

2.3. Der genetische Fortschritt des Broilers und seine Grenzen

Vergleicht man Produktionsdaten oder Mastleistungsprüfungen, so kommt man auf eine jährliche durchschnittliche Verbesserung des Hauptselektionsmerkmales von ca. 2,5%. Wenn z. B. beim Mastküken auf schnelleres Wachstum selektiert wird und das vom Markt verlangte Endgewicht derzeit mit 40 Tagen erreicht wird, so ergibt eine Verkürzung der Mastdauer um 2,5% im darauffolgenden Jahr eine um einen Tag kürzere Mastdauer, also 39 Tage. Daß diese Entwicklung nicht unbegrenzt fortgesetzt werden kann, bedarf wohl kaum einer näheren Erläuterung. Da die Selektion auf schnelleres Wachstum gleichzeitig zu einer Verbesserung der Futterverwertung führt, werden auch bei diesem Kriterium Grenzwerte erreicht werden. Die Grenzen werden sich dort abzeichnen, wo Ausfallserscheinungen wie Qualitätsprobleme der Schlachtware oder gesundheitliche Störungen auftreten.

2.3.1. *Qualitätsproblem Verfettung*

Das Vorhandensein genetischer Variabilität für Anzahl und Größe der Fettzellen, die im engen Zusammenhang mit der eingelagerten Fettmenge stehen, kann als erwiesen gelten. Mastgeflügelherkünfte unterscheiden sich zum Teil erheblich in der Einlagerung von Bauch- und Körperfett.
Da der Fettansatz eine mittlere bis hohe Erblichkeit aufweist, ist seine Veränderung mit züchterischen Mitteln möglich. Allerdings steht diesem Erbfaktor ein positiver Zusammenhang mit Körpergewicht, schnellerem Wachstum und Futterverwertung gegenüber, wodurch eine gleichzeitige Verbesserung aller dieser Merkmale erschwert wird.
Die Fetteinlagerung wird aber nicht nur von der erblichen Anlage beeinflußt, sondern im gleichen Maße auch von Fütterung, Bewegungsaktivität, Umgebungstemperatur und dem Haltungssystem. Wenn daher eine Verringerung der Verfettung von Broilern angestrebt werden soll, so sind neben der Genetik auch alle anderen beteiligten Faktoren zu beachten.

2.3.2. *Konstitutionsprobleme der Beine*

Ein Krankheitsproblem, das in der Geflügelmast zunehmend Besorgnis erregt, sind Störungen in der Entwicklung des Skeletts, die vor allen Dingen als Beinschwäche in Erscheinung treten. Die Ursache ist, soweit es züchterisch bedingt ist, das Unvermögen, die Schnelligkeit der Verknöcherung des Skeletts in Übereinstimmung mit dem rasanten Wachstum der Broiler zu bringen.
Andere Ursachen, die zum Entstehen von Bein- und Skelettschäden führen können, sind in einer unzureichenden Fütterung betreffs Nährstoff-, Mineralstoff- und Vitaminversorgung zu finden oder werden durch Resorptionsstörungen infolge Infektionskrankheiten hervorgerufen (Malabsorptionssyndrom).

2.4. Das Zwerggen in der Broilerproduktion

Um den Gegensatz zwischen dem Wunsche nach hoher Eierleistung bei den Zuchttieren und dem Schnellwachstum zu begegnen, wurde in der Hennenlinie ein Zwerggen eingeführt, dessen Wirkung sich nur auf die Generation der Zuchthenne beschränkt, während die Nachzucht, das Mastküken, nicht beeinflußt wird. Der Elterntierhahn ist von normaler Größe und vererbt in Verbindung mit der um ein Drittel leichteren Zwerghenne die bekannte Schnellwüchsigkeit für den Broiler. Der Nutzeffekt aus dieser Kreuzung ist vor allem der geringere Futterbedarf der Zuchthenne und eine Erhöhung der Besatzdichte im Zuchtstall, wodurch die Produktionskosten des Bruteies gesenkt werden können. Allerdings wird es bei Weiterführung dieses Programmes zu einem unphysiologischen Größenverhältnis zwischen Hahn und Henne kommen, wodurch besonders in der 2. Hälfte der Legeperiode die natürliche Paarung erschwert und die künstliche Besamung zur Diskussion gestellt wird.

2.5. Die künstliche Besamung

Die künstliche Besamung wird schon seit längerem routinemäßig bei der Putenproduktion, vor allem bei den überschweren Fleischputen, angewendet. Infolge des Unterschiedes in Gewicht, Größe und Gestalt zwischen Hahn und Henne ist eine natürliche Kopulation schwierig, wenn nicht sogar unmöglich, so daß dieses Zuchtprodukt nur durch künstliche Besamung hervorzubringen ist. Ähnlich verhält es sich auch im Fernen Osten bei der Kreuzungszucht der Moschusenten mit Pekingenten zur Fleischerzeugung.

Bei Legehennen wurde bisher die künstliche Besamung nur bei Großelterntieren in Basiszuchtbetrieben zur Kontrolle der Reproduktion angewendet. In neuester Zeit wird, in der weiteren Entwicklung der Erzüchtung der Zwergwuchstierhenne für die Broilerproduktion, die künstliche Besamung von besonderem Interesse sein.

2.5.1. *Samengewinnung*

Die Samengewinnung erfolgt durch Samenabgabe und Auffangen der Samenflüssigkeit aus der vorgestülpten Kloake nach erfolgter Stimulierung mittels Massage der Rück- und Brustbauchpartie. Es setzt einerseits geübtes Personal und an Menschenhand gewöhnte Hähne voraus.

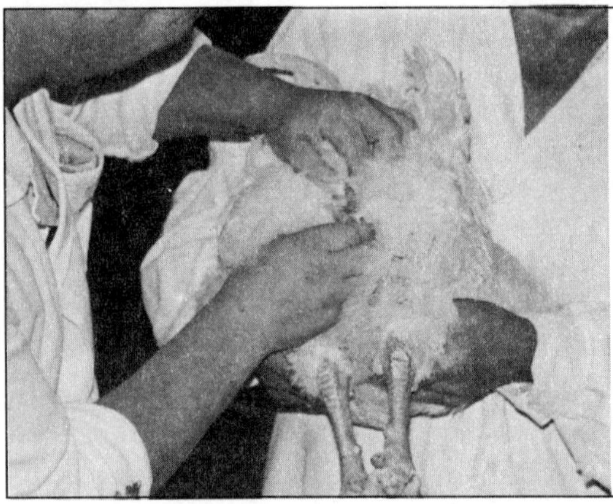

Abb. 6. Samengewinnung.

2.5.2. *Die Samenflüssigkeit*

Es ist weitgehend bekannt, daß es Unterschiede in den Hahnenlinien bezüglich der Qualität und Quantität der Spermenflüssigkeit gibt. Weiters werden Unterschiede nicht nur durch Alter und Sexualreife, sondern auch durch viele andere Umweltfaktoren wie Regelmäßigkeit der Samengewinnung, jahreszeitliche Schwankungen, Lichtprogramme, Lichtstärke, Temperatur und besonders durch die Fütterung der Hähne hervorgerufen. Nur bei optimalen Haltungsbedingungen kann der beste Erfolg gesichert werden.
Die Verwendung der Samenflüssigkeit erfolgt

- unverdünnt, bei 25° C gehalten innerhalb einer Stunde,
- verdünnt 1:3 (pH-Wert 7,5–8) Glutaminsäure, Inosit und Raffinose als Nährsubstanzen.
  Haltbarkeit bei 5–7° C höchstens 24 Stunden, bei der Pute 5 Stunden.
- nach Gefrierkonservierung in Verdünnung mit Glycerin als Frostschutz, das nach Auftauen abdyalisiert werden muß.

2.5.3. *Besamung*

Normalerweise benötigt man zur Insemination einer Henne ca. 100 Millionen Spermien pro Dosis, enthalten in ca. 0,03–0,02 ml Samenflüssigkeit. Doch muß man bedenken, daß durch ein längeres Aufbewahren der Samenflüssigkeit ein Teil der Spermien degeneriert, wodurch eine Erhöhung der Dosis notwendig wird. Eine gute Besamungstechnik garantiert den Besamungserfolg. Bevor mittels einer Spritze oder Pipette mit Mundschlauch der Samen in den Eileiter deponiert wird, wird durch leichten Druck auf das Abdomen der Henne der Endabschnitt der Vagina ausgestülpt und darauffolgend, gleichzeitig mit der

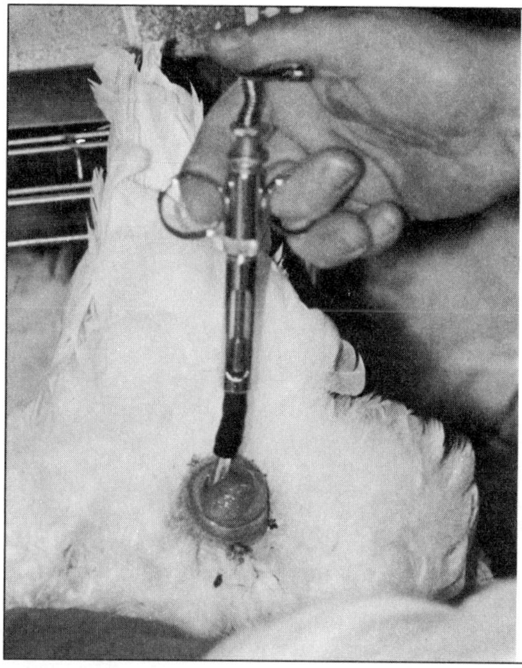

Abb. 7. Besamung.

Insemination, der Druck wieder weggenommen, so daß mit der Rückführung des Eileiters in die Normalposition das Ejakulat bis zu den Vorratsdrüsen der Spermien aufsteigen kann.
Da bei dieser Prozedur der Eileiter frei durchgängig sein soll, ist dafür der Zeitpunkt nach der Eiablage der beste. Eine entsprechende Befruchtungsrate wird ausnahmsweise gerade noch erreicht, wenn das bereits im Eileiter vorhandene Ei erst 3 Stunden nach der Insemination gelegt wird.
Um eine gute Befruchtungsrate zu gewährleisten, ist die Besamung bei Hühnern einmal wöchentlich, bei Puten alle 5 Tage zu wiederholen.

3. Die volkswirtschaftliche Bedeutung der Geflügelproduktion

3.1. Die allgemeine volkswirtschaftliche Bedeutung

Die österreichische Geflügelwirtschaft ist zu einem wesentlichen Bestandteil der heimischen Volkswirtschaft geworden und versorgt nicht nur die 7,5 Millionen Einwohner Österreichs mit Hühnerfleisch und Eiern, sondern deckt auch den Bedarf unseres Fremdenverkehrs an diesen Produkten. Der jährliche Produktionswert hat in den letzten Jahren 3,5 Milliarden Schillinge, das sind ca. 6% des gesamten Nettosozialproduktes der Land- und Forstwirtschaft, erreicht und liegt damit höher als der Produktionswert des Weinbaues oder der Zuckerrübenproduktion. Mehr als 15.000 Arbeitsplätze werden direkt durch die Geflügelwirtschaft gesichert.
Außerdem hat sich das Brat- und Backhuhn seit über 15 Jahren preisstabilisierend beim Lebensmittelkostenindex ausgewirkt, weil es im Verbraucherpreisindex enthalten ist und zu jenen wenigen Lebensmitteln zählt, die in diesem Zeitraum nur geringe Preissteigerungen aufzuweisen hatten.
Ein weiterer, für die österr. Volks- und Landwirtschaft eminent bedeutender Faktor ist der Verbrauch von jährlich rund 460.000 Tonnen Futter in der Geflügelwirtschaft, wodurch der Absatz eines großen Teils des Futtergetreides, besonders des Maises, gesichert wird.

3.1.1. *Kleinbäuerliche Hühnerhaltung*

Am Beginn der Intensivierung der landwirtschaftlichen Hühnerbetriebe wurde allgemein die Meinung vertreten, daß besonders der flächenarme bäuerliche Kleinbetrieb sich mehr mit der Hühnerhaltung befassen sollte, da seine Haupteinnahmen durch den Verkauf von Getreide und anderen Feldfrüchten eher bescheiden wäre und eine Verbesserung seiner schwierigen Existenzgrundlage durch die Erzeugung von Eiern und Schlachtgeflügel zu erreichen wäre.
Vom Anfang an war aber diese Meinung insofern ein Widerspruch, da die Größenordnung der Tierhaltung an die Größe des Grundbesitzes und an die eigene Futtergetreideproduktion, vor allem in steuerlicher Hinsicht, gebunden war, so daß die Veredelungsproduktion in kleinbäuerlichen Landwirtschaften nie ein für das Einkommen sicherer Betriebszweig werden konnte und bis heute nur ein „Körberlgeld für die Bäuerin" geblieben ist.
Trotzdem gibt es heute noch an die zwei Millionen Legehühner an Kleinstbe-

trieben von 10 bis 50 Hühnern in Auslauf- oder etwas größere, 100–500 Legehühner, in Bodenhaltungen. In jüngster Zeit haben sich neben den kleinsten Beständen auch kleinere intensivere Hühnerhaltungen zu 300–2000 Legehennen etabliert, die ihre Legehühner in Käfigen halten. Ebenso gibt es am Marktsektor noch 100–200 Betriebe, die in Stalleinheiten zu ungefähr 1000 Broilern mästen, selbst schlachten und als sogenannte Marktfahrer ihre Ware in der näheren Umgebung oder auf lokalen Bauernmärkten vermarkten. All diesen Betrieben ist eines gemeinsam, daß sie ihre Eier und Schlachthühner direkt an den Konsumenten verkaufen und durch diese Direktvermarktung im Vergleich zu den Großbetrieben, die ihre Ware über Händler oder Integrationsgemeinschaften vermarkten, einen wesentlich höheren Erlös für ihre Ware bekommen. Trotzdem haben solche Betriebe nur lokale Bedeutung, kommen für die Lebensmittelversorgung von größeren Gemeinden und Städten mit ihren Supermärkten kaum in Frage und können daher nur selten als echte, einkommenssichernde Betriebszweige angesprochen werden.

3.1.2. *Hühnerhaltung für mittlere und größere landwirtschaftliche Betriebe*

Aus allen diesen Erfahrungen zeigt es sich, daß die besten Voraussetzungen für eine wirtschaftlich gut fundierte Hühnerhaltung jene landwirtschaftlichen Betriebe mitbringen, die durch eine entsprechende Größe den überwiegenden Teil der Investitionen aus eigenem aufbringen können und nicht allzuviel, womöglich nur 30–40% Fremdkapital, dazu benötigen.
Auf diese Weise sind in Österreich gute, gewinnbringende Hühnerhaltungen entstanden, die aber, um als echter Zweig einer landwirtschaftlichen Veredelungsproduktion gelten zu können, eine bestimmte Mindestgröße besitzen müssen.
Als *Mindestgrößen* können angenommen werden:
2.000– 3.000 Zuchthennen zur Bruteierproduktion
5.000– 6.000 Junghennen zur Aufzucht
5.000– 6.000 Legehennen zur Konsumeiproduktion
8.000–10.000 Masthühner
Um jedoch, von ökonomischer Sicht, die Wirtschaftlichkeit bezüglich Stalleinrichtung, Investitions- und Betriebskosten besser zu nützen, sind folgende Größenordnungen sowohl vom ökonomischen wie ökologischen Gesichtspunkt besser zu empfehlen:
3.000– 5.000 Zuchthennen (Elterntiere)
10.000–20.000 Junghennen-Aufzucht
10.000–20.000 Legehennen
10.000–20.000 Masthühner

Abb. 8.
Teil des Areals mit Mastelterntierstallungen eines ausländischen Zuchtbetriebes nahe der österr. Grenze im Südosten (1986).

Abb. 9.
Maststallungen eines ausländischen Mastbetriebes nahe der österr. Grenze im Nordosten (1983).

Die Größenordnungen sind auch noch leicht in ökologischer Hinsicht zu bewältigen, vorausgesetzt, daß diese Betriebe in Gegenden stehen, wo genügend Wasser vorhanden ist und die Kotbeseitigung klaglos bewältigt werden kann. Eine direkte Vermarktung zwischen Bauer und Konsument ist bei diesen Größenordnungen nur mehr bei der Konsumeierproduktion möglich, wobei schon erhebliche Transportkosten für den Einzelbetrieb in Kauf genommen werden müssen.
So geriet die Geflügelwirtschaft im Laufe der 70er Jahre, im Aufwärtstrend der Industrialisierung, im Sogfeld des ständig steigenden Lebensstandards und Konsums, unter dem Druck der immer mehr und größer werdenden Verkaufsorganisationen, der Supermärkte mit ihren Sonderangeboten, in das unabwendbare Diktat der extremen Wirtschaftlichkeit, wo Größenwachstum, Rationalisierung und Technisierung die alleinige Chance zum Überleben bieten. Die Folgen waren absehbar und führten zu Integrationsgemeinschaften, zu Kopfbetrieben wie Brütereien, Schlächtereien, Verkaufsgesellschaften oder Genossenschaften und ihren in vieler Hinsicht abhängigen, landwirtschaftlichen

Abb. 10. Stufenkäfig für Kleinhaltung, für ca. 1000 Hennen. (Foto Fa. Schropper, Schottwien)

Produktionsgemeinschaften, worin zum Teil auch die Futtermittelindustrie miteingebunden wurde.
Diese Entwicklung ist aus der jeweiligen Situation ganz natürlich entstanden und sollte in jeder Hinsicht durch ausgleichende Mechanismen im Rahmen einer einigenden Organisation (Arbeitsgemeinschaft Österreichischer Geflügelwirtschaft Algö) gefördert werden. Ständiges Bemühen um einen halbwegs funktionierenden Importschutz wäre für diese Arbeitsgemeinschaft vordringliche Aufgabe, da an den Grenzen von Österreich sowohl in West wie Ost viel größere Tiereinheiten stehen, deren Unternehmungen bestrebt sind, nach Österreich Eier und Geflügelfleisch zu billigeren Preisen, unter unseren Produktionskosten, zu liefern.

3.1.3. *Industrielle Hühnerhaltung*

Eine landwirtschaftsfremde, industrielle Hühnerhaltung zur Eier- und Schlachtgeflügelproduktion hat in Österreich nicht Fuß fassen können. Die nur

Abb. 11.
Wandkäfige für Kleinhaltungen, 300–500 Hennen.

Abb. 12.
Landwirtschaftliche Legetierhaltung in Niederösterreich.

Abb. 13.
Landwirtschaftlicher Junghennen-aufzuchtbetrieb, Aussiedlerhof in Draßmarkt, Burgenland.

wenigen Industriebetriebe, die begonnen haben, sich damit zu befassen, haben sehr bald einsehen müssen, daß die erzielbaren Gewinne eines relativ hohen Investitionskapitals durch Arbeitsaufwand und Risikobelastung so stark geschmälert werden, daß der Reinertrag kaum eine normale Verzinsung des Bedarfskapitals übersteigt.
Allerdings haben sich aus rein landwirtschaftlichen Betrieben, entweder im Einzelbetrieb oder durch Zusammenschlüsse auf Basis von Gesellschaften oder Genossenschaften, in den letzten 15 Jahren, bei der Hühnermast zuerst, später auch bei Legebetrieben, Größenordnungen entwickelt, die einer industriellen Hühnerhaltung in jeder Hinsicht nahekommen. Diese Entwicklung war vorauszusehen, in keiner Weise jedoch aufzuhalten und folgte aus wirtschaftlichen und arbeitstechnischen Überlegungen. Selbst die 1982 zum Gesetz gewordenen Beschränkungsbestimmungen kamen für diese Entwicklung zu spät und können bestenfalls in Zukunft Neugründungen verhindern. Diese Großbetriebe haben jedoch ihre Funktion, da sie als einzige in der Lage sind, den Supermärkten jene Angebote zu stellen, die diese von ausländischen Importeuren gewöhnt sind. Erstrebenswert wäre ein teilweises Einbinden der Produktion der kleineren und mittleren Legebetriebe durch gegenseitige Liefer- und Abnahmeverpflichtungen zwischen diesen und den wenigen Großbetrieben.
Alle diese unterschiedlichen Betriebseinheiten erzeugen derzeit zwischen 95–105% des österreichischen Bedarfes an Eiern und Hühnerfleisch. Eine Produktionserweiterung ohne Möglichkeit eines Exportes ist daher nicht vertretbar. Produktionseinschränkungen sind insofern äußerst riskant, da das Ausland entstandene Versorgungslücken sofort durch Importe ausgleichen würde. Empfindliche Beschränkungen der wenigen Großbetriebe würden diese umgehend mit einer zwangsweisen Änderung ihrer Struktur von Produktion auf Import, zum Schaden der österreichischen Volkswirtschaft, beantworten, da sie auf ihre eingefahrenen Verkaufswege keinesfalls verzichten würden. Weiters sollte neben den betriebswirtschaftlichen Grundsätzen auch auf ökologische Belange vermehrt geachtet werden, wobei vermehrt der Qualität der erzeugten Lebensmittel besonderer Stellenwert einzuräumen wäre. Außerdem müßten dem Konsumenten die Grundlagen moderner Tierhaltung durch seriöse Aufklärung vertraut gemacht und durch Produktwerbung die Sicherung des Absatzes erreicht werden.

3.2. Betriebsformen

Die einzelnen Betriebsformen sind sicherlich vorwiegend aus wirtschaftlichen und arbeitstechnischen Überlegungen entstanden, bieten aber auch in veterinärmedizinischer, hygienischer Hinsicht die beste Möglichkeit, ein Höchstmaß an hygienischer Vorsorge zu treffen, um die Gesundheit und damit die Leistungsfähigkeit der Tiere sicherzustellen und jene Qualität der Lebensmittel zu erreichen, die der Konsument heute fordert.

3.2.1. *Vermehrungsbetrieb oder Elterntierhaltung*

Die Elterntierhaltung befaßt sich mit der Aufzucht und Haltung von Zuchttieren zum Zweck der Erzeugung von Bruteiern. Dies stellt eine Ausnahme der strikten Trennung von Aufzucht und Haltung erwachsener Tiere dar, da in der Regel die aus dem Ausland bezogenen Eintagsküken einer Mast- oder Legehybridherkunft auf demselben Betrieb aufgezogen und auch als erwachsene Tiere gehalten werden. Die Elterntierhaltungen stehen in wirtschaftlicher Integration mit großen Brütereien, die ihnen die Abnahme der Bruteier sicherstellen. Die tierärztliche Versorgung dieser Betriebe geschieht meistens zentral von einem Tierarzt oder tierärztlichen Labor aus, damit durch gleichlaufende prophylaktische wie laufende Kontrollmaßnahmen die Qualität und Uniformität des Endproduktes sichergestellt werden kann.

3.2.2. *Mastbetrieb*

Masthybridküken werden bis zum Erreichen des Schlachtgewichtes 5–6 Wochen gehalten und dann an Schlächtereien abgegeben. Ungefähr 5 Mastdurchgänge sind pro Jahr vorgesehen; die gebräuchlichsten Stalleinheiten sind 8.000–12.000 Tiere. Die Mastbetriebe sind entweder in Genossenschaften zusammengeschlossen oder stehen mit privaten Schlachtereien in wirtschaftlicher Verbindung. Ausnahmen stellen die sogenannten Marktfahrer dar, die ihre selbst geschlachtete Ware auf den örtlichen Märkten anbieten.

3.2.3. *Junghennenaufzucht*

Diese Betriebsform befaßt sich mit der Aufzucht von Küken für Legehennen bis zum Erreichen der Legereife (18. bis 20. Woche). Diese Junghennen werden dann an die Ablegebetriebe verkauft. Wirtschaftliche Größenordnungen stellen Einheiten von 4000 Tieren auf Bodenhaltungen oder 8.000–12.000 Junghennen in Käfighaltungen dar. Junghennenaufzuchten werden in Integration mit Brütereien, die die erzeugten Junghennen an die Legebetriebe verkaufen oder vermitteln, betrieben oder sie stehen in wirtschaftlicher Verbindung mit Legebetrieben oder Eiervermarktungen.

3.2.4. *Ablegebetriebe*

In diesen Betrieben werden ausschließlich Legehennen zum Zweck der Konsumeiproduktion gehalten. Ökonomisch günstigste Mindestgrößen sind 5.000–12.000 Legehennen pro Einheit. Für eine lokale Eierversorgung können fallweise auch weniger Tiere wirtschaftlich gehalten werden. Die Eiervermarktung geschieht in Österreich auf verschiedene Weise. So kennen wir die Selbstvermarktung direkt an Letztverbraucher oder an Großverbraucher (Hotels, Gastgewerbe und Konditoreien) und an den Einzelhandel. Die Vermarktung des Konsumeies durch den Handel kann aufgeschlüsselt werden:
- ab Hof direkt an den Verteilungsgroßhandel (erst dort wird verpackt und sortiert)
- über Verarbeitungsstellen, sog. Verpackungsstellen
- Genossenschaft (z. B. Molkereien) oder Erzeugerringe als Sammel- und Verpackungsstellen
- sortiert und verpackt an Großhandelsketten

3.3. Die Grenzen der Hühnerhaltung in Österreich

Hat es schon immer, seit es eine wirtschaftsorientierte Hühnerhaltung gibt, Richtwerte und Grenzen für eine ökonomische Hühnerhaltung gegeben, so bezogen sich diese in erster Linie auf den Standort bezüglich der geographischen Lage, des Klimas, der Trinkwasserversorgung, eventuell noch auf die Vermarktungslage und den Arbeitskräftebedarf, kaum jedoch auf ökologische Richtwerte hinsichtlich der Beeinträchtigung der Umwelt.
Ebenso neu hinzugekommen sind nun auch Grenzen in wirtschaftspolitischer Hinsicht, nachdem die Verbrauchsgrenzen von Eiern und Geflügelfleisch erreicht und die Importe auf ein Minimum zurückgedrängt wurden.

3.3.1. *Der Standort*

Trägt sich ein Landwirt mit dem Gedanken, seinen Betrieb mit einer Hühnerhaltung zu erweitern, so ist sein Standort ein entscheidendes Kriterium dafür, ob eine Hühnerhaltung überhaupt begonnen werden kann und welche Betriebsform für ihn in Frage kommt. Folgende Punkte sollten dann beachtet werden:

3.3.1.1. *Geographische Lage und Klimazone*

Österreich gehört seiner klimatischen Lage nach, ähnlich dem süddeutschen Raum, einer kontinentalen, rauhen Klimazone an. Die Temperaturunterschiede

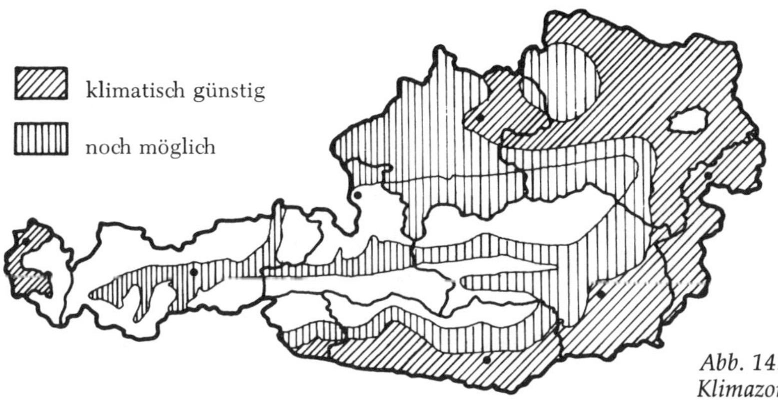

Abb. 14.
Klimazonen in Österreich.

zwischen Sommer und Winter, aber auch zwischen Tag und Nacht können gemäß der Wettersituation beträchtlich sein. Die mildesten Gegenden in Österreich findet man in der Umgebung von Wien, im Tullner Feld, längs des gesamten Donautals; mild sind große Teile der Steiermark und Kärntens; die Gebiete Oberösterreichs südlich der Donau, das ganze Burgenland und in Vorarlberg die Umgebung des Bodensees. In diesen Gegenden befinden sich auch, mit Ausnahme des Burgenlandes, die Ballungszentren der österreichischen Geflügelhaltung. Es soll damit nicht gesagt sein, daß es in anderen Gebieten Österreichs nicht möglich wäre, Hühner zu halten, doch in rauhen, windigen oder sogar höheren Lagen muß von Anfang an bei weitem mehr für die Gestaltung des Stallklimas, verstärkter Wärmeschutz und Heizung unternommen werden. Dies bedingt aber oft eine empfindliche Steigerung der Stallbau- und Betriebskosten.
Ohne Zweifel ist es daher von großem Vorteil, eine Hühnerhaltung in klimatisch günstigen Gegenden zu errichten. Wenn im Burgenland, besonders im Seewinkel, dem klimatisch wohl günstigsten Landstrich Österreichs, noch verhältnismäßig wenig Hühnerwirtschaft betrieben wird, so liegt der Grund, glaube ich, eher darin, daß dieses Bundesland bei der Erschließung für die moderne Hühnerhaltung von der Vermarktungs- und Absatzseite her nicht besonders ins Auge gefaßt worden ist.

3.3.1.2. *Trinkwasser*

Wichtig ist auch das Vorhandensein genügender Mengen von gutem Trinkwasser, auch in trockenen Zeiten. Man beachte, daß bereits in einer 4000-Hennen-Farm täglich 800 bis 1200 Liter Trinkwasser und noch dazu eine erhebliche

Menge Nutzwasser benötigt werden. Sofern keine Wasserleitung vorhanden ist, sehe man darauf, daß das Wasser auf eigenem Grund vorhanden ist und nicht etwa auf dem eigenen Brunnen Servitute lasten.

3.3.1.3. *Verkehrslage und Entfernung von der Vermarktung*

Ein sehr wichtiger Faktor für das Wohlergehen einer Geflügelhaltung liegt in der Entfernung von der Vermarktungsstelle. Die Transportkosten der verkaufsfertigen Ware stellen einen erheblichen Ausgabeposten dar. So muß man bedenken, daß ein Lastauto voll mit Schlachtgeflügel eine wesentlich wertvollere Ladung darstellt als dasselbe Ladegewicht mit Eiern; woraus ersichtlich ist, daß die Transportkosten bei Geflügelfleisch weniger preisbelastend sind, als dies bei Eiern der Fall ist.

3.3.1.4. *Arbeitskräftebedarf*

Solange die eigenen Familienangehörigen die Arbeit besorgen und ausreichen, kann diese Frage zurückgestellt werden. Anders wird es, wenn fremde Arbeitskräfte zur Bewältigung der laufenden Arbeit herangezogen werden müssen. Der Vorteil einer gut durchdachten Mechanisierung trägt viel zur Arbeitseinsparung bei. Rechnet man bei Bodenhaltung auf 5000 Legehennen etwa eineinhalb Arbeitsstunden täglich, so ist der tägliche Arbeitsaufwand für eine Person bei extremer Mechanisierung weitaus geringer; eine Person kann einschließlich der Verpackung der Eier 8000 bis 10.000 Tiere betreuen.
Die Meinung, daß die Mechanisierung und Automatisierung sowie die Anwendung elektronisch gesteuerter Geräte den Menschen weitgehend der Pflegearbeit enthebt, hat sich jedoch als falsch erwiesen. Im Gegenteil, jene Betriebe zeigen den besten Erfolg, wo sich der Betreuer in regelmäßigen Abständen immer wieder um das Wohlergehen seiner Tiere kümmert, rechtzeitig Fehler in der Automatik korrigiert und das Funktionieren der Geräte überwacht.
Volkswirtschaftlich gesehen, darf keinesfalls auf die Sicherstellung einer nicht unbedeutenden Anzahl von Arbeitsplätzen, gerade durch die größeren Betriebe in der Geflügelwirtschaft, vergessen werden. Vor allem sichern große Schlächtereien oft mehr als 100 Arbeitsplätze. In großen Legeherden werden Leute zur Betreuung der Tiere, zur Sortierung, Verpackung und zum Transport der Eier benötigt. Ebenso beschäftigen größere Brütereien eine Reihe von Arbeitskräften. Meistens sind dies Frauen aus nachbarlichen Arbeiterfamilien oder kleineren Landwirtschaften, die sehr froh darüber sind, in der Nähe ihrer Wohnung einen Arbeitsplatz vorzufinden. Rechnet man alle zusammen, die, selbständig oder unselbständig, in der Geflügelwirtschaft arbeiten, wird man auf ca. 15.000 Arbeitsplätze kommen.

3.3.2. *Umweltschutz*

Erst im letzten Jahrzehnt wurden sich die Menschen der hochindustrialisierten Länder der immer mehr zunehmenden Umweltverschmutzung und der dadurch entstandenen Gefahren bewußt. Der Mensch hat immer schon, seit frühesten Zeiten, seine Umwelt verändert und in irgendeiner Weise beeinträchtigt. Seit sich aber bei seinem Tun und Lassen Grenzen abzeichnen, welche ohne Gefährdung der Existenz vom Leben in bestimmten Bereichen nicht mehr überschreitbar sind, werden die Begriffe „Umweltforschung" und „Umweltschutz" immer mehr der Emotion der öffentlichen Meinung ausgeliefert. Man hat den Eindruck, daß sich diese Worte zur rechten Zeit eingestellt haben, obwohl das, was damit ausgedrückt werden soll, im weitesten Sinn dem entspricht, was man unter Ökologie versteht. Die Ökologie ist aber seit langem eine traditionsreiche Wissenschaft.
In zunehmendem Umfang befinden sich nunmehr auch die Landwirtschaft und die intensive Nutztierhaltung infolge der Möglichkeit einer durch die neuen Produktionsmethoden hervorgerufenen Umweltbelastung im Blickfeld der Öffentlichkeit. Allerdings ist die allgemeine Bedeutung der durch Tierhaltung verursachten Umweltbelastungen gemessen an den durch Industrialisierung und zunehmende Bevölkerungsdichte entstandenen Umweltschäden nur als mäßig einzustufen.
Echte Probleme des Umweltschutzes, speziell in der Geflügelhaltung, haben sich erst mit der Verbreitung und Vergrößerung der Intensivhaltungen ergeben. Mit einiger Einsicht sind jedoch diese Schwierigkeiten auch zum Nutzen der Tiere (Tierschutz) ohne allzu hohen Kostenaufwand lösbar.
Der Umweltschutz gliedert sich in der Hühnerhaltung vor allem in Bereiche der Reinhaltung der Luft, Geruchsbelästigung, Lärmbelästigung (Immissionsschutz) und Reinhaltung von Wasser und Boden (Abfallbeseitigung).

3.3.2.1. *Geruchsbelästigung*

Mit der Abluft werden aus Ställen neben Staub, Mikroorganismen, Kohlendioxid und Wasserdampf auch ständig Geruchsstoffe emittiert. Diese Geruchsstoffe stammen bei den Hühnern weniger von den Tieren selbst, als vielmehr von ihren Exkrementen.
Das Verhalten der einzelnen Menschen gegenüber Gerüchen ist sehr verschieden. Beachtlich ist der Einfluß der Gewöhnung, z. B. riechen Chemiker die Laboratoriumsluft nicht mehr. In Städten mit vielen Kanälen werden Fremde durch den Geruch stärker belästigt als Einheimische; Tierbetreuer empfinden die Stalluft oft nicht als unangenehm. Tabakrauch und schlecht riechende Luft in Wohnungen wird von den sich dort aufhaltenden Menschen meist nicht

Abb. 15.
Abluftführung über Dach ist zur Geruchsbeseitigung wesentlich günstiger.

wahrgenommen. Die Wirkung der Riechstoffe hängt sehr stark von ihrer Konzentration ab.
Die aus Hühnerställen entweichenden Geruchsstoffe sind bereits relativ stark verdünnt, da im Stall, mit Rücksicht auf Tier und Mensch, keine schädlichen Konzentrationen geduldet werden können. Die in die Außenluft gelangenden Geruchsstoffe sind, wenn sie auch in einem Wohngebiet in der Nähe belästigend wirken, wohl mit Sicherheit nicht schädlich, Belästigungen durch Gerüche aus der Abluft sind jedoch relativ leicht möglich.
Um Geruchsbelästigungen in Wohngebieten zu vermeiden, sollten in erster Linie alle Maßnahmen ergriffen werden, um Gerüche gar nicht erst entstehen zu lassen. Daher sind Sauberkeit im Stall und Stallhygiene oberstes Gebot. Eine Gasentwicklung ist in der Regel von den bakteriellen Abbauvorgängen abhängig und wird daher von der Luftzufuhr, Temperatur und Feuchtigkeit beeinflußt. Bei Bodenhaltungen ist daher erhöhtes Augenmerk auf das Trockenhalten der Einstreu zu richten, gleich wie bei Käfighaltungen die Trockenkotsysteme mit Trockenkotbeseitigung und Trockenkotlagerung zu bevorzugen sind. Je länger die Exkremente im Stall lagern und je größer ihre Oberfläche ist, was beispielsweise durch fehlerhafte mechanische Kotschiebeeinrichtungen über unebene Dungplatten gefördert wird, desto größer ist auch die Geruchsentwicklung. Die Geruchsentwicklung bei ungestörter Lagerung, wie es zum Beispiel beim Kotkellerstall der Fall ist, hat nur geringe Bedeutung.
Die mit Gerüchen behaftete Abluft aus Hühnerställen wird entweder seitlich durch die Außenwände oder über das Dach aus den Gebäuden entfernt. Je weiter die Luftaustrittsöffnung vom Aufenthaltsbereich der Menschen entfernt ist, desto schneller kann ein ausreichender Verdünnungseffekt erreicht werden. Deshalb ist eine Abluftführung über das Dach günstiger als seitlich über die Außenwände.

3.3.2.2. *Staubentwicklung*

Geflügelhaltung ist immer mit der Entstehung von Staub verbunden. Der Stallstaub setzt sich zusammen aus abgestoßenen Feder- und Hautteilchen, getrockneten Kotpartikeln, Staubteilen aus Futtermitteln und Einstreu. Er kann Träger von Geruchsstoffen, Mikroorganismen, Viren und parasitären Dauerformen sein. Staubbildung ist nicht so sehr von Temperatur und Feuchtigkeit der Stalluft, sondern von der Bewegung der Tiere abhängig. Trotzdem kann durch gezielte Abluft- und Umluftführung regelmäßige Raumluftdesinfektion, Luftbefeuchtung und Entstaubung durch Kehren oder besser mittels entsprechend großen Staubsaugegeräten der Staub-, Keim- und Gasgehalt der Luft im Stall erheblich herabgesetzt werden.

3.3.2.3. *Lärmschutz*

Geräusche treten in der Hühnerhaltung durch den Einsatz von Be- und Entlüftungsanlagen (Ventilatoren) auf. Geräusche sind exakt meßbar; sie werden in Dezibel (db) oder Phon angegeben. Für alle Maschinen, also auch für die Ventilatoren, die in unmittelbarer Nähe von Wohn- und Arbeitsstätten laufen, gelten Richtlinien, die den höchstzulässigen Geräuschpegel festlegen. Alle im Handel befindlichen Geräte werden dahingehend geprüft. Allerdings garantiert dies noch nicht den belästigungsfreien Betrieb, der von der Bedienung und Wartung abhängt.
Bei der Bewertung von Tiergeräuschen, dem Gackern der Hennen oder dem Krähen des Hahnes, besteht noch keine Klarheit über die Belästigungsgrenze. Der Geräuschpegel liegt zwar meist unter dem zulässigen Wert, vor allem bei ausschließlicher Stallhaltung, die Geräusche treten jedoch, besonders bei den Hähnen, in unregelmäßigen Intervallen mit verschiedener Intensität auf und haben einen großen Anteil an hohen Frequenzen, die besonders störend empfunden werden. Gerichtsentscheidungen fallen daher in diesen Fragen sehr unterschiedlich aus.

3.3.2.4. *Die Kotbeseitigung*

Die tierische Veredelung in Großbeständen hat mancherorts bereits zur Konfrontation mit den Problemen des Umweltschutzes geführt. Sie wird dann problematisch und für eine Reihe von Betrieben zur Existenzfrage, wenn sie unabhängig von landwirtschaftlichen Nutzflächen betrieben wird oder die Bestände einen solchen Umfang erreichen, daß die Exkremente und Abfälle nicht mehr auf eigenen Betriebsflächen verwertet und anderwertige Abnehmer nicht mehr gefunden werden können. Dann müssen diese Abfallprodukte

gefahrenlos und zugleich möglichst geruchlos beseitigt oder, was besser wäre, einer sinnvollen Verwertung zugeführt werden.
Wie ernst dieses Problem zu nehmen ist, veranschaulicht uns die Tatsache, daß ein Legehuhn im Ablauf eines Jahres rund 64 kg Frischkot absetzt.
Ein Legebetrieb mit 10.000 Legehühnern muß die Ausbringung, Lagerung und Verwertung von 640 Tonnen Kot umweltschonend bewältigen. Allerdings kann der Hühnermist mit seinem hohen Nährstoffgehalt als wertvoller Volldünger eingesetzt werden und erspart den Kauf von Handelsdünger. Der optimale Einsatz des Hühnerdüngers im Pflanzenbau setzt eine richtige Behandlung des Hühnerkotes voraus, wodurch die Qualität und der Nährstoffgehalt des Kotes erhalten bleiben.
Feuchter und nasser Hühnerdung führt in zweifacher Hinsicht zu Problemen; so werden die Handhabung im Stall und das Ausbringen erheblich erschwert. Feuchtkot enthält 75–80% Wasser und begünstigt anaerobe Bakterien, die bei Sauerstoffmangel aktiv werden und unangenehme Gerüche verursachen.
Beläßt man feuchten Frischkot längere Zeit in Düngergruben und Dunganlagen, ohne sich um die biologischen Um- und Abbauprozesse zu kümmern, findet man beim Räumen eine Kotmasse in schlechtestem Zustand vor. Vom Düngewert ist viel verlorengegangen, das Material ist naß, fahlig und verbreitet unzumutbaren Gestank. Verschiedene Verfahren, wie die Heißlufttrocknung, das Trocknen durch Zumischen von Torf oder saugfähigen Kunststoffen sowie der Oxidationsgraben und das Kaltbelüftungsverfahren zur Steuerung des Vergärungsprozesses wurden entwickelt, damit der Kot in einem lager- oder transportfähigen Zustand überführt werden kann. In gleicher Weise kann auch die Erzeugung des sogenannten Geflügelkotkalkes gewertet werden, bei der der aus der Batteriehaltung anfallende Kot je Wassergehalt mit ca. der gleichen Menge Branntkalk vermischt wird, wodurch nach der chem. Formel $CaO + H2O \rightarrow Ca\ (OH)_2$ ein Teil des Wassers gebunden wird und ein weiterer Teil durch die dabei entstehende Wärme das weitere Wasser zum Verdunsten bringt. Weitere chem. Reaktionen und die hohen Temperaturen unterbinden nachhaltig die Entwicklung der „Duftstoffe". Wenn auch bei dieser Prozedur ein Drittel des ursprünglich vorhandenen Stickstoffgehaltes durch das flüchtige Ammoniak verlorengeht, so entsteht ein gut streufähiges Produkt, bei dessen Wiederbefeuchtung nach dem Aufbringen auf die Bodenfläche im Gegensatz zum Trockenkot keine erneute Geruchsbildung auftritt.
Neben dem Kalkgehalt von rund 40% CaO enthält der Geflügelkotkalk ca. je 0,5% Stickstoff, Phosphorsäure, Kaliumoxid und 6–10% organische Substanz sowie eine Reihe von Spurenelementen. Die geringste Umweltbelastung verursacht trockener Hühnerkot. Bei modernen Käfighaltungen wird danach getrachtet, durch längere Lagerung des Kotes im Stall und geregelte Luftzufüh-

rung den Hühnerdung soweit zu trocknen, daß er seine unangenehmen Eigenschaften verliert. Dabei handeln wir entgegen der Auffassung, daß die Tierausscheidungen sofort entfernt werden müssen, wenn man ein optimales Stallklima erreichen will. Leistungsbegünstigtes Klima und Kotlagerung im Stall schließen sich aber nicht aus, sofern die Wärmeverhältnisse in Ordnung sind und die Luftführung im Stall den Aufgaben der Kottrocknung gerecht wird. Schließlich arbeiten wir nach diesem Prinzip schon länger in der Bodenhaltung bei der Mast und mit Kotkasten und Einstreu bei der Haltung von Elterntieren, wobei uns in neuester Zeit die Technik des Wärmeaustauschers erheblich unterstützt. Nicht unerwähnt darf hier der große Vorteil des Kotkellerstalles bleiben, wo der Batteriekot aus den Käfigen täglich in den darunter befindlichen Keller hinunterfällt und durch sinnvolle Luftführung einer ständigen Trockung ausgesetzt wird.
Während bei einfacher Kotbelüftung ohne Einsatz zusätzlicher Ventilatoren und mechanischer Auflockerung der Dung von 70 bis 80% auf ca. 50% Wassergehalt getrocknet werden kann, gelingt es bei einem kombinierten System des Wendens und Lüftens je nach Intensität und Aufwand den Kot so stark zu trocknen, daß er nur noch ca. 15% Wasser enthält. Nutzt man abgetrockneten Geflügeldung zur Abdüngung betriebseigener Flächen, ist ein Kotwassergehalt von ca. 30% nicht mehr störend.

3.3.2.5. *Düngerwert – Bodenbelastung*

Um den Düngerwert des Hühnerkotes zu beurteilen, muß der durchschnittliche Nährstoffgehalt einigermaßen bekannt sein.

Tabelle 3. Durchschnittliche Nährstoffgehalte in 10 m³ bzw. 10 Tonnen Hühnergülle, Hühnerkot und Hähnchenmist (in kg)

	N	P_2O_5	K_2O	CaO	MgO	Mn	Zn	Cu
10 m³ Hühnergülle 15% Tr.M.	100	80	50	150	15	0,06	0,05	0,008
10 t Hühnerlagerkot 50% Tr.M.	240	230	160	320	40	0,15	0,15	0,03
10 t Hühnertrockenkot 80% Tr.M.	380	390	260	520	65	0,24	0,24	0,04
10 t Hähnchenmist 40% Tr.M.	130	110	60	340	30	0,12	0,11	0,02

Daraus ergibt sich eine Faustregel, die die Abhängigkeit vom Tierbesatz des Betriebes und des notwendigen Ackerlandes festlegt. Langfristig sind daher je ha Ackerland verträglich: 300 Hennen oder 1.000 Masthähnchenplätze = ca. 5.000 Masttiere pro Jahr.

Zusammenfassend ist daher auszusagen, daß bei fachgerechter, nährstofforientierter Verwertung von Hühnergülle, Hühnermist, Hähnchenmist und getrocknetem Hühnerkot dieser Dünger mit bestem Erfolg nach Art von Volldünger in fast allen Bereichen der Landwirtschaft und des Gartenbaues verwendet werden kann. Entscheidend ist, daß Landwirte und Gärtner diese in jeder Hinsicht wertvollen Düngemittel aus der Hühnerhaltung ebenso fachgerecht verwenden, wie dies bei Mineraldünger üblich ist. Nur so werden Überdüngungen vermieden und Schaden an Grundwasser (Nitratbelastung) und Umwelt verhindert.

3.3.3. *Baugenehmigung*

Aus allen diesen vorangegangenen Überlegungen und einem immer mehr an Bedeutung gewinnenden Umweltschutz sollen vor Baubeginn eines größeren Hühnerstalles alle Gesichtspunkte wohl erwogen und entsprechende Baugenehmigungen eingeholt werden.
Viel Ärger und Beanstandungen können erspart bleiben, wenn Geflügelgroßstallungen nicht direkt in oder nahe an verbautem Siedlungsgebiet errichtet werden. Es ist eine berechtigte Forderung, daß unangenehme Gerüche aus Tierhaltungen weitgehend vermieden werden und Standorte für Geflügelstallungen so ausgesucht werden, daß keine Belästigung der Nachbarschaft erfolgen kann. Die Bauvorschriften sind manchmal eine gefährliche Klippe, besonders in der nächsten Umgebung von Städten oder Fremdenverkehrsorten. Die Baugenehmigung ist daher vor Errichtung eines neuen Stalles von der Behörde einzuholen. Die Behörde selbst wird sich in vielen Dingen nach dem ÖKL-Baumerkblatt Nr. 38 betreffs des Immissionsschutzes in der Tierhaltung ausrichten. Diese Baumerkblätter sind im Kuratorium für Landtechnik, 1041 Wien, Schwindgasse 5, jederzeit erhältlich.

3.3.4. *Die wirtschaftlichen Grenzen*

Seit Beginn der 80er Jahre vermag die österreichische Geflügelwirtschaft zur Gänze den Bedarf an Masthühnern und Eiern zu decken und hat auch den Import, dank des gesetzlich geregelten Importausgleiches aufgrund eines Schwellenpreises, auf ein unabwendbares, handelspolitisch notwendiges Minimum zurückdrängen können.
Einerseits ein erfreulicher Zustand, der aber andererseits eine weitere Ausweitung der Produktion verbietet. Damit müssen wir zur Kenntnis nehmen, daß wir an der Grenze unseres Verkaufsvolumens immer wieder in eine Situation der Überproduktion gelangen können. Nur durch besondere Anstrengung,

gesteigerte Werbung, Sonderaktionen (z. B. SOS-Kinderdorf), Sonder- und Billigpreisaktionen kann dieser Überhang abgebaut werden.
So stehen wir gegenwärtig mitten in einem neuerlichen Strukturwandel. Soweit dieser Strukturwandel von der wirtschaftlichen Seite ausgelöst wird, kennzeichnet er sich durch einen unguten Verdrängungswettbewerb der Kopfbetriebe. Versuche, zu weiteren Produktivitätssteigerungen, Erweiterung des Marktes beim Schlachtgeflügel auf Tiefkühlware und Hühnerteile sowie beim Ei auf Eiprodukte wie Eipulver und Ei-Zucker-Gemisch, welches leider noch immer zum Großteil importiert wird, werden nur zaghaft versucht.
Das Landwirtschaftsministerium versuchte mittels der Novelle 1982 zum Viehwirtschaftsgesetz die Produktion einzuschränken und macht Bestände, die über eine bestimmte Größe hinausgehen, bewilligungspflichtig.
Folgende Tierbestände dürfen derzeit ohne Bewilligung gehalten werden:

400 Mastschweine oder
50 Zuchtsauen oder
22.000 Masthühner oder
10.000 Legehennen oder
22.000 Junghühner oder
12.000 Truthühner

Jeder der genannten Bestände entspricht dem höchstzulässigen Gesamtbestand von 100%; werden mehrere dieser Tierarten gehalten, so dürfen die Bestände insgesamt nicht mehr als 100% betragen. In absehbarer Zeit wird sogar noch an eine Verschärfung dieses Viehwirtschaftsgesetzes gedacht. Weiters wurde versucht, am Mastgeflügelsektor ein Quotenkartell auf freiwilliger Basis zu errichten.
Strukturwandel wird in der Gegenwart jedoch nicht allein von wirtschaftlichen Faktoren ausgelöst. Wie in vielen Bereichen des öffentlichen und privaten Lebens werden in Zeiten des Überschusses und der Hochkonjunktur strukturelle Änderungen auch durch neuzeitliche Ideologien und Idealvorstellungen hervorgerufen.

3.3.5. *Ideologische Beeinflussung der Geflügelwirtschaft*

Es ist eine unbestrittene Tatsache, daß die zivilisatorische Entwicklung in den letzten 100 Jahren in den Industrieländern neben den enormen Wohlstandssteigerungen und Arbeitserleichterungen auch neue Risiken hat entstehen lassen: Die Entdeckung der Kernspaltung und Kernfusion führte zur Atombombe, die Motorisierung kostet jährlich eine hohe Zahl von Verkehrstoten; lebensrettende Medikamente können schädliche Nebenwirkungen haben. Schreckensbotschaften wie Waldsterben, Babysterben, Gift im Wasser, auf Feldern und in der Luft, todbringende Strahlungen aus Kernkraftwerken, vergiftete und mit Salmonellen oder anderen bakteriellen Erregern kontaminierte Lebensmittel erzeugen geradezu „Urängste" im Menschen und sprechen vor allem Jugendliche mit ihrer Sehnsucht nach einer „besseren Welt" an. Diese Sehnsucht nach einer „heilen Welt" zeigt sich aber auch in einem überspitzten Anthropomorphismus, einer übertriebenen Vermenschlichung der Tiere und findet seinen Niederschlag in einem über alle Maßen gesteigerten Tierschutzgedanken, der sich besonders gegen die intensive Haltung landwirtschaftlicher Nutztiere richtet.

Diesen schweren Vorwürfen und Anschuldigungen müssen aber gerechterweise eine Reihe gegenteiliger Tatsachen entgegengehalten werden: So hat in der Geschichte der Menschheit niemals eine Generation den Schritt zurück getan und erworbenes Wissen vergessen können; im Gegenteil, alle negativen Elemente, die in einem Fortschritt neben den guten und positiven Errungenschaften vorhanden sind, müssen durch weitere Forschung weitgehend abgebaut werden. Der Weg zurück in ein imaginäres „verlorenes Paradies" ist ungangbar und würde ausnahmslos ins Verderben führen. Wir können aber getrost in die Zukunft schauen, wenn man nicht allein die negativen, sondern auch die positiven Seiten des Lebens betrachtet. Trotz all dieser Risken hat sich die mittlere Lebenserwartung in Europa in den letzten hundert Jahren fast verdoppelt. Es sind auch keine Zunahmen von Geburtenmißbildungen festzustellen, und die Kindersterblichkeit hat abgenommen. Zwar sterben heute mehr Menschen an Krebs als früher; Krebs tritt jedoch vor allem bei älteren Menschen auf, die es nun einmal in größerer Anzahl gibt als früher.

Unsere Lebensmittel werden in immer besserer und bekömmlicherer Qualität angeboten, und nur Zweifler finden überall Toxine. Erfolge sind eben kein Thema für Massenmedien und werden, da sie nicht gehört, gesehen oder gelesen werden, einfach nicht präsentiert.

Soweit es die Geflügelwirtschaft betrifft, sind im letzten Jahrzehnt mehr Gesetze hinsichtlich Umweltschutz, Hygiene und zur Kontrolle der Lebensmittel in Kraft getreten als all die Jahrzehnte zuvor, und eine Novellierung des Tierschutzgesetzes wird in Kürze nachgeholt. Der Gesetzgeber hat es dabei gar nicht leicht, denn es besteht die Gefahr, daß alle diese relevanten Themen immer weniger durch Rationalität und Fachwissen und immer mehr durch emotionsgeladene Irrationalität gesteuert werden; dann jedoch drohen Fehlentscheidungen und Fehlinvestitionen größten Ausmaßes, dieses wiederum würde die Effizienz des Zusammenlebens und der Volkswirtschaft gefährden.

So ergibt sich auch für die zukünftige Geflügelwirtschaft infolge der Kumulierung zwischen Ökonomie und Ökologie ein Strukturwandel, der im gegenwärtigen Jahrzehnt begonnen hat und weitergeführt werden muß. Es wird einiger

Anstrengung bedürfen, wobei auch der Konsument sein Scherflein beitragen wird müssen, um das Erreichte abzurunden und abzusichern. Vor allem müssen die Grenzen in jeder Hinsicht zur Kenntnis genommen werden. Nur auf wohldurchdachten Grundlagen wird die Geflügelwirtschaft weiterhin neben ihren ökonomischen Grundregeln auch die Verantwortung für das Wohlergehen zukünftiger Generationen übernehmen können.
So soll gerade in diesem Buche der Versuch unternommen werden, die Ökonomie mit einem realistischen Maß Ökologie in Übereinstimmung zu bringen, wobei die Gesundheit und das Wohlergehen unserer Hühner in folgerichtiger Verbindung für eine zufriedenstellende Leistung in den Mittelpunkt unserer Betrachtungen gestellt wird.

4. Unbelebte Umwelt und deren Gestaltung

Grundsätzlich hat die Haltung der Hühner so zu geschehen, daß durch gute Fütterung das genetische Leistungspotential voll zur Geltung kommen kann, ohne daß Nachteile für die Gesundheit, für die Lebenskraft und die Fortpflanzungsfähigkeit der Tiere entstehen. Dieser Grundsatz gilt für alle Aufstallungen, ob extensive Auslaufhaltung oder intensive Boden- wie Käfighaltung. Wesentlich ist, daß jede Haltungsform auf eine bestimmte Betriebsgröße und für einen entsprechenden Zweck abgestimmt ist, somit ihre eigenen Richtlinien hat, die strengstens eingehalten werden müssen. Werden diese Richtlinien eingehalten, ist jede Haltungsform sowohl vom veterinärmedizinischen Gesichtspunkt als auch vom Tierschutz her akzeptabel, und die Lebensmittel, die in solchen Haltungsformen erzeugt werden, werden von guter Qualität und für den menschlichen Genuß voll tauglich sein.

4.1. Extensiv- oder Auslaufhaltung

Bei der extensiven Auslaufhaltung verbringen Junghühner ab der 8. bis 10. Lebenswoche oder Legehühner die meiste Zeit des Tages auf einer gut mit Gras bewachsenen Weide. Junghühner finden in der Nacht Unterschlupf in kleineren Aufzuchtställen oder -hütten, während Legehennen entsprechend eingerichtete Legestallungen benötigen. Die Aufzucht der Eintagsküken bis ungefähr 10 Wochen erfolgt gleichlaufend wie bei der intensiven Haltung in geschlossenen, beheizten Aufzuchtstallungen. Als Vorteile einer Weidehaltung werden, zum Teil auch heute noch, die spezifischen Wirkungen des Auslaufes ins Treffen geführt. Doch kann über die tatsächliche Wirkung der Bewegung im Auslauf nur wenig ausgesagt wrden; es ist immer wieder nur Suchen nach Futter, also Arbeit. So kann auf die ernährungsphysiologische Leistung des Auslaufes zur Gänze verzichtet werden, da heute vollwertiges Futter zur Verfügung steht. Auch die Sonnenbestrahlung ist für die Gesundheit und Widerstandsfähigkeit der Tiere nicht mehr von unentbehrlicher Bedeutung, seitdem das Vitamin D_3, welches einstmals nur durch die Bestrahlung der Tiere mit dem ultravioletten Spektrum des Sonnenlichtes entstehen konnte, bereits in ausreichender Menge mit dem Futter verabreicht wird. Auch das psychische Verhalten des Huhnes darf nicht vermenschlicht werden, es muß analog der entwicklungsgeschichtlichen Entwicklung des Gehirnes dort eingereiht werden, wo es hingehört. Das Erinnerungsvermögen des Huhnes ist nur höchstens

Abb. 16.
Unterteilte Auslaufhaltung, großer Flächenbedarf, nicht nutzbar in den Wintermonaten (Holland 1960).

Abb. 17.
Mißglückter österreichischer Versuch einer Auslaufhaltung von Mast-Elterntieren auf beschränktem, bald verkotetem Auslauf (1964).

3 bis 4 Tage geprägt, so daß eine rasche Gewöhnung an eine neue Umgebung ohne Schwierigkeiten stattfinden kann. Ist das Tier aber an die Umgebung gewöhnt, dann fühlt sich eine Auslaufhenne im Auslauf und eine Käfighenne im Käfig am wohlsten.

Abb. 18.
Veraltete, extensive Junghennenaufzucht. Trotz großer Auslauffläche entstehen rund um die Hütten kahle Stellen und starke Verkotung. Gefahr für Verwurmung und Kokzidiose (1962).

Abb. 19.
Trotz reichlichem Auslauf verkoten die Stellen rund um Unterkünfte, Futter und Tränkgefäße.

Die Nachteile einer Auslaufhaltung überwiegen heute bei weitem:
Die unkontrollierbare Umwelt der Freilandhaltung, vor allem die Schwierigkeiten bei Regen und Schnee in der kalten Jahreszeit, stellen das größte gesundheitliche Risiko für Hühner dar.
Der Kontakt mit den eigenen Ausscheidungen führt oft schon nach wenigen Monaten trotz Wechselausläufen zum Problem der „Hühnermüdigkeit", nichts anderes als eine Verseuchung des Bodens mit bakteriellen und parasitären Krankheitserregern und Krankheitsüberträgern, sog. Zwischenwirten und Stapelwirten. Schnecken, Regenwürmer und Insekten übernehmen die Funktionen von Zwischenwirten und Überträgern von Infektionskrankheiten. Bakterielle Krankheiten wie Salmonellosen, Pullorumseuche und Tuberkulose sowie

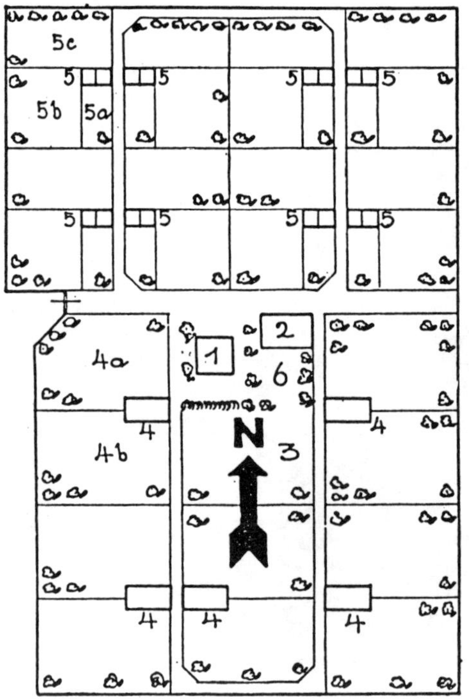

Abb. 20.
Hühnerhaltung vor dem 2. Weltkrieg (O. Hübner 1930).
Eierfarm für 1500 Hennen mit Wechselausläufen. 1. Wohnhaus, 2. Wirtschaftsgebäude, 3. Gemüsegarten, 4. Legehäuser (12×6 m) für je 300 Hennen, 4a und 4b. Wechselausläufe für Legehennen, 5. Kückenaufzuchtställe (6×3½ m) mit Warm- und Kaltraum, 5a. Auslauf für die Kücken in den ersten sechs Wochen, 5b. Auslauf für Junghennen im ersten Jahr und 5c. desgleichen im zweiten Jahr, 6. Düngerstätte.

parasitäre Krankheiten wie Kokzidiose und Verwurmungen sind bei Auslaufhühnern keine Seltenheit und führen zu vermehrtem medikamentellem Einsatz.

Legt man weiters den Flächenbedarf einer Legehenne aus vorgenannten hygienischen Gründen mit 20 m² zugrunde, so benötigen 100 Hennen bereits 2000 m² Weidefläche; eine Vergeudung von Grund und Boden. Damit ist der Auslaufhaltung für Jung- und Legehennen eine Grenze gesetzt; sie verliert für Hühnerbestände von mehr als 500 Hennen jede Berechtigung und muß als nicht zeitgerecht abgelehnt werden.

4.2. Halbintensiv-Haltung

Betriebe, die meinten, mit weniger Fläche für eine Auslaufhaltung auszukommen, versuchten es mit geringeren Auslaufflächen. Da diese eingezäunten Kleinausläufe jedoch in kürzester Zeit verkoteten, hatte man den Einfall, diese

Abb. 21.
Halbinterne Haltung, eingeschränkter, betonierter Auslauf (Versuch 1960).

mit einer abwaschbaren Betondecke zu versehen. Diese Haltungsform war infolge der ständigen Säuberung außerordentlich arbeitsintensiv und hat sich auch aus hygienischen Gründen nicht bewährt.

4.3. Stall- oder Intensivhaltungen

Die Intensiv- oder ausschließliche Stallhaltung stellt nichts anderes dar, als die logische Folgerung einer Flucht vor der unkontrollierten Umwelt der Freilandhaltung in eine kontrollierte Umwelt, wo die Tiere geschützt werden vor ihren eigenen Ausscheidungen, vor den Einflüssen der jahreszeitlichen Witterung, vor Krankheitsüberträgern sowie vor Wild- und Greifvögeln. Nur durch die

Abb. 22.
Erste Versuche der Intensivhaltung, leerstehende, ungenutzte Gebäude werden als Hühnerställe adaptiert (1961).

Abb. 23. Kleine Legehennenhaltung, Tiefstreu, Futtertröge aus Holz und Einzellegenester, ehemaliger Rinderstall.

ganzjährige Stallhaltung ist es möglich geworden, auch in den Herbst- und Wintermonaten Frischeier und frisches Geflügelfleisch zu haben.
Die Intensivhaltung wird je nach ihrer Einrichtung als eine Bodenhaltung oder Käfighaltung betrieben. Für Aufzucht- und Legetierhaltungen kommen beide Formen in Frage, während für die Mast nur die Bodenhaltung in Österreich praktiziert wird.

4.3.1. *Stallgröße*

Die Stallgröße ist außer vom Verwendungszweck auch von der Besatzdichte und der Tierzahl abhängig. Folgende allgemeine Richtlinien gelten für den Raumbedarf:

Tabelle 4: Bodenhaltung – Platzbedarf

	Alter	Tierzahl/m^2
Aufzuchtküken	bis 6 Wochen	17–20
(Legetyp)	6–12 Wochen	10
Junghühner (Legetyp)	12–20 Wochen	8
Legehennen (Legetyp)	Legeperiode	5–6
Aufzuchtküken (Masttyp)	bis 12 Wochen	8–10
Junghennen und Legehennen (Masttyp)	Junghennenperiode und Legezeit	4–5
Legehennen (Zwerg-Masttyp)	Legezeit	5–7
Jungmasthühner	je nach Gewicht 1,30–2,00 kg	15–20 (27,5 kg/m^2)

Wenn der Stall nun die Funktion des Schutzes vor Witterung und Krankheit übernehmen und eine Leistung der Tiere das ganze Jahr über garantieren soll, so müssen Standort, Stallklima und Einrichtung der Nutzungsart des Geflügels angepaßt sein. Der Stall muß belüftet und eventuell auch beheizt sein; außerdem müssen die Besatzdichte, die Beleuchtung, der Tränk- und Futterplatz entsprechen. Der Stall soll Krankheiten vermeiden, darf aber andererseits durch seine moderne Automatisation und Technologie keine anderen Krankheiten, sogenannte Technopathien, hervorrufen. Bei der Käfig- und Batteriehaltung sollte die vom Hersteller empfohlene Besatzdichte nicht überschritten werden. Im allgemeinen gelten folgende Richtwerte, die bezüglich der Käfiggrößen in der EWG nach langdauernden Verhandlungen festgelegt wurden:

Tabelle 5: Käfighaltung – Platzbedarf

	Alter	Tierzahl/m²
Aufzuchtküken (Legetyp)	1.–2. Woche	80–100
	3.–4. Woche	50–70
	5.–20. Woche	20–30
Masttiere	je Schlachtgewicht 1,30 kg–2,00 kg	15–20 (27,5 kg/m²)

Für Legehennen ist eine Mindestfläche von 450 cm² je Tier vorgeschrieben. Die Höhe des Käfigs muß für 65% der Bodenfläche 40 cm betragen und darf an keiner Stelle niedriger als 35 cm sein. Als Futterplatz müssen jeder Henne 10 cm zur Verfügung stehen. Die Neigung des Bodengitters darf 8° oder 13% nicht übersteigen.

Diese Grenzwerte in der EWG besagen, daß in den derzeit gebräuchlichen Käfigen 5 Hennen Platz finden. Trotzdem zeigt sich aus langjähriger Erfahrung, daß 4 Hennen pro Käfig, besonders bei mittelschweren, braunen Legehybriden, viel sicherere und bessere Leistungen erbringen. Die Ökonomie wird trotz der Verringerung der Besatzdichte nicht geschwächt, die Pickordnung wird eher gewahrt, die Legeleistung in Streßsituationen leichter beherrscht und im heißen Sommer das Stallklima günstiger beeinflußt. Damit wäre der Platzbedarf vom Standpunkt des Tiermediziners zwischen 500–600 cm² als optimal zu bezeichnen.

Diese Zahlen beziehen sich auf gut eingerichtete Intensivstallungen, wobei eine Ventilationsrate von 3,6 m³ Luft je Stunde für 1 kg Körpergewicht zugrunde gelegt wird.

Aus diesen Zahlenangaben können die benötigten Stallgrößen errechnet werden.
Um ein Beispiel zu nennen, reicht ein Stall von ca. 500 m^2 (10 m × 50 m, 12 m × 42 m, oder 15 m × 34 m) für ca. 3000 bis 3500 Legetiere des leichten Typs in Bodenhaltung. Bei der Flat-Deck-Käfiganlage oder beim Stufenkäfig kann man bereits 9 bis 10 Tiere/m^2 Stallbodenfläche annehmen; somit würde der gleich große Stall bei Käfighaltung bereits für 4500 bis 5000 Tiere ausreichen und bei Batteriehaltung, mit ca. 15 Tieren/m^2 Stallbodenfläche, für 7500 Tiere. Die Ventilation muß selbstverständlich auf die jeweilige Tierzahl abgestimmt werden. Aus wärme- und lüftungstechnischen Gründen darf die Stallbreite bei größeren Beständen niemals unter 10 m und nicht über 15 m gewählt werden. Nur für Kleinstallungen (bis zu 500 Lege- oder Masttiere) kann auf die 5 bis 6 m Stallbreite zurückgegangen werden.

4.3.2. *Fundament des Stalles*

Das Fundament des Stalles wird in der Regel aus Beton hergestellt und muß wegen eventuell auftretender Frostschäden mindestens 60 bis 70 cm tief in den

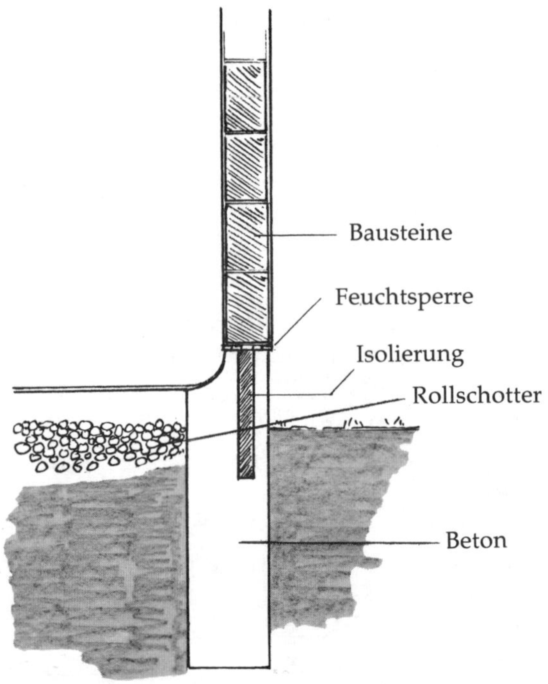

Abb. 24. Isolierung des Fundamentes.

Boden versenkt werden. Aus dem Erdboden soll das Fundament mindestens 20 bis 30 cm hoch herausragen und im Normalfall 20 bis 30 cm breit sein. Da aber ein 20 bis 30 cm starkes Fundament eine schlechte Wärmedämmung aufweist, empfiehlt es sich, in die Zementstruktur eine Isolierschicht, am besten Schaumstoff oder Glaswolle, einzubauen. Damit wird das Schwitzen des Sockels im Winter verhindert, das Feuchtwerden der Einstreu bei Bodenhaltung vermieden. Über dem Fundament darf niemals auf eine Feuchtigkeitsisolierung (Teerpappe, Aluminiumfolie) vergessen werden, damit die Bodenfeuchtigkeit nicht in die Stallwände aufsteigen kann.

4.3.3. *Stallboden*

Der Stallboden wird genauso wie das Fundament aus Beton hergestellt. Unter der 10 bis 12 cm dicken Schicht ist für eine gute, mindestens 30 bis 40 cm tiefe Unterbettung mit grobem Material (Rollschotter, Kies, Mauerschutt) zu sorgen, wodurch das Aufsteigen der Feuchtigkeit verhindert wird. Ein trockener Boden senkt beträchtlich die Invasionsgefahr der Parasiten. Eine 2 bis 3 cm dicke Estrichschicht, nach unten gut mit Teerpappe isoliert, soll den Boden fugenfrei und glatt machen; je glatter der Boden ist, desto besser kann er gereinigt werden und umso weniger Oocysten, Wurmeier und Bakterien können der Desinfektion entgehen.

4.3.4. *Stallwände*

Die meisten Geflügelstallungen in Österreich werden in Massivbauweise errichtet. Hohlblock- und Schlackbetonziegel oder Ytongbausteine werden vorteilhaft verwendet. Gleichgültig, welche Bausteine verwendet werden, gilt es, durch gute Wärmeisolierung ein optimales Stallklima zu erreichen. Die Wände müssen dem Temperaturdurchgang größtmöglichen Widerstand entgegensetzen; nur auf diese Weise kann die von den Tieren erzeugte Eigenwärme zur Stallerwärmung ökonomisch ausgenützt werden. Ausreichende Wärme ist unbedingt notwendig für das Wohlbefinden der Tiere und Voraussetzung für die Durchführung der Zwangsbelüfung im Intensivstall. Schlechte Wärmedämmung kostet Geld, einerseits durch erhöhte oder zusätzliche Heizung und gesteigerte Futteraufnahme, andererseits auch geringere Legeleistung und leichtere Krankheitsanfälligkeit der Tiere. Daher ist es notwendig, die Wände durch Isolierstoffe wie Mineralfasermatten, Holzwolle-Leichtbauplatten oder Schaumstoffe zu verstärken und abzudämmen. Sehr von Vorteil ist die Verwendung von Fertigbauteilen zur Errichtung eines Stalles, diese sind ausgezeichnet isoliert und werden von den Stallbaufirmen für jede Stallgröße preiswert hergestellt.

Abb. 25.
Die Wärmedämmung der Massivmauern durch Isolierstoffe ist unbedingt notwendig.

Für die Berechnung des Wärmehaushaltes ist die Kenntnis der Wärmeleitzahl und der k-Wert der Baustoffe notwendig. Der k-Wert gibt die Wärmemenge in kcal an, die in einer Stunde bei einem Temperaturgefälle zwischen Innen- und Außenluft von 1° C durch 1 m^2 eines Bauteiles hindurchgeht. Als anschauliche Vergleichseinheit wird in der Regel die Vollziegelwand herangezogen. In unserem rauhen Klima sollte ein Mindestwärmeschutz erreicht werden, der ohne Heizung einer 100 cm dicken und mit Heizung einer 50 cm dicken Vollziegelwand entspricht.
Um all den Schwierigkeiten der Berechnung aus dem Weg zu gehen und die Sicherheit zu haben, daß der Stall richtig gebaut wird, ist die fachmännische Beratung eines Architekten oder Baumeisters zu empfehlen.

4.3.5. *Stalldecke und Dach*

Die beste Isolierung der Wände kann nicht voll zur Geltung kommen, wenn nicht in gleicher Weise auch die Stalldecke isoliert wird. Bei mangelhaftem Wärmeschutz entsteht in der kalten Jahreszeit Schwitzwasser an der Decke, während im Sommer die Hitze nicht abgehalten wird. Der Isolationsschutz der Decke soll in unserer kontinentalen Klimazone der Dicke einer 150 cm Vollziegelwand gleichkommen. Zur Wärmedämmung werden wie bei den Wänden Glaswollmatten oder Schaumstoffe verwendet. Eine Dampfsperre (Kunststoff- oder Alufolie) ist in jedem Fall zwischen Dämmschicht und Deckenverschalung anzubringen. Für die Innenauskleidung der Decke eignen sich am besten Eternitplatten, die an einer Sparschalung aus Holz befestigt werden, glatt und abwaschbar sind.

Um einen entsprechenden Wärmehaushalt zu gewährleisten, sollte die Innenhöhe des Stalles bei Bodenhaltung 2,50 m nicht überschreiten. Bei Batteriehaltung richtet sich die Stallhöhe nach der jeweiligen Höhe der 3- oder 4etagigen Batterie, wobei immer zu beachten ist, daß zwischen Oberkante der Batterie und der Decke ein Mindestabstand von 50 cm verbleiben soll, damit die Luftzirkulation gewährleistet wird.
Bei der Wahl der Dachform, ob Pult- oder Satteldach, ist bei größeren Stallungen dem Satteldach, gezimmert aus Nagelbindern, der Vorzug zu geben. Nur bei Kleinstallungen bis zu ca. 500 Hühnern kann auch ein Pultdach genügen. Eingedeckt wird fast ausnahmslos mit Welleternit, welches sich für den Stallbau bisher am besten bewährt hat.

4.4. Stallklima

Das Stallklima beeinflußt in hohem Grade Wachstum, Gesundheit, Leistung und Futterverwertung der Tiere. Aufgrund einer großen Anzahl von Versuchen weiß man heute genauestens Bescheid, welche Faktoren für ein optimales Stallklima entscheidend sind:

4.4.1. Temperatur

Tab. 6: Temperatur bei der Kükenaufzucht

Alter	Stalltemperatur oder Temperatur unter dem Strahler		Stalltemp. bei Vorw. v. Strahler
	Aufzuchtk.	Mastk.	
1. Woche	32°	34°	20°
2. Woche	30°	32°	18°
3. Woche	27°	30°	18°
4. Woche	24°	28°	18°
5. Woche	21°	25°	18°
6. Woche	18°	22°	18°

Maststall ab der 6. Woche 20°–22°
Legestall 12°–20°

Die Forderung bezüglich der Temperatur ist im Legestall nicht so leicht zu erfüllen. Besonders Legeleistung und Futterverwertung sind stark temperaturabhängig. Es müssen zwar bei der genannten Mindesttemperatur von 12° C

Abb. 26.
Gasstrahler für Aufzucht von Mastküken, schafft bestes Stallklima. (Foto Lohmann, Cuxhaven.)

Abb. 27.
Gasstrahler in Flat-Deck-Anlage für Junghennenaufzucht mit Rohrfutteranlage und Nippeltränken (Foto Fa. Stanzel, Marchtrenk).

Abb. 28. Propangasstrahler zur Kückenaufzucht, Bodenrohrfutteranlage (Fa. Stanzl, Marchtrenk).

Abb. 29. Elektrostrahler für kleinere Aufzuchten.

noch keine Gesundheitsschäden auftreten. Höchstleistungen sind aber auch nicht zu erwarten, und die Wirtschaftlichkeit wird so mehr oder weniger beeinträchtigt. Für die maximal zulässige Temperatur läßt sich aussagen, daß durch länger anhaltende Temperaturen über 25° ein merkbarer Abfall der Legeleistung eintreten kann, die Eier kleiner werden und die Schalenstärke abnimmt. Der optimale Temperaturbereich, zwischen 12° und 20° C, ist bei uns in der sommerlichen Hitze- und winterlichen Kälteperiode, ohne bereits unwirtschaftlichen baulichen Aufwand einer Heizungs- und Kühlanlage, nicht zu erreichen. Da aber unsere Kälte- bzw. Hitzeperioden in der Regel nicht von besonders langer Dauer sind, können Kompromißlösungen eingegangen und mäßige Unter- bzw. Überschreitungen der Temperatur (8°–25°) hingenommen werden. Die Tiere werden zwar mit Schwankungen in der Legeleistung und im Futterverbrauch reagieren; diese Einbußen kommen aber immer noch billiger als der Ausbau und Betrieb eines vollklimatisierten Legestalles.

4.4.1.1. *Heizung*

Im Gegensatz zum Legestall ist für den Aufzucht- und Maststall eine Heizung sowohl im Winter als auch im Sommer unumgänglich notwendig. Dabei kennen wir zwei Systeme der Beheizung. Entweder wird der ganze Stall mittels einer Warmluftheizung auf die für die Küken je nach ihrem Alter notwendige Temperatur aufgeheizt oder dienen mehrere im Stall in regelmäßigen Abständen verteilte Wärmequellen, Elektro- oder Propangasglucken dazu, die entsprechende Wärme für die Küken zu erzeugen.
Zur Kontrolle der Temperatur sind in jedem Stall, auf verschiedene Stellen verteilt, Thermometer aufzuhängen. Die Beheizung selbst wird in Großanlagen meist mittels Thermostaten geregelt. Da aber die Temperaturangaben nur als allgemeine Richtlinien angesehen werden können, muß auch das Verhalten der Tiere beobachtet und zur richtigen Temperatureinstellung herangezogen werden. Auf folgendes ist dabei zu achten:
Drängen sich die Küken zusammen und geben klägliche, piepsende Laute von sich, so sind die Stalltemperatur oder die Temperatur unter dem Strahler zu tief.

Abb. 30.
Heizungsrohr im Broilerstall (Foto Stanzel, Marchtrenk).

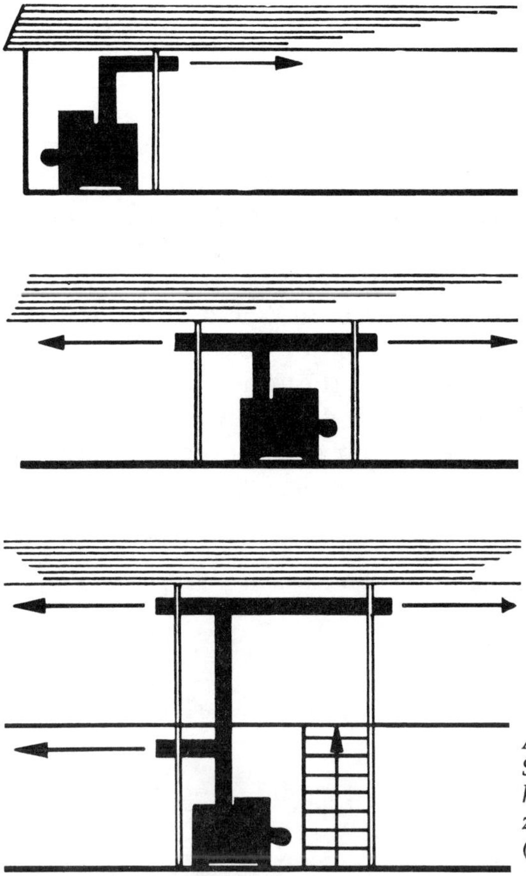

Abb. 31.
Schematische Darstellung verschiedener Beheizungsmöglichkeiten mit Lohmann-Heizungsanlagen.
(Fa. Schropper, Schottwien.)

Die Stalltemperatur muß erhöht oder der Strahler mehr aufgedreht oder tiefer gehängt werden.
Meiden die Küken das Zentrum des Strahlers und liegen mit offenen, nach Luft ringenden Schnäbeln entlang der Stallwände, so muß die Temperatur verringert, der Strahler kleiner gestellt oder höher gehängt werden.
Die Temperatureinstellung ist dann richtig, wenn sich die Tiere im Stall oder unter dem Strahler gleichmäßig verteilen und ruhig verhalten.
Werden Strahler oder Schirmglucken verwendet, sollten Pappringe von ca. 50 cm Höhe, im Abstand von mindestens 1 m vom Rand des Heizungsgerätes, mit einem Durchmesser von 2 bis 3 m, aufgestellt werden, damit sich die Küken nicht zu weit von der Wärmequelle entfernen und verlaufen. Nach 8 bis 10 Tagen werden die Pappringe entfernt und verbrannt. Die optimale Anzahl von

Küken in solchen Ringen beträgt 300 bis 350 Tiere, doch gibt es auch Schirmglucken, die bis zu 1000 Küken versorgen können.

4.4.1.2. *Kühlung*

Bei mehr als 20° C Außentemperatur kann trotz intensiver Lüftung im Legestall die Temperatur über 25° C ansteigen. In diesen Fällen wäre eine Kühlung wünschenswert. Man kann rund um den Stall, in Höhe der Ventilatoren, eine Wasserrohrleitung verlegen, die bei jeder Lufteintrittsöffnung mit einer feinen Zerstäuberdüse bestückt ist. Die eintretende Luft muß dann, bevor sie in den Stall gelangt, durch die von den Zerstäubern erzeugte Wasserdunstwolke hindurch, wobei sie sich um ca. 5–6° C abkühlt. Außer der Abkühlung der Stalluft erreicht man mit diesem Kühlsystem auch eine Erhöhung der relativen Luftfeuchtigkeit, die bei sommerlicher Hitze oft unter 40% absinken kann. In den heißen Sommermonaten kann damit ohne großen Aufwand einem Rückgang der Legeleistung, kleineren Eiern, dem Auftreten von Atmungskrankheiten

Abb. 32.
Kühlung bei sommerlicher Hitze.

(hervorgerufen durch Hitze und Staub) sowie Nervosität und Kannibalismus vorgebeugt werden. Leider wird von dieser Möglichkeit der Kühlung selten Gebrauch gemacht.

4.4.2. *Feuchtigkeit*

Der optimale Feuchtigkeitsgehalt der Stalluft liegt zwischen 60–70% rel. Luftfeuchtigkeit. Zur Kontrolle der Luftfeuchtigkeit soll in jedem Stall ein richtig anzeigendes Hygrometer vorhanden sein. Das vom Geflügel aufgenommene und umgesetzte Wasser wird mit der Atmung, dem Kot und bei der Legehenne auch mit den Eiern wieder ausgeschieden. Aufgrund zahlreicher Versuche wurde ermittelt, daß eine Henne ca. 6,3 g Wasser pro Stunde abgibt, davon 40% mit der Atemluft und 60% als Kotwasser. 1000 Hühner geben daher täglich 150 l Wasser an die Stalluft ab. Diese Wassermenge muß aus dem Stall hinausbefördert werden. Eine relative Feuchtigkeit über 70% im Stall kann sich bereits ungünstig auf die Gesundheit der Tiere auswirken; bei Bodenhaltung z. B. wird die Einstreu feucht und verkotet rasch, wodurch parasitäre Krankheiten wie Kokzidiose und Verwurmung leichter entstehen können. Wird weiters das Gefieder der Tiere infolge reichlichen Stalldunstes feucht, so verbraucht der Körper mehr Wärme als normal. Die Tiere fühlen sich daher nicht wohl, und der Organismus muß mehr Energie aufwenden, um die Körpertemperatur normal zu halten, wodurch die Legeleistung vermindert und der Futterverbrauch gesteigert wird.

Die tägliche Wasserabgabe der Hühner ist ein errechenbarer und für den Feuchtigkeitsgehalt der Stalluft ausschlaggebender Faktor. Eine ausreichende Ventilation muß dafür sorgen, daß diese von den Tieren produzierte Feuchtigkeit wieder hinausbefördert wird. Die Ursache erhöhter Feuchtigkeit im Stall muß aber nicht immer von den Tieren allein ausgehen. Es gibt noch eine Reihe anderer Möglichkeiten, wodurch der Stall zu feucht werden kann. Diese müssen rechtzeitig erkannt, beachtet und vermieden werden:

Spritzwasser rund um schlecht installierte oder überlaufende Tränken.

Aufsteigende Bodenfeuchtigkeit bei Naturboden oder schlechter Isolierung, fehlende Dampfsperre.

Eindringen von Regen- und Schneewasser durch schadhaftes Dach.

Zu hohe Besatzdichte.

Fehlerhaft arbeitende Lüftungsanlage.

Sinkt die relative Luftfeuchtigkeit im Stall unter 50%, so wird die Stalluft zu trocken, und es können gleichfalls gesundheitliche Störungen bei den Tieren auftreten. Infolge zu geringer Feuchtigkeit der Stalluft trocknen die Schleimhäute des Atmungstraktes (Nase und Luftröhre) stärker aus und werden anfäl-

liger gegen Infektionen. In zu trockenen Ställen tritt auch vermehrt Staubbildung auf; der Staub reizt Lidbindehäute und Atemwege, Augenentzündungen und Atmungskrankheiten können daraus entstehen. Weitere Folgeerscheinungen zu hoher Temperaturen und zu geringer Luftfeuchtigkeit sind manchmal auch Nervosität, Käfigpanik, Federzupfen und Kannibalismus.
Um die Luftfeuchtigkeit im Stall zu erhöhen, bedient man sich geeigneter Wasserzerstäuber oder Wasserverdampfungsgeräte. Auch die beim Kapitel Kühlung empfohlene Ringwasserleitung um die Ställe mit Zerstäuberdüsen kann in den heißen Sommermonaten Abhilfe schaffen. In Batteriehaltungen kann Wasser direkt auf den Boden aufgespritzt werden, vorausgesetzt, daß entsprechende Abflüsse vorhanden sind.

4.4.3. *Wärmetauscher – Wärmerückgewinnung*

In jüngster Zeit werden vermehrt Wärmetauscher erfolgreich zur Stallklimaverbesserung eingesetzt. Der Grundgedanke dabei ist, eine Klimaverbesserung

Abb. 33. Heizungsrohr und Wärmetauscher (Foto Fa. Stanzel, Marchtrenk).

mit möglichst niedrigen Energiekosten zu erzielen, wobei die von den Tieren erzeugte Eigenwärme zur Erwärmung der zugeführten Frischluft indirekt genützt wird. Bei diesem Luft-Luft-Wärmeprinzip werden Zuluft und Abluft an einer Stelle im Kreuz- oder Gegenstrom geführt. An möglichst dünnen Grenzflächen mit hoher Leitfähigkeit findet dann der Wärmeaustausch statt. Diese Wärmetauschsysteme bestehen meist aus Platten, Folien oder Röhrenbündeln. Luft-Luft-Wärmetauscher haben sich in den ersten Praxiseinsätzen vor allem in Geflügelmaststallungen und bei der Bodenhaltung der Elterntiere gut bewährt, aber auch in Käfighaltungen von Legehennen bringen sie beachtliche Vorteile. Nicht nur, daß sie tatsächlich sehr gut geeignet sind, in der kalten Jahreszeit die Temperatur in den Stallungen zu optimieren, verbessern sie die Luftqualität und vermindern vor allem die Luftfeuchtigkeit. In beheizten Stallungen, den Mastbetrieben, wird der Energieverbrauch erheblich gesenkt.
Bei der Anschaffung solcher Systeme geht es neben dem Wirkungsgrad der Anlage auch ganz wesentlich um Verschmutzungsanfälligkeit, leichte Reinigungs- und Desinfektionsmöglichkeit, Korrosion, Tauwasserbildung, Wartungsaufwand, Einbaumöglichkeiten, Luftverteilung im Stall und einige andere Merkmalen. Daher sollte man sich vor der Anschaffung eines Wärmeaustauschers gründlich informieren und beraten lassen.

4.4.4. *Luftzusammensetzung*

Die Stalluft kann außer durch übermäßige Feuchtigkeit auch durch eine Reihe von schädigenden Gasanteilen verschlechtert werden:
Ammoniak: entsteht durch bakterielle Zersetzung der Fäkalien. Wird der zulässige Grad von 0,1 vol‰ überstiegen, entstehen Reizungen der Schleimhäute von Augen- und Atmungsorganen.
Kohlendioxid: die Anreicherung erfolgt hauptsächlich durch die Atmungsluft. Der zulässige Grenzwert beträgt 3,4 vol‰.
Schwefelwasserstoff: auch dieses Schadgas entsteht wie das Ammoniak durch Fäulnis der organischen Substanzen in den Fäkalien. Der zulässige Gehalt soll unter 0,02 vol‰ betragen.
Die Überprüfung der Qualität der Stalluft kann mittels analytischer Meßgeräte genauestens erfolgen; die Anteile an Schadgasen können ermittelt werden. Doch ist dieses etwas komplizierte Verfahren für die Praxis nicht unbedingt erforderlich, da der erfahrene Tierpfleger durch den unangenehmen Geruch die Luft recht gut beurteilen kann.

4.4.5. *Lüftung*

Um das für die Gesundheit der Tiere notwendige optimale Stallklima zu erreichen, ist es daher notwendig, verbrauchte, mit Schadgasen und Feuchtigkeit angereicherte Luft aus dem Stall hinauszubefördern und diese durch sauerstoffreiche, möglichst richtig temperierte Frischluft zu erneuern. Eine mittels Ventilatoren gut funktionierende Be- und Entlüftung übernimmt diese Aufgabe und ist mitverantwortlich für die Gesundheit und Leistung des Geflügels.

4.4.5.1. *Schwerkraftentlüftung*

In kleinen Legehennenhaltungen trifft man gelegentlich noch auf Stallungen mit Schwerkraftentlüftung. Man versteht darunter den selbständigen Luftaustausch durch mehr oder weniger geöffnete Fenster und Luftklappen oder Abluftschächte. Dieses Belüftungssystem ist für kleine Hühnerhaltungen (200–300 Hühner) und bei geringer Besatzdichte (3–3,5 Legehennen/m^2) gerade noch ausreichend. Schwierigkeiten wie Schwitzen der Decken und Wände, Feuchtwerden der Einstreu und schlechte ammoniakhaltige Luft treten dabei fast regelmäßig in den Wintermonaten auf. Für größere Herden und höhere Besatzdichte ist die Schwerkraftentlüftung unzureichend und daher abzulehnen.

4.4.5.2. *Mechanische Entlüftung*

Für die Einrichtung einer Lüftungsanlage wendet man sich am besten an die Techniker der einzelnen Stallbaufirmen, die aufgrund ihrer reichen Erfahrung gut beraten und auch für die von ihnen eingerichteten Stallungen Funktionsgarantie übernehmen. Dies erweist sich schon deshalb als zweckmäßig, weil es

Abb. 34. Belüftungssystem Lohmann. Absaugen der verbrauchten Luft und Zufuhr der Frischluft. Geräte in regelmäßigen Abständen an der Längsseite der Stallungen.

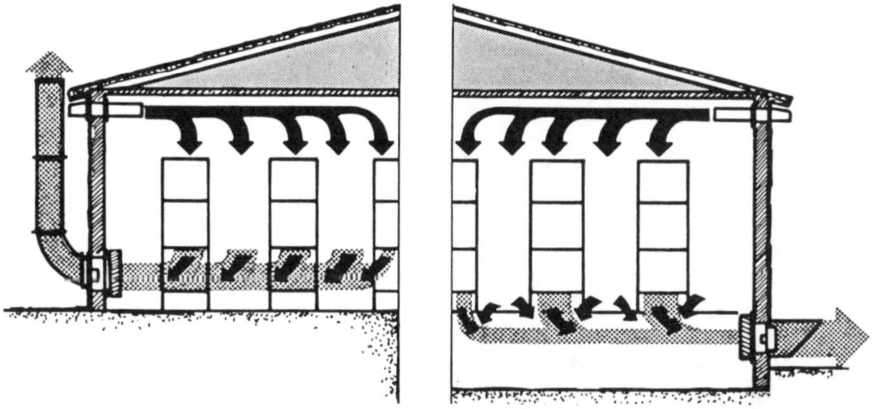

Abb. 35. Schema der Belüftung im Batteriestall (Lohmann-Batteriefütterung).

Abb. 36. Entlüftung im Kotkellerstall.

allein mit dem Einbauen von Ventilatoren nicht abgetan ist, Anzahl und Stärke der Ventilatoren müssen auf Stallgröße und Besatzdichte abgestimmt sein. In Batteriestallungen muß auf die wesentlich höhere Besatzdichte Rücksicht genommen werden, ohne daß durch die stärkere Ventilation Zugluft im Bereich

Abb. 37.
Selbstregulierende Belüftung eines Batterie-Stalles (Foto Fa. Stanzel, Marchtrenk).

der Tiere entsteht. Als Zugluft bezeichnet man eine Luftgeschwindigkeit von mehr als 0,3 m/sec. Thermostaten und Regelautomaten müssen genauestens installiert werden und die Funktion der Ventilation je nach Bedarf einstellen. Alarmanlagen müssen, unabhängig vom Stromnetz, ein Ausfallen der Ventilation sofort melden können. Bei einem Ausfallen der Ventilation besteht nämlich durch Überhitzung der Körpertemperatur höchste Gefahr für die Tiere. Der Tierpfleger muß die technische Funktion der Geräte so gut beherrschen, daß er im Bedarfsfalle schnell selbst Störungen beheben kann. Bei nicht zuverlässiger Stromversorgung ist ein Notstromaggregat immer funktionstüchtig bereitzuhalten.

4.4.5.3. *Die Überdruckbelüftung*

Die Überdruckbelüftung trifft man in erster Linie bei ausländischen Zuchtkonzernen an, die ihre Zuchttiere (Großelterntiere) vor viralen und bakteriellen Infektionen schützen, indem die dem Stall zugeführte Luft durch große, feine Filter in den Stall gesaugt wird, wobei im Stall selbst ein mäßiger Überdruck entsteht.

Abb. 38. Überdruckbelüftung eines Basiszuchtstalles in Frankreich (Fa. ISA).

Abb. 39. Luftfilter bei der Überdruckbelüftung.

4.5. Beleuchtung

Große Bedeutung hat die Beleuchtung im Stall. Das Licht wirkt über das Auge stimulierend auf die Hypophyse, die ihrerseits durch Ausschüttung von Hormonen die Tätigkeit des Eierstockes, die männlichen Keimdrüsen und den Stoffwechsel beeinflußt. Dadurch hat das Licht Einfluß auf Wachstum, Entwicklung, Geschlechtsreife, Legetätigkeit und Befruchtung. So wurde beobachtet, daß der Zeitpunkt der Ablage des ersten Eies einer Junghenne sehr stark von der Tageslichtmenge abhängt. Küken, die in der zweiten Aprilhälfte schlüpfen, werden ca. 3 Wochen älter, bis sie das erste Ei legen, als solche, die schon im Februar und März schlüpfen, da sie während ihrer Entwicklung mehr in die Zeit abnehmender Tageslichtlänge hineingeraten als die anderen.

Außerdem bewirkt die abnehmende Tageslichtlänge bei Legehennen im Herbst und im Winter einen langsamen Rückgang der Legeleistung und sogar eine komplette Legepause von einigen Wochen mit Mauser. Erst nach Beginn des neuen Jahres, wenn die Tage wieder länger werden, die Einfiederung abgeschlossen ist, fangen Auslaufhennen und Hennen, die in Fensterställen ohne zusätzliche Beleuchtung gehalten werden, wieder mit der Legetätigkeit an. Ohne künstliche Beleuchtung gibt es daher im Winter keine Eier.
In modernen Geflügelhaltungen wird zur Gänze auf Tageslicht verzichtet; der Stall hat keine Fenster und wird als sogenannter Dunkelstall, ausgestattet mit Ventilation und Beleuchtung, bezeichnet. Durch den Dunkelstall wird die Geflügelhaltung von den unterschiedlichen Tageslichtlängen im Verlauf des Jahres unabhängig, wodurch alle Nachteile, wie unterschiedliche Entwicklung der Junghennen und Legepausen, ausgeschaltet werden können.

4.5.1. *Beleuchtung im Dunkelstall*

Für die Beleuchtung von Hühnerställen gibt es eine Reihe von Richtlinien, die allgemein gültig sind und praktische Bedeutung haben:
Es hat sich gezeigt, daß es für die Tiere günstiger ist, Glühbirnen statt Neonröhren zur Stallbeleuchtung zu nehmen, wenn auch Glühbirnen mehr Strom verbrauchen und teurer kommen, weil sie nicht so lange haltbar sind. Sowohl in Aufzucht- wie auch in Legeställen sind bei schweren Masthybrid-Elterntieren 3 Watt/m^2, bei Legehybriden nur 1 bis 2 Watt/m^2 und bei Broilermast 1 Watt zu veranschlagen. Um eine gute Ausleuchtung des gesamten Stalles zu gewährleisten, müssen die Brennstellen gleichmäßig über den gesamten Stall verteilt

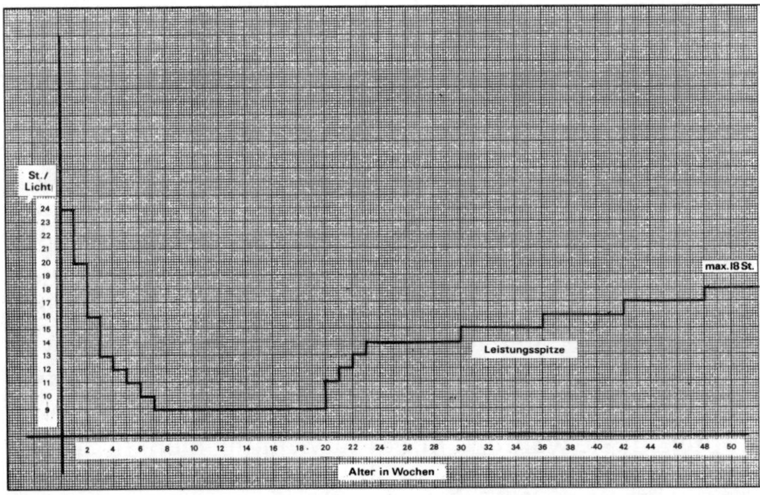

Abb. 40. Beleuchtungsschema für weiße Legehybriden.

werden. Für die Berechnung der Anzahl der Brennstellen sollten 25-Watt-Glühbirnen zugrunde gelegt werden.
Die Lichtintensität soll mittels eines Regelgerätes gesteuert werden können, damit vor allem bei Auftreten von Federpicken oder Kannibalismus die Lichtstärke herabgesetzt werden kann.
Damit die Regelmäßigkeit des Ein- und Ausschaltens gewährleistet wird, ist der Einbau einer elektrischen Schaltuhr unbedingt erforderlich.
In fensterlosen Ställen können schon geringe Mengen Tageslicht die Wirksamkeit des Beleuchtungsprogrammes stören. Es ist daher genauestens darauf zu achten, daß jeder Lichteinfall durch Verkleiden aller Öffnungen, soweit dies möglich ist, ausgeschlossen wird.
Wesentliche Punkte für die Beleuchtungsdauer sind:
- In der Aufzuchtperiode darf die Beleuchtungsdauer nie gesteigert werden.
- In der Legeperiode darf die Beleuchtungsdauer niemals gesenkt werden.
- Bei der Mast kann die Beleuchtung von morgens bis abends mit dem vollen Leistungsvermögen durchgeführt werden; die Nacht über genügt es, wenn die Hälfte der Leuchtkörper brennt.

Eine Reihe von Beleuchtungsprogrammen wurde von den einzelnen Hybridfirmen speziell für ihre Zuchtprodukte ausgearbeitet. Im Prinzip sehen in fensterlosen Ställen die Beleuchtungsprogramme ziemlich ähnlich aus. Den Eintagsküken, leichten Legehybriden, gibt man am Anfang 24 Stunden Licht, damit sie sich mit der Stallumgebung vertraut machen. Aber schon nach einigen Tagen, noch in der ersten Lebenswoche, beginnt man mit einer Beleuchtungsdauer von 13 Stunden täglich. In der weiteren Folge verkürzt man die Beleuchtungsdauer wöchentlich um 30 Minuten und erreicht in der 11. Lebenswoche 8 Stunden. Von der 16. bis zur 20. Woche kann das Licht, je nach Konstitution der Hennen, regelmäßig bis auf 12 Stunden gesteigert werden. Dadurch gelingt es, den Legebeginn bis zur 23. Lebenswoche hinauszuschieben, wodurch der Junghenne Zeit gegeben wird, konstitutionell auszureifen. Als Erfolg eines solchen Beleuchtungsprogrammes resultiert eine körperliche Beschaffenheit der Junghenne, die sich in einem verlängerten Durchhaltevermögen und einem besseren Eigewicht in den ersten Legemonaten auszeichnet.
In der 20. Lebenswoche ist dann die Beleuchtungsdauer auf 12 Stunden und wird weiter wöchentlich um eine halbe Stunde gesteigert, bis endgültig 16 Stunden erreicht sind. Diese 16 Stunden werden dann gleichmäßig bis zum Produktionsende beibehalten.
Ein anderes, jedoch ähnliches Beleuchtungsprogramm ist im Bild 40 dargestellt. Beleuchtungsprogramme sollten stets auch mit Gewichtskontrollen verbunden sein. Dabei sollte bei Untergewicht länger, bei Übergewicht kürzer beleuchtet werden.

4.5.2. *Beleuchtung im Fensterstall*

Schwieriger ist das Beleuchtungsprogramm in Fensterställen zu gestalten, wo sich Tageslicht und Kunstlicht ergänzen sollen. Am 1. Lebenstag erhalten die Küken 24 Stunden Licht. Das weitere Beleuchtungsprogramm während der Aufzucht richtet sich dann jedoch nach der Jahreszeit, in der die Küken schlüpfen. Tiere, die in der Zeit vom 1. April bis 15. September schlüpfen, benötigen keine zusätzliche Beleuchtung, da ihre Aufzuchtperiode weitgehend mit jener Jahreszeit zusammenfällt, wo die Tageslänge abnimmt. Anders ist es bei den Küken, die in der Zeit vom 16. September bis 31. März geboren werden. Für sie ist der längste Tag in ihrer Aufzuchtperiode maßgebend für die Beleuchtungsdauer. Diese Tageslänge gilt für die gesamte Aufzuchtperiode als Beleuchtungsdauer und wird durch zusätzliche künstliche Beleuchtung der Aufzuchthäuser erreicht. Geht die Aufzuchtperiode über den 21. Juni hinaus, entfällt ab diesem Zeitpunkt die zusätzliche künstliche Beleuchtung. Abends muß die zusätzliche Beleuchtung immer vor Beginn der Dämmerung eingeschaltet werden.

4.5.3. *Spezielle Beleuchtungsprogramme*

4.5.3.1. *Intervallbeleuchtung in der Broilermast*

Die Intervallbeleuchtung hat sich bei der Mast als durchaus günstig erwiesen und bringt neben einer besseren Futterverwertung auch eine Verminderung des Abdominalfettes.
Nach ca. 8–10 Tagen normaler Beleuchtung von 24 Stunden gibt man weiterhin bis Mastende nur jeweils 1 Stunde Licht und 2 Stunden Dunkelheit. Ausreichende Futterplätze sind jedoch unbedingte Voraussetzung für den Erfolg.

4.5.3.2. *Zweiphasenbeleuchtung bei Legehennen:*

Überlegungen zum gezielten Einsatz des Lichtes im Legehennenstall haben zur Empfehlung verschiedener Lichtprogramme geführt.
Zwei Grundsätze sind dabei zu beachten:
– Hühner besitzen eine lichtempfindliche Phase von ca. 10 bis 16 Stunden und bevorzugen Lichtprogramme in diesem Bereich.
– Für die Ovulation – und somit auch für den Zeitpunkt der Eiablage – ist immer das Ende der Lichtperiode entscheidend, die der längsten Dunkelphase vorausgeht.
Die besten Ergebnisse brachte bisher das Programm mit 8 h Licht – 10 h Dunkel – 2 h Licht – 4 h Dunkel (78,8% durchschnittliche Legeleistung). Weitere Versuche wären notwendig, um das günstigste Lichtprogramm zu bestimmen. Diese Lichtprogramme werden weniger aus Energieersparnis angewendet,

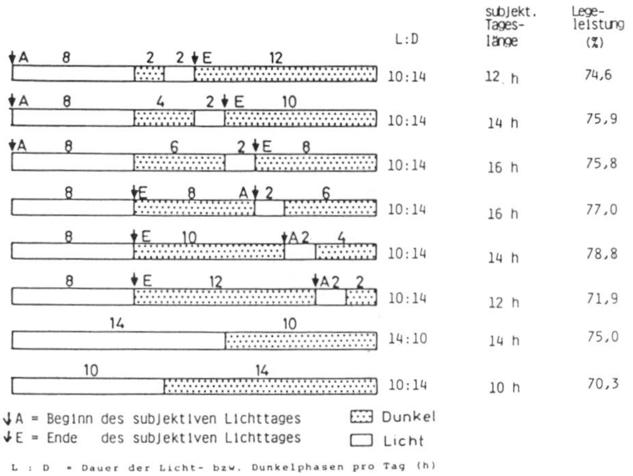

Abb. 41. Unterbrochene Lichtprogramme. Einfluß auf die Legeleistung. (Nach van Trenhoven u. Oestrander 1973) DGS 19/1984.

vielmehr werden sie von dem Wunsch getragen, die Eischalenbildung zu verbessern, weil die Henne Futter und mit dem Futter auch Calcium zu einem Zeitpunkt aufnimmt, wo sie bereits futterleer ist und das Calcium aus dem Skelettsystem zur Eischalenbildung entnimmt. Allerdings muß die Legehenne ab Beginn der Legeleistung an dieses Lichtprogramm gewöhnt sein; ein jäher Wechsel, weil die Eischale aus Erschöpfungszuständen bereits dünn und brüchig ist, würde mehr Schaden als Nutzen bringen.

4.6. Stalleinrichtung

Unter Stalleinrichtung versteht man alle Geräte, die für die Versorgung der Tiere notwendig sind. Dies sind Fütterungsgeräte, Tränkanlagen, Geräte und Einrichtungen zur Kotbeseitigung, im Legestall die Legenester und bei der Käfighaltung die Käfige selbst sowie die technischen Einrichtungen der Eiersammlung und Kotbeseitigung.

4.6.1. *Bodenhaltung*

Wie schon der Name sagt, werden die Tiere am Stallboden auf einer sogenannten Tiefstreu in voller Bewegungsfreiheit, wie es eben der begrenzte Stall bietet, gehalten.

Die Vorteile der Bodenhaltung ergeben sich in erster Linie durch niedrigere Inneneinrichtungskosten. Man benötigt eine Fütterungs- und Tränkeanlage, für Legestallungen außerdem Legenester und gegebenenfalls Kotkasten mit

Abb. 42.
Broilerstall mit automatischer Fütterungs- und Tränkanlage. Ausgestattet mit Warmluftheizung und Lohmann-Lüftungssystemen (1965).

Abb. 43.
Broilerstall mit Rohrfutteranlage, Warmluftheizung und Firstbelüftung, Ventilatoren an der Längsseite (Foto Fa. Stanzel, Marchtrenk).

Abb. 44. Broilerstall mit Firstlüftungssystem und Rohrfutteranlage (Foto Lohmann, Cuxhaven).

Abb. 45.
Broilerstall mit aufziehbarer Fütterungs- und Tränkanlage, praktisch bei Entmistung, Reinigung und Desinfektion (Foto Lohmann, Cuxhaven).

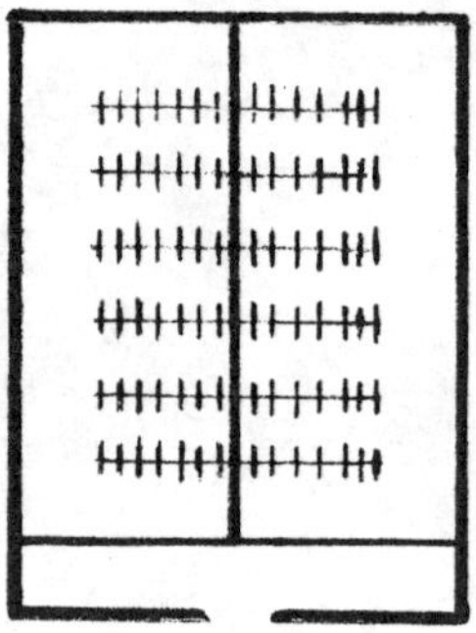

A

A: Ohne Kotkasten und Gitter, nur mit Bodeneinstreu. Legenester quergestellt. Starke Verkotung.

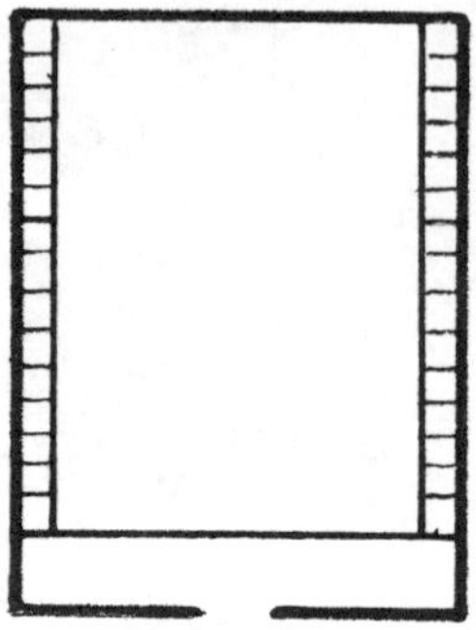

B

B: Einfachste Form der Bodenhaltung, ohne Kotkasten und Gitter. Legenester an der Längswand angeordnet. Starke Verkotung und viele Bodeneier.

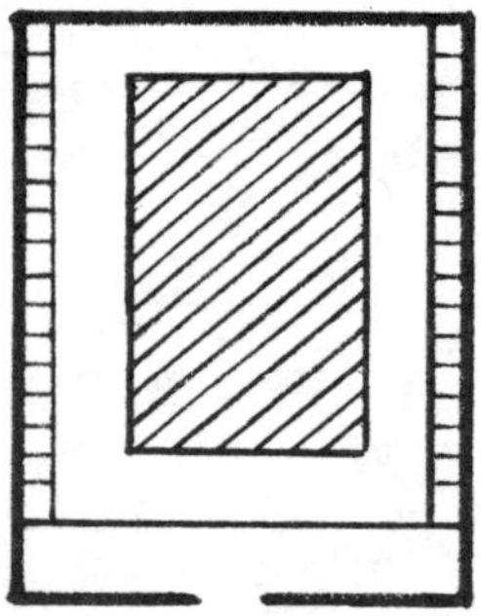

C

C: Mittelteil 2/3 der Stallfläche, Kotkasten mit Gitterrosten und Sitzstangen. Hygienisch verbessert, jedoch noch viele Bodeneier, da Legenester an der Längsseite angeordnet.

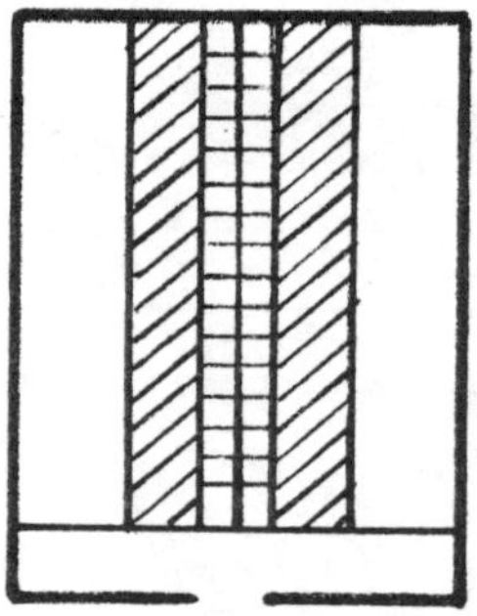

D

D: Legenester und Kotkasten im Mittelteil angeordnet. Eier können nur mittels mechanischen Sammelbandes eingeholt werden. Hygienisch einwandfrei, Nester werden gerne angenommen, da in gleicher Höhe wie Kotkasten.

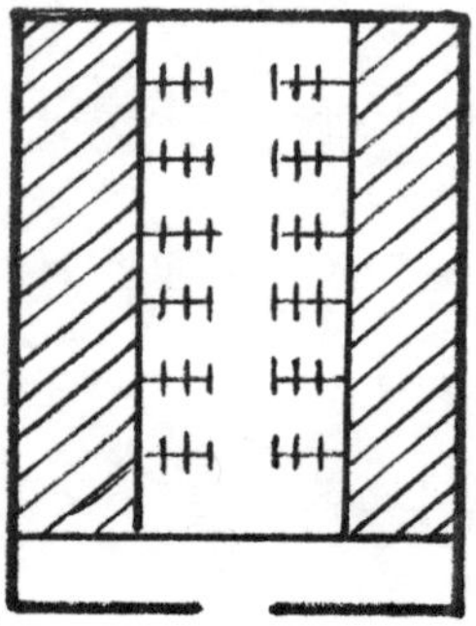

E: Kotkasten an den Längsseiten, die quergestellten Nester werden durch die gleiche Höhe der Anflugbretter und des Kotkastens gerne angenommen. Sammlung der Eier vom Mittelgang mit Eierwagerl.

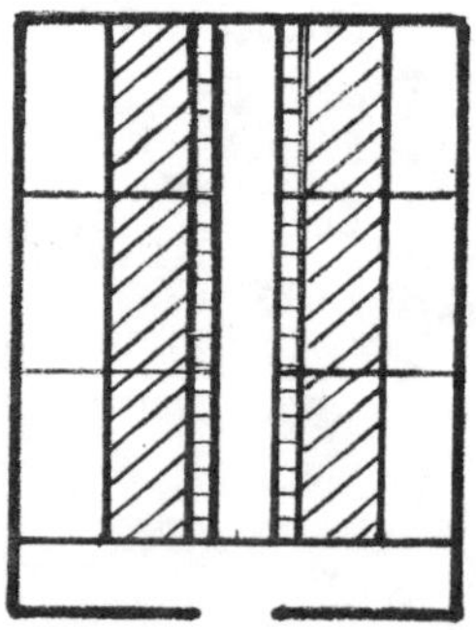

F: Praktischer Mittelgang. Nester links und rechts vom Mittelgang, dadurch leichtes Eiersammeln vom Mittelgang aus. Kotkasten und Nester in gleicher Höhe. Querteilung des Stalles jederzeit möglich.

Abb. 46.
Aufstallungsformen für Lege- und Zuchttiere.

Abb. 47.
Aufstallungsform A, Zuchthennenstall in Gruppen zu 100 Hennen + Hähne unterteilt, ohne Kotkasten.

Abb. 48.
Aufstallungsform C: Legenester an der Längsseite.

Abb. 49.
Zuchthennenstall, Aufstallungsform D mit Kotkasten, Sitzstangen und Gitter (Foto Lohmann, Cuxhaven).

Sitzstangen. Der Stall selbst ist mit einer Ventilation auszustatten; er kann sowohl für Aufzucht, Mast (in diesem Fall beheizt) oder für die Haltung von Legehennen (unbeheizt) verwendet werden. Die geringe, erlaubte Tierkonzentration ist bei einer Reihe von Infektionen als günstig zu bezeichnen. Die Be- und Entlüftung läßt sich besonders leicht im Sommer durchführen, im Winter können diese Stallungen etwas zu kühl und zu feucht werden. Da Tief- bzw. Dauerstreu verwendet wird, muß der Mist nach jeder Aufzucht- oder Mastperiode, bei Legehennen nach einer Produktionsperiode entfernt werden. Allgemein beobachtet man bei gut geführter Bodenhaltung eine etwas niedrigere Sterblichkeit und ein mäßig besseres Durchhaltevermögen der Legeleistung. Ebenso müssen niedrigere Reparaturkosten als positiv beachtet werden.
Die Nachteile der Bodenhaltung ergeben sich aus schlechter Raumausnutzung, hohen Stallbaukosten per eingestallter Henne, höheren Futterverlusten durch Ausscharren und einem eventuell höheren Futterverbrauch infolge vermehrter Bewegung. Im besonderen muß auf die durch die Tiefstreu bedingte außerordentliche Gefahr der Kokzidiose und Verwurmung hingewiesen werden. Auch muß bei der Bodenhaltung, im Vergleich zur Käfighaltung, mit einem beträchtlich größeren Arbeitsaufwand gerechnet werden.
Zur Zeit bedient man sich der Bodenhaltung in erster Linie bei der Geflügelmast, weil bei diesen Tieren, die mit 6 bis höchstens 8 Wochen geschlachtet werden, die Besatzdichte gut ausgelastet werden kann und die billige Inneneinrichtung bedeutsam ist. Auch wird in Österreich schweres Mastgeflügel erzeugt; diese Ware, auf Mastbatterien zu mästen, würde große Probleme hinsichtlich der Entstehung von Druckstellen im Fleisch und Brustblasen mit sich bringen. Jedenfalls hat sich gerade aus diesen Gründen in Österreich die Batteriemast nicht durchsetzen können.
Anders hingegen ist die Situation bei der Erzeugung von Junghennen. Immer mehr und mehr Aufzuchtbetriebe verwenden Käfige oder Batterien. Diese Entwicklung ist kein Zufall, sondern folgt der Entwicklung am Legehennensektor. Die Ablegebetriebe erkannten bald, daß eine Eierproduktion ab einer bestimmten Größe am leichtesten und unter geringster Arbeitsbelastung nur in Käfighaltungen durchzuführen ist, und gerade diese Betriebe wollen selbstverständlich, um Streßsituationen zu vermeiden, nur Junghennen kaufen, die an Käfig oder Batterien von Jugend an gewöhnt sind. Trotzdem gibt es aber noch eine Reihe von Junghennenaufzuchten in Bodenhaltungen; es sind jene Betriebe, die ihre Junghennen an kleinbäuerliche Auslaufhaltungen oder eben an Bodenhaltungsbetriebe verkaufen.
Eine Ausnahme stellt die Haltung von Zuchttieren zur Erzeugung von Bruteiern dar; hier hält die Mehrheit der Betriebe an der Bodenhaltung fest. Doch auch hier zeigt es sich bereits, daß die Tendenz zur Zuchtgruppenhaltung in Kolo-

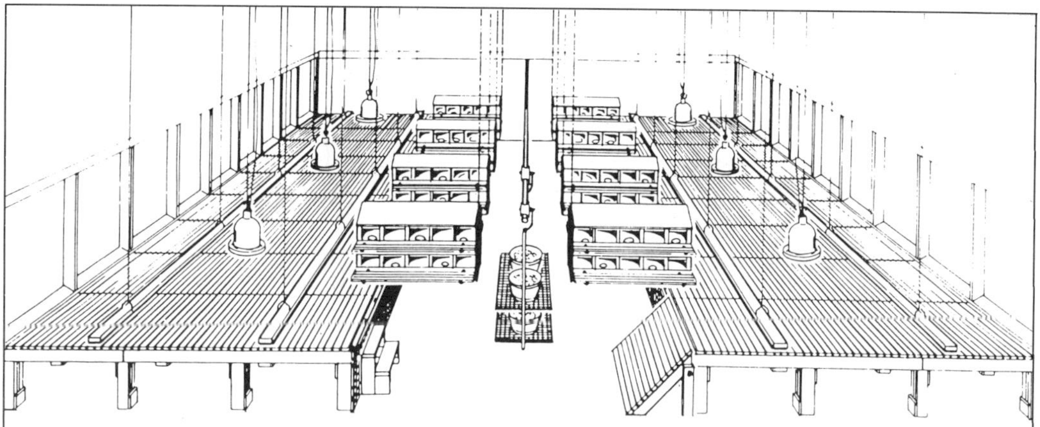

Abb. 50.
Aufstallungsform E: Der ideale Stall für Mastelterntiere, zwei Drittel Lattenroste, ein Drittel Einstreu. (Technische Beratung Arbor Aeres.)

Abb. 51.
Aufstallungsform E, Zuchthennenstall.

niekäfigen besteht. Für Elterntiere und für Konsumeierproduktion auf Bodenhaltung gibt es eine Reihe von Aufstallungsformen, die in der Ausstattung mit oder ohne Kotkasten so wie in der Anordnung der Nester unterschiedlich sein können.

Aus hygienischen und veterinärmedizinischen Gesichtspunkten ist die Unterteilung der Bodenfläche in Scharraum und Kotgrube im Verhältnis 1:2 anzuraten. Außerdem wäre eine Unterteilung des Stalles, besonders bei größeren Einheiten, in mehrere mittels eines Gitters getrennte Abteilungen von erheblichem Vorteil, weil diese Haltungsform eine gute Beobachtung und Betreuung der Tiere gewährleistet und sich unter den Tieren eine ruhigere, soziale Herdenordnung aufbauen kann.

4.6.1.1. *Tiefstreu oder Dauerstreu*

Es bedeutete eine große Arbeitserleichterung, als man während des Zweiten Weltkrieges in Amerika infolge Arbeitsmangels erkannte, daß Gesundheit und Wachstum von Küken und Legehennen nicht beeinträchtigt werden, wenn die Einstreu nicht immer regelmäßig erneuert wird und die Tiere auf einer sogenannten Tief- oder Dauerstreu gehalten werden. Voraussetzung dafür ist aller-

Abb. 52.
Aufstallungsform F: Mit Mittelgang, zwei Drittel Lattenroste und ein Drittel Scharraum. (Technische Beratung ISA-Vedette.)

Abb. 53.
Aufstallungsform F, unterteilt.

dings die richtige und einwandfreie Beschaffenheit dieser Tiefstreu, die eine Mindesthöhe von 20 bis 30 cm haben soll und zu jeder Zeit trocken bleiben muß. Als Einstreumaterialien werden hauptsächlich Hobelspäne, Kurzstroh und Kaff, wie es eben vorhanden oder leicht zu beschaffen ist, allein oder vermischt, verwendet. Eine richtig angelegte Tiefstreu schützt gegen Bodenkälte, spart Arbeitszeit, schafft mikrobiell erzeugte Wärme und ersetzt durch ihren Gehalt an antibiotischen und sonstigen Wirkstoffen (z. B. Vitamin B_{12}) den Auslauf. Feuchte Tiefstreu bringt erhöhte Gefahr von Kokzidiose und Verwurmung, da die Dauerformen der Endoparasiten (Oocysten und Wurmeier) Feuchtigkeit für die Reifung zur Infektionstüchtigkeit benötigen. Der Feuchtigkeitsgehalt der Tiefstreu muß daher unter 35% bleiben und darf nicht zur Kotplattenbildung führen. Sollten sich trotz allen Bemühungen Kotplatten, besonders im Bereich des Einganges, bilden, müssen diese ständig aufgelockert werden. Die entsprechende Trockenheit der Einstreu kann nur dann erreicht werden, wenn die baulichen Voraussetzungen bezüglich Isolation und Ventilation vorhanden sind.
Während im Maststall der gesamte anfallende Kot in die Tiefstreu gelangt, wird in den meisten Legehennenstallungen der Nachtkot von einer eigens dazu errichteten Kotgrube oder von einem Kotkasten aufgenommen.

4.6.1.2. *Kotkasten, Kotgrube und Sitzstanden*

Die Größe der Kotgrube soll flächenmäßig 40% bis 60% der Stallbodenfläche ausmachen. Die Kotgrube kann aus Holz gefertigt oder gemauert und verputzt werden. Abgedeckt wird diese unter den Sitzstangen mit einem Drahtgeflecht oder verzinktem Baustahlgewebe. Die abnehmbaren Sitzstangen bieten je laufendem Meter 5–6 Legehennen Ruheplatz. Die Sitzstangen selbst sollen im

Abb. 54.
Kotkasten, Sitzstangen, Rinnentränke auf dem Kotkasten.

Profil 5×6 cm, glatt und an den Oberkanten abgerundet sein; sie sollen abnehmbar auf Querhölzern im Abstand von ca. 30 bis 35 cm montiert sein. Alle Holzteile des Kotkastens und die Sitzstangen sollten mit Karbolineum eingelassen werden, da dadurch das Ansiedeln von Blutmilben in den Ritzen der Hölzer vermieden wird.

4.6.1.3. *Fütterungsgeräte*

Verschiedene Futtergefäße sind gebräuchlich:
- Futtertröge aus Holz oder Blech, stehend oder hängend
- Rundfutterautomaten aus Blech
- Futterbänder – Futterketten
- Rohrfütterungsanlagen

Abb. 55.
Futtertröge, richtige Anzahl bei Bodenhaltung.

Abb. 56. Kükenfutterschale für Mast und Aufzucht (Foto Fa. Schropper, Schottwien).

Abb. 57. Rundfutterautomat aus Blech, Arbeitseinsparung, da das Futter nur einmal pro Woche nachgefüllt werden muß.

Die Futtertröge und Rundfutterautomaten sollen so konstruiert sein, daß nur wenig Futter verstreut werden kann; aus diesem gleichen Grund sind sie auch nur bis zu einem Drittel mit Futter zu füllen. Anhand von Versuchen hat es sich

gezeigt, daß heranwachsende Tiere bei vollen Futtertrögen bis zu 50% Futter vergeuden, bei halbvollen 15%, aber nur 2%, wenn die Tröge zu einem Drittel gefüllt sind.
Futterautomaten haben den Vorteil, daß das Nachfüllen nur ein- bis zweimal in der Woche erfolgen muß und dadurch Arbeitszeit eingespart wird.
Automatische Fütterungsanlagen, Futterbänder oder Rohrfutteranlagen sind in größeren Betrieben allein schon aus Ersparnis an Arbeitskräften unumgänglich notwendige Geräte. Zahlreiche Firmen stellen derartige Fütterungsanlagen preiswert und in guter Qualität her. Vor dem Kauf einer solchen Anlage ist zu empfehlen, sich verschiedene Systeme anzusehen und sich für jene zu entscheiden, die einem für den eigenen Betrieb am geeignetsten erscheint.
Von besonderer Bedeutung ist die ausreichende Anzahl von Futterplätzen. Folgende Richtlinien sind bei Bodenhaltung einzuhalten:

Tabelle 7: Futterplatzbedarf (Bodenhaltung)

	1. W.	2.–4. W.	5.–8. W.	Jungh.	Legeh.
Futterplatz/Tier	2 cm	3 cm	6 cm	8 cm	12 cm
Troglänge, beidseit. benutzbar, je 100 Tiere od. Futterbd.		1,5 m	3 m	4 m	5–7,5 m

Ein Rundfutterautomat, 30 cm ∅, reicht für 25 Hennen.

Stehen den Tieren nicht ausreichend Futterplätze zur Verfügung, so wirkt sich dies neben sozialen Spannungen innerhalb der Herde auch in einer Minderung der Legeleistung aus.

4.6.1.4. *Tränken und Tränksysteme*

Für Küken im Alter von bis zu 8 Tagen eignen sich sehr gut die altbewährten Stülptränken aus Kunststoff mit ca. 5 Liter Inhalt. Nach dieser Zeit werden heute ausschließlich automatische Rinnen- oder Rundtränkanlagen verwendet. Rinnentränken sind in der Regel aus Metall und emailliert, Rundtränken aus Kunststoff. Die Tränken sollen nicht weiter als 2 bis 3 m von den Futterplätzen entfernt sein, damit bei der Futteraufnahme bequem getrunken werden kann. Tränkrinnen und Rundtränken werden immer in Rückenhöhe der Tiere angebracht und sind bei wachsenden Tieren regelmäßig nachzustellen; ihre Zulaufventile werden so reguliert, daß der Wasserstand niemals 2 bis 2,5 cm über-

Abb. 58.
Maststall, Bodenhaltung mit automatischer Futterkette und Rinnentränken.

Abb. 59.
Maststall, Bodenhaltung, Rohrfutteranlage und Rundtränkenanlage, älteres Modell.

Abb. 60.
Rohrfutteranlage für Maststall (Foto Fa. Stanzel, Marchtrenk).

Abb. 61. Stülptränken aus Kunststoff werden nur mehr bei Küken bis zu 8 Tagen verwendet.

Abb. 62. Automatische Rundtränke (Foto Lohmann, Cuxhaven).

steigt. Alle diese Vorkehrungen sollen Spritzwasser und Überlaufen vermeiden, damit die Einstreu nicht feucht wird. In kleineren Haltungen werden aus demselben Grund die Tränken oft auf Sickerschächte gestellt. Für 100 Tiere reicht eine doppelseitige Rinne von 1,25 m Länge oder eine Rundtränke von ca. 40 cm Durchmesser.

Abb. 63.
Babytränken für Küken bis zu 8 Tagen, damit sie leichter Wasser finden.

Abb. 64.
Gemeinschafts-Legenest.

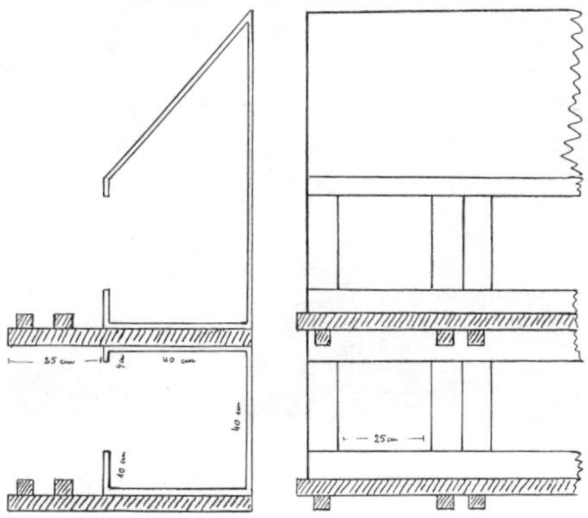

Abb. 65.
Schema eines zweietagigen Legenestes.

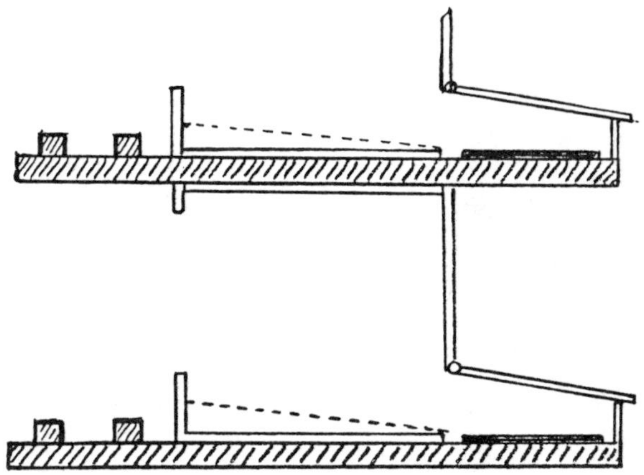

Abb. 66.
Schema eines zweietagigen Legenestes.

Abb. 67. Legenester, Bodenhaltung von Elterntieren, Lohmann braun (Foto Lohmann, Cuxhaven).

4.6.1.5. *Legenester*

Zur Gewinnung der Eier benötigt man bei der Bodenhaltung Legenester. Soll die Eiqualität nicht beeinträchtigt werden, müssen die Legenester sauber, trocken und in genügender Anzahl vorhanden sein. Zu wenige Legenester, vor allem in den Hauptlegestunden am Morgen, vergrößern den Anteil an Bruch-, Knick- und Schmutzeiern.

Bei Einzelnestern muß für vier Legehennen ein Nest berechnet werden. Bei Familiennestern ist entscheidend, noch zusätzlich Nester zu besitzen. Einzelnester werden allgemein bevorzugt, da Familiennester die Brutlust der Hennen fördern und außerdem die Eier nur langsam abkühlen können.

Die Ausmaße für Einzelnester betragen für schwere Rassen 30 × 35 × 40 cm, für leichte Rassen 20 × 35 × 40 cm.

Die Nester sind so aufzustellen, daß sie nach der einen Seite hin etwas dunkel stehen und keiner Zugluft ausgesetzt sind. Die Nesteinstreu ist nach Möglichkeit jede Woche zu erneuern oder zumindest aufzufüllen. Sie kann vorteilhaft aus Buchweizen-Kaff oder aus kurzgehäckseltem Stroh bestehen. Von Hobelspänen ist im allgemeinen abzuraten, da diese hart sind und auch Gerbsäuregerüche auf das Ei übertragen.

Beim sogenannten Abrollnest rollen die Eier sofort nach dem Legen in einen Eiersammelkanal und können vom Huhn nicht mehr erreicht, daher nicht mehr verschmutzt, angepickt oder gefressen werden. Die Eier bleiben sauber und kühlen schneller aus. Die Tiere an solche Nester zu gewöhnen, bereitet manches Mal einige Mühe und bedarf einiger Übung und Geduld.

Abb. 68. Legenest, Farmer-Automatik mit Eierförderband.

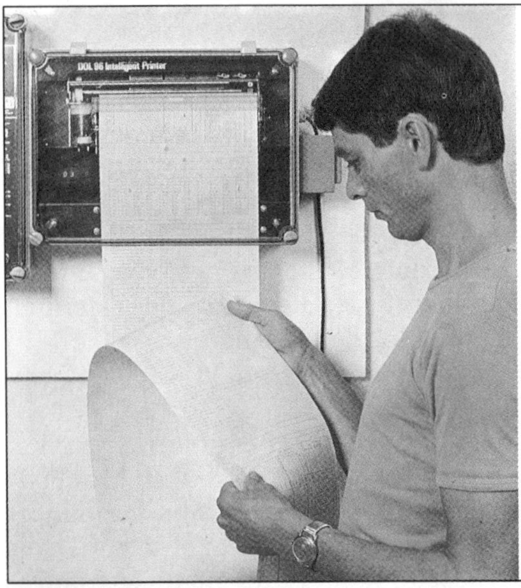

Abb. 69.
Kontrollautomatik, Computer mit Drucker, der Außen- und Innenklima ermittelt und alle 4 Stunden die Produktionsdaten erhebt (Foto Fa. Schropper, Schottwien).

Abb. 70.
Elektronische Hähnchenwaage, angeschlossen an einen Registrierungscomputer (Foto Fa. Schropper, Schottwien).

4.6.1.6. *Die Automatisation bei der Bodenhaltung*

Schon seit Beginn der Intensivhaltung bediente man sich weitgehend der Automatisation für Ventilation, Lichtprogramm und elektronisch gesteuerter Futterversorgung. In neuester Zeit hat man, vor allem für die Broilerproduktion, einen Stall mit einem kompletten Kontrollsystem entwickelt. Ein Registrierungscomputer gibt jederzeit mit Ausdruck einen Gesamtüberblick über die momentane Lage im Stall. Die Berichte enthalten Auskünfte in Kurzform über den Temperatur- und Feuchtigkeitsverlauf im Stall sowie über den Verlauf der Außentemperatur. Zahlenmäßig werden alle 4 Stunden sämtliche Produktionsdaten detailliert ausgedruckt, wie das Gewicht der Tiere, der Futter- und Trinkwasserverbrauch. All dies sind Daten, die für eine optimale, ökonomische Produktion Vorteile bringen, dem Tierarzt außerdem noch wichtige anamnestische Daten für ein schnelles Eingreifen bei gesundheitlichen Störungen liefern.

4.6.2. *Volierhaltung*

In der Diskussion um Alternativen zur modernen Legehaltung in Käfigen wird von Ethnologen und Tierschützern auf die sogenannte intensive Bodenhaltung

Abb. 71.
Wasseruhr mit Computeranschluß (Foto Fa. Schropper, Schottwien).

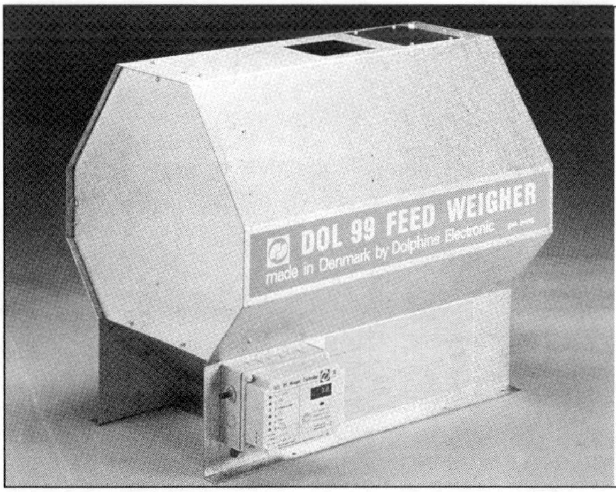

Abb. 72.
Futterwaage mit Computerausdrucker (Foto Fa. Schropper, Schottwien).

verwiesen, wobei behauptet wird, daß es sich um eine ganz andere „moderne" Haltungsform handelt, bei der nicht nur die ökonomischen Ergebnisse nahezu gleichwertig seien, sondern auch die Tiergesundheit nichts zu wünschen übrig-lasse, weil dieses Haltungsverfahren den Verhaltensansprüchen der Tiere weitgehend gerecht würde.
Ein geschichtlicher Rückblick läßt aber erkennen, daß die Volierhaltung nichts anderes darstellt als die technisch modernere Ausstattung des sog. Pen-Solarstalles, der bereits 1957 bei der Pennsylvania State University in den USA in Prüfung stand. Ziel dieses Versuches war es damals, die Besatzdichte bei der Bodenhaltung von 4 bis 5 Hühnern pro m^2 auf 10 Hühner pro m^2 zu erhöhen. Es ist demnach eine Bodenhaltung mit Kotgrube bei der oberhalb der Kotgrube in unterschiedlichen Höhen Futterketten und Tränkeinrichtungen installiert sind, die jeweils rechts und links Sitzstangen besitzen. Längs der Stallseite befindet sich ein Scharraum mit Dauerstreu, auf der gegenüberliegenden Seite sind 3-etagige Abrollnester mit Sammelband angebracht, unter der Kotgrube wird mittels eines Mistschlittens oder Schrabbers der Kot aus dem Stall befördert. Durch die technische Einrichtung ist Fütterung, Entmistung und Eier-

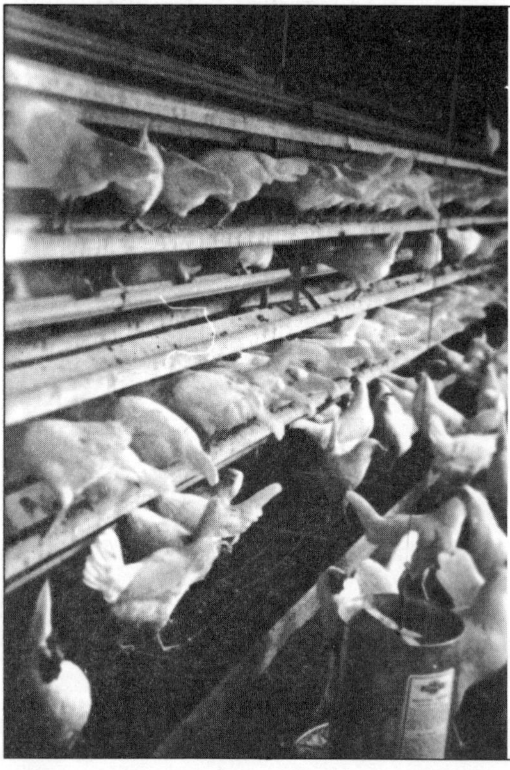

Abb. 73.
Volierstall, Pen-Solarstall 1957, Versuchsstall der Pennsylvania State-University – College of Agriculture (Bildarchiv Dr. Hilbrich, Hannover).

sammlung automatisiert. Durch das Ausnützen des Raumes, der sog. 3. Dimension, kann die Tierzahl je m² Stallfläche auf 13–15 erhöht werden. Bei dieser Anordnung der Tiere fällt besonders die Verschmutzung des Gefieders, hervorgerufen durch das Übereinandersitzen der Tiere, auf. Außerdem treten infolge der dichten Besetzung Kannibalismus, Federzupfen und Verlegen der Eier auf. Das Risko des Auftretens von Darmparasiten und bakteriellen Krankheiten (Enterobakterien, Salmonellen) ist um vieles höher als in der herkömmlichen Art der Bodenhaltung.
Trotz der hohen Besatzdichte von 13 bis 15 Tieren je m² sind die Investitions- und Betriebskosten höher als bei Käfigen, so daß der Betriebsinhaber solcher Anlagen darauf achten muß, die auf diese Weise erzeugten Eier um einiges teurer zu vermarkten.

4.6.3. *Käfighaltung*

Bei der Käfighaltung unterscheiden wir einstöckige, sog. Flat-Deck-Käfiganlagen, Stufenkäfige und Batterien mit 3 bis 4 Käfigreihen übereinander. In dieser Art gibt es Systeme mit Käfiggrößen für Junghennenaufzucht und andere für Legetierhaltung.
Von Vorteil sind mittlere Inneneinrichtungskosten, gute Raumausnützung, mittlere Tierkonzentrationen, gutes Stallklima und leichte Durchführung hygienischer Maßnahmen. Normalerweise gibt es bei der Käfighaltung keine Gefahr von Kokzidiose oder Verwurmung. Be- und Entlüftung sind gut möglich, und die Temperatur ist sowohl im Winter wie auch im Sommer leicht in den vorgeschriebenen Grenzen zu halten. Vor allem gewähren solche Anlagen durch ihre überraschende Übersicht eine leichte, ständige Beobachtung und Kontrolle der Tiere. Von größter Bedeutung ist zweifelsohne der auf ein Mini-

Abb. 74.
Historische Käfighaltung von Hennen, Mondseer Rauchhaus, unter der Sitzbank in der Stube wurden Hühner gehalten.

mum herabgedrückte Arbeitsaufwand. So bewältigt eine Person, bei vollautomatischer Anlage, leicht 10.000 bis 15.000 Legehühner inklusive Sortierung und Verpackung der Eier.
Als Nachteil zeigt sich die Notwendigkeit eines hohen Investitionskapitals, damit verbunden eine relativ hohe jährliche Kapitalsbelastung pro Tier. Weiters führt der hohe Mechanisierungsgrad zwangsläufig zu erhöhter Reparaturanfälligkeit und zur unumgänglichen Notwendigkeit, alle mechanischen Teile in regelmäßigen Abständen zu reinigen, zu schmieren und zu überholen, um einen raschen Verschleiß zu vermeiden. An das technische Geschick des Betreuungspersonals werden daher erhebliche Anforderungen gestellt. Ein entsprechend ausgebildetes Personal ist von großem Vorteil, wenn nicht sogar unbedingt notwendig.

4.6.3.1. *Entmistungssysteme*

Bei der Käfighaltung spricht man nur mehr von Entmistungssystemen. So ist bei Flat-Deck-Käfiganlagen und Stufenkäfigen die Entmistung insofern ein-

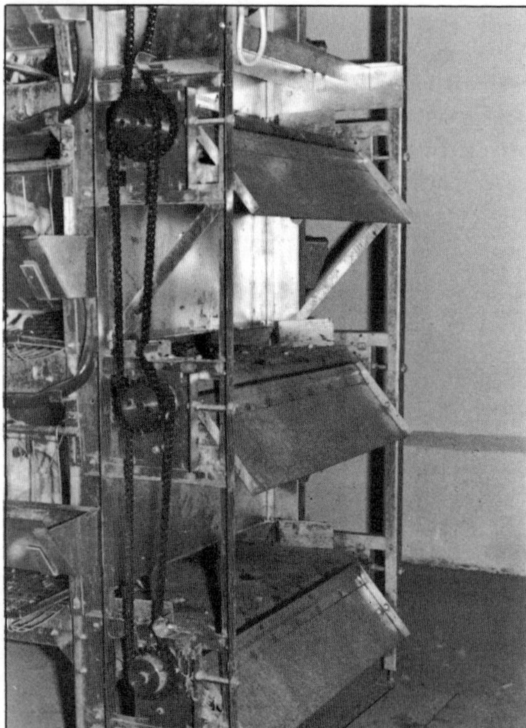

Abb. 75.
3etagige Batterie mit Kotbandentmistung.

fach, als der Kot bei dieser Aufstallung durch die Bodengitter hindurch auf den Stallboden oder in in den Stallboden eingelassene betonierte Kotgruben fällt, von wo er von Zeit zu Zeit, wenn eben notwendig, händisch oder mechanisch entfernt werden kann.
Wesentlich aufwendiger ist die Kotbeseitigung in Batteriehaltungen. Hier gibt es eine Anzahl von Systemen, die mehr oder weniger gut funktionieren.

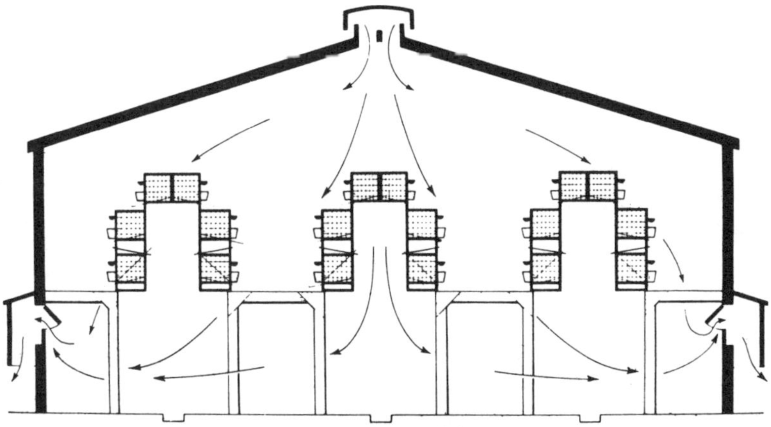

Abb. 76. Skizze für Kotkeller (Entlüftungssystem).

Abb. 77. Kotkellerstall.

Relativ einfach und billig ist das mit Spezialpapier arbeitende Entmistungssystem, wobei einmal wöchentlich das mit Kot bedeckte Papier mittels eines von einer handgetriebenen Rolle durch die Batterie gezogenen Drahtgeflechtes mitgenommen und entfernt wird. Dieses Entmistungssystem läßt sich mit einer Querentmistung kombinieren, wobei der Kot samt Papier aus dem Stall hinausbefördert wird.
Bei einem halbautomatischen Entmistungssystem, bei welchem der Kot auf unter dem Käfig befindliche Eternitplatten fällt, wird dieser alle 1 bis 2 Wochen von Hand mit einem Kotschieber auf ein Kotband befördert, das in der Mitte der Batterie in der untersten Etage angebracht ist. Bei kürzeren Anlagen kann dieses Kotband von Hand aus bewegt werden; bei größeren dient dazu ein Elektromotor.
Sehr verbreitet ist die automatische Entmistung mit Kotschiebern. Diese Kotschieber laufen in der Regel auf Panzerglasplatten und werden von Schaltuhren regelmäßig betätigt.
Es gibt auch noch eine Reihe von Fabrikaten, die mittels automatischer Kotbandentmistung arbeiten.
Als sehr praktische Kotlagerung erweist sich eine holländische Aufstallungs-

Abb. 78. Stufenbatterie für Kotkellerstall (Foto Fa. Stanzel, Marchtrenk).

form, ein Stall mit einem Kotkeller. Die Batterien stehen über einem ca. 2 m hohen kellerartigen Raum, der mittels Frontladern entmistet werden kann. Infolge der Höhe des Kellers kann der Kot bis zu 3 Jahren darin lagern und verrotten. Durch ein spezielles Lüftungssystem ist der Kot trocken und geruchlos. Der Kotkeller hat sich bisher als beste Möglichkeit erwiesen, einen wirklich trockenen, streufähigen und fast geruchlosen Kot zu erzeugen und gleichzeitig zu lagern. Voraussetzung für einen wirklich trockenen Kot ist jedoch eine gut funktionierende, nicht tropfende Wasserversorgung und eine einwandfreie Entlüftung.

4.6.3.2. *Fütterungssystem*

Bei den Fütterungssystemen unterscheidet man zwischen halbautomatischen und vollautomatischen Anlagen. Die auf der Batterie montierten Futterwagen können von Hand aus bewegt werden; meistens wird dazu jedoch ein Antriebsaggregat verwendet. Ähnlich wie bei der Bodenhaltung muß auf die Konstruktion und die Füllung des Futtertroges geachtet werden, wenn Futtervergeudung verhindert werden soll.

Abb. 79. Flat-Deck-Junghennenaufzucht (Foto Fa. Stanzel, Marchtrenk).

Abb. 80.
3etagige Batterie, Futterwagen mit mitlaufender Reinigungsbürste für die Eiersammelrinne, damit die Eier keine Staubstreifen bekommen (Salmet, Fa. Schropper, Schottwien).

Abb. 81.
Kompaktfutterwagen, automatische Verbindung der einzelnen Futterbehälter, individuelle Einstellung der Futterhöhe, elektronische Steuerung (Foto Fa. Schropper, Schottwien).

Abb. 82. Legehennenhaltung in Käfigen. Salmet-Batterie (Foto Fa. Schropper, Schottwien).

Abb. 83. Junghennenaufzucht in Batterien. Ausschließlich für die Aufzucht (Foto Schropper, Schottwien).

Für vollautomatische Fütterungssysteme haben sich auch Futterketten sehr bewährt. Mit Futterketten läßt sich der ganze Futtertransport vom Silo bis zum Tier ohne Schwierigkeiten vollautomatisieren.

4.6.3.3. *Wasserversorgung in Käfigen*

Für die automatische Wasserversorgung bei der Käfighaltung kommen folgende Systeme in Frage:
- durchgehende Rinnentränken
- Nippeltränken
- Ventiltränken

Während durchlaufende Rinnentränken seit jeher verwendet werden, sind Nippeltränken jüngeren Datums und Ventiltränken für Batterien kaum bekannt.
Durchgehende Rinnentränken sind in der Regel aus Kunststoff oder emailliert. Die Rinnen sind bei den verschiedenen Anlagen einmal an der Käfigaußenseite über den Futtertrögen, bei anderen in der Mitte der Batterie angebracht.
Ist die Tränkrinne in der Mitte der Batterie angebracht, so erspart man sich eine und es hat den Vorteil, daß weniger Futter in die Rinne gelangt. Andererseits sind sie schwer zugänglich und nur mit Spezialbürsten auf Seilzug zu reinigen. Sind die Rinnen außen angebracht, so ist dies übersichtlich und praktisch für die Reinigung, aber es gelangt leicht Futter in die Rinne und Wasser ins Futter; dies ist weder für die Qualität des Trinkwassers noch für die des Futters zuträglich.
Neuere Käfiganlagen sind mit Nippeltränken ausgestattet; diese sind heute

Abb. 84. Nippeltränken in der Käfigmitte (Salmet-Batterie, Fa. Schropper, Schottwien).

bereits sehr zuverlässig, arbeiten auch bei kalkhaltigem Wasser einwandfrei, und das Wasser, das die Tiere bekommen, ist sauberer als bei Rinnentränken. Von Wichtigkeit ist jedoch, daß die Nippeltränken niemals versagen, denn hätten die Tiere unbemerkt eine Zeitlang kein Wasser, würden sie sehr schnell mit einem Zusammenbruch der Legeleistung reagieren.
Ebenso ist es unzweckmäßig, mit den Nippeltränken zu sparen. Die Tiere würden, besonders in der heißen Jahreszeit, zu wenig Wasser bekommen, ein starker Rückgang der Legeleistung oder in weniger extremen Fällen kleinere Eier wären die Folgen. Lieber ein Nippel zuviel als einer zuwenig, um so mehr, als dies eine Versicherung gegen das immerhin mögliche Versagen eines einzelnen Nippels darstellt. Jedes Tier sollte deshalb Zugang zu mindestens zwei Nippeln haben.

4.6.3.4. *Gewinnung der Eier*

Bei allen Käfiganlagen rollen die gelegten Eier am etwas schräg abfallenden Gitterboden des Käfigs in die Eiersammelrinne, wo sie händisch eingesammelt werden, oder sie rollen auf ein Eierförderband, welches die Eier automatisch aus dem Stall zur Sortierung und Verpackung befördert.

Abb. 85.
Eiersammeln händisch mit Eierwaagen.

Abb. 86. Käfighaltung, Legestall mit Eiersammelband (Foto Fa. Stanzel, Marchtrenk).

*Abb. 87.
3etagige Batterie mit automatischer Eierförderung (Foto Fa. Stanzel, Marchtrenk).*

Abb. 88. Automatisches Eiersammelband und Eiersortierraum (Foto Fa. Stanzel, Marchtrenk).

Abb. 89. Europack-Legebatterie mit Eiersammelanlage (Salmet, Fa. Schropper, Schottwien).

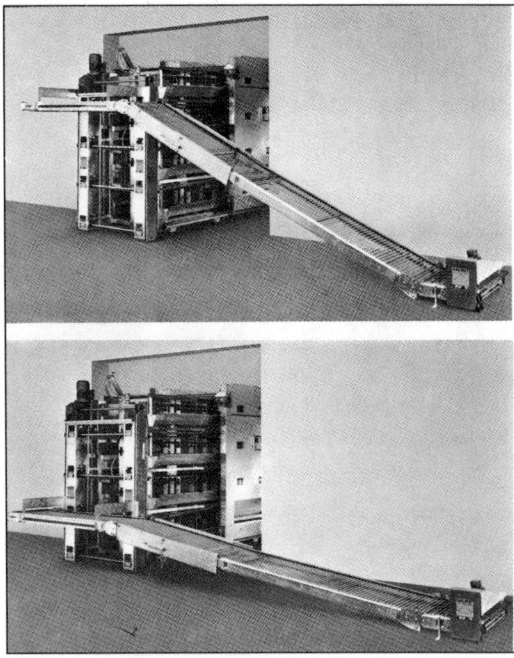

Abb. 90.
Eiertransportsysteme, Eierlift
(Foto Fa. Schropper, Schottwien).

4.6.3.5. *Käfigbeschaffenheit*

Der Käfig für Legehennen muß jeder Legehenne einen Mindestplatz von 450 cm^2 sicherstellen. Die Höhe des Käfigs muß für mindestens 65% der Bodenfläche 40 cm sein und darf für den Rest 35 cm nicht unterschreiten. Jeder Henne muß ein Futterplatz von 10 cm, besser 12 cm, jederzeit zur Verfügung stehen. Zwei Trinkwassernippeln müssen pro Käfig zugängig sein. Das Bodengitter darf eine Neigung von 8° nicht übersteigen. Die Maschenweite des Bodengitters soll maximal 20–25 mm betragen, und die Drahtstärke mindestens 2 mm im Querschnitt haben. Dies sind die Normen in der EWG. Eine Henne weniger in den derzeit üblichen Käfigen, also ca. 500 cm^2, wäre nach vet.-med. Gesichtspunkten erstrebenswert.

4.6.4. *Käfigsysteme für Elterntiere*

Die Hauptgründe für die Einführung der Elterntierhaltung in Käfigen bei natürlicher Anpaarung können im wesentlichen in den Vorteilen einer gegenüber der Bodenhaltung besseren Gebäudenutzung, einer besseren Hygiene, eines verringerten Arbeitszeitaufwandes und geringeren Futterverlusten gesehen werden.

Abb. 91.
2etagige Elterntierkäfighaltung (Zuchtbetrieb Schropper, Aue-Schottwien).

Elterntierbatterien werden in der Regel zweietagig ausgeführt. Die Käfige selbst besitzen eine Länge von 1,88 m, eine Breite von 80 cm und eine Höhe von 70 cm. Neben der Frage nach der optimalen Gruppengröße kommt dem richtigen Paarungsverhältnis eine Schlüsselstellung zu. Ein enges Paarungsverhältnis von 1:6 bis 1:7 erbrachte die besten Befruchtungsergebnisse. Somit kann ein Besatz mit 15–20 Hennen und 3 Hähnen als optimal angesehen werden.

4.7. Technopathien

Als Technopathien werden bei Tieren solche Krankheiten bezeichnet, deren Ursache in den technischen Einrichtungen der modernen Nutztierhaltung in irgendeiner Weise zu suchen sind. Löliger (1982) engt den Begriff „Technopathie" ein und definiert wie folgt:
Technopathien sind Krankheitszustände beim Tier, die ausgelöst werden durch konstruktive oder funktionelle Mängel, Schäden oder Störungen an den technischen Einrichtungen, die zur Haltung, Ver- und Entsorgung, Überwachung und zum Transport von Tieren verwendet werden. Schäden, die sich bei Tieren aus der Verwendung von für Tierart und Zweck ungeeigneten Konstruktionen oder Geräten ergeben, sind vorsätzlich herbeigeführte Technopathien.

4.7.1. *Störungen im Be- und Entlüftungssystem*

Störungen in der Be- und Entlüftung führen bei geschlossener Stallhaltung, je nach Besatzdichte und Alter der Tiere, zu einem langsameren oder schnelleren Anstieg des Kohlendioxides (CO_2) und Ammoniak (NH_3) und zur Verringerung des Sauerstoffes (O_2) in der Stalluft. Außerdem kann es zu einer unerträglichen Erwärmung des Raumes und zum starken Anstieg der Luftfeuchtigkeit kommen. Je nach Schwere und Dauer der Luftverschlechterung im Stall stellen sich bei den Tieren leichte oder schwerere Gesundheitsschäden ein, die bei Nichtbeachtung bis zum Tod der Tiere führen können.
Vergleichbare Schäden, die sich durch Wärmestau und Sauerstoffmangel bei Ausfall der Be- und Entlüftungssysteme eines Stalles ergeben können, treten gelegentlich auch bei Küken- und Geflügeltransporten auf, wenn die in Kükenkarton oder Transportsteigen gestapelten Tiere ohne ausreichende Frischluftzufuhr bleiben. Diese Gefahr ist besonders bei stehenden Transporten in den warmen Jahreszeiten gegeben, wo nicht selten hohe Verluste besonders in den mittleren Stapelreihen und bei flacher Stapelung auftreten können. Größere Kükentransporte bedürfen eines eigens dafür eingerichteten, mit Ventilatoren versehenen Kükentransportwagens.

4.7.1.1. *Ausfall des Lüftungssystems*

Bei totalem Ausfall der Lüftung kann es in relativ kurzer Zeit, innerhalb einer Stunde, bereits zu erheblichen Todesfällen durch Wärmestau, Überhitzung, Kollaps, Erstickung durch O_2-Mangel und CO_2-Überschuß kommen. Bei den überlebenden Tieren kann es zu Dauerschäden vor allem an den Atmungs- und Kreislauforganen kommen.

4.7.1.2. *Verminderte Lüftung, chron. Sauerstoffmangel*

Andauernde, schlechte Sauerstoffversorgung, wie sie des öfteren während der kalten Jahreszeit in Lege- und vor allem Maststallungen zu beobachten ist, führt je nach der Schwere des Mangels zu Hyperthermie (erhöhter Körpertemperatur), wodurch der Kreislauf und die Atmung gestört werden, zu Hypoxämie (Sauerstoffmangel im Blut), wodurch Hämoglobinämie (Mangel an Blutfarbstoff) und Störungen des Energiestoffwechsels entstehen können.

4.7.1.3. *CO_2- und NH_3-Überschuß*

Beide Schadgase können bei entsprechender Konzentration zu Vergiftungen und zum Tod führen. Mäßig überhöhte Mengen verursachen bei längerer Einwirkung respiratorische Symptome, Schnupfen, Lungenödem und Bronchitis sowie durch NH_3-Einwirkung Augenentzündungen, Konjunktivitis, Hornhaut-Geschwüre bis zum Erblinden.

4.7.1.4. *Überventilation – Zugluft*

Zugluft kann bei Eintagsküken eine tödliche Unterkühlung bewirken. Bei älteren Tieren führt Unterkühlung zu Wachstumsdepressionen und Darmkatarrh. Zugluft begünstigt auch das Auftreten von Schnupfen, Atmungskrankheit und Mykoplamose.

4.7.2. *Störungen in der Regulierung von Temperatur und Luftfeuchtigkeit*

Überhitzungen treten in der Regel bei Schäden an Thermostaten auf, wenn Heizungen nicht abschalten und Alarmanlagen fehlen oder nicht funktionieren.
Unterkühlungen treten bei Ausfall der Heizung oder bei Transporten auf.

4.7.2.1. *Überhitzung*

Überhitzungen ab 30° C bei Geflügel über 4 Wochen, besonders bei hoher Luftfeuchtigkeit, verursachen Wärmestau und Kollaps, Störungen von Kreislauf und Atmung. Überhitzungen können bei Junghennen und Legehennen binnen 45 Minuten zum Tode führen. Übertemperaturen sind außerdem Hilfsursachen bei Darmkokzidiose und nektrotisierender Darmentzündung.

4.7.2.2. *Unterkühlungen*

Unterkühlungen können bei Eintagsküken bereits bei Temperaturen unter 26° C den Tod zur Folge haben. Bei Küken treten gelegentlich durch Unterkühlung Wachstumsdepressionen und Darmkatarrh auf. Unterkühlungen stellen aber auch Hilfsursachen bei Frühinfektionen wie Nabelinfektionen, Colibacillose und Salmonelleninfektion dar.

4.7.2.3. *Erfrierungen*

Erfrierungen waren früher in bäuerlichen Kleinhaltungen nicht selten, wenn die Tiere länger in halboffenen Stallungen ohne zusätzliche Heizung verweilten. Kennzeichnend dafür sind Erfrierungen von Kamm und Kehllappen.
Erfrierungen dürften dagegen bei Intensivhaltungen auch bei längerfristigem Ausfall der Heizung nicht vorkommen, allerdings können Erfrierungen bei Transporten, besonders wenn Außentemperaturen zwischen $\pm$ 0° und –5° C bei gleichzeitig hoher Luftfeuchtigkeit vorliegen, auftreten.

4.7.2.4. *Zu geringe Luftfeuchtigkeit*

Zu geringe Luftfeuchtigkeit, wie sie gelegentlich im heißen Sommer angetroffen wird, führt zu respiratorischen Symptomen, Bronchitis und stellt eine Hilfsursache bei chronischer Atmungskrankheit dar.

4.7.3. *Störungen in der Futter- und Wasserversorgung*

Erkrankungen aufgrund technischer Defekte in der Futter- und Wasserversorgung sind möglich, müßten aber bei den Gegebenheiten einer normalen Betreuung rechtzeitig erkannt werden. Technische Defekte an Versorgungseinrichtungen, die länger als 24 Stunden bestehen bleiben, sind sicher kein Problem einer fehlerhaften, technischen Einrichtung, viel eher eine mangelnde Betreuung durch den Menschen.

4.7.3.1. *Störungen der Trinkwasserversorgung*

Eine vollständige Unterbrechung der Trinkwasserversorgung bleibt bei den Küken und Junghennen in der Regel bis zu 60 Stunden ohne gesundheitlichen Schaden. Ab 60 Stunden kommt es bei Küken und Junghennen zu exsiccotischen Erscheinungen verbunden mit Urämie (Harnsäureanreicherung im Blut), gelegentlicher Verstopfung der Nierenkanälchen mit Harnsäureablagerungen (Nierengicht); Folgeerscheinungen sind Kümmern und vereinzelt Todesfälle durch Nierengicht.

Bei Küken wirkt Wasserentzug, der über 3 Tage geht, tödlich; Urämie, Exsiccose, Harnsäureablagerungen in den Nieren und anderen Organen, sog. Visceralgicht, sind die Folgen, welche manchesmal bei Küken, besonders nach längeren Transporten festgestellt werden.

Legehennen reagieren schon nach einem 24stündigen Wasserentzug mit Rückgang der Legeleistung und kleineren Eiern; nach Behebung des Mangels kehrt jedoch die Eibildung rasch zurück. 48 Stunden Wasserentzug (und länger) führt bereits zu regressiver Dotterentzündung und Urämie; Bauchfellentzündung und Nierenschäden können spätere Folgen sein, die zum Tode führen können.

4.7.3.2. *Störung der Futterversorgung*

Vollständiger Futtermangel führt bei Küken und Junghennen ab 72 Stunden zu Wachstumsdepression, Hypoglykämie und Hypothermie; bei Legehennen zu Follikeldegeneration und Einstellen der Legetätigkeit.

Eine unzureichende Futterversorgung verursacht indirekt bei wachsenden Tieren Mangelsymptome.

4.7.4. *Störungen an den technischen Konstruktionen der Unterbringung*

Das Ausmaß technisch bedingter Unfälle oder Verletzungen durch Mängel an den Konstruktionen der Unterbringung wie Sitzstangen, Boden- und Kotroste, Käfige, Legenester usw. ist schwer zu bestimmen, diese kommen nicht nur im Zusammenhang mit der intensiven Tierhaltung vor.

4.7.4.1. *Kotroste, Fußbodengitter*

Kotkastengitter sind ungeeignet, wenn sie scharfkantig sind oder eine zu große, wie auch zu kleine Maschenweite besitzen. In allen diesen Fällen verursachen sie Verletzungen an den Zehen und Ständern, Eintrittspforten für Infektionserreger wie Staphylokokken, die zu örtlichen Entzündungen und Allgemeinerkrankungen führen können. Selbst Beinbrüche können manchmal auftreten. Auch defekte oder bereits abgenutzte Kotroste und Fußbodengitter führen durch Überbesatz oder bei schweren Tieren zu gleichen Erkrankungsbildern.

4.7.4.2. *Mängel an Sitzstangen*

Scharfe Kanten und Splitter an den Sitzstangen sowie hervorstehende Nägel, Haken oder Schrauben, auch Drahtstifte in der Einstreu können Verletzungen an den Ständern, an der Haut und an den Kopfbehängen verursachen.

4.7.4.3. *Käfiganlagen*

Bei Überbesatz der Käfige, bei zu kleinen oder zu niedrigen Käfigen kann es zu Verletzungen am Kamm sowie zu spontanen Brüchen oder Rissen am Wirbelskelett, an den Ständern sowie auch zu Rupturen innerer Organe mit nachfolgender Verblutung kommen. Als Ursache hierfür wird das gegenseitige Drängeln und Bedrängen der Tiere auf der Suche nach dem Futter- oder Tränkplatz angenommen. Verletzungen am Wirbelskelett sind häufig Anlaß für Lähmungserscheinungen, sogen. Käfiglähme bei zu engem Tierbesatz.
Konstruktions- und Montagefehler, z. B. zu starke Neigung des Bodengitters, ungeeignete Maschenweite, zu dünner, kantiger Draht, Verschleißerscheinungen, können zu Zehen- und Beinverletzungen führen.
Unerheblich und ohne Folgen für den Gesundheitszustand der Tiere sind die unter Hühnern in Käfighaltung häufiger zu beobachtenden Federbrüche, besonders an den Schwanzfedern und am Hals sowie die langen, überwachsenden Krallen.

4.7.4.4. *Defekte, unvollständige Koträumung*

Durchhängende Kotbänder, gebrochene Kotplatten, abgenutzte Kotschieber, zu lange Räumungsintervalle bringen die Tiere wieder mit dem Kot in Kontakt, wodurch nicht nur die Eier verschmutzen, sondern auch die Gefahr einer Kokzidieninfektion hervorgerufen werden kann.

4.8. Nicht technisch bedingte Haltungsschäden

Erkrankungen und Schäden, die sich aus der Haltung in Kolonien oder Herden (Intensivhaltung) ergeben oder auf unhygienische Verhältnisse zurückzuführen sind, haben in der Wirtschaftsgeflügelzucht, besonders aber bei der intensiven Bodenhaltung eine große Bedeutung. Die Massierung vieler Tiere auf begrenzter Fläche, in einem begrenzten Raum, bringt auch Probleme, die seuchenhygienischer Natur sind, mit sich.

4.8.1. *Seuchenhygienische Probleme*

Hühner und wie auch Puten sind von Natur aus keine Herdentiere. Unter natürlichen Bedingungen treten die wildlebenden Artgenossen beider Vogelarten nur in kleinen Gruppen von maximal 8 bis 10 Hennen mit einem oder 2 Hähnen auf. Diese Tiere leben auf einer großen Fläche auseinandergezogen und finden sich nur an den Futterplätzen und zu Schlafzeiten oder während der Kükenaufzucht zusammen. Jede längerfristige Konzentration einer Tiergruppe auf begrenzten Fläche führt zwangsläufig zur Anhäufung von Kot und Abfällen im Lebensbereich der Tiere und verursacht dadurch eine Reihe von hygienischen Problemen der verschiedensten Art. An erster Stelle steht der Parasitenbefall, Dünn- und Blinddarmkokzidiose aber auch bakterielle und virale Infektionen. Auch Mykosen sind dabei nicht ausgeschlossen, wobei der Anreicherung von Pilzsporen in der Einstreu große Bedeutung bei der Entstehung einer Aspergillose zugerechnet werden muß. Auch Ektoparasiten finden im Stallmilieu günstige Lebensbedingungen, so daß Milben, Federlinge und auch andere Insekten ständig bekämpft werden müssen.

5. Einfluß der belebten Umwelt

Die Beschäftigung mit der belebten Umwelt der Hühner bringt uns zunächst mit der Verhaltensforschung in Berührung. Wenn auch eine Reihe genetisch bedingter, streng fixierter Bewegungs- und Verhaltensformen unter den heutigen Haltungsbedingungen ihren Sinn verloren haben, so ist ihre Kenntnis und Interpretation dennoch oft der einzige Schlüssel zum Verständnis für tierische Verhaltensweisen und sicherste Grundlage für die Ermittlung echter Lebensbedürfnisse der Tiere.
Auch müssen wir uns mit den Einflüssen der Stallgefährten, mit dem Zusammenleben der Tiere selbst, der sogenannten Soziologie des Geflügels auseinandersetzen. Dabei gibt es eine Reihe Faktoren, die Leistung und Gesundheit beeinflussen.
Schließlich hat der Mensch selbst im Laufe der Domestikation tief in das Schicksal der Tiere eingegriffen. Die Fortschritte in der Technisierung der Tierhaltung dürfen uns nicht davon abhalten, unseren Blick immer wieder den naturgewollten Funktionen der belebten Natur zuzuwenden und daraus Erkenntnisse für den richtigen Umgang mit Tieren zu finden. In dieser Hinsicht gewinnt der richtig interpretierte Tierschutz besondere Bedeutung.

5.1. Verhalten des Huhnes

Erst nachdem man den Hühnern zur Entfaltung ihrer angeborenen Verhaltensweise eine Möglichkeit nach der anderen genommen hatte, befaßte man sich eingehender mit der Bedeutung des Verhaltens.
Das Brutverhalten z. B. ist unseren heutigen Hühnern kaum mehr bekannt, da die Eier in Brutapparaten ausgebrütet werden. Züchterisch hat man sich daher schon frühzeitig bemüht, Brütigkeit oder Brutlust durch Selektion auszumerzen. In gleicher Weise ist auch die Beziehung zwischen Henne und Küken verlorengegangen, da die Küken ohne führende Glucke in großer Anzahl aufgezogen werden. Das Sexualverhalten ist nur auf die kleine Gruppe der Zuchttiere beschränkt; die meisten Hennen bekommen Zeit ihres Lebens niemals einen Hahn zu sehen. Zum Teil wird auch die künstliche Befruchtung angewendet, wobei sich die Partner überhaupt nicht mehr zu Gesicht bekommen.
Freilandhühner kratzen und scharren auf dem Boden, um Futter zu suchen; für Intensivhühner ist diese Tätigkeit überflüssig, sie finden ihr Futter in ausreichender Menge und bester Zusammensetzung im Futtertrog. Führen sie dennoch Scharrbewegungen aus, so sind dies Leerlaufhandlungen.

Der physiologische Vorgang der Mauser hat nur dann Bedeutung, wenn die Tiere eine zweite Legeperiode hindurch gehalten werden; normalerweise werden die Legetiere vor Eintreten der Mauser abgeschafft. Werden Legeherden ein zweites Legejahr gehalten, so versucht man durch kurzfristige Änderung des Futter- und Lichtprogrammes eine künstlich induzierte Mauser (biologische Ruhephase) herbeizuführen.
Alle bisher aufgezählten Eingriffe in die Lebensgewohnheiten des Huhnes haben keine nachteiligen Folgen auf die Verhaltensweise gezeigt. Weder die Kunstbrut und künstliche Aufzucht noch die Zuchtstammhaltung noch die modernen Fütterungsmethoden konnten die Leistungsfähigkeit, die Gesundheit oder das Wohlbefinden in irgendeiner Weise beeinträchtigen. Wenn kritische Erscheinungen im Verhalten der Hühner bei der immer mehr fortschreitenden Einengung des Lebensraumes auftreten, so liegen dafür die Ursachen meistens im Nichtbeachten einiger entscheidender Punkte, im sozialen Verhalten der Tiere untereinander und im Verhalten des Menschen zum Tier selbst.

5.2. Soziologie des Geflügels

In der neuzeitlichen Geflügelhaltung bleibt wenig Raum für eine soziale Ordnung, die Beziehungen zwischen Eltern und Nachkommen oder zwischen verschiedenen Altersgruppen beinhalten, da die Tiere alterseinheitlich und bei Legetieren auch geschlechtseinheitlich gehalten werden. Dennoch hat es sich gezeigt, daß auch in den weitgehend einheitlichen Gruppen ein soziales Gefüge besteht, welches Territorialität, Bevorzugung eines bestimmten Platzes und, innerhalb einer territorialen Gruppe, eine hierarchische Organisation aufweist. Diese hierarchische Ordnung wird als Pick- oder Hackordnung bezeichnet und beruht auf dem Dominanzverhalten der Tiere. Die Voraussetzung für eine solche Ordnung ist aber, daß sich die Hühner vor allem an Einzelheiten des Kopfes, besonders an der Kammform erkennen. Weitere Untersuchungen haben gezeigt, daß bis zu 100 verschiedene Tiere erkannt werden können.
Diese Pickordnung etabliert sich im Alter von 10–15 Wochen, ist demnach nur bei Junghennen und Legehennen von Bedeutung. Das Erkennen hängt auch mit dem Gedächtnis zusammen, 2 bis 3 Wochen lang erkennen sich die Tiere wieder; längere Abwesenheit führt dazu, daß die Stallgefährten nicht mehr erkannt werden und sich in die bestehende Ordnung neu einordnen müssen. Die länger ansässigen Tiere haben Vorrang, außerdem spielt kräftiges Aussehen und Kammgröße eine gewichtige Rolle. In der Regel ist die Pickordnung linear, gelegentlich kommt auch, besonders in Käfigen, Kreis- oder Dreiecksordnung vor. Die Hackordnung stabilisiert sich durch einen Gewöhnungspro-

zeß, kann aber jederzeit Umstürze erleben, wenn etwa hochstehende Tiere durch Krankheit oder zu häufige Kämpfe geschwächt und unterdrückt werden. Ebenso kann es bei übermäßiger Beengung, Futtermangel oder Futterplatzmangel zu Revolten und dauernden Kämpfen kommen, die die Leistung einer Herde beträchtlich mindern. Wenn Tiere aus einer Gruppe entfernt und nach mehr als einer Woche zurückgebracht werden oder wenn überhaupt fremde Tiere zugesetzt werden, werden diese vorerst auf die untersten Positionen gedrängt.
Die Folge eines Sozialstresses in der Herde sind ungleiches Aussehen der Tiere, Rückgang der Legeleistung und Kannibalismus; in Zuchtherden können weiters auch schlechte Befruchtungsergebnisse damit verbunden sein.
Für die Etablierung der sozialen Struktur in der Herde oder Käfiggemeinschaft sind daher folgende Richtlinien einzuhalten:
Genügend Freß- und Tränkplätze bereitstellen, damit auch sozial niedriggestellte Tiere ihren Platz unbehindert behaupten können.
Bei Bodenhaltung soll die Gruppenbildung durch Unterteilung auf 100 bis höchstens 200 Tiere gefördert werden.
Bei der Einstallung in Käfige sollen Tiere mit gleichem Aussehen und gleicher Konstitution zusammengestellt werden.
Niemals sollen fremde Tiere in eine schon bestehende Gruppe gebracht werden.

5.3. Federnpicken und Kannibalismus

Kannibalismus kommt bei allen Hühnerrassen und in jeder Altersgruppe vor. Federnfressen und Federnpicken sowie Zehenpicken können schon bei wenige Tage alten Küken beobachtet werden und sind Vorstufen des Kannibalismus. Es beginnt damit, daß bestimmte Tiere einen Artgenossen anpicken, wobei Küken das Flügelgelenk und die Gegend rund um die Bürzeldrüse, erwachsene Tiere hingegen die Kloakengegend bevorzugen. Sobald sich die ersten Blutungen einstellen, wird das Opfer von einer größeren Anzahl von Verfolgern gepeinigt, und es kann dazu kommen, daß solche Tiere von ihren Angreifern ausgeweidet werden.
Ursachen, die für das Auftreten von Kannibalismus verantwortlich gemacht werden, können exogener und endogener Natur sein.
Exogene Faktoren sind vor allem Überbesetzung der Stallungen, Aufzuchtbatterien und Legekäfige, zu wenig Futter- und Tränkplätze, ungenügende Anzahl von Sitzstangen und Legenestern. Auch das Stallklima hat oft bedeutenden Anteil an der Entstehung von Kannibalismus. Die Luft in den Stallungen kann

Abb. 92. Sonneneinstrahlung fördert Kannibalismus.

durch Heizung oder sommerliche Sonnenbestrahlung zu heiß und zu trocken werden. Weniger als 50% relative Luftfeuchtigkeit können Kannibalismus auslösen. Ebenso fördern helle Stallungen, viel grelle Sonne (südseitige Fenster), aber auch einzelne Strahlenbündel, die durch kleine Fenster oder Dachluken in einen an sich düsteren Stall eindringen, die Picklust.

Weiters ruft ein Befall der Tiere mit Federlingen, Vogelmilben und dergleichen Juckreiz hervor, wodurch ebenso vermehrtes Picken ausgelöst werden kann.

Als endogene Faktoren kommen genetisch bedingte Anlagen zum Federpicken und Kannibalismus sowie Fehler in der Fütterung vor. Einer der häufigsten Futtermängel scheint eine Unterversorgung mit Proteinen zum Zeitpunkt der Umstellung von Junghennen- auf Legefutter zu sein. Junghennenfutter hat einen Rohproteingehalt von 12% bis 14%, Legehennenfutter von 16% bis 18%. Die Umstellung soll dann erfolgen, wenn das erste Ei gelegt wird. Ein Zuwarten bis zu einer Legeleistung von 30% bis 40% hat oft das Auftreten von Kannibalismus zur Folge.

Die Futterstruktur spielt ebenfalls eine wichtige Rolle. Bei Pelletfütterung sind Legehennen in der Regel fähig, ihren Nährstoffgehalt in kurzer Zeit aufzunehmen.

5.3.1. *Maßnahmen zur Verhinderung des Federnpickens und Kannibalismus*

Die Behandlung des Kannibalismus richtet sich zunächst auf das Abstellen der Ursachen. Beim Verdacht auf Fehlmischungen beim Futter muß sofort ein Futterwechsel vorgenommen werden. Auch die Notwendigkeit einer optimalen Klimagestaltung und Kontrolle der Lichtintensität, eventuelles Abdunkeln,

muß hier nochmals betont werden. Allerdings lassen sich belastende Faktoren nicht immer vermeiden. So ist z. B. bei schweren Rassen eine restriktive Fütterung oft unumgänglich. Bei Auslaufhaltung kann die Lichtintensität nicht kontrolliert werden.
Erst in zweiter Linie wird man eine Wundbehandlung der bepickten Stellen mit speziellen Mitteln durchführen. Da Hühner nach unseren bisherigen Erkenntnissen nicht auf Gerüche reagieren und Farbveränderungen eher noch zum Picken anregen, wird man auf ölige, fettige und farblose Substanzen zurückgreifen, da gerade die Veränderung der Oberflächenbeschaffenheit in Richtung fettig und schmierig vom Huhn offensichtlich als unangenehm empfunden wird. So bietet das Einfetten mit Lebertranzinksalbe für einige Tage Schutz und ermöglicht das Abheilen eventuell vorhandener Verletzungen. Allerdings muß die Behandlung wiederholt werden, wenn die Wirkung abgeklungen ist. Sehr gute Behandlungserfolge werden durch den Zinkoxid-Salben-Spray erzielt.

5.3.1.1. *Schnabelstutzen*

Ein sehr wirksames Mittel gegen Federnpicken ist das Schnabelstutzen. Zwar wird die Untugend des Federnpickens durch Einkürzen der Schnäbel nicht prinzipiell verhindert, doch hilft diese Maßnahme, Schäden und Todesfälle einzudämmen. Allerdings kann das Einkürzen der Schnäbel bei unsachgemäßer Ausführung außerordentlich stressen, wobei noch hinzukommt, daß fal-

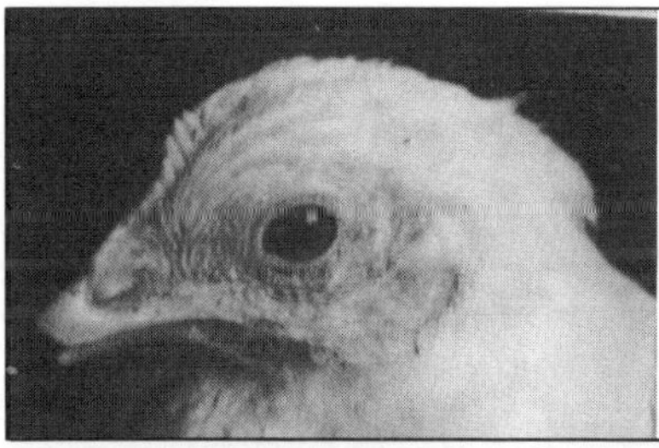

Abb. 93.
Richtig gekürzter Schnabel einer Junghenne.

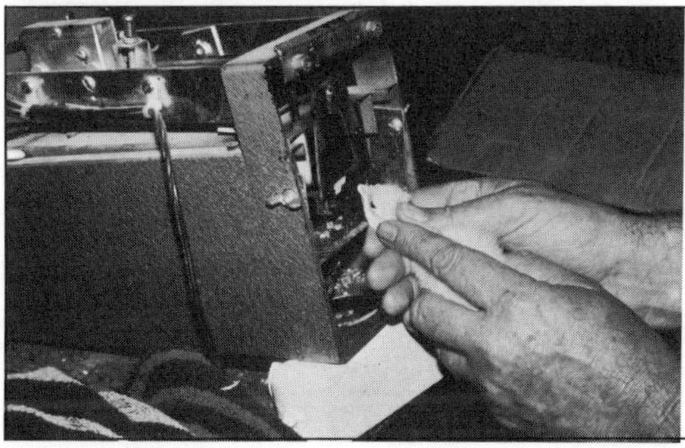

Abb. 94.
Schnabelstutzen mit elektrothermischem Gerät.

sches oder unsachgemäßes Einkürzen mehr Probleme verursachen als lösen kann.
Das letztmögliche Alter zum Schnabelstutzen liegt bei 14 Wochen. Wird Schnabelstutzen später durchgeführt, hat es Auswirkungen auf den Reifeprozeß der Legehenne, ebenso sind Blutungen schlechter zu verhüten. Nur in Notfällen kann eine geringfügige Einkürzung in jedem Alter vorgenommen werden. Bis zur 8. Lebenswoche kann diese Operation unbeschadet durchgeführt werden. Schnabelkürzungen vor der 6. Lebenswoche machen in der Regel eine zweite Kürzung notwendig, da der Schnabel noch über die angestrebte Länge hinauswächst. Da aber Federnpicken meist schon im frühen Kükenalter beginnen kann, ist eine Kürzung zwischen 7. und 10. Lebenstag zu empfehlen. Die zweite Kürzung sollte, wenn notwendig, im Alter von 10 Wochen vorgenommen werden. Schnabelkürzungen am 1. Tag, einfaches Abschmelzen der Schnabelspitze durch Hitze, hat nur 6–8 Wochen einen Erfolg, weil der Schnabel rasch nachwächst.
Die Arbeit des Kürzens ist eine Präzisionsarbeit und sollte nur von gut geschulten Fachkräften mit guten, sauberen und voll funktionsfähigen Instrumenten durchgeführt werden. Ober- und Unterschnabel werden dabei gleichzeitig gekürzt. Die Schneiden sind erhitzt und haben eine dunkelrote Färbung. Unmittelbar nach der Kürzung wird die Schnittfläche durch zweieinhalb Sekunden langen Messerkontakt kauterisiert, damit die Wunde verschlossen ist und keine Blutung erfolgt. Die Verabreichung von Vit.-K^3-Präparaten übers Trinkwasser 2 Tage vor und nach der Behandlung hat sich zur Verhinderung der Blutungen als nützlich erwiesen.
Nach jeweils 5000 Küken sollten Schneiden mit Sandpapier gereinigt werden. Je nach Qualität müssen die Schneiden auch regelmäßig ausgewechselt werden. Beim Kürzen im Alter von 7 bis 10 Tagen sollte der Abstand zwischen den Nasenöffnungen und dem Schnabelende etwa 2 mm betragen. Eine Stundenleistung von 700 Küken pro Person sollte beim Kürzen nicht überschritten werden.
Schnabelstutzen hat sich in erster Linie bei schweren Mast-Elterntieren als notwendig erwiesen, da sie während der Aufzucht restriktiv gefüttert werden. Auch bei sehr dicht gehaltenen Boden- oder Auslaufhaltungen ist Schnabelstutzen oft der einzige Ausweg vor dem Kannibalismus. Bei der Käfigaufzucht und Legehennenhaltung in Käfigen erweist sich das Schnabelstutzen als unnötig.

5.4. Tierschutz

Bei der Intensivierung der Haltung und Nutzung der Haustiere standen bisher die Fortschritte vorwiegend unter ökonomischen Gesichtspunkten. Seit sich jedoch einige Verhaltensforscher, die bisher nur mit freilebenden Tieren beschäftigt waren, auch mit der Untersuchung unserer Haustiere befassen, treten vermehrt Belange der Tiere selbst in den Vordergrund. Dies wäre an sich ein verdienstvolles Bemühen, wenn nicht durch unrichtige Behauptungen, mit falsch gewählten Worten und in demagogischer Manier Begriffe verfälscht würden, allein in dem Bestreben, die öffentliche Meinung zu verwirren und die Gemüter zu erregen.

Als Grundlage für die Anwendung eines qualifizierten Tierschutzes muß die über Jahrtausende stattfindende Haustierwerdung unserer Nutz- und Heimtiere angesehen werden. Diese Domestikation hat zu keiner grundsätzlichen, aber zu enorm qualitativen Änderungen ursprünglicher Verhaltensweisen geführt. So kennt man heute, um nur einige Beispiele zu nennen, den Kanarienvogel als einen hübschen, kleinen, gelbgefiederten Finkenvogel, der als begabter Sänger unser häufigster Käfigvogel ist. Dieser domestizierte Kanarienvogel gehört zur gleichen Art wie der auf Madeira, den Kanarischen Inseln und den Azoren lebende wilde Kanarienvogel und hat sich durch Mutation und Kreuzung in zahlreiche Farbvarianten zum mehr oder weniger begabten Sänger verwandelt und an den Käfig gewöhnt.

Gleiches gilt, um von den vielen Beispielen noch ein zweites zu erwähnen, vom Haushund (Canis lupus familiaris), den es in einer Vielfalt an Gestalt und zu Nutzungszwecken gibt, wie kein anderes Tier, welches durch die Domestikation und Zucht derart verändert wurde. Es ist kaum zu glauben, daß alle derzeit ca. 400 Hunderassen, vom kleinen, zwerghaften, nur 1,30 kg schweren mexikanischen Chihahua bis zur 80 cm hohen Deutschen Dogge oder bis zum 70 cm großen bis 100 kg schweren Bernhardiner, vom Wolf (Canis lupus) abstammen. Alle diese verschiedenen Haushunde können dank des Domestikations-Infantilismusses zur Jagd, zum Sport, zur Arbeit, als Such-, Spur- und Blindenhunde und schließlich auch zum Spiel und zur seelischen Betreuung des Menschen gebraucht und genutzt werden. Die keineswegs mehr artgerechte Einzelhaltung von Hunden in Städten und Hochhäusern ähnelt nicht im Entferntesten dem Leben in Rudeln in den Wäldern; und doch nimmt niemand an, daß dieses Zusammenleben mit dem Menschen, weit ab von der Natur, für das Tier mit Qualen verbunden wäre, sofern der Mensch die lebensnotwendigen und entsprechenden Pflegeverpflichtungen übernimmt und einhält.

Bei den Haustieren übernimmt der Mensch die Sicherung der Nahrung, den Schutz vor natürlichen Feinden und die Sorge um die Gesundheit. Haustiere sind der natürlichen Selektion weitgehend entzogen. Lorenz (1959) bezeichnete dies als ein „Leben im entspannten Feld". Dagegen läßt sich hervorheben, daß die ökologischen Bedingungen des Hausstandes für Individuen der Wildformen auch bemerkenswerte Spannungen erzeugen können, die eine entscheidende Auslese zur Folge haben. Im Vergleich zum in freier Wildbahn lebenden Hund ist beim Haushund der Lebensraum begrenzt, eine höhere Besiedlungsdichte vorhanden, der Mensch beeinflußt die Sozialstruktur sowie die Nahrung nach Quantität und Qualität. Diesen veränderten Bedingungen mußten sich die domestizierten Individuen anpassen.

5.4.1. *Die Kritik an modernen Tierhaltungsformen*

Die Menschen akzeptieren in der Regel die im Stall angebundene Kuh, das in Boxen eingeengte Zuchtschwein, den Papagei und Kanarienvogel im Käfig, den Hund in der Stadtwohnung, aber sie verdammen die Käfighaltung von Legehühnern. Vielen Menschen erschauert bei dem Gedanken, daß Küken aus einem Automaten fressen und ihr Wasser aus Nippeltränken bekommen, aber sie akzeptieren die Tatsache, daß Milchkühe von Melkmaschinen gemolken werden, anstelle Kälber saugen zu lassen.

Kritik gibt es auch von Naturwissenschaftlern und Forschern. Sie alle haben große Sorgen um das Überleben dieser Erde. Die Ethnologen und Verhaltensforscher treten aufgrund ihrer Forschungsergebnisse für eine artgerechte Haltung landwirtschaftlicher Nutztiere ein. Sie leugnen damit durchwegs die Ergebnisse einer jahrtausendealten Domestikation unserer Haustiere, die sich genetisch bedingt an Haltungsmethoden angepaßt haben. Ihre Behauptung, Tiere leiden generell unter den ihnen zugefügten Maßnahmen, ist eine subjektive Unterstellung, die um so fragwürdiger wird, je niedriger die Entwicklungsstufe ist, auf der das Tier steht.

So sind gerade die Vögel schon seit Jahren beliebte Beobachtungsobjekte für Tierpsychologen und vergleichende Verhaltensforscher, doch beschränken sich ihre Untersuchungen meist auf extensiv gehaltene oder freilaufende Wildvögel. In allen ihren Arbeiten wird kein Bezug genommen auf die Erkenntnisse der Entwicklungslehre. Es ist ein grundlegendes Wissen, daß in der Reihe der Wirbeltiere die Entwicklung des zentralen Nervensystems von den einfachen Fischen bis zu den Primaten und insbesondere dem Menschen hin zunimmt, weil auch die Nervenzellen größer und ihre Kommunikationen zueinander zahlreicher und mannigfaltiger werden. Schon bei oberflächlichem Vergleich der Gehirne von Tieren aus den verschiedenen Entwicklungsstufen ist festzustellen, daß sowohl hinsichtlich der Gewichte als auch hinsichtlich der Gestalt große Unterschiede bestehen. Diese betreffen insbesondere die Entwicklung der Vorderhirnhälften und der diese überdachende Rinde.

Untersuchungen über die Cerebrisation der Säuger führten die vergleichende Anatomie dazu, für die Massenentwicklung der höchsten Gehirnzentren sogenannte intercerebrale Indices festzulegen, die als Quotient ausdrücken, wieviel Mal an Masse ein Hirnteil höherer Ordnung einer als Elementarteil gewählten Zone niederer Ordnung überlegen ist.

5.4.2. *Die intercerebralen Indices am Beispiel Huhn*

Die intercerebralen Indices steigen weitgehend gleichsinnig mit der Evolutionsstufe. Mit der stammesgeschichtlichen Reihe vom niedrigsten bis zum höchst entwickelten Tier komplizieren sich auch die Verhaltensformen, beginnend bei der einfachen stereotypen Handlung bis hinauf zu schwer entwirrbaren Handlungsfolgen. Faßt man die Argumente zur Frage der „Fähigkeit des Huhnes zu leiden" unter Berücksichtigung seiner geistigen Entwicklungsstufe zusammen, so kommt man zu dem Schluß, daß es sicherlich in wesentlich geringerem Maße dazu fähig ist, als alle übrigen intensiv gehaltenen Haustiere, geschweige denn der Mensch. Die Fähigkeit zu leiden, hängt aber wesentlich ab von der geistigen Entwicklungsstufe. Diese liegt beim Huhn so niedrig, daß es weder durch intensive Bodenhaltung, noch durch die verschiedenen Formen der Käfighaltung beeinträchtigt wird. Wenn Legehennen psychisch beeinflußt würden, müßten sie nicht nur mit Taxien, Automationen und Instinktabläufen auf Umweltreize reagieren, sondern auch erinnerungs- und einsichtsfähig sein. Allerdings kommt man zu dem Ergebnis, daß das Huhn von allen Haustieren auf belastende Reize, die den Schwellenwert überschreiten, am empfindlichsten reagiert, und hält es demzufolge für unmöglich, daß Hühner eine hohe Legeleistung erbringen können, wenn sie psychisch gequält werden. Damit ist die Legeleistung, entgegen der Meinung der Ethnologen, ein Ausdruck des

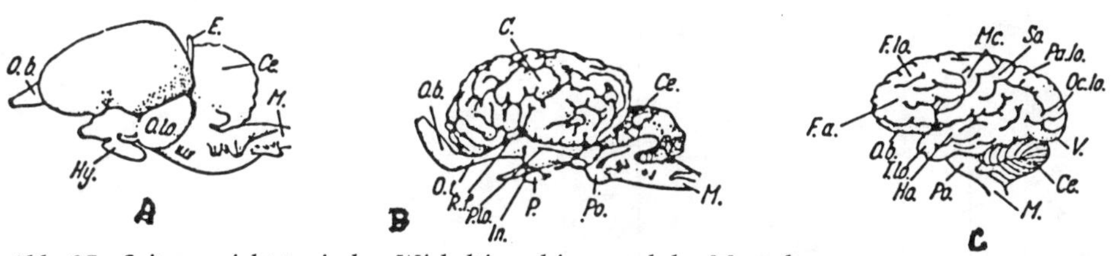

Abb. 95. Seitenansicht typischer Wirbeltiergehirne und des Menschen.
A: Gans, B: Pferd, C: Mensch.
C: Cerebrum; Ce. = Cerebellum; M = Medulla; E = Epiphyse; O.b. = Riechkolben; O.lo. = Optische Lappen; Hy. = Hypophyse; O.t. = Tractus opticus; Po. = Brücke; V = Sehen, Oc.lo. = Scheitellappen; Pa.lo. = Seitenlappen; So. = Körperempfinden; M.c. = Motorik; F.lo. = Stirnlappen; F.a. = Assoziationszone im Stirnlappen; T.lo. = Schläfenlappen.

Wohlbefindens. Zu diesen gleichen Ergebnissen kommen auch die neuesten endokrinologischen Untersuchungen Prof. Dr. Wegeners, die keine Unterschiede der Streßbelastung in den verschiedenen Haltungsformen (Auslauf, Boden, Käfig) feststellen konnten sowie die Erkenntnis, daß jede Streßbelastung tatsächlich eine Blockade zwischen Hypophyse und Gonaden setzt, wodurch Legeleistung und Befruchtungsrate gestört werden.
Somit können als besondere Kriterien für Gesundheit und Wohlbefinden das normale Wachstum, eine hohe, der genetischen Veranlagung entsprechende Leistung, eine der Leistung entsprechende Futteraufnahme, eine geringe Ausfallsquote in der Herde und ein ungestörtes Allgemeinbefinden, ferner in Zuchtherden eine hohe Befruchtungs- und Schlupfrate angesehen werden.
Das Huhn ist bei jeder intensiven Haltungsform in Hinblick auf die Befriedigung aller Lebensbedürfnisse auf den Menschen weit mehr angewiesen als dies früher der Fall war. Vom Tierhalter muß deshalb ein hohes Maß an Verantwortung gefordert werden.
Vom Standpunkt des Tierschutzes ist es wichtig, daß das Tier weder gequält wird, noch ihm länger dauernde oder sich wiederholende erhebliche Schmerzen oder Leiden zugefügt werden. Für ein Tierschutzgesetz wieder ist es von grundlegender Bedeutung, ob es nach ethnologischen Gesichtspunkten artgerecht ausgerichtet ist oder eine tiergerechte Haltungsform als Grundlage nimmt, wobei die Erkenntnisse der Evolution, der Domestikation, der Veterinärmedizin und Hygiene sowie Fragen der Ökonomie und Welternährungspolitik mit einbezogen werden.

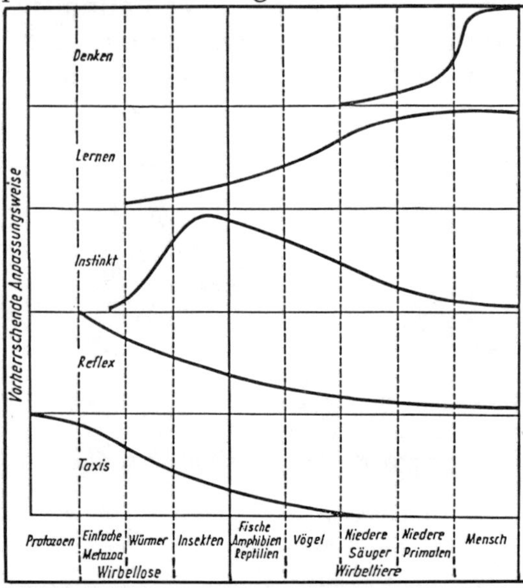

Abb. 96.
Vorherrschende Anpassungsweisen innerhalb des stammungsgeschichtlichen Reihe (Dother, 1969).

5.4.3. *Tierschutz und Tierschutzrecht*

Für ein Tierschutzgesetz wird es notwendig sein, alle Arbeiten und Diskussionsergebnisse in verschiedenen Ländern zu überprüfen und als Entscheidungsgrundlage heranzuziehen.
Als zweite wichtige Initiative ist eine kontinuierliche kompetente und geduldige Information der Öffentlichkeit zu betrachten. Diese Informationen, die auf Fachwissen und Untersuchungsergebnissen basieren und jederzeit zu belegen sind, müssen bekanntgemacht werden.
Als dritten Punkt sind die von der Regierung ausgearbeiteten Empfehlungen, die in Form von Verordnungen aufgrund eines bundeseinheitlichen Tierschutzgesetzes die Grenzen der modernen landwirtschaftlichen Nutztierhaltung festlegen, anzuführen. Ich gebe dabei jedoch zu bedenken, daß diese Verordnungen nicht nur bundeseinheitlich, sondern auch weitgehendst international übereinstimmen sollen, um Wettbewerbsverzerrungen zwischen unseren Bundesländern einerseits, aber auch zwischen Österreich und westlichen wie östlichen Staaten Europas auszuschließen.
Die gesetzliche Grundlage für alle Untersuchungen des Tierquälereitatbestandes ist in Österreich der § 322 STGB des Bundesgesetzes vom 23. Jänner 1974, BGB. 60, über die mit gerichtlichen Strafen bedrohten Handlungen maßgebend.

Der § 322 lautet wörtlich:
1. Wer ein Tier roh mißhandelt oder ihm unnötige Qualen zufügt, ist mit Freiheitsstrafe bis zu einem Jahr oder mit Geldstrafe bis zu 360 Tagsätzen zu bestrafen.
2. Ebenso ist zu bestrafen, wer, wenn auch nur fahrlässig, in Zusammenhang mit der Beförderung einer größeren Zahl von Tieren diese dadurch, daß er Fütterung oder Tränke unterläßt, oder auf andere Weise längere Zeit hindurch einem qualvollen Zustand aussetzt.

Diese gerichtliche und damit bundeseinheitliche Strafdrohung gegen Tierquälerei gibt es erst seit der Strafrechtsänderung von 1971. Da der Tierschutz, inklusive die Quälerei von Tieren, grundsätzlich in die Kompetenz der Bundesländer fällt, müssen die einzelnen Tierschutzgesetze bei der Begutachtung eines konkreten Tatbestandes ebenfalls Beachtung finden.

5.4.4. *Grenzewerte tiergerechter Haltung von Hühnern im Hinblick auf Wohlbefinden und Gesundheit*

Da nicht die Art der Haltung den Ausschlag für Wohlbefinden und Gesundheit der Tiere gibt, sondern die Art und Weise der Durchführung in den einzelnen Haltungsformen, sind nicht nur für die Käfighaltung sondern auch für jede andere Haltungsform Normen zu erstellen. Die in diesem Buch enthaltenen Werte entsprechen langfristiger Erfahrung und sind in den Kapiteln 4.1. bis 4.6. ausführlich behandelt.

6. Funktion der Ernährung

Neben der Haltung ist die Ernährung der bedeutendste Umweltfaktor für die Gesundheit und Fruchtbarkeit der Nutztiere. Bei guter Haltung und Fütterung beginnen Legehennen, kaum 6 Monate alt, ein Legejahr von 350 Tagen und legen in dieser Zeit durchschnittlich 260–290 Eier. Mastküken erreichen in 5 bis 6 Wochen im allgemeinen über 1,60 kg Lebendgewicht; das ist ca. das 40fache ihres Schlupfgewichtes. Die Nahrungsansprüche unserer heutigen Leistungshühner sind daher gegenüber denen der herkömmlichen „Bauernhendl" wesentlich gesteigert. So gewinnt die Fütterung mit steigender Leistung der Hybridtiere immer mehr an entscheidender Funktion bei der Gesunderhaltung unserer Hühnerherden. Es hat sich nämlich gezeigt, daß Hochleistungstiere dazu neigen, die aufgenommenen Nährstoffe rückhaltslos in Leistung umzusetzen und dies auch dann noch eine Zeitlang beibehalten, wenn die Zufuhr der Nahrungsstoffe nicht mehr ganz in ausreichender Qualität und Quantität erfolgt. Als Folge davon kommt es bei solchen Tieren sehr rasch zum Abbau von körpereigener Substanz, zur Behinderung oder Fehlleistung mancher Stoffwechselvorgänge und damit zu einer allgemein erhöhten Krankheitsanfälligkeit bzw. zu Krankheitserscheinungen selbst.

Fragen und Probleme der Fütterung treten deshalb im Rahmen einer präventiven Veterinärmedizin immer mehr in den Vordergrund. Die praktische Erfahrung zeigt, daß es unter den gegenwärtigen Gesundheitsproblemen unserer Geflügelherden immer wieder welche gibt, die mittelbar oder unmittelbar mit Ernährungsfragen in Zusammenhang zu bringen sind.

Beschäftigt man sich mit den praktischen Möglichkeiten der Förderung, der Leistung und gleichzeitiger Sicherung der Tiergesundheit, so setzt dies ein eingehendes Studium der Aufgaben und des Wirkungsmechanismus der einzelnen Komponenten eines Futters sowie die Kenntnisse des tatsächlichen Bedarfes der Hochleistungstiere in den verschiedenen Alters- und Leistungsabschnitten voraus. Neben dem Bedarf muß aber gleichzeitig auch die Preiswürdigkeit der verfügbaren Rohstoffe berücksichtigt werden, wenn Futtermischungen wirtschaftlich vertretbar sein sollen. Die Berücksichtigung aller dieser Anforderungen an ein Mischfutter bürdet den Mischfuttererzeugern einen gewaltigen Arbeitskomplex auf, der letzten Endes nur mit Methoden der modernen Datenverarbeitung für Programmierung und Optimierung von Futterrezepturen bewältigt werden kann. Das Selbstmischen von Geflügelfutter tritt für den Landwirt mehr und mehr in den Hintergrund und kann nur dort empfohlen werden, wo besondere Voraussetzungen in Form einer den Bedarf deckenden, eigenen Erzeugung von Futtergetreide, besonders von Mais, gegeben ist.

Allerdings muß der Selbstmischer zum Futtergetreide noch 40% für das fertige

Abb. 97.
Eines der größten Mischfutterwerke Österreichs (Foto Fa. Taco, Graz).

Abb. 98.
Elektronischer Steuerraum eines modernen Mischfutterwerkes (Fa. Taco, Graz).

Abb. 99.
Kleineres Mischfutterwerk, Familienbetrieb, modernst eingerichtet (Steiermark).

Abb. 100.
Innenansicht einer Futtermühle.

Mischfutter wie Eiweißkomponente, Wirkstoffmischung und die Makroelemente zukaufen, die Investition kalkulieren, wenn er Preisvergleiche zum fertigen Mischfutter anstellen will. Auf der anderen Seite steht ihm eine Reihe von hervorragenden kleinen und größeren Mischfuttererzeugern zur Verfügung, die über modernste Mischanlagen verfügen und aufgrund ihrer Größenordnung Rohstoffe preisgünstig und marktorientiert beschaffen. Für eine fortschrittliche Veredelungsproduktion ist daher eine gut funktionierende, verläßliche Mischfuttererzeugung innerhalb einer gemeinsamen Integration der beste Garant für eine erfolgreiche Fütterung.

6.1. Verdauungsvorgänge beim Huhn

Die Vögel, also auch die Hühner, besitzen statt der Kiefer und Zähne der Säugetiere einen Schnabel. Die Nahrungsaufnahme geschieht daher beim Geflügel durch den Schnabel. Das aufgenommene Futter gelangt in die Schna-

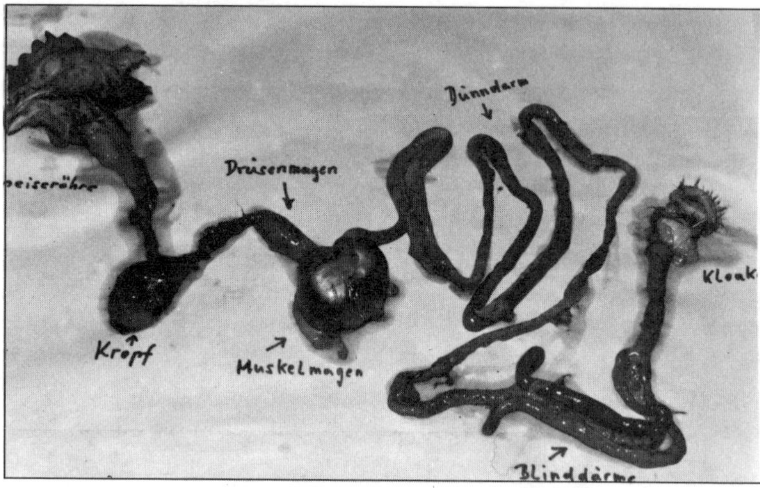

Abb. 101.
Der Verdauungsapparat des Huhnes.

belhöhle, in der es mit schleimhaltigem Speichel versetzt wird, weiter in die Speiseröhre und in den Kropf. Der Kropf, eine Erweiterung der Speiseröhre, erfüllt im wesentlichen zwei Aufgaben; einmal dient es als Futterbehälter und andererseits reguliert er die Magenfüllung. Im Magen und Darm vollziehen sich laufend Verdauungsvorgänge. Da der Magen aber einen relativ kleinen Hohlraum hat, muß vom Kropf dauernd Nachschub geliefert werden. Weiters wird im Kropf durch Quellung und Erweichung des Futters Vorarbeit für die Magenverdauung geleistet.
Die Magenverdauung beginnt im Drüsenmagen, der mit einer echten Schleimhaut ausgestattet ist, welche Pepsin und Salzsäure, Hauptbestandteile des Magensaftes, produziert und dem Futter beimischt. Im anschließenden Muskelmagen wird das Futter durch kräftige Bewegung der starken Muskelwände mechanisch bearbeitet und zerkleinert. Unterstützt wird diese mechanische Reibearbeit des Muskelmagens durch die Aufnahme von Steinchen, welche als Grit (Quarzgrit) verabreicht werden und längere Zeit im Magen verbleiben. Der vielfach den Hühnern zur Verfügung gestellte Kalk- oder Muschelgrit erfüllt diese Zerkleinerungsarbeit nicht, da er im Magen zerrieben und schließlich von der Salzsäure aufgelöst wird; er ist mehr oder weniger als Mineralfutter anzusehen. Ausgedehnte Versuche haben jedoch ergeben, daß das Fehlen des Quarzgrit im Futter keine nachteiligen Folgen für die Verdauung auslöst, solange Mehlfutter oder pellitiertes Futter und nicht ganze Getreidekörner, wie früher üblich, verabreicht werden.
Vom Muskelmagen gelangt der fein zerkleinerte Mageninhalt schubweise in den Dünndarm, in dessen ersten Teil, den Zwölffingerdarm, die Ausführungsgänge der Bauchspeicheldrüse und der Galle münden.

Zur Verdauungstätigkeit des Magensaftes gesellen sich daher im Dünndarm die eiweiß-, fett- und stärkespaltenden Fermente der Galle, Bauspeicheldrüse und der Darmsäfte. Im Dünndarm findet die Hauptverdauung, die Spaltung der Nährstoffe in ihre löslichen Bausteine und ihre Resorption durch die Darmwand statt. Auf dem weiteren Weg gelangt nun der Futterbrei in den Dickdarm, wo ihm vor allem noch Wasser entzogen wird, ein kleiner Teil davon in die beiden Blinddärme, wobei auch ein kleiner Teil der Rohfaser durch bakterielle Tätigkeit gespalten wird. Der Dickdarm mündet in die sogenannte Kloake, die gleichzeitig als Ausmündung des Harnapparates und des Legedarmes dient. Die Entleerungen der Blinddärme gehen gesondert vor sich. Blinddarmkot ist, im Gegensatz zum festen Enddarmkot, auf dem gewöhnlich eine weiße Harnsäurekappe sitzt, immer eine dünnbreiige Masse.
Die gesamte Länge des Darmkanals beträgt beim Huhn das fünf- bis sechsfache, vergleichsweise beim Schwein das 15- bis 18fache, der Körperlänge. Demnach haben die Hühner einen verhältnismäßig kurzen Darm, wodurch die Durchgangszeit der Nahrung kurz ist. Schon 3 bis 6 Stunden nach der Nahrungsaufnahme beginnt die Ausscheidung.

6.2. Die Verdauung der Nährstoffe

Unter Verdauung versteht man alle Veränderungen der Nährstoffe, die unter den Hauptgruppen Kohlehydrate, Fette, Proteine und Mineralstoffe zusammengefaßt werden, um in eine vom Organismus absorbierbare Form zu gelangen. Für diesen Vorgang sind eine Reihe von Einwirkungen notwendig wie mechanische, Zerreiben des Futters zum Futterbrei; chemische, durch die Einmischung der Salzsäure des Magensaftes sowie mikrobiologisch-enzymatische, durch die Säfte der Verdauungsdrüsen.
Auf diese Weise werden die Kohlehydrate in absorbierbare Monosacharide, die Fette in Glycerin, Fettsäuren und emulgierte Mono-, Di- und Triglyceride zerlegt, sowie die Proteine in ihre einzelnen Aminosäuren aufgespalten. Diese Endprodukte können dann von der Darmschleimhaut aufgenommen, mit dem Blutserum transportiert werden, um mittels komplizierter, biochemischer Stoffwechselvorgänge in körpereigene Substanzen umgewandelt zu werden. Für diese biochemischen Reaktionen benötigt der Organismus außer den ebengenannten noch eine Reihe weiterer Stoffe, wie Vitamine, Mineralien und Spurenelemente, die dem Körper ständig mit der Nahrung zugeführt werden müssen, sowie Fermente oder Enzyme, die im Gegensatz zu den anderen vom Organismus selbst gebildet werden.

6.3. Störung der Verdauung

Bei der Beurteilung ernährungsbedingter Erkrankungen müssen auch krankhafte Veränderungen im Verdauungstrakt berücksichtigt werden, die eine Störung der Fermentbildung einerseits und andererseits eine Resorptionsstörung der Nahrungsinhaltsstoffe zur Folge haben. Die Kropffunktion kann durch Kropfentzündung, Kropflähmung und Kropfverstopfung gestört sein. Chronische Entzündungen der Drüsenmagenschleimhaut verursachen Sekretionsstörungen im Drüsenmagen. Muskelmagenerrosionen können bei Küken bereits die mechanische und sekretorische Leistungsfähigkeit des Magens beeinträchtigen und führen dadurch zu Wachstumsstörungen. Eine Verminderung der Gallensekretion erfolgt bei allen Parenchymschäden der Leber wie Leberentzündungen, Leberverfettung und Leberzirrhose; Störungen in der Fettverdauung und -resorption sind Folgeerscheinungen. In gleicher Weise kommt es auch bei Entzündungen des Pankreas und katarrhalischen Entzündungen des Dünndarmes zu Resorptionsstörungen der fettlöslichen Vitamine. Auf diese Weise kann so manches Zustandekommen von rachitischen Zuständen (Vitamin-D_3-Unterversorgung), einer hämorrhagischen oder exsudativen Diathese (Vitamin K_3 und E) aber auch eines Malabsorptionssyndromes geklärt werden.
In der Regel sind solche Verdauungsstörungen mit mehr oder weniger starken Durchfällen verbunden. In diesen Fällen, sofern infektiöse Ursachen abgeklärt werden, sind symptomatische Behandlungen mit Multivitamin-Präparaten und Elektrolytlösungen über mehrere Tage sehr nützlich und erfolgversprechend.

6.4. Die funktionellen Bestandteile der Nahrung

Vom funktionellen Gesichtspunkt ausgehend, setzt sich ein Mischfutter aus einer Reihe von Rohstoffen, den sogenannten Futterkomponenten zusammen. Nach funktionellen Gruppen eingeteilt sind dies:

- Nährstoffe und Energieträger:
  Eiweißstoffe pflanzlicher und tierischer Herkunft, Kohlehydrate, verschiedene Getreidesorten.
  Fette, pflanzlicher und tierischer Herkunft.
- Mineralstoffe:
  Makroelemente, Calcium, Phosphor, Magnesium, Natrium, Kalium.
  Spurenelemente, die, wie der Name sagt, nur in geringer Quantität spezifische Funktionen erfüllen.
- Vitamine, fettlösliche und wasserlösliche.

- Stoffe mit Sonderwirkungen, Farbstoffe, Geschmackstoffe, Antioxidantien und besonders zugelassene Fütterungsantibiotika und Kokzidiostatika.

Nicht zuletzt zählt aber auch das Wasser, wenn auch getrennt von der Fütterung verabreicht, zu den Bestandteilen der Nahrung.

6.4.1. *Eiweißstoffe – Proteine*

Eiweiß gehört zu den unbedingt notwendigen Nährstoffen, da Proteine die Bausteine des Lebens sind. Der Körper des Huhnes besteht im wesentlichen aus folgenden prozentuellen Bestandteilen:
56% Wasser, 21% Eiweiß, 19% Fett und 3,2% Mineralstoffe.
Es muß daher darauf geachtet werden, daß die Hühner zu jeder Zeit die nach Alter und Leistung entsprechende Menge an Eiweiß mit dem Futter erhalten.
Es ist aber keineswegs gleichgültig, welche Art Eiweiß dem Organismus zugeführt wird. Die Qualität der verschiedenen Eiweißstoffe für Wachstum und Leistung für eine bestimmte Tiergattung, in unserem Falle Huhn, hängt von der spezifischen Zusammensetzung einzelner Aminosäuren, den molekularen Bausteinen der Proteine ab.

6.4.2. *Aminosäuren*

Unter den Aminosäuren gibt es solche, die vom Körper des Huhnes selbst aufgebaut werden und andere, die sogenannten essentiellen, die nicht aufgebaut werden können und deren Zufuhr mit der Nahrung unbedingt notwendig ist. Diese essentiellen Aminosäuren sind beim Huhn:
Arginin, Histidin, Isoleucin, Leucin, Lysin, Methionin, Phenylalanin, Threonin, Tryptophan und Valin.
Fehlt im Eweißfutter eine der essentiellen Aminosäuren, so kann das gesamte Protein vom Huhn nicht verwertet werden. Das Wachstum bei Jungtieren unterbleibt und die Legeleistung wird bei der Henne eingeschränkt.
Ist eine Aminosäure im Verhältnis zum Bedarf in zu geringer Menge vorhanden, dann ist die Verwertung des betreffenden Eiweißstoffes, abgestimmt auf diesen Mindergehalt, verschlechtert, auch wenn andere Aminosäuren im Überschuß vorhanden sind.
In einem guten Mischfutter wird man daher durch eine entsprechende Rationsgestaltung sowohl aus tierischen wie pflanzlichen Eiweißträgern eine optimale Aminosäureversorgung sicherstellen müssen. Dazu ist es allerdings notwendig, den Bedarf an den einzelnen Aminosäuren bei den einzelnen Tiergattungen sowie den Gehalt der Futtermittel an Aminosäuren zu kennen.
Bei diesem Verfahren wird man bald erkennen müssen, daß trotz Verwendung verschiedener Proteinträger vor allem Methionin und in weiterer Folge Lysin

limitierende, essentielle Aminosäuren sind, während alle anderen immer in ausreichenden Mengen in den Futtermischungen enthalten sind. Da diese Aminosäuren aber heute bereits synthetisch hergestellt werden können, werden sie zur Optimierung der Rationen verwendet. Außerdem kann Methionin aus Cystin, einer weiteren Aminosäure umgewandelt werden, wodurch in der Futtermittelverordnung die Mindestforderungen an Aminosäuren bei Geflügel wie folgt festgelegt sind:

Tabelle 8: Mindestforderungen an Aminosäuren

	Rohprotein-gehalt %	Methionin %	Methionin-cystin %
Anfangsmast bis 4. Wo. 01.08	22	0,45	0,80
Hühnermast und Kükenstarter 0,1.07			
0,1.01	20	0,45	0,80
Endmastfutter 01.09	19	0,40	0,75
Hühneraufzuchtf. 01.02	17	0,40	0,75
Junghennenfutter 01.03	14	0,30	0,50
Legehennen u. Zuchthennen 01.04 u. 01.06	16	0,30	0,55
Legehennen unter 70% 01.05	14	0,25	0,45

Da es sich dabei um Mindestgehalt handelt, bringen bei Höchstleistungstieren weitere Zulagen von ca. 5–10% eine Verbesserung sowohl in der Mast- wie Legeleistung. Daher ist die Suplimierung praxisnaher Geflügelrationen mit synthetischem Methionin allgemein üblich geworden.

6.4.3. *Pflanzliche Proteinträger*

6.4.3.1. *Sojaschrot*

Die Sojabohne wird hauptsächlich wegen ihres Ölgehaltes (ca. 18%) in Süd- und Nordamerika angebaut. Der nach der Fettextrahierung anfallende, gemahlene Sojakuchen, Sojaextraktionsschrot, kurz Sojaschrot, wird derzeit als Hauptkomponente in Geflügelrationen verwendet.
Handelsüblich sind 2 Sorten, der aus entschälten und der aus nicht entschälten

Samen hergestellte Extraktionsschrot. Ersterer enthält im Durchschnitt nur etwa 4% mehr Protein (48%) und nur ca. 3% weniger Rohfaser. Kennzahlen für Sojaschrot getoastet sind wie folgt:

Soja HP	Protein 49%	Rohfaser 3,0%
Soja 44	Protein 44%	Rohfaser 7,0%

Allerdings findet man im Handel auch Soja, der den Mindestanforderungen nicht entspricht, bei dem der Rohfasergehalt über 9% liegt, wodurch der Proteingehalt entsprechend niedriger liegt.

6.4.3.2. *Erdnußschrot*

Erdnüsse und Erdnußprodukte gehören zu den Futtermitteln, die vom Proteingehalt dem Soja gleichwertig wären, die aber stets das Pilzgift Aflatoxin, mitunter in recht beachtlichen Mengen, enthalten und dadurch kaum verwendet werden können.

6.4.3.3. *Baumwollsaatschrot*

Baumwollsaat-Extraktionsschrot wird gelegentlich im Handel angeboten und auch im Geflügelfutter verwendet. Vorsicht ist dabei insofern geboten, da im Baumwollsaatmehl oft Schadstoffe wie Gossypole und Cyclopropanfettsäuren gefunden werden. Schädigungen durch Gossypol bestehen in einer Wachstumshemmung bei Küken bis zur Mortalität und in Qualitätsminderungen der Eier bei Legehennen. Eine Menge von 0,001% Gossypol in der Ration zeigt bereits eine leichte Verfärbung des Eidotters von grün bis braun und des Eiklares von rosa.

6.4.3.4. *Rapsextraktionsschrot*

Rapsschrot wäre nicht ungeeignet, den Markt des Sojas etwas zu entlasten und gegebenenfalls preisregulierend zu wirken. Als inländisches Produkt wäre auch der heimischen Landwirtschaft gedient. Bei Broilern kann Rapsextraktionsschrot bis 15% in der Ration empfohlen werden. Versuche mit Broilern ergaben, daß Rationen über 15% Rapsextraktionsschrot sich nachteilig auswirken. Allerdings ist glucosinolatarmer Extraktionsschrot vorzuziehen. Es wird daher Aufgabe der Pflanzenzucht sein, Sorten zu entwickeln, die arm an Senföl sind.

Ein an Erucasäure reiches Rapsöl senkt Legeleistung und Eigewicht. Daher lautet die allgemeine Empfehlung:

Küken höchstens bis 15%, Lege- und Zuchthennen höchstens bis 5% in der Ration.

Weiters muß bei Verfütterung von Rapsschrot darauf hingewiesen werden, daß es bei bestimmten braunen Züchtungen zu Geschmacksabweichungen im Eidotter kommen kann. Die Ursache dafür ist das Trimethylamin, welches durch die Tätigkeit der Enterobakterien aus den, im Raps reichlich vorhandenen Sinapin freigesetzt wird.
Beeinträchtigungen des Eigeschmacks durch Trimethylamin (TMA) unterbleiben, wenn in der Leber und den Nieren TMA zu geruchlosem TMA-Oxid oxidiert und ausgeschieden wird. Hiezu benötigen die Hennen ein Enzym, das den Sauerstoff für die Oxidation liefert. Einigen Hennen fehlt jenes Oxidase-Enzym zur Umwandlung zun TMA-O. Dieser Mangel ist genetisch bedingt und könnte über die Zuchtwahl korrigiert werden.

6.4.3.5. *Ackerbohnen und Futtererbsenschrot*

Die österreichische Tierproduktion, insbesondere aber die Geflügelwirtschaft, ist sehr stark von Eiweißfutterimporten abhängig. Über 50% des Eiweißbedarfes des Geflügels muß importiert werden. Diese Abhängigkeit bringt derzeit nicht nur wirtschaftliche Probleme, sondern könnte auch in Krisenzeiten zu schweren Versorgungsengpässen führen. Es werden daher schon seit längerer Zeit Überlegungen angestellt den Anbau der Ackerbohne und Futtererbse voranzutreiben. Besonders die Futtererbse als stärkehältiges Eiweißfuttermittel kann ohne technologische Vorbehandlung bis zu 25% in der Fütterung der Hühner eingesetzt werden. Im Vergleich zum entschälten Sojaschrot weist die Futtererbse etwa die Hälfte des Rohproteingehaltes, allerdings nur ein Drittel bis ein Viertel des Methioningehaltes auf. Auch bei den übrigen Nährstoffen bestehen Unterschiede, auf die bei der Rationengestaltung Rücksicht genommen werden muß. Als Faustregel kann gelten:

5 kg Soja + 5 kg Mais = 10 kg Erbsenschrot

6.4.4. *Proteinträger tierischer Herkunft*

6.4.4.1. *Fischmehl*

Fischmehle wurden vor 20 Jahren weitaus mehr zur Herstellung von Mischfutter verwendet als heute. Durch den immer höher steigenden Preis des Fischmehles und dem steigenden Angebot an Soja wird heute nur mehr wenig Fischmehl im Geflügelfutter verwendet.
Für die Qualität eines Fischmehles ist der Fett- bzw. Trangehalt, der 7–8% nicht übersteigen darf, von entscheidender Bedeutung. Werden zu hohe Gaben eines Fischmehles mit zu hohem Fettgehalt verabreicht, können Geschmacksfehler bei Eiern und Hühnerfleisch hervorgerufen werden.

Ein weiteres Qualitätsmerkmal ist die möglichst schnelle Verarbeitung nach dem Fang, weil frische Fische sehr empfindlich gegen Zersetzungserscheinungen sind und rasch verderben. Nach der Herstellung des Fischmehls werden Antioxidantien wie Santoquin, BHT = Butylhydroxitoluol oder EMQ = Ethosyquin, in Mengen von 0,05% zugesetzt, um eine Oxidation, der in den Fischmehlen enthaltenen Fettsäuren zu verhindern.
Bei Fischmehlen außereuropäischer Herkunft werden häufiger Salmonellen gefunden, als dies bei Fischmehlen europäischer Herkunft der Fall ist. Da Salmonellen hitzeempfindlich sind, ist ihre Bekämpfung durch die bei der Herstellung angewandte Pasteurisierung bzw. Sterilisierung leicht möglich. Wenn trotzdem mitunter in Fischmehlen Salmonellen nachgewiesen werden, so liegt meist eine nachträgliche Kontamination vor. Fertige Fischmehle, Fischsolubles usw. welche Salmonellen enthalten, müssen nochmals auf 80–90° C erhitzt werden, wodurch die Qualität der Produkte nicht gerade gefördert wird. Für die Keimbelastung von Fischmehlen gelten folgende Werte als akzeptabel:

Salmonella	10^{-2}/g Fischmehl
Enterobakterien	10/g Fischmehl
totale Keimzahl	10^{5}/g Fischmehl

6.4.4.2. *Tiermehl*

Im offiziellen Verzeichnis der Futtermittelkomponenten sind 4 Qualitäten von Tiermehlen angeführt:

Tiermehl I (62)	mit 62% Rohprotein	6% Ca	und 2,5% P
Tiermehl I (55)	mit 55% Rohprotein	6% Ca	und 3,0% P
Tiermehl II (50)	mit 50% Rohprotein	6,2% Ca	und 4,0% P
Tiermehl II (45)	mit 45% Rohprotein	7,5% Ca	und 4,5% P

Aus diesen Werten ist ersichtlich, daß der Knochenanteil entscheidenden Einfluß auf die Wertigkeit eines Tiermehles nimmt. Dies muß bei der Rezepturgestaltung beachtet werden. Viel zu oft werden Tiermehle übernommen, bei denen die Gehalte nicht mit den bezeichneten Waren übereinstimmen, wobei in diesen Fällen meistens der Ca-Gehalt höher liegt und einem Tierknochenmehl mit einem Gehalt von 40% Rohprotein, 10% Ca und 6,0% P, näher kommt. Der nach dem Geflügelhygienegesetz geforderten Hitzebehandlung für Eiweißfuttermittel zur Abtötung von Salmonellen erfüllt das Tierkörpermehl allein schon durch dessen Herstellungsverfahren in den Tierkörperverwertungsanstalten (TKV), wo es einer Hitze- und Trockenbehandlung von ca. 130° C ausgesetzt wird. Trotzdem kann es durch Unzulänglichkeiten in der strikten Trennung der unsauberen Anlieferungsseite und sauberen Auslieferungsseite rung zu sekundärer Kontamination kommen. Eine genaue Hygienekontrolle ist daher in den TKV's unbedingt erforderlich.

6.4.4.3. *Blutmehl*

Es ist sicher, daß sorgfältig hergestellte Blutmehle mit ca. 80% Rohprotein gute Eiweißträger sein können. Allerdings darf nicht übersehen werden, daß Blutmehle gegenüber Tiermehl und Fischmehl relativ arm an Mineralstoffen sind und daß das Muster der Aminosäuren Eigenheiten aufweist, die nicht besonders günstig für Geflügel sind. Ein geringer Gehalt an Isoleucin, Methionin und Cystin erfordert entsprechende Ergänzungen.
Blutmehl als alleinige Proteinquelle ist nicht ausreichend und verursacht hohe Mortalität. Zumischen von 2–4% Blutmehl in Rationen, bei denen pflanzliche Eiweißquellen verwendet werden, wirken sich günstig aus, vor allem wenn Methionin ergänzt wird.

6.4.4.4. *Grieben*

Grieben sind Rückstände des Fettgewebes bei der Gewinnung von Schmalz. Ihre Beurteilung ist schwierig, da die jeweiligen erforderlichen chemischen Untersuchungen fehlen. Immerhin kann man erkennen, daß mit Grieben-Beifütterung beim Geflügel recht gute Erfolge erreicht werden können. Man geht aber nicht fehl, Grieben nur bis zu 5% in der Ration zu empfehlen. Infolge des höheren Fettgehaltes sollten Grieben immer mit Antioxidantien versetzt werden.

6.4.5. *Kohlehydrate*

Kohlehydrate werden hauptsächlich als pflanzliche Nahrung aufgenommen. Hauptbestandteile der Futterrationen für Geflügel aller Altersgruppen sind die verschiedenen Getreidearten, deren Schrote und Mehle. Verwendet werden vor allem Mais und in weiterer Folge Weizen, Gerste, Hafer, Hirse und Reis.
Aus den Kohlehydraten stehen dem Organismus am Ende einer fermentativen und bakteriellen Verdauung Monosacharide wie Glucose, Fructose und Galaktose zur Verfügung. In der Leber wird der anfallende Zucker zu Glykolen umgewandelt, in das Blut abgegeben, um an die Körperzellen zu gelangen oder in Form von Glykogen oder Fett gespeichert zu werden.
Das Glykogen dient als Betriebsstoff und ist für verschiedene Körperfunktionen, z. B. für Muskelarbeit erforderlich. So haben Kohlehydrate die Bedeutung als Energielieferant.

6.4.5.1. *Mais*

Der Mais ist jene Getreideart, die mit mehr als 50% den überwiegenden Anteil eines Geflügelfutters in Österreich ausmacht. Mais wird seit der Züchtung von bestimmten klimatisch anspruchslosen Hybridsorten im eigenen Lande bedarfsdeckend erzeugt. Trotzdem könnte durch Witterungseinflüsse einmal das Ernteangebot knapp werden oder die Qualität nicht entsprechen. Auf die Möglichkeit, dann auch andere Getreidesorten zum Geflügelfutter heranzuziehen, sollte daher niemals vergessen werden.
Der Maisschrot dient im Mischfutter als bester Energielieferant und fördert mit dem reichlichen Gehalt an Farbstoff Zeaxanthin die dunkelgelbe Dotterfarbe und die gelbe Hautpigmentierung des Schlachtgeflügels. Außerdem weist der Mais in seinem Fettgehalt einen hohen Anteil an der essentiellen Linolsäure auf, die für Mast- und Legeleistung sowie für eine entsprechende Eigröße wichtig ist.
Der hohe Maisanteil im Legehennenfutter bedingt aber auch eine gewisse Einseitigkeit, wodurch unter bestimmten Umständen, besonders zum Zeitpunkt des Legebeginns und der Legespitze, in Zusammenhang mit einer zwar normalen, aber vermehrten Östrogenausschüttung des Organismus eine erhöhte Gefahr allgemeiner Verfettung besonders der Leber besteht und das Krankheitsbild eines Fettlebersyndroms ausgelöst werden kann. Will man diesem Zustand vorbeugen, dann empfiehlt es sich, auch andere Getreidearten im Austausch zu verwenden und die fehlende Energie isokalorisch mittels Fettzusätzen auszugleichen.
Nachprodukte der maisverarbeitenden Industrie sind Maisklebermehl und Maiskleber, die als Protein- und Farbstoffträger bis zu 3% in Geflügelrationen preisgünstig eingesetzt werden.

6.4.5.2. *Weizen*

Das Huhn liebt den Weizen am meisten, doch wird er nur beschränkt als Futterweizen in Geflügelrationen verwendet, da er in erster Linie für die menschliche Ernährung bestimmt und damit zu teuer ist.
Der Weizen weist im Vergleich zu Mais einen etwas höheren Gehalt an Rohprotein, Cystin und Lysin auf. Weizen ist dagegen niedriger im Energiegehalt, wesentlich niedriger im Linolsäuregehalt und hat keinen Farbstoff für Eidotter- und Schlachtkörperpigmentierung. Trägt man diesen Umständen Rechnung, ist die Verwendung von Weizen im Geflügelfutter durchaus zu befürworten.
Weizenkleie ist ein hervorragendes Futtermittel, besonders im Junghennenfutter, da durch die Verbindung eines relativ guten Nährstoffangebotes mit einem reichlichen Rohfasergehalt von ca. 10% ein voluminöseres Futter erzeugt werden kann, welches sich zur Ausbildung von Kropf und Magen günstig erweist.

6.4.5.3. *Gerste*

Gerste ist als Schrot eine ausgezeichnete Getreidekomponente im Legefutter und Junghennenfutter. Das Fehlen von Farbstoffträgern muß beachtet werden. Gerste kann auch als Körnerfutter bei der „skeep-a-day"-Fütterungsmethode zur restriktiven Fütterung der Junghennen der Mast-Elterntiere empfohlen werden.

6.4.5.4. *Hafer*

Haferschrot wird wegen seines hohen Rohfasergehaltes (10%) gerne im Junghennenfutter und als ganzes Korn bei der restriktiven Fütterung verwendet. Leider ist guter Hafer nur selten zu bekommen. Die Gefahr eines hohen Pilzbesatzes führt zu beschränkter Verwendung.

6.4.5.5. *Roggen*

Roggenkörner werden von Hühnern nur ungern aufgenommen. Als Roggenschrot kann er bei Junghennen und Legehennen verwendet werden, sein Anteil sollte jedoch unter 10% bleiben.

6.4.5.6. *Andere Getreidesorten*

Andere Getreidearten wie Hirse und Reis haben in Österreich nur eine untergeordnete Bedeutung und werden nur gelegentlich zur Erzeugung von Mischfuttersorten verwendet. Auch hier fehlen Farbstoffträger.

6.4.6. *Fette und Öle als Energieträger*

Fette werden mit der Nahrung als Pflanzen- oder Tierfett bei der Rationsgestaltung in der tierischen Veredelung eingesetzt. Generell sind Fette in hohem Maße verdaulich. Einerseits wird Fett im Energiestoffwechsel umgesetzt, für den es der ergiebigste Energielieferant ist. Andererseits dienen Fette dem Körper als Transport- und Speichermittel für gewisse fettlösliche Vitamine und Farbstoffe (Pigmente). In letzterer Funktion können sie von anderen Substanzen nicht ersetzt werden, während im Energiestoffwechsel Kohlehydrate und Eiweiße Fette vertreten können. Kohlehydrate werden, im Überschuß aufgenommen, in Fett umgesetzt.
Die Fettbeimischung in der Tierernährung verfolgt den Zweck, das Futter energetisch zu konzentrieren, wodurch Wachstum und Futterverwertung verbessert werden können. Nebenvorteile von Fettzusätzen zum Mischfutter sind Verringerung des Volumens, Verbesserung der Ansehnlichkeit, gesteigerte

Resorption von pflanzlichen Pigmenten und Unterbindung von Staubentwicklung.
Die Wahl der Fettart wird dabei meist vom Preis und der technologischen Verarbeitbarkeit bestimmt. In Geflügelmischfutter werden sowohl Pflanzenöle als auch tierische Fette eingesetzt. Dabei steht die Verwendung flüssiger oder flüssig gemachter Fette im Vordergrund. Auch verschiedene Fettpulver und Fettflocken werden von der einschlägigen Fettindustrie angeboten.

6.4.6.1 *Fette und Öle pflanzlicher Herkunft*

Für Geflügelfutter wird in erster Linie Sojaöl eingesetzt. Es ist ein braunes, angenehm schmeckendes Öl, enthält wenig freie Fettsäuren. In der menschlichen Ernährung findet Sojaöl hauptsächlich bei der Margarineproduktion Verwendung. Das wachsende Interesse an Sojaöl und die wechselnde Ernährungsgewohnheit der Verbraucher haben zu einem zunehmenden Verbrauch an pflanzlichen Fetten und Ölen geführt. Trotzdem wird dieses relativ teure Öl wegen seiner hervorragenden ernährungsphysiologischen Eigenschaften in der Tierernährung eingesetzt. Dazu hat auch die Ausbreitung des Sojabohnenanbaues beigetragen, so daß die gesamte Produktion an Sojaöl in der menschlichen Ernährung nicht verwertet werden kann.
Sojaöl sollte jedoch nicht über 2% in der Ration eingesetzt werden, da es durch seinen niedrigen Schmelzpunkt die Fettkonsistenz der Schlachtkörper entscheidend herabsetzt. Im Legefutter geben bis zu 2% Sojaölgaben besonders hinsichtlich der Eigröße positive Auswirkungen.
Neben Sojaöl werden auch andere Ölsorten wie Maisöl und Sonnenblumenöl verwendet, doch kommt diesen nicht diese Bedeutung zu wie dem Sojaöl.
Rapsöl ist das Öl aus Rapssamen und hätte für die österreichische Landwirtschaft den Vorteil der eigenen Ölsaatproduktion. Der Raps enthält zwischen 30% und 45% Rohfett, welches nach den üblichen Verfahren der Ölmüllerei durch Pressen und Extrahieren gewonnen wird. Rapsöl enthält Erukasäure, die eine ungünstige ernährungsphysiologische Wirkung zum Teil sogar toxische Eigenschaft besitzt. Eine Verwendung im Geflügelfutter ist nicht zu empfehlen.
Palmkernfett und Kokosfett werden aufgrund des hohen Gehaltes an mittelkettigen Fettsäuren selten bei der Geflügelfütterung eingesetzt.

6.4.6.2. *Fette und Öle tierischer Herkunft*

Rindertalg und Schweineschmalz weisen eine gewisse Verwandtschaft auf. Besonders der Rindertalg wird in Ländern mit einem gewissen Wohlstand nicht mehr als menschliches Nahrungsmittel angesehen und erlangt allenfalls in Notzeiten eine gewisse Bedeutung. Deshalb ist der Rindertalg ein häufig verwendetes Fett in Mischfutterrationen. Ähnlich wie bei Schweineschmalz wurde auch mit Rindertalg die Beobachtung gemacht, daß bei Fettzulagen ohne Steigerung des Eiweißgehaltes nur die Futterverwertung zu verbessern war, während durch gleichzeitige Erhöhung des Eiweißgehaltes auch die Zunahme der Schlachtkörper gesteigert werden konnte.

6.4.6.3. *Mischfette*

Durch eine Kombination verschiedener natürlicher Fette, sowohl tierischer wie pflanzlicher Herkunft, können bessere Wirkungen erzielt werden, als durch Zusatz eines Fettes allein. Besonders von der Fettsäuren-Zusammensetzung her erscheint dieses Vorgehen sinnvoll. Diese Mischfette werden in verschiedenen Formen der Mischfutterindustrie angeboten und führen, sofern sie in richtiger Relation zum Protein eingesetzt werden, zu schnellerem Wachstum, besserer Futterverwertung und ausgezeichneter Fleischqualität. Allerdings führt eine übertriebene Anwendung von Fettzulagen zu der unerwünschten Eigenschaft von verfettetem Schlachtgeflügel, dazu trägt aber auch die genetische Veranlagung nicht unwesentlich dazu bei.

6.4.6.4. *Qualitätsbeurteilung von Futterfett*

Die Qualität eines Fettes hängt von verschiedenen Faktoren ab. Eine Aufgliederung nach den Gesichtspunkten „innere" und „äußere" Fettqualität erscheint sinnvoll.

6.4.6.5. *Die „innere" Fettqualität*

Unter „innerer" Fettqualität ist die qualitative Zusammensetzung der verschiedenen Fraktionen im Fett zu verstehen. In erster Linie ist die Zusammensetzung des Fettsäuremusters mit dem Anteil an ungesättigten Fettsäuren. Man unterscheidet danach kurzkettige (C_2 bis C_5), mittelkettige (C_6 bis C_{15}) und langkettige (C_{16} bis C_{24}) sowie gesättigte und ungesättigte Fettsäuren. Die kurz- und mittelkettigen Fettsäuren haben nur geringe Bedeutung, da sie in natürlichen Fetten nur in einem geringen Prozentsatz vorkommen. Bei den langkettigen Fettsäuren sind die einfach und mehrfach ungesättigten besonders wichtig, da die Linolsäure, Linolensäure und Arachidonsäure zu den essentiellen Fettsäuren gehören.

Von den ungesättigten Fettsäuren bzw. deren freien Valenzen geht eine stark oxidierende Wirkung aus, die bei Verfütterung Stoffwechselstörungen verursachen kann. Der Zusatz antioxidantisch wirksamer Stoffe ist aus diesem Grund erforderlich. Die Stabilisierung z. B. mit 400 ppm Aethoxyquin ist daher notwendig. Zu den natürlichen Antioxidantien gehört ebenso das Vitamin E (α-tokopherol). Bei Fettzusätzen ist daher immer auf den erhöhten Bedarf an Vitamin E zu achten, weil dieses fettlösliche Vitamin mit den ungesättigten Fettsäuren reagiert und dadurch dem normalen Stoffwechsel entzogen wird. Wichtigstes Symptom eines Vitamin-E-Mangels bei Mastküken ist die Encephalomalacie. Aber auch andere Ausfallserscheinungen, wie Hämatome an den Flügelspitzen und Gelenken (Hämorrhagisches Syndrom) können durch unzureichende Stabilisierung der Fette ausgelöst werden.

6.4.6.6. *Die „äußere" Fettqualität*

Die äußere Fettqualität ist vornehmlich durch den Frischezustand definiert, der in Aussehen, Geruch und Geschmack sinnlich wahrnehmbar ist. Als Kenngrößen für die äußere Fettqualität gelten daher der Wassergehalt im Fett, die Peroxidzahl, Aldehydzahl, Säurezahl, der Anteil des Unverseifbaren und die unlöslichen Rückstände. Für den Verderb können hydrolytische, desmolytische und vor allem antioxidative Prozesse verantwortlich sein. In stark oxidierten und in überhitzten Fetten und Ölen lassen sich öfters toxische Polimerisationsprodukte von Fettsäuren nachweisen. Eine gewisse Vorsicht ist daher bei der Verwertung gebrauchter Fritusöle entgegenzubringen.

6.4.6.7. *Forderungen an Mischfett*

Tabelle 9

1. Wasser + Schmutz	max.	1%
2. Unverseifbares	max.	4%
3. FFA	max.	70%
4. POZ	max.	10%
5. Aldehydzahl	max.	1%
6. Oxyfettsäuren	max.	1%
7. Linolensäure	max.	35%
8. Linolsäure	max.	5%
9. Erucasäure	max.	2,5%
10. Dimere Glyceride	max.	0,5%
11. Tri- u. polymere Glyceride		0
12. Schmelzpunkt	max.	30° C

sowie frei von – rohem Tran
– Baumwollöl
– Rizinusöl
– Rüböl
– Leinöl

stabilisiert mit 400 ppm Aethoxyquin.

6.4.6.8. *Fettbeimischung zu Broilerfutter*

Fett wird in Mastfuttermischungen eingesetzt, um eine hohe Energiekonzentration zu erreichen. Dabei muß aber auch die Konzentration weiterer Nähr- und Wirkstoffe, vor allem des Rohproteins, erhöht werden, um den optimalen Effekt eines schnellen Wachstums und bester Futterverwertung zu erreichen. Eines der wesentlichen Kriterien für die Zusammensetzung der Nährstoffe in einem Mastfutter hinsichtlich der rationellsten Verwertbarkeit, sparsamsten Ausnützung, angepaßt an Alter und Qualität des Schlachtproduktes, ist das richtige Verhältnis zwischen der Energie und dem Rohprotein. Beim Energie-Protein-Verhältnis des Mastfutters müssen, wenn extreme Verfettung der Schlachtkörper verhindert werden soll, Konzessionen eingegangen werden, welche die Mastdauer verlängern, die Futterverwertung mindern, die Qualität der Schlachttiere jedoch verbessern.
So sind heute 3–6% Fettbeimischungen in Mastfuttersorten üblich und haben sich zur Zeit als optimal herausgestellt.

6.4.6.9. *Fettbeimischung zu Legefutter*

Bei Legehennen ist eine höhere Energiekonzentration nicht unbedingt notwendig. Hier hat eine Fettkomponente nur dann Sinn, wenn Getreide durch Fett und einen billigeren Füllstoff (Haferschalen, Kleie) isokalorisch ersetzt werden soll. Bei einseitigen, überwiegenden Maisrationen bringt der isokalorische Austausch eines Teiles des Maises durch Sojaöl einen diätischen Effekt zur Verhütung des Fettlebersyndroms.

6.4.7. *Mineralstoffe*

Die im Tierkörper und im Futtermittel in größeren Mengen vorkommenden Elemente Phosphor, Calcium, Kalium, Natrium, Chlor, Magnesium und Schwefel werden als Massenelemente oder Makroelemente bezeichnet. Sie sind lebensnotwendig. Außer diesen finden sich im tierischen Organismus und in den Futtermitteln Elemente in geringen, zum Teil geringsten Mengen. Sie werden als Spurenelemente oder Mikroelemente bezeichnet. Von ihnen sind Eisen, Kupfer, Mangan, Kobalt, Jod, Molybdän, Selen, Zink und auch Fluor als lebensnotwendig erkannt worden und daher essentiell. Andere Elemente wie Vanadium, Silizium und Nickel sind wahrscheinlich physiologisch inaktiv, obwohl sie regelmäßig im Tierkörper angetroffen werden. Andere Spurenelemente wie Arsen, Blei und Quecksilber sind in geringsten Mengen toxisch. Allerdings können Elemente und Verbindungen, darunter auch essentielle wie Fluor und Kupfer, Molybdän und Selen, aber auch Kochsalz giftig wirken,

wenn sie im Übermaß aufgenommen werden. In gleicher Weise können exzessive Calcium-Phosphor-Verhältnisse sowie Verschiebungen im Säure-Basen-Haushalt mehr oder weniger schwere gesundheitliche Störungen zur Folge haben.
Von den Makroelementen sind Kalium, Magnesium und Schwefel in der Regel in reichlichen Mengen im Futter enthalten, so daß bei der Fütterung der Haustiere lediglich Natrium und Chlor in Form des Kochsalzes, ferner Kalzium und Phosphor durch Futterzusätze zugeführt werden müssen.
In der Regel wird der Bedarf an Spurenelementen durch den Gehalt in den Futtermitteln gedeckt. Allerdings schwanken die Gehalte an Spurenelementen in den Futtermitteln in ungemein weiten Grenzen und sind von der Versorgung der verschiedenen Bodenarten mit diesen Stoffen sowie deren Verfügbarkeit für die Pflanzen und von der Art der Verarbeitung der Futtermittel abhängig. Nach vielen Untersuchungen und Überlegungen ist man zu der Auffassung gelangt, daß man von den betreffenden Elementen außer Fluor Zulagen in der Höhe von etwa 50% des Bedarfs im Futter verabreichen soll. Dies sind nur Sicherheitszusätze, deren Aufgabe nicht die volle Bedarfsdeckung ist, mit denen lediglich eine Sicherung gegen mögliche unzureichende Gehalte des Futters beabsichtigt und erreicht wird.

6.4.7.1. *Calcium und Phosphor*

Beide Elemente sind im Stoffwechsel eng verknüpft. Im Organismus sind sie Hauptbestandteile der Körperasche (ca. 70%). 99% des Calciums und 80% des Phosphors befinden sich im Skelett. Neben der Skelettbildung kommt dem Calcium und Phosphor beim Huhn auch große Bedeutung bei der Bildung der Eischale zu.
Die wichtigsten Faktoren für die Resorption des Calciums aus der Nahrung sind ausreichende Versorgung mit Calcium und Phosphor sowie die Anwesenheit von Vitamin D_3 im Futter. Für die Aufrechterhaltung des Calciumspiegels im Blut ist außerdem noch ein Hormon aus der Schildrüse, das Parathyroid, verantwortlich.
Der Bedarf der Hühner an Calcium schwankt pro Kilogramm Futter zwischen 1 und 2%, wobei Lege- und Zuchthühner bis zu 2,5% und bei heißem Wetter zur Verbesserung der Eischalenqualität bis zu 4% Calcium benötigen. Bei der Legehenne, deren Bedarf durch den Ca-Verlust mit der Eischale bestimmt wird und mit der Legerate steigt, kann zur Berechnung des Ca-Bedarfes folgende Formel empfohlen werden:
Tagesbedarf an Ca in Gramm bei 25 bis 90% Legeleistung = 0,049 × % Legeleistung + 0,1.

Der Bedarf an Phosphor beträgt bei den Hühnern aller Altersklassen 0,6%. Davon sollen mindestens 0,45% anorganischer Phosphor, also z. B. aus Knochenmehl, Dicalciumphosphat oder Fischmehl stammen. Im pflanzlichen Futtermittel liegt der Phosphor nur zu einem Drittel in Form von verwertbaren, anorganischen Verbindungen vor. Der überwiegende Teil befindet sich als Phytin-Phosphor in organischer Bindung und kann nicht verwertet werden.

Tabelle 10: Empfohlene Ca:P-Gehalte pro kg Futter

	Ca	P-gesamt	P-verfügbar
Küken	0,9–1,1	0,70–0,80	0,45–0,55
Junghenne	0,9–1,1	0,65–0,75	0,45–0,50
Legehenne	3,5–4,0	0,60–0,70	0,35–0,45

Die Hühnereischale beträgt ca. 10% des Eigewichts und enthält im Durchschnitt 98,4% Calciumkarbonat, 0,8% Magnesiumkarbonat und 0,7% Tricalciumphosphat.

Etwa 60–70% des Eischalencalciums wird durch das Ca der Nahrung bereitgestellt, die restliche Menge muß aus einem besonderen Vorratssystem im Skelett entnommen und wieder ergänzt werden.

Die Qualität der Eischale drückt sich am deutlichsten in ihrer Bruchfestigkeit aus; eine Belastungsfähigkeit von weniger als 3,0 kg/cm^2 gilt als unzureichend.

Die Ursachen der relativ häufigen Eischalendefekte, bei mehr als 3% bis 4% der gelegten Eier, können mannigfacher Art sein. Bei Hühnern, die nur 100 Eier im Jahr legen, wird man kaum über dünnschalige Eier zu klagen haben, aber mit steigender Leistung erhöht sich der Anteil derselben. Bei unseren Hochleistungshennen werden hohe Anforderungen an den gesamten biochemischen Ablauf bei der Eischalenbildung gestellt, die nicht immer erfüllbar zu sein scheinen. Demnach stellt bei unseren Hybridtieren das Eischalenbildungsvermögen eine hoch erbbedingte Eigenschaft dar.

Sicherlich ist die Schalenstärke vom Futter abhängig, aber nur insofern, als eine ausreichende Calcium-Versorgung und ein entsprechendes Ca-P- oder Ca-Mg-Verhältnis vorhanden ist. Dies wird aber in den fertigen Handelsfuttersorten weitgehend berücksichtigt.

Gegen Ende der Legeperiode ist eine nachlassende Regulationsfähigkeit, also eine physische Erschöpfung des Legeorgans, zu beobachten; dies ist in einer verminderten Ausnutzung des Ca-Angebotes zu bemerken. Ebenso vermindert ein Hitzestreß die Bruchfestigkeit der Eier; parallel dazu geht auch der Ca-Gehalt im Blutserum von etwa 26 mg auf 20 mg je 100 ml zurück. Durch

Vitamin-C-Gaben (50 bis 100 mg/kg Futter) und Zumischung spezieller Eischalenprämixe (vermehrte Mineralstoff- und Vitaminzufuhr) über längere Zeit, 3 bis 4 Wochen, können diese Merkmale zum Teil günstig beeinflußt werden.

6.4.7.2. *Magnesium*

Der Magnesiumbedarf des Huhnes wird mit 0,02 bis 0,04% im Futter angegeben. Mg ist in allen Futtermitteln in ausreichender Mange vorhanden, so daß Mangelsymptome praktisch keine Bedeutung haben.

6.4.7.3. *Natrium, Kalium und Chlor*

Für die optimale Funktion des Organismus sind nicht nur genügend Mengen dieser lebensnotwendigen Elektrolyte erforderlich, auch ihre gegenseitigen Mengenverhältnisse sind von Bedeutung. Natrium ist als Kation bedeutungsvoll für die Regulierung des Flüssigkeitsvolumens (Osmose) und des Säure-, Basen- und Elektrolytgleichgewichtes. Im Gegensatz zu Kalium findet sich der überwiegende Teil Natrium extrazellulär im Blutplasma. Kalium erfüllt in der Zelle viele Funktionen.
Chlor wird einerseits zur Bildung der Salzsäure im Magen benötigt und hält zusammen mit SO_4 als Anionen das Gleichgewicht zu den Kationen Na^+ und K^{+++} aufrecht. Dabei wird ein K^+-Überschuß leichter toleriert als ein Na^+-Überschuß.
Während der Kaliumbedarf des Geflügels, der im Durchschnitt 0,4% bis 0,5% im Futter beträgt, ohne besonderen Zusatz im Futter gedeckt ist, werden Natrium und Chlor vorwiegend als Kochsalz (NaCl) mit dem Futter verabreicht. Der Salzbedarf ist niedrig, aber lebensnotwendig. Salzmangel hat Abfall in der Legeleistung zur Folge. Mangelnde Natriumgaben (Kochsalz) mindern die Verwertung von Eiweiß und Energie und wirken negativ auf die Fortpflanzung. Bei Legehennen verursacht Salzmangel ein Absinken der Legeleistung, Reduktion der Eigröße, bei Junghennen und Mastküken verschlechtertes Wachstum und gelegentlich Kannibalismus.
Der Bedarf kann durch eine Konzentration im Futter von 0,25 bis 0,4% NaCl (jodiertes Viehsalz) gedeckt werden.
Ein NaCl-Überschuß, mehr als 3% Kochsalz im Futter, ruft bereits eine Kochsalzvergiftung hervor. Die klinischen Erscheinungen der Kochsalzvergiftung bestehen in vermehrter Wasseraufnahme, Durchfall, Beinschwächen und Krämpfen. Die tödliche Dosis beträgt beim Huhn 4 g/kg Körpergewicht. Für Küken sind bereits 0,9% im Trinkwasser hoch toxisch.

6.4.7.4. *Die Spurenelemente*

Spurenelemente werden mit der Nahrung aufgenommen. Der Bedarf der Hühner an Eisen (20 mg/kg Futter) und Kupfer (2 mg/kg Futter), die bei der Blutbildung eine wichtige Rolle spielen, ist so gering, daß er in der Regel mit den natürlichen Futtermitteln gedeckt wird. Trotzdem werden Sicherungszusätze dem Mischfutter beigemischt.

Der verhältnismäßig hohe Bedarf der Hühner an Mangan wird durch die üblichen Futtermittel für Geflügel nicht befriedigt. Mangel daran bewirkt beim wachsenden Küken die sogenannte Sprunggelenkskrankheit (Perosis), eine verzögerte Ausbildung des Rollhöckers im Sprunggelenk und ein dadurch bedingtes Abgleiten der Achillessehne, wodurch das Bein ausgedreht wird. Bei Lege- und Zuchthühnern wird durch Manganmangel eine Verminderung der Legeleistung, der Eischalenstärke und der Schlupffähigkeit der Eier herbeigeführt.

Tabelle 11: Die Bedeutung der Spurenelemente

Spuren-element	Bedarf je kg Futter	Ausfallserscheinung Bedeutung
Mangan	80 mg	Perosis, schlechte Legeleistung, Eischale und Schlupfergebnis
Zink	60 mg	mangelhafte Feder- u. Knochenentwicklung, notwendiger Bestandteil des Insulins
Eisen	20–40 mg	Anämie, beim Geflügel kaum ein Defizit
Kupfer	5 mg	notwendig für Hämoglobinbildung, kaum ein Defizit
Kobalt	0,1 mg	Bestandteil des Vitamin B12
Jod	0,3–0,4 mg	Schilddrüsenerkrankung, Leistungsminderung
Molybdän	3 mg	wachstumsfördernd
Selen	0,15 mg	Vitamin E sparend

6.4.8. *Vitamine*

Vitamine sind lebensnotwendige, durch nichts ersetzbare Wirkstoffe, die mit der Nahrung aufgenommen werden. Die Aufgaben der Vitamine sind verschiedenartig, jedoch spezifisch; sie werden zum Teil von den verschiedenen Drüsen (innersekretorisch) zur Bildung von Fermenten und Hormonen benötigt, andere sind selbständige Wirkstoffe und stehen in enger Beziehung zum Mineralstoffwechsel und damit zum Aufbau des Skeletts. Bei einer optimalen Ernährung muß der Bedarf an Vitaminen gedeckt sein, wenn Wachstum, Leistung und Fortpflanzung gesichert sein sollen.

Kleine Hühnerherden in großen Grünausläufen (pro Henne 10 bis 20 m^2) nehmen mit dem Freilandfutter und in den ihnen dargebotenen pflanzlichen und tierischen Futtermitteln natürlich vorhandene Vitaminmengen auf. Durch die Sonnenbestrahlung im Auslauf wird vom tierischen Organismus selbst D-Vitamin gebildet.

Intensiv gehaltene Hühner sind zur Gänze auf die im Mischfutter vorhandenen Vitamine angewiesen. Da jedoch in den einzelnen Rohstoffkomponenten eines Mischfutters die benötigten Vitaminmengen kaum vorhanden sind, müssen technisch hergestellte Vitamine in ausreichender Menge jedem fertigen Mischfutter zugesetzt werden.

Die technisch hergestellten Vitamine besitzen die gleiche Wirkung wie die natürlichen und sind diesen sogar in vieler Hinsicht überlegen, da sie dem Futter in reiner, isolierter Form zugesetzt werden; sie sind stabilisiert und standardisiert, der Gehalt und ihre Haltbarkeit werden garantiert.

Eine unzureichende Versorgung oder ein vollständiger Mangel an einem oder mehreren Vitaminen bewirkt allgemein Schwäche, verminderte Futteraufnahme, schlechtes Wachstum, erhöhte Anfälligkeit gegenüber Krankheiten, verminderte Legeleistung, schlechte Befruchtung der Bruteier, verminderte Schlupfergebnisse und lebensschwache Küken. Ein Mangel an bestimmten Vitaminen hat typische Vitaminmangelsymptome zur Folge.

Vitaminmangelerkrankungen, sogenannte Hypo-bzw. Avitaminosen, können infolge verschiedener Ursachen entstehen:

- Zuwenig Vitamin in der Nahrung (Unterversorgung)
- Gestörte Resorption durch den Organismus bei Darmstörungen und Entzündungen (z. B. Kokzidiose) oder Leberentzündungen (z. B. Intoxikation).
- Zerstörung der Vitamine bei Verabreichung von bestimmten Medikamenten oder chemischen Substanzen im Futter oder Trinkwasser (z. B. Sulfonamide, Antibiotika, Kokzidiostatika u. a. m.).

Ein oft um ein Vielfaches erhöhter Bedarf an Vitaminen, der mit der verabreichten Nahrung allein nicht mehr gedeckt werden kann, ist bei allen Belastungen und bei bestimmten Streßsituationen des Organismus vorhanden. Dies ist bei Krankheiten, bei Haltungsfehlern, auf Transporten, bei Impfungen, bei gesteigerter Leistung (Befruchtung, Schlupf, sehr hohe Legeleistung) und nicht zu vergessen bei jeder Medikamentation der Fall. Zur Abdeckung eines so plötz-

lich auftretenden Mehrbedarfs an Vitaminen eignet sich am besten und erfolgreichsten die sogen. Vitamin-Stoß-Therapie, das kurzfristige Verabreichen einer hohen Vitamindosierung mit dem Trinkwasser.
Der Nachweis der Vitamine erfolgt chemisch oder biologisch im Tierversuch. Eine Einteilung der Vitamine geschieht übersichtlich nach ihrer Löslichkeit in Fett oder Wasser:

Fettlösliche Vitamine:
Vitamin A (Axerophtol)
Vitamin D (Calciferol)
Vitamin E (Tocopherol)
Vitamin K (Phyllochinon)

Wasserlösliche Vitamine:
Vitamin B_1 (Thiamin)
Vitamin B_2 (Riboflavin)
Niacin (Nicotinamid)
Vitamin B_6 (Pyridoxin)
Pantothensäure
Inosit (Phytin)
Cholin
Biotin
Folsäuregruppe
Vitamin B_{12} (Cobalamine)
Ascorbinsäure

Mit Ausnahme von Inosit und Ascorbinsäure sind alle bisher bekannten Vitamine essentielle Bestandteile der Geflügelnahrung.

6.4.8.1. *Vitamin A (Axerophtol)*

Das Vitamin A wird aufgrund seiner Funktion als Epithelschutz-, Antiinfektiöses oder auch Wachstumsvitamin bezeichnet. Mangel an Vitamin A verursacht verzögertes Wachstum, Augenentzündungen, Beinschwächen, Bildung von

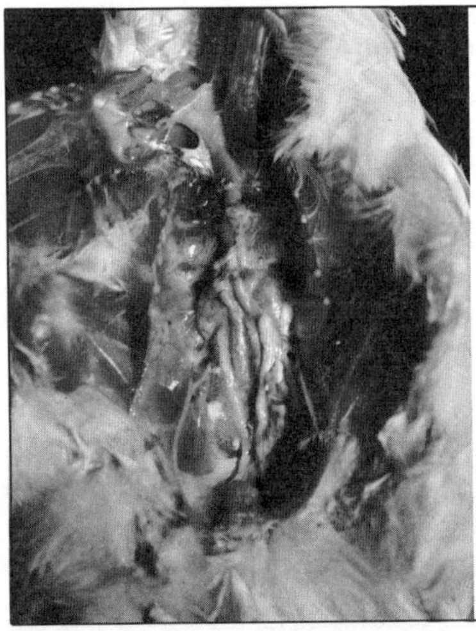

Abb. 102.
Nierengicht als erstes Symptom nach drei Wochen langer Vitamin-A-Mangel-Ernährung im Versuch.

Pusteln auf der Schnabelhöhe und Speiseröhre. Bei Legehennen zeigt sich Rückgang der Legeleistung, Verschlechterung der Befruchtung und Schlupffähigkeit der Bruteier. Ebenso können auch Uratablagerungen in der Nierentubuli und Harnleitern (Nierengicht) beobachtet werden. Der größte Teil des im Körper befindlichen Vitamin A wird in der Leber gespeichert. Augenscheinliche Vitamin-A-Mangelerscheinungen werden nur selten in der Praxis beobachtet, da sie erst nach einer ca. 3 Wochen langen Mangelernährung in Erscheinung treten.
Bestimmte gelb- und rotfärbende Vitamin-A-ähnliche Stoffe, sogenannte Carotine und Carotinoide, haben Bezug auf die gelbe Pigmentierung der Schlachtkörper und des Eidotters. Wenn solche Pigmentstoffe in den Futtermitteln, Mais und Grünmehl, in nicht ausreichender Menge vorhanden sind, ist es notwendig, technische Carotine dem Futter zuzusetzen.

6.4.8.2. *Vitamin D (Calciferol)*

Das Vitamin D hat mehrere Fraktionen, von denen für das Geflügel nur das D_2 und D_3 von Bedeutung sind, wobei dem D_3-Vitamin eine 25fache Wirkung im Vergleich zu Vitamin D_2 zukommt. Die Vorstufe des Vitamins D_3 ist das Cholesterin, welches erst durch ultraviolettes Licht (Sonnenbestrahlung) wirksam wird. Da bei der Intensivhaltung ohne Auslauf keine Einwirkung von ultraviolettem Licht gegeben ist, sind diese Tiere gänzlich auf die Vitamin-D_3-Zufuhr mit dem Futter angewiesen.
Das Vitamin D_3 regelt den Calcium- und Phosphorhaushalt im Körper und hat daher besondere Bedeutung bei der Knochenbildung während der Wachstumsperiode und bei der Eischalenbildung der Legehenne.
Vitamin-D_3-Mangel führt zu unzureichender Mineralisierung des Skeletts, die sich als Knochenweiche (Rachitis) mit Verdickung der Gelenke, Verbiegung der

Abb. 103
Rachitis infolge Vitamin-D_3-Mangel-Ernährung, Verdickung der Gelenke, Verbiegung der weichen Röhrenknochen und dadurch bedingtes schlechtes Steh- und Gehvermögen.

Wirbelsäule, der Rippen und des Brustbeins ausdrückt. Bei der ausgewachsenen, legereifen Henne kann eine Entkalkung (Demineralisation) der Knochen, eine sogenannte Osteomalacie, in Erscheinung treten, wobei in Extremfällen das normale Verhältnis der organischen zur anorganischen Substanz in Knochen von $1/3:2/3$ ins Gegenteil umgekehrt wird. So manche Käfigmüdigkeit, vermindertes Stehvermögen und marekähnliche Lähmungserscheinungen können durch Vitamin-D_3-Gaben gebessert werden. Auch geringere Legeleistung, Legen weichschaliger Eier, schlechter Schlupf der Bruteier können manchmal mit einer Vitamin-D_3-Unterversorgung in Zusammenhang gebracht werden.

6.4.8.3. *Vitamin E (Tocopherol)*

Vitamin E beeinflußt im Organismus den Stoffwechsel von Eiweiß, Kohlehydraten, Fetten, Mineralien und Wasser. Außerdem ist Vitamin E verantwortlich für die Fruchtbarkeit und Schlupffähigkeit der Küken. Eine weitere Bedeutung bekommt das Vitamin E als Oxidationsschutz gegenüber oxidationsempfindlichen Substanzen in den Geweben. Enthält das Futter infolge Verwendung ranziger Futterfette oder verdorbenen Maises einen zu hohen Gehalt an ungesättigten Fettsäuren, so werden bei den Oxidationsreaktionen hohe Mengen an Vitamin E verbraucht, wodurch bei 2 bis 6 Wochen alten Küken Enephalomalacie (Erweichungsherde und Blutungen im Kleinhirn) auftreten kann. Diese Krankheit zeigt sich durch Bewegungsstörungen, Kopfverdrehen, Radfahrbewegungen und Lähmungserscheinungen. Auch Muskelmagendystrophien, streifige Fisch-Fleischigkeit in der Brust- und Oberschenkelmuskulatur sowie gehäuftes Auftreten von Herztodfällen (mehr als 2 bis 3% der Ausfälle) können mit Vitamin-E-Mangel in Zusammenhang gebracht werden.

6.4.8.4. *Vitamin K_3 (Menadion K_3)*

Dieses Vitamin ist im Organismus vor allem zur Bildung des Fermentes Prothrombin und somit für den komplizierten Ablauf der Blutgerinnung verantwortlich. Mangelerscheinungen sind mit einer Verminderung der Blutgerinnung und mit Blutungen in den verschiedensten Organen, wie sie im Verlauf des „Hämorrhagischen Syndroms“ vorkommen, verbunden. Bei Leberentzündungen, Intoxikationen durch Sulfonamide oder Mykotoxine tritt Vitamin-K-Mangel in Erscheinung.

6.4.8.5. *Wasserlösliche Vitamine*

Zu der Gruppe der wasserlöslichen Vitamine zählt der große Komplex der B-Vitamine, das sind Vitamin B_1, Vitamin B_2, Pantothensäure, Nikotinsäure, Vitamin B_6, Vitamin B_{12}, Biotin, Folsäure und Cholin.

Die meisten dieser wasserlöslichen Vitamine wirken als Bestandteile von Enzymen und sind als solche am Kohlehydrat-, Fett- und Eiweißstoffwechsel beteiligt. Die Vitamine des B-Komplexes kommen aber mit Ausnahme von Vitamin B_{12} und Biotin in ausreichenden Mengen im Getreide, den Mühlennachprodukten und in der Hefe vor, so daß bei den heutigen Futterzusammensetzungen, die außerdem noch mit Sicherungszusätzen aller Vitamine ausgestattet werden, kaum jemals Mangelerscheinungen auftreten.
Die Vitamine des B-Komplexes müssen laufend über die Fütterung dem Organismus zugeführt werden, da die wenigsten vom Geflügel selbst gebildet oder in Organen gespeichert werden.
Die einzigen in der Praxis beobachteten Mangelsymptome können gegebenenfalls durch Überdosierung von bestimmten Kokzidiostatika im Mischfutter (z. B. Zoalen oder Amprolium) beobachtet werden. Dabei wird durch die antagonistische Wirkung der Kokzidiostika auf Vitamin B_1 ein reiner Vitamin-B_1-Mangel ausgelöst, der sich durch nervöse Erscheinungen, Seit- und Rückwärtsdrehung des Kopfes, unsicheren Gang und Kollerbewegungen äußert. Diese Symptome klingen aber rasch nach Richtigstellung der Futtermischung und Verabreichung eines B_1-Präparates ab.
Die Erscheinungen eines Vitamin-B_2-Mangels der Küken sind mehr oder weniger nur durch Versuche bekannt und in der Praxis kaum zu beobachten. Sie charakterisieren sich durch Fußparalysen, wobei die nach einwärts gekrümmten Zehen zu einer Faust geschlossen werden.
Mehr Bedeutung kommt dem Cholin und dem Cholinmangel zu, so daß in jedem Mischfutter auf Sicherungszusätze von Cholin geachtet werden muß. Cholin beeinflußt vorwiegend den Fettstoffwechsel und verhindert dadurch übermäßige Fettablagerung in der Leber. Wenn auch Cholinmangel allein nicht ursächlich mit den Erscheinungen eines Fettlebersyndroms in Zusammenhang steht, können doch bei Vorhandensein dieser Stoffwechselstörung erhöhte Cholingaben versucht werden. Auch kann eine Unterversorgung an Cholin bei dem Krankheitsbild der Perosis neben Mangan-Mangel eine Rolle spielen.

6.4.8.6. *Vitamin C (Ascorbinsäure)*

Im Pflanzen- und Tierreich ist die Ascorbinsäure sehr verbreitet, in tierischen Geweben jedoch nur gering speicherfähig. Auch wenn die Ascorbinsäure vom Geflügel für den normalen Bedarf in genügender Menge synthetisiert wird, übt sie in verschiedenen Streßsituationen, besonders bei hohen Umgebungstemperaturen eine bedeutende Schutzwirkung aus. Bei Hitzestreß, aber auch schon bei sommerlichen Temperaturen, wirkt sich eine zusätzliche Verabreichung von Vitamin C günstig auf die Produktion, Eigröße und Eischalenqualität aus.

Bei permanenter Infektionsbelastung verursacht die Ascorbinsäure einerseits eine Alarmreaktion im Körper und aktiviert die Abwehr von Toxinen und Infektionskeimen. In allen Belastungssituationen ist daher eine Ascorbinsäurezulage in nicht zu hohen Dosen angezeigt.

6.4.8.7. *Empfohlene Vitaminzusätze im Futter*

Tabelle 12: Empfohlene Vitaminzusätze je kg Mischfutter

	A	D_3	E	K_3	B_1	B_2	B_6	B_{12}	Nicotinsäure	Pantothensäure	Folsäure	Cholinchlorid	Biotin
	i. E.	i. E.	mg	mg	mg	mg	mg	mcg	mg	mg	mg	mg	mg
Mastküken 0–4 Wochen	12.000	3.000	30	5	2	6	3	20	30	10	0,1	600	50
Mastküken 5–8 Wochen	12.000	3.000	30	5	2	6	3	15	30	10	0,5	500	50
Aufzuchtfutter 0–8 Wochen	12.000	3.000	30	3	2	5	3	10	30	10	1,0	400	25
Junghennenfutter 9–20 Wochen	10.000	2.500	20	3	2	5	3	10	30	10	0,5	300	25
Legehennenfutter	10.000	2.500	20	3	2	5	3	10	30	10	0,5	500	25
Zuchthennenfutter	12.000	3.000	30	3	2	5	3	10	30	10	0,5	500	25

6.4.8.8. *Der Vitaminstoß*

Unter Vitaminstoß versteht man die kurzfristige, ein bis höchstens drei Tage lange Verabreichung hoher Dosen von Vitaminen, um einen durch irgendeinen Umweltfaktor ausgelösten Mehrverbrauch auszugleichen. Ein Vitaminstoß wird in der Regel über das Trinkwasser verabreicht, da nur durch diese Applikationsform die rasche Einverleibung verhältnismäßig hoher Vitamindosen gewährleistet wird.
Da die fettlöslichen Vitamine zueinander in enger wechselseitiger Beziehung stehen, wird man die Vitaminstoßtherapie niemals mit einem einzigen Vitamin, sondern mit einem Vitamin-Kombinationspräparat durchführen. Die Mengenverhältnisse der einzelnen Vitamine innerhalb einer Vitaminkombination richten sich nach dem Schwerpunkt der Indikation.

Vitaminkombinationen:
VITAMIN AD_3E eventuell noch mit VITAMIN C kombiniert

	Präparat A	Präparat B
Gehalt per ml	50.000 I.E. Vitamin A oder	100.000 i.E. Vitamin A
	5.000 I.E. Vitamin D_3	10.000 i.E. Vitamin D_3
	20 mg Vitamin E	40 mg Vitamin E

Indikation: starkes Wachstum, hohe Produktion, Stall- und Futterwechsel, in regelmäßigen Abständen bei Käfighaltung, unvorhergesehenen Klimaschwankungen, Elterntieren während Brutsaison, Mauser, Infektionskrankheiten und bei jeder Vaccination.

Tabelle 13: Dosierungstabelle für Präparat A (50.000 i.E. Vitamin A)

Anzahl der Tiere	Alter	Dosis in ml	Vitamin A Garantie i.E.	zu lösen in Liter Wasser
1000 Küken	1 Woche	100	5,000.000	5
	4 Wochen	200	10,000.000	10
1000 Junghennen	8 Wochen	200	10,000.000	20
	12 Wochen	200	10,000.000	30
	16 Wochen	200	10,000.000	40
1000 Legehennen oder Zuchthennen		300	15,000.000	60

Vitamin AEK_3 mit verminderter A-Komponente und erhöhtem Vitamin-E-Gehalt.

Indikation: nach Sulfonamidtherapie, Anämie, hämorrhagisches Syndrom, exsudative Diathese, Encephalomalacie, enzootischer Herztod, Muskelmagenerosionen, Mykothoxikosen.

Vitamin EK_3C mit stark erhöhtem Vitamin-E-Gehalt (mind. 100 mg Vitamin E per g).

Indikation: Encephalomalacie, enzootischer Herztod, Muskelmagenerosionen, Mykotoxikosen und bei Elterntieren zur Verbesserung der Befruchtung der Bruteier.

Da die fettlöslichen Vitamine in der Regel in der Leber gespeichert werden, genügt eine Verabreichung über 2–3 Tage, um für längere Zeit, ca. 3–4 Wochen, eine entsprechende Wirkung zu erzielen, wobei nach dieser Zeit die über das Futter verabreichten Vitaminmengen wieder ausreichen.
Vitaminstoß durch Vitamin-B-Komplex und C-Präparate.
Vitamine des B-Komplexes sowie Vitamin C werden im Verlauf von Streßzuständen, bei heißem Wetter, besonders in der Käfighaltung und während bakterieller Infektion sowie bei Verabreichung verschiedener Antibiotika und Chemotherapeutika in erhöhtem Maße vom Körper verbraucht, so daß eine zusätzliche Verabreichung mit dem Trinkwasser für alle diese Fälle zweckmäßig ist. Das Vitaminkombinationspräparat B-Komplex und Vitamin C wird in Form einer mehrtägigen Kur von 4 bis 8 Tagen verabreicht, oder so lange ein erhöhter Bedarf besteht, weil diese Vitamine im Körper nicht gespeichert werden und das Tier auf eine ständige Zufuhr angewiesen ist.
Multivitaminpräparate beinhalten in der Regel alle lebensnotwendigen Vitamine in physiologischer Zusammensetzung und werden günstig nach allgemeinen Streßzuständen, in der Rekonvaleszenz und vor allem bei Malabsorptionssyndrome in Verbindung mit Elektrolyten verabreicht.

6.5. Fermente – Enzyme

Fermente oder Enzyme sind von den lebenden Zellen gebildete Produkte, die in kleinster Menge chemische Reaktionen größerer Substanzen bewirken. Für die Verdauungsfermente gilt im besonderen, daß sie von einzelnen spezifischen Drüsen gebildet und je nach Bedarf in den Verdauungskanal abgesondert werden, wo sie vermischt mit dem Nahrungsbrei ihre spezifische Verdauungsarbeit leisten.

So finden wir bereits im Speichel Amylase, im Kropf Lactose, beides Fermente, die Kohlehydrate und Zucker aufbereiten. Im Drüsenmagen wird Pepsin abgesondert, das mit dem salzsäurehaltigen Magensaft die Eiweißstoffe in die einzelnen Aminosäuren spaltet und zur Resorption aufbereitet. Der Pankreas sondert Amylase, Invertase und Trypsin in den Verdauungskanal ab und dient damit zur Aufschließung der Saccharose und stickstoffhaltiger Zwischenprodukte. Schließlich wird noch Lypase von der Leber hergestellt und über die Galle und den in den Dünndarm mündenden Gallengang abgeführt, wo dieses Enzym das Fett in die einzelnen Fettsäuren und Glycerin aufspaltet.
Unter normalen Verhältnissen ist der Fermentgehalt der Zellen und Drüsen in einem gewissen Umfang dem Bedarf angepaßt. Im allgemeinen ist der Fermentgehalt immer größer, als dem verlangten Umfang der Reaktionen entspricht, so daß es nur bei Krankheiten der einzelnen Verdauungsdrüsen zu Ausfallserscheinungen kommen kann. Krankhafte Veränderungen der Verdauungsdrüsen sind in der Regel keine eigenen spezifischen Krankheiten, sondern gehören zum Krankheitsbild einer Primärerkrankung.

6.6. Stoffe mit Sonderwirkung

Die moderne Tierernährung bedient sich verschiedener Präparate, die unter dem Sammelbegriff „Futterzusätze“ oder besser „Stoffe mit Sonderwirkung“ zusammengefaßt werden. Vor allem sind dies Antibiotika in nichttherapeutischen, sogenannten nutritiven Dosierungen und andere, wachstumssteigernde Stoffe. Ferner finden wir in dieser Gruppe die Kokzidiostatika zur Vorbeuge gegen Kokzidiose, die Antioxydantia oder Stabilisatoren, die das Futter vor Verderb bewahren, und schließlich Farbstoffe, die für die Pigmentierung der Schlachtware wie des Eidotters verwendet werden.

6.6.1. *Antibiotika*

Antibiotika sind Stoffwechselprodukte von Pilzen, die im gesunden Erdboden und in zahlreichen Pflanzen natürlich vorkommen und gegenüber Kleinstlebewesen, besonders Bakterien, einen vermehrungshemmenden, antibiotischen Einfluß ausüben. Schon im Jahr 1928 wurde als erstes Antibiotikum das Penicillin entdeckt. Wie diese haben auch die in weiterer Folge entdeckten Antibiotika eine überragende Bedeutung als Heilmittel bei Mensch und Tier gewonnen. Von 1950 bis 1975 wurden diese, besonders die Breitbandantibiotika (Terramycin, Aureomycin), in nutritiver Dosierung, das sind 5 bis 20 p. p. m. (ca. 1/10 bis 1/20 der therapeutischen Dosierung), dem Tierfutter beigemischt, wo sie eine wachstumssteigernde und eiweißsparende Wirkung besaßen. Die nutritive Wirkung äußerte sich besonders in der Kükenperiode bei Aufzucht und Mast des Geflügels und zeigte sich durch beschleunigtes Wachstum, Verminderung des Futterverbrauches je kg Zuwachs und in der Möglichkeit der Einsparung sowie des weitgehenden Ersatzes des besonders teuren, tierischen Eiweißes durch pflanzliches. Bei Verfütterung an Legehennen zur Steigerung der Leistung und Verbesserung der Futterverwertung konnten positive Effekte kaum beobachtet werden. Mit der Verbesserung des genetischen Leistungspotentials und der Hygiene in den Stallungen werden diese günstigen Auswirkungen kaum mehr festgestellt.

Seit fast 10 Jahren wurde diese Antibiotika-Beifütterung wegen der nicht leichtfertig von der Hand zu weisenden Resistenzbildung von Mikroorganismen in der Fütterung verboten und nur für wenige Ausnahmen gestattet. Man befürchtet, daß durch die ständige Verabreichung von Antibiotika, auch in geringen Dosierungen, die Wirkung als Heilmittel bei Mensch und Tier verlorengehen könnte. Wenn auch diese Meinung nicht gesichert ist und kein nachgewiesener Fall von Antibiotikaresistenz infolge einer nutritiven Antibiotikafütterung bekannt ist, trennt man jene Antibiotika, die in der Fütterung eingesetzt werden, streng von jenen, die in der Therapie bei Mensch und Tier zur Anwendung kommen. So dürfen gegenwärtig folgende Antibiotika in der Fütterung eingesetzt werden:

Mastküken, Aufzuchtküken und Junghennen	Zinkbacitracin Flavophospholipol Virginiamycin	20 ppm 16 ppm 20 ppm
Legehennen	Zinkbacitracin Flavophospholipol Virginiamycin	20 ppm 4 ppm 20 ppm

6.6.2. *Kokzidiostatika*

Kokzidiostatika sind Medikamente (Chemotherapeutika), die in entsprechender Dosierung dem Aufzucht-, Junghennen- und Mastfutter zugesetzt werden, um der wirtschaftlich bedeutungsvollen Junggeflügelkrankheit, Kokzidiose, vorzubeugen.

Im Legehennenfutter sind Kokzidiostatika nicht gestattet und bei Bedarf nur aufgrund einer tierärztlichen Indikation zu verabreichen.

Der Einsatz der Kokzidiostatika wird durch die Futtermittelverordnung geregelt. So gibt es Kokzidiostatika, deren Verabreichung nur bis zur 4. Lebenswo-

che gestattet wird, andere sind bis zur Endmast oder für die Junghennenaufzucht bis zur Legereife erlaubt.
Im Rahmen einer aktuellen Vorbeugungsmaßnahme gegen Kokzidiose kann bei Bodenhaltung der Gebrauch kokzidiostatatischer Mittel im Mast- bzw. Aufzucht- und Junghennenfutter nicht verzichtet werden. Für die Mast empfohlen sind jene Kokzidiostatika, die frühzeitig in den Entwicklungszyklus der Kokzidien eingreifen, damit jegliche Beeinträchtigung der Futterverwertung

Tabelle Nr. 14: Derzeit zugelassene Kokzidiostatika im Futter

Wirkstoff	Handelszeichnung	Konz. %	Dosis kg/to	Wirkst. kg/ppm	Futtersorte: Küken bis 8 Wo.	Mast I bis 4 Wo.	Mast II Schlachtreife	Junghennen bis 20 Wo.
Amprolium	Amprol	25	0,5	125	+	+	+	+
Amprolium + 8 Ethopabat	Amprol plus	25	0,5	125	+	+	+	+
Amprolium + 40 Ethopabat	Amprol HIE	25	0,5	125	+	+	+	+
Arprinocid	Arpococ	12	0,5	60	+	+	–	–
Buquinolat	Bonaid	16,54	0,5	82,5	+	+	+	+
DOT	DOT	100	0,125	125	+	+	+	+
Halofuginon	Stenerol	0,6	0,5	3	+	+	–	–
Methylbenzoquat	Statyl	2	1,0	20	+	+	+	+
Meticlorpindol	Coyden	25	0,5	125	+	+	+	+
Meticlorpindol + Methylbenzoquat	Lerbek	21,67	0,5	100	–	+	+	–
Monensin-Na	Elancoban	10	1,0	100	+	+	–	–
Nicarbazin	Nicrazin	25	0,4–0,5	100–125	+	+	–	–
Robenidin	Cycostat	6,6	0,5	33	+	+	–	–
Decoquinat	Deccox	6,4	0,5	32	+	+	+	+
Lasalocid-Na	Avatek	15	0,5–0,83	75–125	+	+	–	–
Salinomycin-Na	Sacox	6	1,0	60	+	+	–	–
Narasin	Monteban	10	0,8	80	+	+	–	–

und des Endgewichtes ausgeschaltet wird. Dagegen soll bei Tieren, die in Bodenhaltung aufgezogen werden und auch während der Legeperiode am Boden bleiben, eine Präimmunisierung erfolgen. Diese Tiere müssen während der Aufzuchtsperiode unter dem Schutz eines Kokzidiostatikums eine Widerstandskraft entwickeln. Ein Kokzidiostatikum für diesen Zweck muß später in den Entwicklungszyklus der Kokzidien eingreifen als ein Kokzidiostatikum für Broiler; eine gewisse Durchseuchung gestatten, trotzdem aber eine starke Manifestation verhüten. Nur so stellt sich das sensible Gleichgewicht zwischen Wirt und Infektionsdruck ein, wodurch klinische Neuerkrankungen verhindert werden.

6.6.3. *Antioxidantien – Stabilisatoren*

Antioxidantien binden Sauerstoff und verzögern damit Oxidationsvorgänge. Dadurch werden oxidationsempfindliche Vitamine (Vitamin A, E), aber auch Fette gewissermaßen stabilisiert und vor Ranzizität bewahrt. Der Zusatz eines Antioxidans ist unbedingt notwendig, wenn Futtermischungen mit Fett angereichert werden. Bei Fettverderbnis entstehen ungesäuerte Fettsäuren, die bei ihren Oxidationsvorgängen Vitamin E in hohem Maße verbrauchen, so daß Vitamin-E-Mangelerscheinungen in Form einer Encephalomalacie entstehen können. Als Stabilisatoren verwendet man Butylhydroxytoluol, Santoquin oder ähnliche Präparate.

6.6.4. *Farbstoffe*

Die Pigmentierung des Schlachtgeflügels sowie die Färbung des Dotters durch Zugabe von Farbstoffen der Carotinoidgruppe, die in der Natur, z. B. im Mais, Paprika, Karotten, Tagetesblüten und vielen anderen Pflanzen, weit verbreitet sind, ist verhältnismäßig leicht möglich. Es handelt sich dabei um Stoffe, die mit dem Vitamin A nahe verwandt sind – wie Zeaxanthin, Capsanthin, Xantophyll und ähnliche mehr. Die Dosierungen richten sich nach dem Zweck und den Gehalten der verwendeten Farbstoffe und werden von den jeweiligen Herstellerfirmen genauestens empfohlen.

6.7. Futterergänzungen

Ein brauchbares Mischfutter für Hühner setzt eine richtige zusammengesetzte Futtermischung voraus, die alle zum Leben und zur Leistung notwendigen Stoffe enthält. Futterergänzungen der verschiedensten Arten widersprechen daher diesem Begriff. Trotzdem sind gelegentlich zwei Futterergänzungen gebräuchlich, die unter bestimmten Umständen verabreicht werden, das sind Muschelschalen und Grit.

6.7.1. *Muschelschalen und Austernschalen*

Es handelt sich um zerkleinerte Schalen von Austern, Herz- oder Miesmuscheln. In der Bodenhaltung werden sie in eigenen Fütterungskästchen zur freien Aufnahme zur Verfügung gestellt, wodurch die Ca-Versorgung der einzelnen Henne individuell dem Bedarf angepaßt wird. Bei der Verabreichung von Muschelschalen im teilweisen Ausgleich zu kohlensauren Kalk im Mischfutter erwartet man sich eine bessere Legeleistung und vor allem eine stärkere Eischale. Als Erklärung wird mitgeteilt, daß aus den Schalenstücken, primär während der nächtlichen Ruhezeit ohne Futteraufnahme, kontinuierlich Ca gelöst werden kann, während fein vermahlenes Kalziumkarbonat schneller aufgelöst wird bzw. den Muskelmagen passiert. Dieser Methode der Kalkversorgung stehen aber in der Batteriehaltung einige technische Schwierigkeiten entgegen.

6.7.2. *Grit*

Eine weitere Futterergänzung ist der Grit. Er dient nicht zur Mineralstoffversorgung. Die Steinchen erfüllen als Mahlsteine das Zerkleinern der Körner im Muskelmagen. Dieser Grit ersetzt im gewissen Umfang beim Huhn die fehlenden Zähne und hat eine rein mechanische Wirkung. Es ist daher sinnlos, für diesen Zweck Kalksteinchen zu verwenden, da diese von der Salzsäure des Magens aufgelöst werden. Am besten eignet sich dazu kieselsäurehältiges Material wie Quarz, Granit oder Feldspat.
Die Gritgabe ist aber nur bei Körnerfütterung, bei kombinierter Fütterung oder restriktiver Fütterung mit Körnergaben notwendig. Bei Mehlfutter oder Pelletfütterung ist die Verabreichung von Grit nicht notwendig.

6.8. Wasser

Wasser ist ein wichtiger Nährstoff, da es ein unentbehrlicher Bestandteil aller Lebewesen ist und in allen Zellen und Geweben vorkommt. Der Körper des Huhnes besteht aus ca. 70% Wasser.

Das Wasser hat verschiedene Aufgaben zu erfüllen; es wird als Lösungsmittel bei der Verdauung gebraucht, dient weiter als Transportmittel und beteiligt sich bei der Regulierung der Körpertemperatur.
Der gesamte Wasser- und Flüssigkeitshaushalt wird über verschiedene Hormone und über das Nervensystem gesteuert.Durstgefühl führt zur Wasseraufnahme und zieht Wasserausscheidung nach sich. Das mit der Nahrung und Luft aufgenommene Wasser wird nach Erledigung seiner Aufgaben mit dem Harn, Kot und über die Atemwege wieder ausgeschieden. Durch dieses Wechselspiel zwischen Wasseraufnahme und -abgabe stellt sich ein gewisses Wassergleichgewicht im Körper ein.
Wassermangel hat verminderte Futteraufnahme, daher schlechtes Wachstum und Absinken der Legeleistung zur Folge. Steht den Tieren überhaupt kein Wasser zur Verfügung, sei es, daß Eintagsküken oder Junghennen die Tränken oder Nippel nicht finden oder daß die Nippel verstopft sind, so tritt rasch Tod durch Verdursten ein. Bei Legetieren führt Wassermangel vorerst, in ca. 1 bis 2 Tagen, zum gänzlichen Einstellen der Legeleistung.
Der Wasserbedarf der Hühner hängt von verschiedenen Faktoren ab.
- Alter und Größe der Tiere,
- Menge des verzehrten Futters,
- Temperatur und Feuchtigkeit der Umgebung,
- Tätigkeit und Legeleistung der Tiere (mit einem Ei werden z. B. 40 g Wasser ausgeschieden),
- Beschaffenheit des Futters, vor allem an seinem Gehalt an Wasser, Eiweiß und Salz.

Das Trinkwasser muß selbstverständlich hygienisch einwandfrei sein. Krankheitserreger wie Bakterien und andere gefährliche Stoffe (Gifte) dürfen im Wasser nicht enthalten sein. Keimreiches Trinkwasser ist bedenklich. Die Grenze liegt bei etwa 100 Keimen je ml Wasser. Pathogene Keime wie Escherichia coli, Salmonellen, aber auch Streptokokkus faecalis dürfen niemals enthalten sein. Ebenso muß das Wasser frei von Fremdgerüchen und abweichendem Geschmack sein. Übelriechendes Wasser aus unsauberen Tränken ist nicht nur mit einer gesundheitlichen Gefährdung der Hühner verbunden, sondern verursacht auch einen unangenehmen, fischigen Geschmack der Eier. Der Säurewert schwankt zwischen 6,8–7,5. Die Temperatur des Trinkwassers soll erfrischend wirken und zwischen 8° und 12° C liegen. Im Winter ist es zweckmäßig, die Temperatur des Wassers auf 12° C aufzuwärmen (Vorlaufbehälter). Die Hühner trinken dann um etwa 20% mehr als vom kalten Wasser, verzehren mehr Futter und legen besser.

6.9. Keimbesatz und Krankheiten durch mikrobiell verändertes Futter

Keimhaltige Futtermittel können auf verschiedene Weise beim Tier Krankheiten hervorrufen.
Relativ selten sind es jene Bakterien und Pilze, die sich nach einer Kontamination im Futtermittel vermehren müssen, um für die Manifestation einer Erkrankung die erforderliche Keimzahl, meist 10^4 bis 10^6 und mehr, zu erreichen. Hieher gehören vor allem die Erreger der Salmonellosen, der Lungenaspergillosen und der Candidiasis. Bei diesen Keimen werden Toxine erst wirksam, sobald sie vom Makroorganismus freigesetzt werden.
Viel bedeutungsvoller sind heute jene Schädigungen des tierischen Organismus, welche auf eine Anreicherung im Futter, ubiquitär verbreiteter, im Tierkörper meist nicht mehr vermehrungsfähiger Keime, zurückzuführen sind und die mit dem Futtermittelverderb in einem ursächlichen Zusammenhang stehen. Die Praxis unterscheidet zwischen toxischen Produkten zweier Gruppen von Schimmelpilzen, den sogenannten Lager- und den Feldpilzen.
Im allgemeinen wird der mikrobielle Verderb durch Schimmelpilze der Kategorie Lagerungspilze eingeleitet. Bestimmte Vertreter der Gattung Asperigillus, seltener Penicillien oder Hefen, können bereits ab einem Feuchtigkeitsgehalt von 13,5 bis etwa 18% wachsen. Dabei kommt es zur Abscheidung von Wasser, womit allmählich der Wassergehalt des Substrates immer weiter hinaufgesetzt wird und weitere Saprophyten optimale Wachstumsbedingungen vorfinden, wodurch der Verderb fortschreitet. Weiters werden neben der Bildung von Toxinen als Stoffwechselprodukte der Pilze und Bakterien durch Substratumwandlung den Produkten auch wertvolle Nähr- und Wirkstoffe entzogen. Mit fortschreitendem Verderb weichen der Keimbesatz und die Höhe der Keimzahlen von den einzelnen am Verderb beteiligten Mikroorganismen immer mehr von der ursprünglichen Keimzusammensetzung des Mischfutters ab.
Während die Gruppe der Lagerpilze im allgemeinen für eine optimale Entwicklung und Toxinproduktion Temperatur im mittleren und höheren Bereich benötigt, vermögen die sogenannten Feldschimmelpilze, unter denen die Fusarienarten die typischen Vertreter sind, auch bei niedrigen Temperaturen, knapp oberhalb des Gefrierpunktes zu gedeihen und ihre spezifischen Toxine zu bilden. Außerdem sind diese Feldpilze gegenüber dem Wassergehalt des Substrates der natürlichen Keimfeuchte angepaßt. Zur Toxinbildung kommt es gelegentlich bereits vor der Ernte der Kulturpflanze (Mais), während der Reife, wohl aber weit häufiger und in größerem Umfang nach der Ernte, bei kalter und nasser Witterung sowie nicht rechtzeitiger und ausreichender Trocknung des Erntegutes.

6.9.1. *Futtermittelverderb*

Der mikrobielle Verderb von Futtermitteln ist gekennzeichnet durch einen bestimmten Keimbesatz und die Anhäufung von Produkten des Bakterien- und Pilzstoffwechsels. Dabei gibt das zahlenmäßige Vorkommen von Mikroorganismen innerhalb eines in seinem Frischegrad veränderten Futtermittels allein nicht den Verderbnisgrad an, sondern auch die systematische Zugehörigkeit der darin anzutreffenden Bakterien und Pilze charakterisiert die Stoffe des Verderbs. Da ein qualitativer und quantitativer Nachweis von Keimen, die Bildner spezieller Toxine sind, noch keine Rückschlüsse auf den Toxingehalt des Futters zuläßt, müssen toxikologische Verfahren die üblichen Keimgehaltsbestimmungen ergänzen. Dies stellt derzeit noch ein sehr aufwendiges, weitläufiges und erst in seinen Grundzügen erfaßtes Verfahren dar. Für die Diagnose des Geflügeltierarztes entscheiden klinische Erscheinungen der Krankheitsbilder, die nach Verabreichung mikrobiell veränderten Futters beim Geflügel zu erwarten sind, und die in Zusammenhang mit der mikrobiologischen Futteruntersuchung erklärt werden können. Toxikologische Untersuchungen haben forensische Bedeutung und stellen in Zukunft ein großes Aufgabengebiet für die Forschung dar.

6.9.2. *Futtermittelmikrobiologie*

Die Futtermittelmikrobiologie beschäftigt sich in erster Linie mit der Erhebung eines mikrobiologischen Status eines Futtermittels, um eine für das Krankheitsgeschehen verantwortliche Futterschädlichkeit nachzuweisen. Die Orientierung über die mikrobielle Beschaffenheit setzt eine genaue Kenntnis des natürlichen Keimbesatzes im Frischegrad unveränderter Futtermittel und deren Rohstoffkomponenten voraus. Da die Produkte tierischer Herkunft (wie die verschiedenen Tierkörpermehle) einer Sterilisation unterworfen werden, sind diese grundsätzlich keimärmer als Produkte pflanzlicher Herkunft, bei welchen die primäre Mikroflora bei der Trocknung nur geringfügig dezimiert wird. So wird grundsätzlich der Gehalt an Hefen und Schimmelpilzen im Mischfutter durch den Getreideanteil bestimmt.

Die Ermittlung der Gesamtkeimzahl reicht nicht aus, auf das Vorliegen eines bestimmten Verderbnisgrades zu schließen. Erst durch die Differenzierung der gezüchteten Keime nach der Zugehörigkeit zu bestimmten Familien, Arten oder Gruppen erhält man maßgebliche Hinweise auf das Vorhandensein gesundheitsschädlicher Stoffe und auf die Futtertauglichkeit des Untersuchungsgutes. Bei pflanzlichen Produkten und den verschiedenen Geflügelfuttersorten ist ein Verderb gekennzeichnet durch das Überhandnehmen von Pseudomonas-Arten, Micrococcaceae und Bacillaceae sowie Hefen und Schimmelpilzen ge-

genüber Gelbkeimen aus der Gattung Flavobakterien, Xantomonas und Erwinia.
Nach den heutigen Kenntnissen kann man aussagen, daß bei pflanzlichen Produkten oder zusammengesetztem Mischfutter die Keimzahlen innerhalb einer Million per Gramm Futter liegen. Kombiniert man diese Erfahrenswerte in bezug auf Keimzahl und die jeweils in einem Futtermittel hervorgetretenen Keimarten, so besteht die Möglichkeit, über das Vorliegen von mikrobiellen Veränderungen innerhalb eines Produktes bestimmte Feststellungen zu treffen. Bei Pilzen liegen die Keimzahlen, die einen Verderb anzeigen, um ein bis zwei Zehnerpotenzen pro Gramm Futter niedriger.

6.9.3. *Mykotoxikosen*

Mykotoxikosen sind von den Schimmelpilzen gebildete Stoffwechselprodukte, die sich im Futter und Futterkomponenten bilden und eine schädliche Wirkung auf das Geflügel haben. Die Wirkungen von Mykotoxinen auf Geflügel variieren von kaum feststellbar zu katastrophal und hängen von der Art und der Menge der aufgenommenen Toxine sowie von einer Reihe exogener, umweltbedingter Faktoren ab. Die Mykotoxin-Forschung ist erst eine junge Wissenschaft und wurde 1960 durch besonders hohe Verluste bei einem Massensterben von 100.000 jungen Truthühnern innerhalb weniger Monate in Geflügelfarmen Ost- und Südenglands ausgelöst. In Unkenntnis der Ätiologie wurde diese Krankheit damals zuerst als Turkey-X-Disease beschrieben und einige Zeit später als Vergiftung mit Aflatoxin, Aflatoxikose, benannt.
Das Mykotoxin-Problem hängt weitgehend mit der Änderung im Pflanzenbau und in der Tierproduktion und den damit einhergehenden Veränderungen der Futtertechnologie zusammen. Der Anbau ertragreicher, aber empfindlicher Futtersorten, neuer Ernteverfahren, Transport, Lagerung und Futterherstellung erleichtern den Pilzbefall von Wirtschaftsfuttermitteln.
Die Toxine selbst sind niedermolekulare, meist aromatische und selten alyphatische, organische Verbindungen und aufgrund ihrer Niedermolekularität weitgehend hitzestabil und werden durch thermische Verfahren wie Pelletierung im heißen Dampf nicht zerstört. Daher können solche Toxine auch im pelletierten Futter vorhanden sein, wobei die mikrobiologische Untersuchung einen negativen Befund zeigt. Nach Aufnahme in den tierischen Organismus findet aufgrund dieser chemischen Zusammensetzung auch keine Antikörperbildung statt, so daß das Tier lebenslänglich ungeschützt gegenüber diesen Stoffen bleibt.
Die toxische Wirkung verschiedener Toxine kann sehr unterschiedlich sein, daher sind auch die Symptome einer Intoxikation sehr weitläufig. Für die

Geflügelpraxis kommen nach dem derzeitigen Stand der Forschung hauptsächlich die Toxine der Aspergillen und Penicillien sowie der Fusarien als Krankheitsursachen in Frage.

6.9.3.1. *Krankheiten durch Toxine von Asperillen und Penicillien*

Die Toxine dieser Lagerpilze, die für Geflügel Bedeutung haben: Aflatoxin, Ochratoxin und Citrinin. Die hauptsächlich betroffenen Organe sind:
Verdauungstrakt (Aflatoxin),
Harnapparat (Citrinin),
Leber (Aflatoxin und Ochratocin),
Blut (Aflatoxin und Ochratocin) und
Nerven.
Geflügel reagiert auf Aflatoxin mit einer abgestuften Empfänglichkeit in Abhängigkeit vom Lebensalter in der Reihenfolge Ente, Truthahn, Gans, Fasan, Huhn, am wenigsten die Wachtel. Beim Huhn spielen auch noch Rassenunterschiede eine Rolle. So zeigen Puten- und Entenküken bei akuter Aflatoxikose Krämpfe und Opisthotonus (Aufwärtsbiegen des Kopfes), eine Rotverfärbung in den Ständern und Schwimmhäuten, begleitet von hochgradiger Lahmheit. Dagegen sind bei Hühnern oft nur geringfügig reduzierte Gewichtszunahmen als einzige klinische Symptome erkennbar. Eine Wachstumsdepression tritt beim Huhn bei einer Aufnahme von täglich 1 ppm mit dem Futter ein. Geringere Mengen (0,8 ppm) führen bereits zur Erhöhung der Kapillardurchlässigkeit infolge von Gefäßschädigungen. Da diese Erscheinungen ohne Wachstumsdepressionen einhergehen, offenbaren sie sich erst als erhöhte Anzahl von Quetschungen und Blutungen in den Geflügelschlächtereien. Anfälligkeit für Blutergüsse kann innerhalb von 48 Stunden nach dem Verzehr des Toxins auftreten. Wenn die letzte Futterlieferung für eine Herde vor der Schlachtung Aflatoxin enthält, sind die Gefäße und die Faktoren der Blutgerinnung beeinflußt. Beinprobleme führen immer wieder zu Schäden in den Mastbetrieben. Diese Probleme zeigen sich auf verschiedene Weise und haben unterschiedliche Ursachen, wobei eine dieser Ursachen auch Mykotoxine sein können. Die Abnahme der Bruchfestigkeit der Knochen von Broilern, die Aflatoxin und Ochratocin im Futter haben, gilt als erwiesen. Diese Änderungen lassen vermuten, daß der Calciummetabolismus durch die Toxine verändert wird.
Rachitis oder rachitoide Erscheinungsbilder können auch als Folge von Aflatoxin im Futter gewertet werden, wenn die Vitamin-D-Versorgung im Futter knapp bemessen ist. Ebenso liegen Berichte von Mykotoxin-Reaktionen mit anderen Vitaminen, vor allem dem Thiamin, vor.
Eine der weitgehenderen Auswirkungen durch Aflatoxin ist die Beeinflussung

des Immunsystems. Sowohl die Ausbildung von Antikörpern wie auch die zelluläre Immunität wird stark geschädigt, so daß eine höhere Anfälligkeit gegenüber den verschiedensten Infektionskrankheiten besteht und gegebenenfalls auch Impfungen (Marek, I. B.) nicht den erwünschten Immunschutz hervorrufen.

6.9.3.2. *Krankheiten durch Toxine und Fusarien*

In Österreich überwiegen die Schäden, die durch Fusarien-Toxine hervorgerufen werden, gegenüber den Toxinen der Lagerpilze. Der Grund dafür ist der hohe Maisanteil im Geflügelfutter, der in den einzelnen Rationen sowohl im Mast- wie Legefutter 50–65% ausmacht.
Als Voraussetzung für das Wachstum von Fusarien und ihre Verbreitung gelten hohe Substrat- und Luftfeuchtigkeit sowie die Temperaturbedingungen gemäßigter Zonen. Fusarien sind somit unserem Klima gut angepaßt und daher

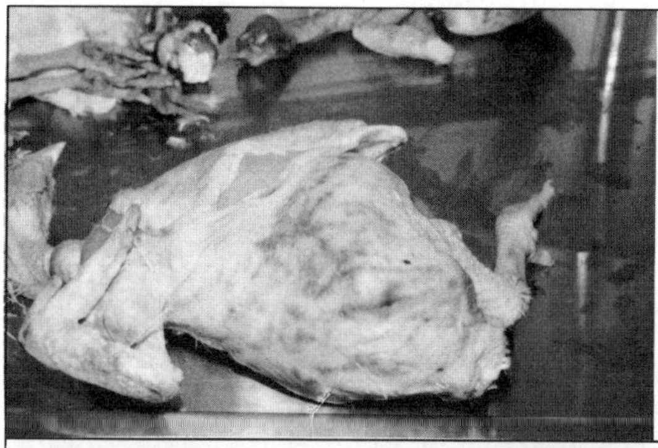

Abb. 104.
Zahlreiche Blutungen in der Muskulatur und an den Flügelspitzen weisen empirisch öfters auf eine verdorbene Fettkomponente hin.

Abb. 105.
Blutungen in Leber, Herz und anderen Organen sowie Muskelmagenerosion geben Anlaß, das Futter auf Verpilzung untersuchen zu lassen. Hämorrhagisches Syndrom.

besonders auf spätreifen Maissorten, deren Erntezeit gegebenenfalls in eine naßkalte Herbstperiode fällt, anzutreffen. So kann ein Fusarienbefall des Maises in den verschiedenen Stadien seiner Entwicklung zur Stengelfäule, Stengelbruchkrankheit und zu Kolbenfusarien führen. Kolben mit braunen sterilen Spitzen oder einer ebensolchen Basis weisen in der Regel starken Befall auf.
Die für die Hühner wichtigen Fusarientoxine gehören zur chemischen Gruppe der Trichothecene, von denen bisher an die 42 Metaboliten bekannt sind. Als toxisch werden bisher angesehen:
T-2 Toxin, HT-2 Toxin, Diacetoxyscirpenol (Nivaneol), Fusarenon-X und Neosolaniol. Da alle diese Toxine der Trichothecene bei der chemischen Analyse große Schwierigkeiten bereiten, versucht man mit der qualitativen und quantitativen Analyse eines Begleittoxins, dem Deoxynivalenol (Vomitoxin) einen Nachweis zu führen.
Folgende klinische Erscheinungen gehören zum Krankheitsbild akuter Trichothecentoxikose: Erbrechen, Durchfall, Blutungen, Ödeme und Hautnekrosen; Blutungen vor allem in den Schleimhäuten von Magen und Dünndarm, sowie Hyperkeratosen des Magens (Muskelmagens), Schädigung des blutbildenden Systems, Abnahme von Leukocyten und Thrombocyten in Blut, Blutungen in den Hirnhäuten mit nervösen Störungen und schließlich Futterverweigerung. Außerdem fallen beim Geflügel auch Schwellungen und Nekrosen im Bereich der Schnabelhöhe auf.
Ebenso wie beim Aflatoxin ist auch beim T-2 Toxin ein immunosuppressiver Effekt zu beobachten.
Ein Problem, das die Geflügelmast in Österreich im Winter 1983 besonders beunruhigt hat, war das sogenannte „Malabsorptions-Syndrom“, das mehrere Ursachen und Manifestationen hat. Ein sehr gut kennzeichnendes Syndrom für diese Erkrankung ist „Helikopterkrankheit“, da durch Flügelfedern von abnormaler Struktur, Stellung und Anordnung das Aussehen eines Hubschraubers gegeben erscheint. Solche Änderungen in Gefieder, wie sie auch für den Niacin-Mangel beschrieben sind, waren in Amerika durch die Verfütterung von T-2 Toxin im Labor zu reproduzieren. Nicht die ungewöhnliche Befiederung ist das eigentliche Problem, sondern die intestinale Resorptionsstörung. Das „Malabsorptions-Syndrom“ äußert sich vor allem durch Darmkatarrhe mit wässrigen Durchfällen sowie einer schlechten Gewichtszunahme und Futterverwertung, was schwerwiegende wirtschaftliche Auswirkungen hat.

6.9.3.3.3 *Diagnose von Mykotoxikosen*

Die Diagnose bei Mykotoxikosen ist in erster Linie eine Verdachtsdiagnose, da die Sicherung der Diagnose nur durch den quantitativen Toxinnachweis und den Tierversuch, Reproduktion der Mykotoxikose, erbracht werden kann.

Trotzdem kann die Verdachtsdiagnose, wenn alle Untersuchungen dafür positive Befunde ergeben, als faktisch gesichert gelten.
Die Verdachtsdiagnose stützt sich einerseits auf die klinische und pathologische Untersuchung verendeter oder erkrankter Tiere, andererseits auf die mikrobiologische und mykologische Untersuchung des Futters.
Bei der klinischen Beobachtung ist ein saisonales Auftreten und eine Abhängigkeit von der Futterversorgung festzustellen. Der Sektionsbefund läßt eine Reihe, zwar nicht pathognostischer, dennoch sehr verdächtiger Krankheitsbilder erkennen.
Am lebenden Tier: schlechte Futteraufnahme, Trauern, Wachstumsdepression, Durchfall, eventuell nervöse Erscheinungen.
Am toten Tier: Hämorrhagien, Hautnekrosen, Leberschwellung mit fettiger Degeneration, Nierenschwellung mit Harnsäurestau in den Tubuli und Harnleitern. Geschwürbildungen im Muskelmagen bis zur Muskelmagenerrosion, Blutungen im Dünndarm. Blutungen am Herz und an der Leber.
Als nächster Punkt im Untersuchungsgang wäre der Ausschluß von Infektionskrankheiten zu nennen. Ebenso müßte an andere Toxineinwirkungen, z. B. von Desinfektionsmitteln und Überdosierungen von Medikamenten, gedacht werden.
Auch histologische (Leber, Niere) und hämatologische Untersuchungen können herangezogen werden.
Wenn alle diese Befunde für eine Mykotoxikose sprechen, dann ergeben die mykologische Untersuchung des Futters, die Stärke des Pilzbefalls und die Artendifferenzierung eine fast sichere Diagnose. Allerdings hat die mykologische Untersuchung eine Schwierigkeit bei pelletiertem Futter, weil bei diesem die Myzelien durch die Erhitzung nicht mehr anwachsen, die Toxine jedoch vorhanden sein können. Hier läßt dann der zwar bereits kostenspielige quantitative Toxinnachweis (Vomitoxin) eine gewisse Aussage zu. Den Geflügelpraktiker überzeugt jedoch ein biologischer Test, zur Zeit mit mikroskopisch kleinen Krebsen durchgeführt, weitaus mehr. Beim Absterben von ca. 20 bis 25% der kleinen Krebse, die mit einer Nährlösung des Probefutters gefüttert werden, ist bereits auf einen klinisch-sichtbaren Toxinschaden beim Geflügel zu schließen.

6.9.4. *Prophylaxe von Mykotoxikosen*

Zur Prophylaxe von Mykotoxikosen gehören sowohl agrartechnische wie futtertechnische Maßnahmen, bei deren strikter Einhaltung es kaum mehr zur Verpilzung und Toxinbildung sowohl bei den Komponenten wie beim Mischfutter kommen kann.

6.9.4.1. *Agrartechnische Maßnahmen*

Da bei uns in vielen Anbaugebieten der Mais nicht die physiologische Vollreife erreicht, besonders wenn das Herbstwetter ungünstig ist, liegt das Hauptaugenmerk auf dem Anbau geeigneter Sorten, die im Ertrag etwas weniger erbringen, aber dafür frühreifer sind.
Ein geplanter Fruchtwechsel verhindert zum Teil das Überhandnehmen einschlägiger Feldpilze.
Die Züchtung und Vermehrung pilzresistenter Sorten wäre eine sehr wichtige Aufgabe der Landwirtschaft.
Schonende Ernte- und Dreschverfahren besonders bei noch nicht ganz reifen Körnern verhindert das Springen und Brechen der Körner. Der Bruch schafft günstige Voraussetzungen für sämtliche saprophytische Mikroorganismen und gehört sofort nach erfolgter Trocknung aus dem Lagergut entfernt.
Die Trocknung sollte unmittelbar nach der Ernte vorgenommen werden, da bei der Lagerung des noch feuchten Erntegutes sofort die mikrobiologische Aktivität einsetzt.

6.9.4.2. *Futtertechnische Maßnahmen*

Die futtertechnischen Maßnahmen beziehen sich sowohl auf den Mischfutterhersteller wie auf den Endbetrieb. Für den Mischfutterhersteller ist die Kontrolle der Rohmaterialien sowohl inländischer als auch ausländischer Herkunft eine wichtige Maßnahme zur Früherkennung kontaminierter Rohstoff-Chargen. Die so erkannten verdächtigen Futtermittel können dann nur im

Abb. 106. Sackware soll auch beim Landwirt wie in den Lagerhallen des Herstellers frei, luftig auf Holzböden gelagert werden.

Abb. 107.
Unsachgemäße Lagerung.

Abb. 108.
Freistehende Futtersilos sind jeder Temperaturschwankung ausgesetzt, Kondenswasserbildung ist jederzeit möglich und kann gelegentlich zum vorzeitigen Verderb des Futters führen.

beschränkten Umfang zur Mischfuttererzeugung verwendet werden. Die Verwendung von Fungistatika ist zu empfehlen, richtet sich aber nur gegen die Lagerpilze. Die Schaffung guter Lagerbedingungen ist für Mischfuttererzeuger selbstverständlich.

Die futtertechnischen Maßnahmen des Geflügelbetriebes richten sich in erster Linie auf die Lagerung des Futters. Jedes fertige Mischfutter enthält noch einen gewissen Anteil Wasser. So kann es kommen, daß unsachgemäß aufbewahrtes Futter schimmelt, muffig wird oder sich mit Futtermilben durchsetzt. Dadurch leidet nicht nur der Nährwert außerordentlich, sondern es können sich auch im verpilzten Futter Mykotoxine bilden, die zu Krankheiten des Geflügels führen. Aus all diesen Gründen soll der Geflügelhalter nur beim einwandfreien Handel kaufen und sich Garantien für einwandfreie Beschaffenheit des Futters geben lassen. Bei jeder neuen Futterlieferung soll das Futter grobsinnlich begutachtet und davon Probemuster entnommen und aufbewahrt werden. Die Aufbewahrung soll in trockenen Papiersäckchen erfolgen.

Die Lagerung des Futters im Geflügelbetrieb soll nach den gleichen Richtlinien erfolgen wie im Futtermischwerk selbst. Ist man zur Sackaufbewahrung ge-

Abb. 109.
Der Einbau des Futtersilos bringt Schutz vor Witterungseinflüssen.

zwungen, so dürfen die Säcke nicht allzu hoch oder gar an eine feuchte Wand anliegend gestapelt sein. Auch sollen die Säcke nie auf dem bloßen Erdboden liegen, sondern sind auf Lattenrosten oder Holzdielen aufzuschlichten.
Futtersilos sollen so aufgestellt oder derart verbaut werden, daß weder durch sommerliche Sonneneinstrahlung das Futter erhitzt wird, wobei das Ranzigwerden der Fettkomponenten zu befürchten ist, noch daß sich durch Temperaturunterschiede zwischen Tag und Nacht Kondenswasser bilden kann.
Wer auf einwandfreie Lagerung achtet, schützt das Futter weitgehend vor Verderb.

Abb. 110.
Presse zur Pelletierung des Futters (Fa. „Taco", Tagger & Co., Graz).

6.9.5. *Die Futterprobe*

Sehr häufig kommt es vor, daß mit Beginn der Verfütterung einer neuen Futterlieferung zufällig ein Leistungseinbruch oder Anstieg von Verlusten zusammenfällt. Die Ursache kann in vielen Streßmomenten, witterungsbedingter, technischer oder gesundheitlicher Natur, manchmal aber auch in einer fehlerhaften Futtersorte liegen. Das Ziehen einer Futterprobe und deren Untersuchung liegt daher nahe. Bevor jedoch eine Futteruntersuchung eingeleitet wird, sollten vorerst alle Möglichkeiten technischer Mängel im eigenen Betrieb beobachtet werden. Weiters sollen durch Zuziehung des Tierarztes, durch Einsendung und Untersuchung einiger Tiere in einem Labor sonstige Krankheitsursachen ausgeschlossen werden; erst dann und wenn durch das Krankheitsbild bei den Tieren selbst Hinweise auf einen fütterungsbedingten Schadensfall vorliegen, ist die Notwendigkeit für eine Futteruntersuchung gegeben.

Die Probeentnahme selbst sollte möglichst von einem amtlichen Probeentnehmer oder vor mehreren Zeugen entnommen werden, um die Identität der gezogenen Futterprobe mit dem tatsächlich verfütterten Schadfutter festzulegen. Das Hinzuziehen eines Tierarztes und eines Beauftragten des Mischfutterherstellers ist für den weiteren Untersuchungs- und Verhandlungsweg von Vorteil.
Für chemische, mykologisch-bakteriologische Untersuchungen reichen Futterproben von 500 bis 1000 g aus. Für etwaige Fütterungsversuche werden mindestens 50–100 kg benötigt.
Vor jeder Futteruntersuchung sind aufgrund der klinischen Symptome bei den kranken oder leistungsgeschmälerten Tieren Hinweise auf den vermeintlichen Futterfehler zu geben, damit eine gezielte Untersuchung durchgeführt werden kann. Bei Leistungsminderungen wird man vor allem auf die richtige Zusammensetzung der Nahrungsstoffe untersuchen: Bei Rachitis auf Vitamin D_3 und das Ca:P-Verhältnis, bei Durchfall auf vermehrte Wasseraufnahme auf Kochsalz. Bei Enephalomalacie auf ungesättigte Fettsäuren, bei nervösen Erscheinungen auf Kokzidiostatika-Überdosierung. Bei Verdacht auf Vorliegen einer Mykotoxiose auf Verdorbenheit des Futters durch Schimmelpilzbefall.

7. Die Praxis der Fütterung

Die Praxis der Fütterung teilt sich in zwei Teile. Der eine befaßt sich mit Erstellung der Rezepturen für bestimmte Mischfuttersorten je nach Art, Alter und Nutzungszweck der Hühner, wozu ein Bewertungsschlüssel für Futterkomponenten und Fertigfuttersorten aufgrund von chemischen Analysen notwendig ist. Der zweite Teil behandelt dann die jeweilige Anwendung, die Fütterung der Tiere selbst, die Fütterungstechnik.

7.1. Die chemischen Bestandteile der Nahrung

Qualitative und quantitative Merkmale eines Futters werden auf chemischem Weg durch Futtermittelanalysen ermittelt. Die ermittelten Werte geben, in Tabellen (sogenannte Futterwerttabellen) zusammengefaßt, Aufschluß über die durchschnittlichen Gehalte verschiedener Futtermittel an Rohnährstoffen und sind Grundlagen zur Erstellung der Futter-Rezeptur.
Folgende Übersicht umfaßt die großen Nährstoffgruppen:
Die Trockensubstanz ist die wasserfreie Gesamtsubstanz. In ihr sind alle Rohnährstoffe, organische und anorganische, die näher analysiert werden können, vorhanden.
Das Wasser verkörpert den Feuchtigkeitsgehalt des Futtermittels.
Die Asche bleibt als Rückstand beim hochgradigen Verbrennen der Trockensubstanz zurück und besteht aus den Mineralstoffen, den anorganischen Bestandteilen des Futters. Denkt man sich die Asche von der Trockensubstanz abgezogen, so verbleibt ein Gemisch aus organischen Substanzen, die bei der Aschebestimmung verbrennen. In diesem Anteil des Futtermittels liegen die energetischen Nährstoffe, und zwar:
Rohproteine: sie umfassen eigentliche Eiweiße und stickstoffhältige Stoffe nicht eiweißhaltiger Natur, sogenannte Amide.
Rohfette: diese setzen sich aus echten Fetten, die ätherlöslich sind, und fettartigen Substanzen zusammen.
Stickstoff-freie Extraktstoffe und Rohfaser sind Kohlehydrate mit unterschiedlicher Verdaulichkeit. Erstere sind relativ leicht verdaulich und werden fermentativ aufgeschlossen, letztere sind schwer oder gar nicht verdaulich und werden beim Huhn nur zum geringen Teil bakteriell in den Blinddärmen verdaut. Schon aus der Defination der Rohfaseranteile geht hervor, daß nicht alle Nährstoffe vom Körper verwertet werden können. Der Verwertungsgrad ist von der Verdaulichkeit abhängig. Dabei ist es von Interesse, den Gehalt an verdaulichen Nährstoffen anzugeben. Diese ergeben sich aus dem Rohnährstoffgehalt abzüglich des unverdaulichen Restes.

7.2. Die Bewertung von Futtermittel für Geflügel

Beim Geflügel hat die Bewertung nach der umsetzbaren Energie (UE) die weiteste Anwendung gefunden. Ein wesentlicher Vorteil ist beim Geflügel die relativ leichte Bestimmung aufgrund der gemeinsamen Ausscheidung von Kot und Harn. Es muß lediglich der Energiewert des aufgenommenen Futters und der der ausgeschiedenen Exkremente ermittelt und die Differenz bestimmt werden.

7.2.1. *Berechnung der umsetzbaren Energie (UE)*

Außer der Möglichkeit, die Bestimmung der umsetzbaren Energie im Tierversuch vorzunehmen, liegen auch verschiedene Gleichungen vor, nach denen die UE aufgrund der chemischen Analysenwerte berechnet werden kann. Die gebräuchlichste Gleichung der UE ist jene nach Sibald (1963), die gleichzeitig eine Korrektur für den N-Ansatz enthält:

$$\text{UE (kcal/kg)} = 3{,}52 \times \text{Rohprotein} + 7{,}85 \times \text{Rohfett} + 4{,}1 \times \text{Stärke} + 3{,}55 \times \text{Zucker} \pm 189 \text{ kcal.}$$

Eine weitere Gleichung wurde 1983 als W.P.S.A. Energieschätzgleichung herausgegeben und lautet:

$$\text{UE (kJ/kg)} = 34{,}24 \times \text{Rohfett} + 15{,}47 \times \text{Rohprotein} + 16{,}70 \times \text{Stärke} + 13{,}04 \times \text{Zucker}$$

7.2.2. *Die Futterrezeptur und die Futtermittelverordnung*

Aufgrund des Bedarfs und der Verzehrsmenge kann mit Hilfe der Futterwerttabellen die Rezeptur für ein Geflügelfutter leicht erstellt werden. Sind die entsprechenden Daten in einem EDV-System eingespeichert, so können in kürzester Zeit Rezepturen erstellt, nach vorhandenen Rohstoffen wie auch nach den aktuellen Preisen korrigiert werden. Wichtig ist dabei auch die Bedachtnahme der Vorschriften in der Futtermittelverordnung, die aufgrund des Futtermittelgesetzes in Abständen von 2 bis 3 Jahren jeweils veröffentlicht werden.

7.3. Die Fütterungstechnik

Das Ziel einer rationellen Fütterungstechnik muß sein, den Hühnern genügend Mengen qualitativ richtig zusammengesetzten Futters mit möglichst wenig Aufwand an Arbeit und Zeit zuzuführen, um auf diese Weise hohe Eiproduktion bzw. hohe Zunahmen zu erreichen. Aus diesem Grunde hat sich im

Erwerbsbetrieb jene Fütterungsmethode durchgesetzt, die am leichtesten zu mechanisieren ist. Dies trifft zweifellos bei derVerabreichung von Alleinfutter in Form von Mehl oder Pellets zu. Die Form der kombinierten Fütterung, die Verabreichung von Körnern und Mehlfutter, gehört der Vergangenheit an und wird heute höchstens noch in kleinen Hühnerhaltungen praktiziert.
Seit etwa 3 Jahren gibt es Bestrebungen, Maiskornsilage sog. Corn-Cob-Mix (CCM) zur Herstellung von Hühnerfutter, ähnlich der Verwendung in der Schweinehaltung zu verwenden. Dies stellt zur Zeit eine interessante Lösung zur Senkung der Futterkosten dar. Inwieweit sich diese Methode durchsetzen wird, bleibt abzuwarten.

7.3.1. *Die kombinierte Fütterung*

Am wenigsten Arbeit macht es, wenn sowohl Körner als auch Legemehl in Futterautomaten unbeschränkt zur Verfügung stehen. Der erfahrene Geflügelhalter wird es aber vorziehen, die Körnergabe zu rationieren und nur das Legemehl zur freien Verfügung zu stellen, weil damit die Entwicklung und Leistung der Tiere etwas gesteuert werden kann.
Die Futterrezeptur eines Lege-Kombifutters muß natürlich die Zufütterung von ca. 50 g Körnern (Mais, Weizen, Gerste) pro Tier und Tag berücksichtigen und daher höhere Gehalte an Rohprotein (ca. 22%) und erhöhte Wirkstoffe (z. B. 15.000 I. E. Vitamin A/kg) aufweisen. Solch ein Lege-Kombifutter wird den Tieren zur ständigen, freien Aufnahme in sauberen Futtertrögen oder Automaten zur Verfügung gestellt. Die Körnermischung, je nach Rasse und Jahreszeit, wird am Abend entweder in die Futtertröge oder in die Einstreu gestreut. Wenn die Hühner nicht genügend legen, gibt man weniger Körner, so daß sie, um satt zu werden, mehr von dem eiweißreichen Legemehl fressen und so in der Gesamtration ein engeres Eiweißverhältnis haben. Gehen die Tiere im Körpergewicht merklich zurück, muß die Körnergabe erhöht werden. Diese Fütterungsmethode ist elastisch und läßt sich augenblicklichen Bedingungen leicht anpassen.
Diese Fütterungsmethode wird vielleicht noch in Bodenhaltungen, sonst nur bei Auslaufhaltung angewendet.

7.3.2. *Alleinfuttermethode*

Ob das Alleinfutter in mehliger Form oder als Preßkorn pelletiert oder granuliert verabreicht wird, möge jeder Hühnerhalter selbst entscheiden. Mischfutter in pelletierter oder granulierter Form bietet einige beachtenswerte Vorteile. Aus mehligem Futter selektieren die Hühner die größeren Einzelbestandteile, vor

allem den Maisanteil und lassen feinere liegen, so daß es zu verschiedenen Nährstoffangeboten innerhalb einer Stalleinheit kommt. Ebenso besteht die Möglichkeit des Entmischens beim Füllen des Silos und in der Fütterungsanlage. Diese Nachteile bestehen bei gepreßtem oder granuliertem Futter nicht, da jedes einzelne Körnchen alle Bestandteile in entsprechenden Verhältnissen enthält; ein Aussortieren durch die Hühner oder ein Entmischen ist ausgeschlossen.
Weitere Vorteile des pelletierten Futters sind verbesserte Futterumwandlung, geringeres Volumen für Transport und Lagerung, weniger Staub im Stall und vor allem geringerer Futterverlust. Nicht zuletzt spielt auch ein leichteres Handhaben des pelletierten oder granulierten Futters bei Transport, Lagerung und bei den einzelnen Fütterungssystemen eine bedeutende Rolle.
Diese Vorteile sind gegenüber einem etwas höheren Preis zu kalkulieren, wobei Verminderung der Futtervergeudung, Absicherung der Legeleistung durch gleichmäßiges Futterangebot und weniger Staub im Stall die wichtigsten Faktoren für die Verwendung eines granulierten Futters darstellen.
Außerdem besteht seit 1983, dem Inkrafttreten des Geflügelhygienegesetzes, die Bestimmung, daß Mastfutter zur Verhinderung einer Salmonellenkontamination ausnahmslos nur in heiß-pelletierter oder granulierter Form den Hühnern angeboten werden darf. Diese Bestimmung kann jederzeit auch auf Lege- und Zuchthühner erweitert werden.
Bei den vielseitigen Anforderungen der Hühner an das Futter kann selbstverständlich bei der Alleinfuttermethode niemals eine einzige Futtersorte ausreichen. Demzufolge wird von der Futtermittelindustrie eine ganze Reihe von Futtersorten hergestellt, die nach den jeweiligen Erfordernissen eingesetzt werden müssen.

Tabelle Nr. 15: Entmischung und Selektion eines Legefutters

(praktische Untersuchungsergebnisse)

	Probe 1 vom Silowagen	Probe 2 Anfang d. Stalles	Probe 3 Ende d. Stalles
Rohprotein %	17,9	20,0	21,2
Rohfett %	3,6	4,1	4,0
UE kg/Joule	12.149	11.852	10.595
Ca %	3,0	3,4	6,2
P %	0,7	0,8	1,0
Na %	0,15	0,18	0,34

7.4. Fütterung in der Junggeflügelmast

Tabelle Nr. 16: Leistungstabelle – Broiler

Alter in Wochen	männl. Gewicht in g	weibl. Gewicht in g	durchschn. Gewicht in g	Gewichtszunahme pro Woche	Futterverzehr g/Woche	Futterverzehr fort-lfd.	Futter-verwertung	Wasserverbrauch tägl. für 1000 Tiere
1.	130	110	120	–	110	110	–	30
2.	320	280	300	180	290	400	–	58
3.	610	550	580	280	450	850	–	100
4.	950	870	910	330	620	1470	1,62	130
5.	1360	1160	1260	350	740	2210	1,75	160
6.	1760	1480	1620	360	870	3080	1,90	190
7.	2170	1790	1980	360	980	4060	2,05	220
8.	2590	2110	2350	370	1110	5170	2,20	250

Tabelle: Gewichtszunahme, Futterverzehr, Futterverwertung und Wasserverbrauch; geringe Differenzen je nach Hybridherkunft und Futterqualität sind möglich.

Tabelle Nr. 17: Verhältnis der umsetzbaren Energie (UE) zu Rohprotein (RP) im Mastfutter

	Starter 1.–2. Woche	Mastfutter I 3.–6. Woche	Mastfutter II über 6 Wochen
UE MJ/RP	0,55:1	0,58:1	0,64:1
UE kcal/RP	130:1	138:1	152:1

Tabelle Nr. 19: Mineralstoffe Zusätze je kg Futter

		Starterfutter 1.–2. Woche	Mastfutter I 3.–6. Woche	Mastfutter II nach 6 Wochen
Calcium	%	1,00	0,90	0,80
Phosphor gesamt	%	0,75	0,70	0,70
Phosphor verfügb.	%	0,50	0,45	0,45
Natrium mind.	%	0,12	0,12	0,12

Tabelle Nr. 18: Empfehlungen für Nährstoffgehalte und Wirkstoffe für Geflügelmastfutter

umsetzbare Energie pro kg kcal	MJ	Starterfutter (1.–2. Woche) Rohprotein %	Methionin %	Meth./Cystin %	Lysin %	Mastfutter (3.–6. Woche) Rohprotein %	Methionin %	Meth./Cystin %	Lysin %	Mastfutter (nach 6 Wochen) Rohprotein %	Methionin %	Meth./Cystin %	Lysin %
2900	12,2	22,3	0,47	0,80	1,16	21,0	0,45	0,80	1,10	19,0	0,42	0,75	1,00
3000	12,6	23,0	0,50	0,84	1,20	21,7	0,47	0,80	1,12	19,7	0,44	0,75	1,10
3100	13,0	23,8	0,50	0,87	1,24	22,5	0,48	0,82	1,15	20,4	0,45	0,76	1,15
3200	13,4	24,5	0,52	0,89	1,28	23,2	0,50	0,85	1,18	21,0	0,47	0,78	1,20

Tabelle Nr. 20: Vitaminisierung und Zusätze je kg Futter

		Starter und Mast I	Mastfutter II
Vitamin A	i. E.	12.000	12.000
Vitamin D3	i. E.	3.000	3.000
Vitamin E	mg	20–50 je nach Fettzusatz	
Vitamin B1	mg	2	2
Vitamin B2	mg	6	6
Vitamin B6	mg	3	3
Vitamin B12	mcg	20	15
Pantothensäure	mg	10	10
Nicotinsäure	mg	30	30
Folsäure	mg	1	0,5
Biotin	mcg	50	50
Cholinchlorid	mg	600	500
Antioxidans	mg	150	150
Coccidiostaticum		ja	ja
Antibioticum		ja	ja

Tabelle Nr. 21: Spurenelemente je kg Futter

Mangan	(Mn)	mg	80	
Zink	(Zn)	mg	60	
Eisen	(Fe)	mg	25	
Cupfer	(Cu)	mg	5	für alle Futtersorten
Cobalt	(Co)	mg	0,1	
Iod	(I)	mg	0,5	
Selen	(Se)	mg	0,1	

7.5. Fütterung der Lege- und Zuchthenne

Die Aufzuchtperiode muß in erster Linie ein gleichmäßiges Wachstum mit regelmäßiger Wachstumskurve und eine einheitliche, gleichmäßige Herde sicherstellen. Dazu ist aber nicht nur eine richtige Futterzusammensetzung und die Überwachung der verabreichten Futtermenge erforderlich, sondern auch die Beobachtung und Einhaltung bestimmter Kriterien:

Gleichmäßiger Zugang zum Futterplatz

Die Einheitlichkeit der Herde hängt weitgehend davon ab, ob alle Tiere zu gleicher Zeit Zugang zu den Futterstellen haben. Unterschiede im Gewicht ziehen einen schwierigen Beginn der Legetätigkeit und eine niedrigere Leistungsspitze nach sich.

Gewichtskontrollen

Die Gewichtskontrolle muß immer zur gleichen Zeit, am besten vor der Fütterung, also futterleer oder nachmittags, wenn in der Früh gefüttert wird, durchgeführt werden. Um ein exaktes Durchschnittsgewicht zu ermitteln, müßten 100 Probewiegungen nach den allgemeinen Regeln der Stichprobenentnahme für qualitative und quantitative Merkmale durchgeführt werden, wobei es gleichgültig ist, wie groß die Herde ist. Aufgrund von Erfahrungswerten und unter Berücksichtigung des Kosten- und Arbeitsaufwandes kann jedoch der Stichprobenumfang bei vorgegebener Glaubwürdigkeit mit 50 Proben begrenzt werden.
Die maximale Abweichung des Körpergewichtes vom Standard innerhalb einer Herde darf 10% nach oben und unten betragen. Die Ausgeglichenheit einer Herde sollte so sein, daß 80% der Tiere höchstens 10% ober oder unter dem Herdendurchschnitt abweichen.
Abweichungen des Körpergewichtes können zusammenhängen mit dem Schlupfdatum (Frühjahrs- und Herbstschlupf), den Haltungsbedingungen, der Futterqualität, der Herdenaktivität und Gesundheit. Während oder nach einem Transport kann das Körpergewicht zwischen 50–150 g variieren.

Stalltemperatur

Alle Angaben in den Tabellen beziehen sich auf eine Stalltemperatur von 18 bis 20° C. Ein Huhn in kühlerer Umgebung wird auf Kosten des Wachstums einen Teil des Energiegehaltes seiner Ration für den Energiehaushalt des Körpers verbrauchen. Eine Temperaturänderung um 1° C in der Aufzucht zieht eine Änderung von etwa 1% nach sich.

Energiegehalt des Futters

Der Energiegehalt des Junghennenfutters spielt eine große Rolle bei der Entwicklung des Verdauungsapparates. Dieser entwickelt sich gleichlautend zum aufgenommenen Volumen. Ein zu geringer Energiegehalt führt zu erhöhtem Konsum, der dann auch in der Legeperiode beibehalten wird und zu einer übermäßigen Verfettung des Tieres sowie zur Bildung einer Fettleber beiträgt. Umgekehrt schränkt eine zu energiereiche Nahrung die Entwicklung des Verdauungsapparates ein und führt zum Unterkonsum in der Legeperiode.

Grundsätzlich sollte daher das Junghennenfutter im Energiegehalt mäßig unter dem des Legehennenfutters liegen.

7.5.1. *Leichter Hybrid-Typ (weiße Legehybriden)*

Tabelle Nr. 22: Kükenaufzucht 0.–8. Woche (Futteraufnahme mit Körpergewicht)

Alter in Wochen	Futteraufnahme g/je Tag	g/je Woche	Gesamt kg	Körpergewicht in g am Ende der Woche
1.	7–9	49–63	0,05–0,06	——
2.	14–16	98–112	0,15–0,18	——
3.	20–23	140–161	0,29–0,34	——
4.	28–32	196–224	0,48–0,56	210–260
5.	34–40	238–280	0,72–0,84	280–320
6.	38–44	266–308	0,98–1,14	345–430
7.	42–46	294–322	1,18–1,47	450–500
8.	45–50	315–350	1,50–1,80	500–610

Die Differenzen zwischen Mini- und Maxiwerten entsprechen den jeweiligen Hybridherkünften und der Futterqualität.

Futtersorte: Kükenaufzuchtfutter 0.–8. Woche siehe Tabelle.

Tabelle Nr. 23: Futteraufnahme und Körpergewicht

Alter in Wochen	Futteraufnahme g/je Tag	g/je Woche	Gesamt kg	Körpergewicht in g am Ende der Woche
9.	47–54	329–378	0,33–0,38	570– 660
10.	49–58	343–406	0,67–0,80	650– 710
11.	51–61	357–427	1,00–1,20	710– 810
12.	54–65	378–455	1,40–1,70	770– 910
13.	56–67	397–469	1,80–2,10	830– 970
14.	58–70	406–490	2,20–2,60	890–1040
15.	60–71	420–497	2,60–3,00	940–1090
16.	62–73	434–511	3,00–3,60	1000–1150
17.	63–75	441–525	3,50–4,10	1050–1200
18.	65–76	455–532	4,00–4,60	1110–1250
19.	68–77	476–539	4,50–5,20	1150–1300
20.	70–80	490–560	5,00–5,70	1200–1350

Daraus ergibt sich ein Gesamtfutterverbrauch für eine 20 Wochen alte Legehenne von ca. 7,50 kg, davon entfallen auf Kükenaufzuchtfutter ca. 1,80 kg und auf Junghennenfutter ca. 5,70 kg.
Um diese Ergebnisse zu erreichen, ist aber auch ein entsprechendes Beleuchtungsprogramm notwendig und einzuhalten.
Regelmäßige Gewichtskontrollen zumindest ab der 8. Woche alle 4 Wochen und die gleichzeitige Beobachtung der jeweiligen Entwicklung ermöglichen es, durch Regulierung der Beleuchtung und Futterzuteilung Einfluß auf ein gleichmäßiges Wachstum zu nehmen.
Bei der Junghennenaufzucht ist eine Rationierung des Futters bei weißen Hybridherkünften nicht zu empfehlen, da sehr leicht eine unausgeglichene Herde entstehen kann.
Trotz besten Bemühens, die in den Tabellen vorgegebenen Richtwerte zu erreichen, wird es einem niemals zur Gänze gelingen, den Einfluß der Jahreszeiten auszuschalten.
So werden immer wieder Junghennen, die in der Frühjahrsperiode aufgezogen werden, frühreifer sein und bereits mit 18–22 Wochen mit dem Legen beginnen, während bei Herbstaufzuchten die Legereife auf 22–24 Wochen, bei braunen Herkünften sogar auf 26 Wochen hinausgeschoben wird.

7.5.2. *Braune Legehybriden (mittelschwer)*

Bei der braunen Legehenne, die dem mittelschweren Rassetyp angehört, gilt grundsätzlich das gleiche. Nur soll ab der 4. Lebenswoche eine Futterbeschränkung eingeführt werden. Die Futtermenge ist dabei vom Körpergewicht und Alter der Tiere abhängig. Die angeführten Futtermengen sind als Richtschnur anzusehen. Gewichtskontrollen sind daher immer wieder notwendig, um gegebenenfalls rechtzeitig die Futtermenge auf das Körpergewicht einzustellen.

Tabelle Nr. 24: Kükenperiode 0.–8. Woche – Futteraufnahme und Körpergewicht

Alter in Wochen	Tage		Futteraufnahme Gramm je Tier und Tag	Futteraufnahme Gramm je Tier und Woche	KG Gesamt	Optimales Körpergewicht in g am Ende der Woche
1.	0.– 7.	ad lib.	10–12	70– 84	0,07–0,08	35– 70
2.	8.–14.		16–18	112–126	0,18–0,21	100–130
3.	9.–21.		21–23	147–161	0,33–0,37	150–200
4.	22.–28.		26–28	182–196	0,51–0,57	200–270
5.	29.–35.		31–33	217–231	0,73–0,80	285–350

Alter in Wochen	Tage	Futteraufnahme Gramm je Tier und Tag	Futteraufnahme Gramm je Tier und Woche	KG Gesamt	Optimales Körpergewicht in g am Ende der Woche
6.	36.–42.	36–38	252–266	0,98–1,06	370–420
7.	43.–49.	40–43	280–300	1,26–1,36	450–500
8.	50.–56.	44–48	308–336	1,57–1,70	530–570
8. Woche	56 Tage			1,60–170	530–570

Tabelle Nr. 25: Kükenperiode 9.–20. Woche – Futteraufnahme und Körpergewicht

Alter in Wochen	Tage		Futteraufnahme Gramm je Tier und Tag	Futteraufnahme Gramm je Tier und Woche	KG Gesamt	Optimales Körpergewicht in g am Ende der Woche
9.	57.– 63.	rationiert	48–52	336–364	0,34–0,36	620– 660
10.	64.– 70.		51–56	357–392	0,69–0,76	700– 750
11.	71.– 77.		54–60	378–420	1,07–1,18	780– 840
12.	78.– 84.		57–64	400–448	1,47–1,62	870– 930
13.	85.– 91.		61–67	427–469	1,90–2,09	960–1030
14.	92.– 98.		64–70	448–490	2,35–2,58	1050–1120
15.	99.–105.		67–74	469–518	2,82–3,10	1140–1210
16.	106.–112.		71–78	497–546	3,31–3,65	1220–1300
17.	113.–119.		75–81	525–567	3,84–4,21	1310–1390
18.		ad lib.	81–82	567–574	4,40–4,79	1390–1480
19.			87–89	609–623	5,00–5,42	1470–1570
20.			94–95	658–665	5,67–6,08	1550–1650

7.5.3. *Restriktiv, kontrollierte Fütterung in der Aufzucht*

Die beschränkte Fütterung während der Aufzucht ist bei Legehybriden des Zwiehuhntypes (braunschalige Eier) vorteilhaft, bei Elterntieren schwerer Masthybriden unbedingt erforderlich. Die Tiere brauchen eine optimale Energie- und Rohproteinversorgung für Erhaltung und zur Erreichung ihrer Leistungsfähigkeit, wie Gewichtszunahme und Legetätigkeit. Eine Verfettung ist aber auf alle Fälle zu vermeiden.

Restriktive Fütterung kann nach zwei Methoden erreicht werden:

– als quantitative Restriktion, Beschränkung der Futtermenge;

- als qualitative Restriktion, Nährstoffbeschränkung in der Ration, z. B. niedrigeren Proteingehalt, höhere Rohfaser.

Da die Durchführung der qualitativen Restriktion auf einige Schwierigkeiten bei der Rationsgestaltung stößt, wird am häufigsten der quantitative Weg beschritten.
Zwei Methoden der quantitativen restriktiven Fütterung können angewendet werden:
- tägliche Futterbeschränkung.

Bei dieser Fütterungsweise wird die erforderliche Mehlfuttermenge einmal täglich und zwar morgens gegeben. Die Verfütterung von Körnern (Hafer, Gerste) erfolgt im Laufe des Nachmittags (ca. 10 g). Mengenangaben sind den jeweiligen Anweisungen der Hybridfirmen zu entnehmen.
- „skip-a-day"-Programm.

Dabei wird das Doppelte der für einen Tag vorgesehenen Mehlfuttermenge an einem Tag als ausschließliches Futter gegeben, und das Doppelte der für einen Tag vorgesehenen Körnermenge wird am 2. Tag als ausschließliche Ration verfüttert. Es gibt also einen Mehltag und einen Körnertag.

Die wichtigsten Punkte bei der Durchführung einer restriktiven Fütterungsmethode sind:

- Ausreichender Futterplatz für jede Henne und eine Fütterungsanlage, die für schnelle Zuteilung einer bestimmten Futtermenge an alle im Stall befindlichen Tiere sorgt. Alle Tiere sollen gleichzeitig fressen können. Rohrfutteranlagen eignen sich nur bedingt, nur mit zusätzlicher Dosier-Einrichtung, zur rationierten Fütterung. Kettenfutteranlagen müssen auf mind. 18 m/Minute beschleunigt werden;
- eine Vorrichtung zur Kontrolle der täglich zuzuteilenden Futtermenge;
- Beginn der restriktiven Fütterung mit 4 Wochen. Vorher ist „ad libitum" zu füttern;
- Kontrolle des Durchschnittsgewichtes und der Ausgeglichenheit der Herde alle 14 Tage. Die Gewichtskontrollen müssen immer zur selben Zeit durchgeführt werden. Bei täglicher Futterzuteilung im Laufe des Nachmittags, bei skip-a-day am Körnertag. Bei Übergewicht ist die Futtergabe um ca. 5 g zu senken, bei Untergewicht um ca. 5 g zu erhöhen;
- die maximal erlaubte Durchschnittsabweichung hinsichtlich des Normalgewichtes beträgt 10% mehr oder weniger bis zur 13. Lebenswoche, nach 13 Wochen nur 5% mehr oder weniger;
- bei täglicher Futterzuteilung sind die Körner am Nachmittag zu geben, bei skip-a-day je die Hälfte am Vormittag und Nachmittag;

- die restriktive Fütterung ist mit einem entsprechenden Beleuchtungsprogramm zu kombinieren. Angabe bei den Hybridfirmen!
- der Wasserkonsum ist während der restriktiven Fütterung zu beschränken, da es leicht zu einer übermäßigen Wasseraufnahme kommt, wodurch Darmkatarrhe und feuchter Einstreu entstehen können.
  Beim Wasserbeschränkungsprogramm ist stets Vorsicht geboten. Die Tiere sollen an Fütterungstagen schon vor der Fütterung Wasser zu sich nehmen können.
  An Fütterungstagen sollen die Tiere ca. 4–6 Stunden, maximal 6 Stunden Wasser erhalten. An Körnertagen 2–3 Stunden Wasser pro Tag. Bei sehr heißem Wetter und in Streßperioden sollte der Wasserkonsum nicht beschränkt werden;
- da bei der restriktiven Fütterung auch Körner verwendet werden, ist die Verabreichung von Quarzgrit angezeigt. Quarzgrit wird in hängenden Trögen (1 Trog für ca. 250 Tiere) angeboten. 4 kg für je 1000 Tiere pro Woche;
- alle Anweisungen für die beschränkte Fütterung sind mit den jeweiligen Empfehlungen der Herkunftfirmen abzustimmen.

Da der Futterbedarf bei Hennen und Hähnen unterschiedlich ist, ist die gesonderte Aufzucht der Hähne zu empfehlen. Die Hähne benötigen um ca. 30% mehr Futter als die Hennen. Wo eine getrennte Aufzucht der Hähne nicht durchgeführt werden kann, darf bei der Futterzuteilung auf den erhöhten Futterverbrauch nicht vergessen werden.

7.5.4. *Futter in der Legeperiode bei Legehybriden*

Die Ansprüche an die Zusammensetzung des Futters sind bei weißen wie braunen Legehybriden ziemlich gleich, so daß dies in einem Kapitel abgehandelt werden kann.
Der Unterschied besteht lediglich darin, daß bei weißen Legern eher die Gefahr einer mengenmäßig zu geringen Futteraufnahme besteht, wodurch eine gewisse Unterversorgung hervorgerufen wird, die zu einem zögernden Erreichen des Hennengewichtes oder, wenn doch, dann späterhin nach längerer Leistung zu einem Gewichtsverlust mit frühzeitigem Legerückgang führen kann. So muß, trotz einer „ad-libitum"-Fütterung, auf die tatsächlich aufgenommene Futtermenge geachtet werden, Gewichtskontrollen und Vergleiche mit den von den Hybridfirmen angegebenen Standardgewichten müssen durchgeführt werden, damit rechtzeitig korrigierende Maßnahmen ergriffen werden können.
Bei den braunen Legern besteht eher die Gefahr eines Luxuskonsums, der sich zwar erst in der 2. Legehälfte auswirkt und zu einem Übergewicht mit Verfettung führen kann, wodurch die Leistung gemindert wird, mehr jedoch die Futterkosten belastet werden.

Als Faustregel gilt, daß eine Henne pro Tag bei einer Temperatur von 20° C ca. 1340 kJoule (320 kcal) sowie ca. 20 g Protein während Beginn und Höhepunkt der Legeperiode zur Aufrechterhaltung ihres Produktionsniveaus benötigt, um sowohl Wachstum als auch Produktion abzudecken.
In der 2. Legehälfte, bei physiologischem Rückgang der Leistung, sinkt dann der Proteinbedarf bis auf ca. 17 g täglich ab.
Überschaubarer wird die Berechnung des Futterbedarfes, wenn von folgenden Faustregeln ausgegangen wird, wobei ein Standardfutter von 17% Rohprotein und 11,5 MJ (2750 kcal) zugrunde gelegt wird.
Es wird davon ausgegangen, daß ein Huhn mit einem bestimmten Körpergewicht zur Aufrechterhaltung der normalen Körperfunktionen eine bestimmte Menge dieses Standardfutters benötigt, die sogenannte Erhaltungsration. Hat die Legehenne noch nicht die volle Legeleistung erreicht, ist auch ihr Wachstum noch nicht abgeschlossen. Sie braucht daher zwischen der 20. und der 28. Lebenswoche noch eine Wachstumsration zum Ausbau ihres Körpers. Und schließlich benötigt die Henne noch eine Leistungsration, die sich nach Anzahl und Größe der zu legenden Eier ausrichtet. Somit besteht der Futterbedarf einer Legehenne aus:

ERHALTUNGSRATION + WACHSTUMSRATION + LEISTUNGSRATION

A. Erhaltungsration
Eine Henne von 2,00 kg Lebendgewicht benötigt für ihren täglichen Unterhalt vom vorgegebenen Legefutter 75 Gramm: Für jede 100 g Gewichtsunterschied nach oben oder nach unten müssen 2,5 Gramm hinzugefügt bzw. abgezogen werden: So benötigt z. B. eine Henne von 1,60 kg 75 – 4 × 2,5 = 65 Gramm; eine schwere Mastelterntierhenne mit 2,60 kg 75 + 6 × 2,5 = 90 Gramm.

B. Wachstumsration zwischen 20. und 28. Woche
Da am Anfang der Legeleistung das Wachstum noch nicht abgeschlossen ist, benötigt die Henne noch zusätzliches Futter zur Ausreifung ihres Körpers zwischen
20. und 22. Woche: 10 Gramm pro Tag
22. und 24. Woche: 7 Gramm pro Tag
24. und 28. Woche: 5 Gramm pro Tag

C. Leistungsration
Für die Erzeugung von jedem Gramm Eimasse ist ein Gramm Futter nötig. Das jeweilige Eigewicht hängt von der Erbanlage und dem Alter der Henne ab und ist im Standard der Hybridzüchtung angegeben. Die Legeprozente einer Herde sind wöchentlich zu bestimmen. Z. B.: Eine Legehenne mit 28 Wochen soll Eier

mit einem Gewicht von 56 Gramm legen. Die Herdenleistung ist zu diesem Zeitpunkt 80%. Daraus ergibt sich für die einzelne Henne an Futterbedarf:

$$\frac{56 \times 80}{100} = 44{,}8 \text{ Gramm}$$

Beispiel: Legehenne, 27 Wochen alt, 1,60 kg schwer, 92% Legeleistung, Eigewicht 55 Gramm.

A: ERHALTUNGSRATION:

75 – (4 × 2,5) =	65,0 Gramm

B: WACHSTUMSRATION:

27 Wochen	5,0 Gramm

C: LEISTUNGSRATION:

$\frac{55 \times 90}{100}$ =	49,5 Gramm
zusammen an Standardlegefutter	119,50 Gramm

Diese Berechnung hat Gültigkeit für alle Gewichtsklassen von Lege- und Zuchthühnern bei einer Stalltemperatur von 18° bis 25° C.
Der Appetit sinkt, wenn die Temperatur steigt. Die Tiere schränken sich selbst ein, da mit höherer Temperatur auch der Energiebedarf sinkt. Eine Änderung der Raumtemperatur um 1° C erfordert eine umgekehrte Änderung des Konsums von 1,5 Gramm Futter pro Huhn und Tag.
Diese Selbstregelung der Futteraufnahme funktioniert aber, wie gesagt, nur bei einer Stalltemperatur von 18° C bis 25° C. Steigt die Temperatur über 25° C, so sinkt die Freßlust der Tiere derart stark ab, daß das Huhn im Hinblick auf seine Bedürfnisse unterversorgt bleibt. Kleinere Eier, Gewichtsverlust und zuletzt Rückgang der Legeleistung treten in kurzer Zeit ein, wenn man verabsäumt, rechtzeitig die Proteingaben zu erhöhen. Eventuell sollte man bis zum Eintreten niedriger Temperaturen ein höherwertiges Futter verabreichen (Hitzefutter) und auf vermehrte Wasseraufnahme achten.
Sinken die Temperaturen unter 18° C, dann ist in erster Linie die Futteraufnahme bei weißen Legehybriden zu beobachten. Oft führt allein das physische Unvermögen dieser leichten Tiere, mehr Futter aufzunehmen, zu einer Unterversorgung, oft oder gerade in Zeiten sinkender Stalltemperaturen, also im Spätherbst oder zu Winterbeginn, die in rascher Folge eine Teil- oder Totalmauser auslöst, wobei die Legeleistung stark beeinträchtigt wird.
Die Kontrolle der Futteraufnahme in Verbindung mit der praxisbezogenen Berechnung des Futterbedarfs würde oftmals Aufschluß über so manchen Leistungseinbruch geben.

7.5.5. *Fütterung bei schweren Mastelterntieren in der Legeperiode*

Die Legeleistung und das Körpergewicht sind die wichtigsten Faktoren bei der Bestimmung der täglichen Futtermenge in der Legeperiode. Es soll nur jene Menge gefüttert werden, die nötig ist, eine gute Produktion zu erhalten. Ab der 20. Woche hat jede Hybridfirma den Futterplan für ihr eigenes Zuchtprodukt angegeben. Diese Richtlinien sind Anhaltspunkte, die mit Gefühl an die jeweiligen örtlichen und zeitlichen Verhältnisse angepaßt werden sollen.
Der Erfolg der kontrollierten Fütterung im Legestall hängt von der Betreuung und vom richtigen Management ab. Bei kaltem Wetter brauchen die Tiere mehr Futter, bei warmem Wetter weniger. Bei sehr heißem Wetter und in Perioden, in denen die Tiere sich in einem Streßzustand befinden, kann es notwendig sein, die Futteraufnahme zu stimulieren und/oder zeitweise auf ein Futter überzugehen, das mehr Eiweiß und Wirkstoffe enthält.
Mit zunehmender Produktion ist die Futtermenge schrittweise zu erhöhen. Unter normalen Verhältnissen darf die Futtermenge niemals verringert werden,

Tabelle Nr. 26: *Empfehlungen für Nährstoffgehalte und Wirkstoffe für Aufzucht- und Legeperioden*

Nährstoffe	Kükenfutter 1.–8. Woche	Junghennenfutter 9.–20. Woche	Legefutter I	Legefutter II	Zuchthennenfutter Masthybr.
umsetzbare Energie					
MJ	11,5–12,0	11,0–11,5	11,0–11,5	11,0–11,5	11,5
kcal	2750–2800	2650–2750	2650–2750	2650–2750	2750
Rohprotein %	17–18	14–15	17–19	16–17	16–18
Methionin %	0,40	0,35	0,38	0,35	0,35
Methionin + Cystin %	0,75	0,60	0,68	0,60	0,60
Lysin %	1,00	0,72	0,76	0,65	0,70
Linolsäure %	1,00	1,00	1,0–1,5	1,0–1,5	1,0–1,5
MINERALSTOFFE					
Calcium Ca %	0,9–1,1	0,9–1,1	3,5–4,0	3,5–4,0	3,0–3,5
Phosphor ges. P %	0,7	0,65	0,6	0,65	0,7
Phosphor verfüg. %	0,45–0,50	0,40–0,45	0,35–0,40	0,40–0,45	0,45–0,50
Natrium Na %	0,12–0,16	0,12–0,16	0,12–0,16	0,12–0,16	0,12–0,16

bevor die Tiere die Legespitze erreicht haben. Ist die Futtermenge falsch oder wird diese nicht rechtzeitig erhöht, wird die Spitzenproduktion nicht richtig erreicht oder nicht lange genug beibehalten.
Die tägliche Steigerung der Legeleistung sollte am Anfang 3% betragen. Werden diese 3% an 3 aufeinanderfolgenden Tagen nicht erreicht, ist ein Produktionsanreiz durch Erhöhung der Futtermenge zu erreichen. Man erhöht die tägliche Futterration um ca. 5–8 Gramm pro Tier und Tag. Reagiert eine Herde auf diesen Produktionsanreiz nicht innerhalb von 4 bis 6 Tagen, sollte die Herde auf ihren Gesundheitszustand untersucht werden. Hat die Herde 70–80% Leistung erreicht, ist die tägliche Steigerung nur mehr 1,5% und ab 80% zur Legespitze hin nur mehr ¼%.

Tabelle Nr. 27: *Vitamine – Zusätze und Spurenelemente*

Zusätze	Kükenfutter 1.–8. Woche	Junghennenfutter 9.–20. Woche	Legefutter I	Legefutter II	Zucht-hennen-futter Masthybr.
Vitamin A i.E.	12.000	10.000	10.000	10.000	12.000
Vitamin D_3 i.E.	3.000	2.500	2.500	2.500	3.000
Vitamin E mg	30	20	20	20	20
Vitamin K_3 mg	3	3	3	3	3
Vitamin B_1 mg	2	2	2	2	2
Vitamin B_2 mg	5	5	5	5	5
Vitamin B_6 mg	3	3	3	3	3
Vitamin B_{12} mg	20	15	10	10	10
Panthothensäure mg	10	10	10	10	10
Nicotinsäure mg	30	30	30	30	30
Folsäure mg	1	0,5	0,5	0,5	0,5
Biotin mg	50	50	25	25	25
Cholinchlorid mg	600	500	500	500	500
Antioxidans mg	bis 150	bis 150	bis 150	bis 150	bis 150
Antibioticum	ja	ja	nicht unbedingt erforderlich		
Coccidiostaticum	nach Bedarf	nach Bedarf			

Mangan (Mn)	mg	80	Iod (I) mg	0,3–0,4	
Zink (Zn)	mg	60	Selen (Se)	mg 0,15	*für alle Futtersorten gleich*
Eisen (Fe)	mg	20–40			
Kupfer (Cu)	mg	5,0			
Cobalt (Co)	mg	0,10			

Ist die Legespitze überschritten und läßt die Produktion langsam nach, ist durch eine Futterreduzierung eine ökonomische Produktion anzustreben. Wenn ein Produktionsrückgang von 6 bis 8% festgestellt wird, ist der Zeitpunkt zu einer Reduzierung der täglichen Futtermenge gekommen. Zu diesem Zeitpunkt reduziert man die Futtermenge um 2 Gramm pro Tier und beobachtet die Leistung 3–4 Tage lang. Bleibt die Leistung gleich oder verläuft der Produktionsrückgang normal, kann dieses Verfahren je nach Reaktion der Herde so oft wiederholt werden, wie die Eiproduktion und andere Faktoren das wünschenswert erscheinen lassen. Sinkt jedoch aufgrund der Futterrestriktion die Leistung abnormal stark, muß man sofort wieder zur ursprünglichen Futtermenge zurückkehren. Dieses Verfahren darf jedoch nicht angewendet werden, wenn ein erklärbarer Produktionsrückgang vorliegt, der seine Ursache in falscher Fütterung, falscher Beleuchtung, im Wetter, in einer Erkrankung oder in anderen Streßfaktoren hat. In Streßperioden darf die Futtermenge niemals herabgesetzt werden.

8. Auseinandersetzung mit Krankheitserregern

Seuchen und Krankheiten werden primär durch spezifische, krankmachende Organismen wie Viren, Bakterien und Parasiten hervorgerufen und zeigen einen je nach Erregerart typischen Krankheitsverlauf. Haltungs- und Fütterungseinflüsse sowie erbbedingte Dispositionen spielen beim Zustandekommen einer Infektion zwar eine wichtige Rolle, sind aber im Grunde genommen niemals die eigentlichen Ursachen. So wird zum Beispiel ein durch hohe Leistung, unzureichende Fütterungs- oder Haltungsbedingungen belasteter Organismus, geschwächt in seiner Abwehrkraft, weitaus empfänglicher sein für Infektionen als ein Tier in bester körperlicher Verfassung. Sind daher Forderungen bezüglich Haltung und Fütterung erfüllt, so hat sich die weitere vorbeugende Gesundheitspflege mit den Krankheitserregern direkt auseinanderzusetzen.

8.1. Das Verhindern des Einschleppens von Krankheitserregern

Alle Verhütungsmaßnahmen, die sich gegen das Einschleppen von Krankheitserregern richten, beziehen sich besonders auf jene Erreger oder Erregergruppen, die durch belebte oder unbelebte Zwischenträger verbreitet werden können, die sogenannten flüchtigen Krankheitserreger, dagegen nicht auf solche, die zu jeder Zeit im Stall oder am Tier selbst immer vorhanden sind oder sein können.

Als Beispiel für einen hoch infektiösen, flüchtigen Erreger kann das Virus der Geflügelpest oder das der infektiösen Bronchitis angeführt werden. Solche Viren werden vom befallenen Tier in der Regel mit dem Kot, Nasen-, Schnabel- und Augensekret ausgeschieden. Auch völlig gesund erscheinende Tiere können nach Durchseuchung monatelang Virusausscheider bleiben. Dadurch können diese Viren durch lebende Zwischenträger wie Menschen, Vögel, Fliegen u. a. m., und unbelebte, wie infizierte Eier, verseuchtes Futter, Trinkwasser, Futterbehälter, Käfige usw. in gesunde Bestände eingeschleppt werden. Viren verlieren in der Regel auch in tiefgefrorenem Zustand nicht ihre Infektionskraft, so daß diese durch Geflügelfleisch und Schlachtabfälle ebenfalls weiterverbreitet werden können.

Aus all diesen Überlegungen sollten daher eine Reihe von Empfehlungen zur Verhinderung der Einschleppung von Krankheitserregern strengstens befolgt werden:

Abb. 111.
Desinfektionsschleuse am Eingangstor einer Geflügelfarm.

Abb. 112.
Für den Tierarzt und den technischen Berater sind stalleigene Arbeitsmäntel oder Overalls sowie Überschuhe bereitzustellen.

– Besucher, so willkommen sie sein mögen, sind vom Betreten des Stalles abzuhalten (Besichtigungsfenster);

Abb. 113. Einwegschutzbekleidung für Besucher.

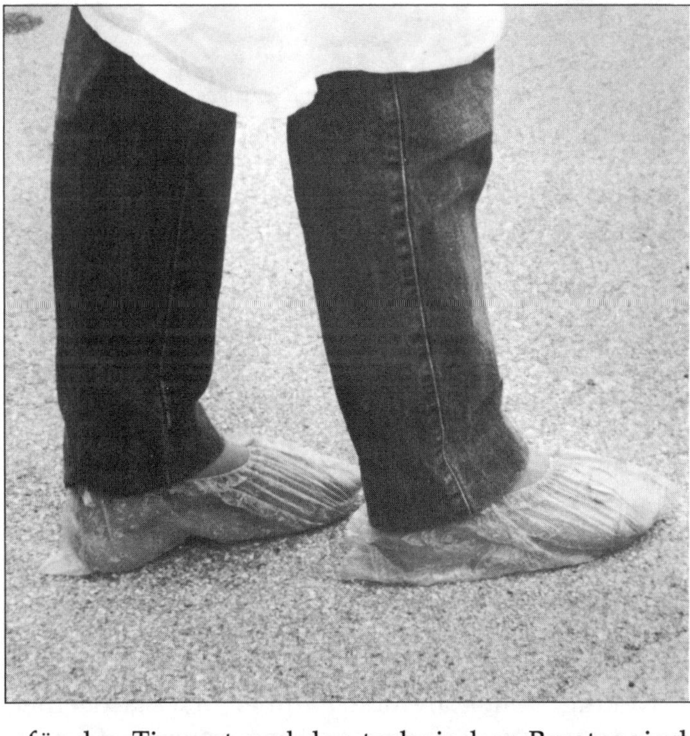

Abb. 114. Plastiküberschuhe.

– für den Tierarzt und den technischen Berater sind stalleigene Arbeitsmäntel oder Overalls sowie Plastikschuhe bereitzuhalten;

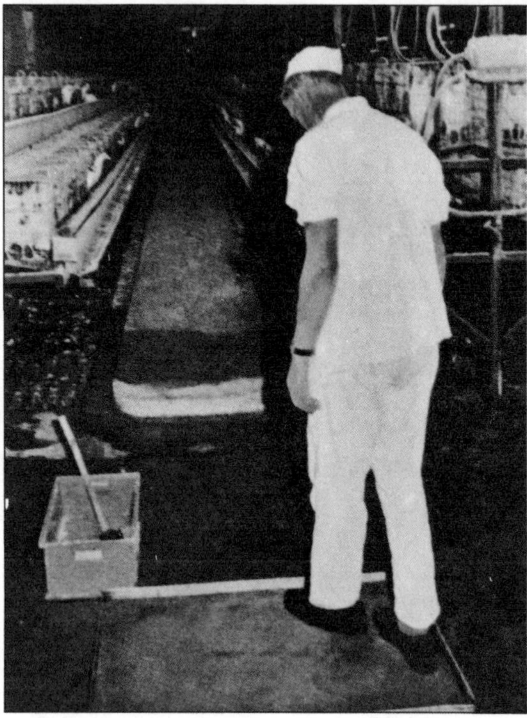

Abb. 115. Desinfektionswanne.

- Desinfektionsmatten oder besser Desinfektionswannen vor dem Stalleingang verhindern die Einschleppung von Krankheitserregern mit den Schuhen;
- Schwalben, Spatzen oder andere Vögel gehören nicht in einen Hühnerstall. Ratten und Mäuse sowie Fliegen, Mücken und andere Insekten sind ständig zu bekämpfen;
- zerstoßene Eierschalen dürfen als Kalkquelle an Legehennen nicht verfüttert werden, sie können Infektionsstoffe enthalten;
- Schlachtabfälle dürfen niemals auf Mist- oder Abfallhaufen geworden werden, wo unter Umständen Auslaufhühner Zugang haben;
- wird Geflügel an einen Händler verkauft, so sollen die Tiere in betriebseigenen Transportkäfigen oder -steigen aus dem Stall gebracht und erst außerhalb in die Behälter des Händlers umgeladen werden;
- der Zukauf und das Zusammenbringen von Tieren aus fremden oder verschiedenen Betrieben und Herkünften soll weitestgehend vermieden werden. Wenn unumgänglich notwendig, sollen fremde Hühner erst nach einem mindestens 3 Wochen langen Aufenthalt in einem streng isolierten Quarantänestall mit den eigenen Tieren in Kontakt gebracht werden.

- die Haltung verschiedener Altersgruppen in einer Stalleinheit ist mit so großer Infektionsgefahr verbunden, daß dies abgelehnt werden muß. Nur die sogenannte „all-in-, all-out"-Haltungsmethode schafft die Möglichkeit, die Infektionskette vom vorhergehenden zum nachfolgenden Tierbesatz durch gründliche Reinigung und Desinfektion zu unterbrechen.

8.2. Ausrotten von Krankheitserregern durch Ausmerzverfahren (Keulung kranker Tierbestände)

Sind trotz aller Vorsichtsmaßnahmen Krankheitserreger eingeschleppt worden, so besteht, zumindest bei einigen Krankheiten, die Möglichkeit, diese mittels bestimmter Ausmerzverfahren wieder auszurotten.
So konnten z. B. die früher sehr stark verbreiteten Seuchen wie Geflügeltyphus bzw. Pullorumkrankheit und Geflügeltuberkulose so gut wie getilgt werden. Durch Ausmerzen einer veterinärpolizeilich angeordneten Keulung des gesamten Bestandes, wird die Geflügelpest (New Castle Disease) auch heute noch, allerdings fast nur in Österreich, bekämpft.
Da es aber nicht immer gelingt, die Herde vor Einschleppung von Seuchenerregern zu bewahren, das Ausmerzverfahren nur bei bestimmten Krankheiten erfolgreich und wirtschaftlich vertretbar ist und es außerdem noch eine ganze Reihe von sogenannten ubiquitären Keimen gibt, die überall in jedem Stall, selbst an und in den Tieren vorhanden sind, müssen weitere Maßnahmen zur Gesundheitsvorsorge getroffen werden.
Stellt man sich den Zustand der Gesundheit eines Bestandes als Gleichgewicht zwischen Abwehrkraft des Tieres und der Menge sowie Angriffslust (Virulenz) der Krankheitskeime vor, so muß jene Form des Zusammenlebens des Tieres mit den Erregern gefunden werden, die für den Wirtsorganismus keine gesundheitsstörenden Folgen hat. Eine solche Art der „Koexistenz" wird durch die Anwendung einer sinnvollen Desinfektion, durch Vaccination, die spezifische Immunisierung und schließlich durch Verabreichung von Medikamenten, vorbeugend und heilend, ermöglicht.

8.3. Desinfektion

Unter Desinfektion (Entseuchung) versteht man die Abtötung oder Inaktivierung aller pathogenen Keime, Sporen, Pilze, Dauerformen von Darmparasiten sowie Ektoparasiten und Insekten, in erster Linie durch chemische Mittel.

Aufgrund dieser vielfältigen Aufgabenstellung für ein Desinfektionsmittel ist es naheliegend, daß es kaum ein Universal-Desinfektionsmittel geben kann, welches in der Lage ist, alle Krankheitserreger einschließlich der sehr widerstandsfähigen Kokzidienoocysten und Wurmeier abzutöten.
Die wenigen Kombinationsdesinfektionsmittel, Mischungen aus verschiedenen chemischen Verbindungen, die dies vermögen, sind aufgrund ihrer vielfältigen Zusammensetzung relativ teuer und in allen Fällen sehr metallaggressiv. Sie werden daher zweckmäßig nur zur Stallbodendesinfektion bei Bodenhaltung verwendet.
Bei der Auswahl der Desinfektionsmittel ist dem Wirkstoff oder der Wirkstoffgruppe besondere Aufmerksamkeit zu schenken. Allein der chemische Wirkstoff gibt Aufschluß über die notwendige Konzentration und Einwirkungszeit zur Abtötung bestimmter Erreger. Dazu ist es notwendig, daß sich auf den Beschriftungen und Beipacktexten der Desinfektionsmittel entsprechende Hinweise befinden.

Die *Wirkungsmechanismen* einzelner *Desinfektionsmittel* können wie folgt zusammengefaßt werden:
- Oxidation und Halogenisierung bei Iod- und Chlorpräparaten;
- Wasserentzug und Eiweißfällung bei Formalin, Kresolen und Phenolen.
- Lipoidauflösung bei chlorierten Kohlenwasserstoffen und Schwefelkohlenstoff;

  Enzymatische Vorgänge bei quartären Ammoniumverbindungen.

Ebenso ist es wichtig, eine Reihe von Faktoren zu kennen, von denen der Erfolg einer Desinfektion abhängig ist. Zur *richtigen Anwendung* beachte man daher *folgende Punkte*:

- *Höhe der Konzentration:*
  Wesentlich für die Wirkung eines Desinfektionsmittels ist die Anwendung der wirksamen Konzentration. Die Angaben der Herstellerfirma müssen genauestens eingehalten werden;

- *Menge der Desinfektionslösung:*
  Für drei Quadratmeter Stallfläche muß ca. 1 Liter der gebrauchsfertigen wäßrigen Desinfektionslösung aufgewendet werden. Das sind für einen Maststall für 10.000 Tiere ca. 500 Liter. Mit geringeren Mengen ist eine ausreichende Benetzung der zu desinfizierenden Fläche nicht gesichert.

- *Länge der Einwirkungszeit:*
  Mindestens 15 Minuten lang soll die benetzte Fläche feucht bleiben. Hohe Konzentrationen verkürzen, niedrige verlängern die Einwirkungszeit bis zur Abtötung der Keime.

– *Inaktivierung durch Schmutz:*
Trotz einer gründlichen Naßreinigung muß mit mehr oder weniger hohen Schmutzanteilen im Stall gerechnet werden. Dadurch werden nicht nur die Krankheitserreger für das Desinfektionsmittel schwer erreichbar, sondern auch die Wirkstoffe in ihrer Aktivität stark gehemmt. Je sauberer der Stall vorher gereinigt wurde, umso besser wird die Wirkung der Desinfektion sein.

8.3.1. *Stalldesinfektion*

Die Stalldesinfektion ist eine der wichtigsten hygienischen Maßnahmen bei der Intensivtierhaltung überhaupt und kann nur dann richtig und erfolgreich durchgeführt werden, wenn der Stall während einer Besatzpause leer ist. Die Zeit der Besatzpause ist oft sehr gering, doch soll dies nie dazu führen, Gründlichkeit und Genauigkeit bei der Stalldesinfektion zu vernachlässigen.
Die Stalldesinfektion beginnt mit der gründlichen Reinigung des Stalles. Alle transportablen Teile der Stalleinrichtung, Fütterungs- und Tränkeinrichtungen, Legenester und Kotgrubengitter werden aus dem Stall entfernt. Die gesamte Fütterungsanlage einschließlich des Silos ist zu entleeren und zu reinigen. Anschließend wird der Stall entmistet. Dabei zeigt sich die Zweckmäßigkeit großer Stalltore, da die Entmistung mittels Frontlader rascher und leichter durchgeführt werden kann. Nach dem Ausmisten wird der Stall ab- und ausgekehrt. Dabei darf auf die Ventilationsschächte und -öffnungen nicht vergessen werden, genau dort sammelt sich der meiste Staub an. In gleicher Weise ist auch die Umgebung des Stalles in die Reinigung miteinzubeziehen. Als zweiter Arbeitsgang schließt sich die Naßreinigung an. Alle besenreinen Oberflächen (Stallboden, Wände und Decke) werden mit Wasser, bei stark

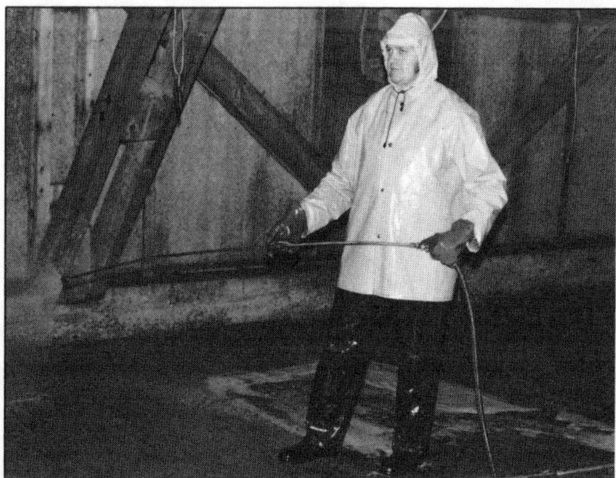

Abb. 116.
Nach gründlicher Reinigung erfolgt die eigentliche Desinfektion. Bodendesinfektion.

Abb. 117.
Bei der Reinigung darf auf die Ventilationsschächte nicht vergessen werden.

Abb. 118. Desinfektion von Käfigen.

Abb. 119. Desinfektionsspritze.

verkoteten und verkrusteten Flächen mit Hilfe eines Reinigungsmittels (Soda, P³, Pril) abgescheuert und nach möglichst 20 Minuten langem Einweichen mit dem Wasserstrahl, unter Druck, abgespritzt. Die Anwendung von motorbetriebenen Druckspritzen (20 bis 40 atü) erleichtert diesen Arbeitsgang beträchtlich. Besonders arbeitsaufwendig erweist sich die Naßreinigung von Käfig- und Batterieanlagen. Kot und Schmutz müssen zuerst mit starkem Druckstrahl gelöst werden, um anschließend mit geringerem Wasserdruck und Sprühdüse abgespült zu werden.

Bei diesem Arbeitsgang übernimmt das Wasser die Aufgabe des Abtransportes des Schmutzes und eines erheblichen Teiles der vorhandenen Keime und Krankheitserreger. Dazu werden große Wassermengen benötigt; pro Quadratmeter Stallfläche ca. 15 Liter. Diese Wassermenge darf auf keinen Fall unkontrolliert abfließen und in den den Stall umgebenden Boden versickern. Der Stallboden soll daher ein Gefälle aufweisen und über Abflußrinnen verfügen. Das Schmutzwasser wird dann über zwischengeschaltete Sickergruben der Kanalisation zugeführt.

Der Reinigung schließt sich als letzter Arbeitsgang die eigentliche Desinfektion an. Desinfektionslösungen brauchen nicht mit Hochdruck verspritzt zu werden; es genügt dazu ein niedriger Druck (z. B. Rückenspritze), mit dem das Desinfektionsmittel versprüht wird (Sprühdüse).

Zur Naßdesinfektion werden die in der Desinfektionstabelle aufgezählten Desinfektionsmittel verwendet (8.3.5.).

Wurde der Stall einer sehr gründlichen Naßreinigung und Naßdesinfektion unterzogen, so kann er auch noch zusätzlich durch Vernebeln von Formalin desinfiziert werden. Dabei wird 40%iges Formalin (20 ml Formalin/Kubikmeter Stallraum) mittels eines Vernebelungsgerätes (Swing-Fog) im dicht verschlossenen Stall feinst (Tröpfchengröße 10 Mikron) zerstäubt.

Die Begasung mit Formalin oder einem Formalin-Kaliumpermanganat-Gemisch allein bringt den gewünschten Effekt nicht, weil der Stall niemals so luftdicht abgeschlossen werden kann, daß die notwendige Konzentration des Formalins erreicht wird.

8.3.2. *Gerätedesinfektion*

Ein besonderes Augenmerk ist auf die Desinfektion der Einrichtungsgegenstände zu richten. Die gesamte Einrichtung, soweit sie transportabel ist, wird außerhalb des Stalles gereinigt und desinfiziert. Für die Gerätedesinfekion werden jene bakteriziden und viruziden Desinfektionsmittel verwendet, die nicht oder nur wenig korrosiv sind.

8.3.3. *Stalldesinfektion gegen Ektoparasiten*

In Stallungen, in denen vor allem die blutsaugende, rote Vogelmilbe immer wieder eine Gefahr darstellt, sind zur Stalldesinfektion neben den üblichen Desinfektionsmitteln auch entsprechende Insektizide (siehe Desinfektionsmittel 8.3.5.) zu versprühen. Dabei werden Fliegen, Mücken und Käfer, Zwischenträger vieler Infektionskrankheiten, vernichtet.
Bei der Bekämpfung der Ektoparasiten ist hinsichtlich der Wahl der Desinfektionsmittel und deren Dosierung streng zu unterscheiden, ob ein leerer Stall desinfiziert wird oder die Desinfektion bei Anwesenheit der Hühner durchgeführt wird.
Sind die Hühner anwesend, muß besonders auf die Verträglichkeit für die Tiere geachtet werden, ebenso auf die Möglichkeit, daß der Sprühnebel vorhandenes Futter benetzen kann, wodurch nachfolgende Vergiftungserscheinungen nicht immer auszuschließen sind.

8.3.4. *Permanente Desinfektion*

Unter sogenannter Permanentdesinfektion versteht man jene Desinfektionsmaßnahmen, die bei besetztem Stall in regelmäßigen Abständen oder bei Bedarf durchgeführt werden, wobei nur solche Desinfektionsmittel verwendet werden dürfen, die die anwesenden Tiere nicht schädigen.

8.3.4.1. *Tränkeanlagen- und Trinkwasserdesinfektion*

Dem genauen Beobachter kann es, wenn transparente Kunststoffleitungen für das Trinkwasser verwendet werden, kaum entgehen, daß sich in diesen anfänglich sauberen Leitungen nach und nach ein schleimiger Niederschlag bildet. Bakterien, Pilze und Algen werden für diese Schleimbildung in den Wasserleitungen verantwortlich gemacht. Um dieser Verschmutzung des Trinkwassers entgegenzuwirken, empfiehlt es sich, die Tränkeanlagen zumindest einmal wöchentlich mit einem Trinkwasserdesinfektionsmittel durchzuspülen.
Trinkwasserdesinfektionsmittel müssen vollkommen ungiftig und weitgehend geschmacklos sein, so daß sie von den Tieren auch gefahrlos getrunken werden können.

8.3.4.2. *Luftdesinfektion*

Darunter wird die zeitweise Besprühung oder Vernebelung des besetzten Stalles mit wäßrigen Desinfektionsmitteln verstanden. Die für diesen Zweck geeigneten Desinfektionsmittel müssen unschädlich sowie wirtschaftlich sein und ein breites Wirkungsspektrum aufweisen.

Entsprechende Präparate sind mit der Anwendungskonzentration in den anschließenden Desinfektionsmittellisten angeführt.
Durch dieses Besprühen oder Vernebeln wird der Luftkeimgehalt vorübergehend gesenkt.
Eine Luftdesinfektion kann aber nur dann erfolgreich sein, wenn der gesamte Stall dieser Prozedur täglich unterzogen wird. In Zeiten erhöhter Ansteckungsgefahr wird man davon Gebrauch machen.

8.3.4.3. *Schuhdesinfektion*

Fußmatten oder Desinfektionswannen vor dem Stalleingang sollen die Einschleppung von Krankheitserregern mit den Schuhen verhindern. Für diese Schuhdesinfektion verwendet man besser Kombinationsmittel, da auch Oocysten und Wurmeier, die leicht mit dem Schuhwerk übertragen werden, abgetötet werden sollen.

8.3.4.4. *Desinfektion des Futtersilos*

Der Futtersilo soll von Zeit zu Zeit geleert, gereinigt und desinfiziert werden. Vor allem können sich in festgeklebten Futterresten während der warmen Jahreszeit Futtermilben und Schimmelpilze ansiedeln. Nach Entleerung des Silos und anschließender gründlicher Reinigung wird der Silo desinfiziert. Bleibt der Behälter nach der Desinfektion zur Trocknung einige Zeit leer, so kann er naß desinfiziert werden. Dazu werden vor allem pilzwirksame Konzentrationen von Desinfektionsmitteln verwendet. Sehr praktisch erweist sich die Formalin-Begasung des Silos. Dabei werden pro 1 m^3 Rauminhalt 70 ml konz. Formalin und 45 g Kaliumpermanganat zur Verdampfung gebracht. Die Begasung erfolgt durch Einschieben eines entsprechend großen Behälters (z. B. Blechbüchse) mit Kaliumpermanganat von unten in den Silo und Zuschütten von Formalin. Die Einwirkungszeit der Begasung beträgt ca. 3 Stunden.
In neuester Zeit haben sich Fungizide und desinfizierende Räuchertabletten zur Silobegasung bestens bewährt. Auf eine nicht brennbare Unterlage gelegt und angezündet entwickeln sie desinfizierende Dämpfe, die in relativ kurzer Einwirkungszeit alle Futterschädlinge abtöten.

8.3.4.5. *Selbstentseuchung*

Abschließend zum Kapitel Desinfektion muß auch die Selbstdesinfektion des Stalles und seiner Umgebung während der Ruhepause innerhalb einer bestimmten Zeit erwähnt werden. Sicherlich hat die Selbstdesinfektion für den Stall selbst keine wesentliche Bedeutung mehr, da der Stall in den intensiv betriebenen Aufzucht-, Mast- und Legebetrieben aus wirtschaftlichen Erwägungen dauernd genützt wird und die Leerphasen viel zu kurz gehalten werden, um eine Selbstentseuchung eintreten zu lassen.

Von größerer Bedeutung ist aber die Selbstentseuchung der Stallumgebung, wo die keimtötende Wirkung des Sonnenlichtes mit seinen ultravioletten Strahlen voll genützt werden kann. Dieser Zweck wird erreicht, wenn Geflügelstallungen mindestens 0,5 m über dem Terrain erhöht angelegt werden und der ganze Stall mit einem ca. 4 m breiten, mit einem Gefälle versehenen Streifen aus bituminiertem, gewalztem Schotter umgeben wird. Durch die dunkle Farbe des Asphaltes werden die Wärmestrahlen resorbiert, der Boden erreicht während der Sonneneinstrahlung eine beachtliche Erwärmung, wodurch die Erreger inaktiviert werden. Verzichtet man auf Dachrinnen, kann bei solchen Anlagen das abtropfende Regenwasser den Schutzstreifen reinigen.

8.3.5. *Gebräuchliche Desinfektionsmittel*

Tabelle 28: Bodendesinfektionsmittel

Name	Wirkstoffe	Konzentration	Bemerkungen
Dekaseptol	Phenolderivate + Schwefelkohlenstoff	6%	immer frisch zubereiten, Boden bis 1 m Stallwände behandeln
Lomasept	Phenolderivate + Schwefelkohlenstoff	5%	
Lysococ	Phenol + Schwefelkohlenstoff	4%	
P³-Incicoc	Phenole + Perchloräthylen		

Tabelle 29: Stalldesinfektionsmittel

Name	Wirkstoffe	Konzentration	Bemerkungen
Incidin 03	Organzinn+Aldehyd	2%	
Josan	Jodophor	1%	
Jodicid	Jodophor	1%	
Izal	Phenole	2%	
Lysovet PA	Phenole + Aldehyd	2%	
Orbivet	Aldehyd + Alkohol	2%	
Rodasept	Aldehyde + Alkohol	2%	

Tabelle 30: Gerätedesinfektion, Käfige u. Transportfahrzeuge

Name	Wirkstoffe	Konzentration	Bemerkungen
Dodarcana	hochmol. Aminosäure + Alkylradikal	1%	keine gleichzeitige Anwendung von Seifen
Des-L-14	halogenisierte quartäre Ammoniumverbindung	0,5%	
Josan	Jodophor	0,5%	
Jodicid	Jodophor	0,5%	
Tego 51	Amphotenside	1,0%	

Tabelle 31: Wasser-Tränken- und Luftdesinfektion

Name	Wirkstoffe	Konzentration	Bemerkungen
Des-L-14	halogenisierte quartäre Ammoniumverbindung	0,1% 1,0%	Trinkwasser Tränken
Lysotan	quartäre Ammoniumverbindung	0,1% 1,0%	Trinkwasser Tränken

Tabelle 32: Insekten- und Fliegenbekämpfung

Name	Wirkstoffe	Konzentration	Bemerkungen
CBM 8	Carbamat	0,5% 50 ml auf 10 l	Ektoparasiten bei Anwesenheit d. Tiere 10 l für 50 m^2
Gesektin	Phosphorsäureester	0,5–1,0%	nur im leeren Stall gegen Getreideschimmelkäfer

Name	Wirkstoffe	Konzentration	Bemerkungen
Morbitan 2035	Permethrin + Lockstoff	5%	10 l für 150 m² schnell und dauerhaft
Lysozid-S	Phosphorsäureester +	2%–5%	im besetzten Stall
Sprühmittel	Pyrethrum		2% rote Vogelmilbe, im leeren Stall 5% gegen Fliegen und Käfer
Lysozid Streichmittel	Permethrin	10%	500 g Stallstreichmittel für 300 m², nur Teilausbringung erforderlich
Malomix	Phosphorsäureester	2%–5%	im besetzten Stall 3% rote Vogelmilbe, im leeren Stall 5% Fliegen u. Käfer.
Permethrin 25	Permethrin 25%	0,25% 25 g auf 10 l	im besetzten Stall gegen Käfer u. Fliegen

8.4. Medikamentelle Beeinflussung der Krankheitserreger

Die Verabreichung von Medikamenten richtet sich in erster Linie gegen bakterielle und parasitäre Krankheitserreger. Da in der Intensivhaltung nicht das Einzeltier, sondern die gesamte Herde einer Behandlung unterzogen werden muß, stellt die medikamentelle Herdenbehandlung nicht nur eine therapeutische Maßnahme für die klinisch kranken Tiere, sondern auch eine Metaphylaxe und Prophylaxe für die noch gesund erscheinenden bzw. noch gesunden Tiere dar.

So können Antibiotika und Chemotherapeutika, wenn sie rechtzeitig und in wirksamer Dosierung verabreicht werden, das Wachstum und die Vermehrung krankmachender Bakterien so weit eindämmen, daß die körpereigenen Abwehrkräfte ausreichen, die Infektion zu bewältigen.
Zur Bekämpfung von parasitären Krankheiten wie Geflügelkokzidiose und Wurmbefall stehen eine Reihe von Antiparasitika und Kokzidiostatika zur Verfügung.
Ein vorbeugender Krankheitsschutz ist auf medikamentösem Weg nicht zu erreichen, da Medikamente nur solange wirken, als sie im Blutserum und den Körpergeweben in wirksamer Konzentration vorhanden sind. Verabreichte Arzneien werden aber vom Körper ständig abgebaut und über die Ausscheidungsorgane ausgeschieden, so daß wenige Tage, in der Regel 5–6 Tage nach dem Absetzen einer Behandlung, keine Medikamente mehr im Körper vorhanden sind. Man müßte dauernd Arzneien verabreichen, um eine ständige Krankheitsbekämpfung zu erreichen. Diese dauernde Verabreichung von Medikamenten in therapeutischen Dosierungen hat sich aber als eine nicht erfolgreiche Behandlung erwiesen, da einerseits die Ausscheidungsorgane zu stark beansprucht werden, andererseits die Bakterien selbst sich sehr rasch an das Medikament gewöhnen, so daß keine Wirkung mehr erzielt wird (Resistenzbildung). Ein dauernder Medikamenteinsatz würde auch viel zu teuer kommen und schon aus diesem Grund als unwirtschaftlich abzulehnen sein. Aus den gleichen Gründen ist auch eine langfristige Verabreichung von niedrigen Dosierungen abzulehnen. Sie ist von vornherein wirkungslos und führt zu den gleichen Resistenzerscheinungen. Eine Ausnahme von dieser Regel gibt es nur für die prophylaktische Verabreichung von Kokzidiostatika im Futter zur Bekämpfung der Kokzidiose während der Mast oder Aufzucht von Junghennen.
Das regelmäßige Verabreichen von Vitaminen kann im eigentlichen Sinn des Wortes nicht als medikamentelle Behandlung aufgefaßt werden, da sich diese Wirkstoffe nicht gegen Krankheitserreger direkt richten.
Vitamine werden immer dann gegeben, wenn z. B. infolge mangelhafter Fütterung echte Vitaminmangelerscheinungen auftreten oder wenn im Verlauf einer Krankheit, einer Streßsituation oder durch vitaminzerstörende Toxine der Bedarf einzelner oder mehrerer Vitamine um ein Mehrfaches ansteigt.

8.4.1. *Technik der Verabreichung von Medikamenten an Geflügel*

In der modernen, intensiven Hühnerhaltung ist das Krankheitsgeschehen am Einzeltier, sofern es keinen Bezug auf eine in der Herde sich ausbreitende Krankheit hat, bedeutungslos. Einzelne kranke Tiere werden ausgemustert. Für den Tierarzt ergibt sich daher die Aufgabe, nicht das Einzeltier, sondern die gesamte Herde zu behandeln. Die Technik der gemeinsamen, wohldosierten Einverleibung von Medikamenten einer Vielzahl von Tieren, die oft aus mehreren Tausenden bestehen, kann auf verschiedene Weise erfolgen, wobei bei der Auswahl der einzelnen Verabreichungsformen Vor- und Nachteile abzuwägen sind.

8.4.1.1. *Injektionsbehandlung*

Die Injektionsbehandlung spielt in der intensiven Hühnerhaltung fast keine Rolle, da die Vorteile einer exakten Einzeldosierung und einer rascheren Wirkung die Nachteile des zeitraubenden Einfangens der Tiere und die höheren Tierarztkosten nicht aufwiegen.
Die Injektionsmethode wird fast ausschließlich bei der Applikation von Adsorbal-Impfstoffen angewendet.
Hier stellt sie einen bedeutenden Fortschritt in der Immunprophylaxe dar.
Wenn genügend Personal (3 Zureicher je Impftierarzt) und entsprechende Geräte wie Fanggitter und Fanghaken vorhanden sind, können leicht 600 Tiere in einer Stunde pro Impfer geimpft werden.

8.4.1.2. *Medikamentierung über das Trinkwasser*

Wohl die meisten Medikamente und viele Vitamine können mit dem Trinkwasser verabreicht werden. Voraussetzung ist, daß die Medikamente wasserlöslich oder zumindest in feinster Form wasserdispergierbar sind. Bei den heute oft verwendeten Nippeltränken muß auf die Wasserlöslichkeit besonders Bedacht genommen werden, da tropfende und verstopfte Nippeltränken großen Ärger bereiten.
Der Vorteil der Trinkwasserverabreichung liegt im schnellen Einsatz und in einer guten, gleichmäßigen Verteilung des Medikamentes.

Abb. 120.
Vorlaufbehälter für das Trinkwasser zur bequemen Verabreichung von wasserlöslichen Arzneien.

Um eine gleichmäßige Zumischung und Verteilung des Medikamentes mit dem Trinkwasser sicherzustellen und über einen Zeitraum Medikamente verabreichen zu können, ist die Verwendung eines Vorlauf- oder Vormischbehälters unbedingt erforderlich. Die kleinen, ca. 10 Liter fassenden Schwimmbehälter, die in Käfig- oder Batteriehaltungen dem Nippel- oder Rinnentränksystem vorgeschaltet sind, eignen sich nicht besonders gut für eine ordnungsgemäße Medikamentverabreichung. Die Vorlaufbehälter sollen mindestens 80 Liter und in größeren Stallungen bis zu 300 Liter Wasser fassen können. Dosiergeräte, die in bestimmtem Mischungsverhältnis Medikamente, Vakzine oder Vitamine dem Trinkwasser automatisch zumischen, haben sich bewährt, werden aber nur wenig verwendet.
Eine weitere Schwierigkeit für exakte Dosierung des Arzneimittels über das Trinkwasser liegt in einem wechselhaften Wasserbedarf der Hühner, der von Umgebungstemperatur, Futterverzehr und bei der legenden Henne auch von der Legeleistung abhängig ist. So kann der Wasserverbrauch einer legenden Henne zwischen Winter und Sommer von 200 bis 300 ml pro Tag schwanken. Die Relation zwischen Wasser- und Futterverbrauch beträgt beim Legetyp ca. 2 Liter Wasser zu 1 kg Futter bzw. beim Jungmastgeflügel 1,6 Liter Wasser zu 1 kg Futter. Wichtig ist auch die Feststellung, daß der Trinkwasserverbrauch nach der Nachtruhe am höchsten ist. Aus diesem Grunde sollte immer mit einer Medikamentierung am Morgen begonnen werden.

Durchschnittlicher Wasserverbrauch

Eine vereinfachte Form der Trinkwasser-Medikamentation hat sich als sehr praktisch und verhältnismäßig sicher in der Dosierung erwiesen. Bei dieser Berechnung wird auch auf die Broiler Rücksicht genommen, die für die Dauer von ca. 12 Stunden, also tagsüber, mit medikamenthaltigem Wasser versorgt werden und nachts reines Trinkwasser erhalten. Man berechnet wie folgt:

Lebensalter in Wochen × 10 = eingeschränkter Trinkwasserverbrauch pro Tier in Milliliter (ml) oder für 1000 Tiere in Liter (l).

Beispiel:

4. Woche × 10 = 40 ml oder für 1000 Tiere 40 l
8. Woche × 10 = 80 ml oder für 1000 Tiere 80 l
20. Woche × 10 = 200 ml oder für 1000 Tiere 200 l

Legende Hennen 200 bis 220 ml oder für 1000 Tiere 200 bis 220 Liter. Mit diesem Anteil des täglichen Trinkwassers wird die gesamte Tagesdosis an Medikamenten aufgenommen. Der Mehrbedarf an Trinkwasser wird dann durch Wasser ohne Medikamentenzusatz gedeckt.

8.4.1.3. *Verabreichung von Medikamenten mit dem Futter*

Da es nicht immer möglich ist, Medikamente mit dem Trinkwasser zu verabreichen, da entweder die Einrichtung dazu fehlt oder Medikamente verabreicht werden müssen, die wasserunlöslich sind, kann auch das Futter als Trägerstoff für Arzneimittel verwendet werden. Die exakte Dosierung über das Futter fällt sogar etwas leichter, weil die Futteraufnahme geringeren Schwankungen als die Wasseraufnahme unterworfen ist. Schwieriger dagegen ist es, das Medikament homogen in die Futtermischungen einzumengen, da das Zumischen nur mittels einer Mischanlage richtig durchgeführt werden kann.
Die Mischfutterindustrie kann auf Rezeptur eines Tierarztes Fütterungsarzneien mit ihrem eigenen Futter als Trägerstoff vermischt herstellen, wobei der Tierarzt das entsprechende Medikament über seine Hausapotheke zur Zumischung bereitzustellen und die Dosierungsanweisungen zu geben hat.

8.4.2. *Auswahl des Medikamentes*

Die Auswahl des Medikamentes richtet sich in erster Linie nach der Krankheit. Bevor daher eine Behandlung eingeleitet wird, soll eine exakte Diagnose gestellt werden. Ist der Erreger aufgrund einer bakteriologischen Untersuchung identifiziert, wird nach dem Wirkungsspektrum der einzelnen Antibiotika und Chemotherapeutika die weitere Auswahl des Medikamentes getroffen. Es gibt Antibiotika mit einem relativ schmalen, aber spezifischen Wirkungsbereich wie z. B. das Tylosin-Tartrat, Erythromycin-Glutamat und das Spiramycin, welche den Schwerpunkt der Wirkung gegen Mykoplasmen (P.P.L.O.) gerichtet haben. Sind andere bakterielle Infektionskeime wie E. coli oder Staphylokokken am Krankheitsgeschehen beteiligt, müssen Medikamente mit breiterem Wirkungsspektrum eingesetzt werden. Dafür haben sich besonders Chloramphenicol, Aureomycin (Chlortetracyclin – CTC), Terramycin (Oxytetracyclin –

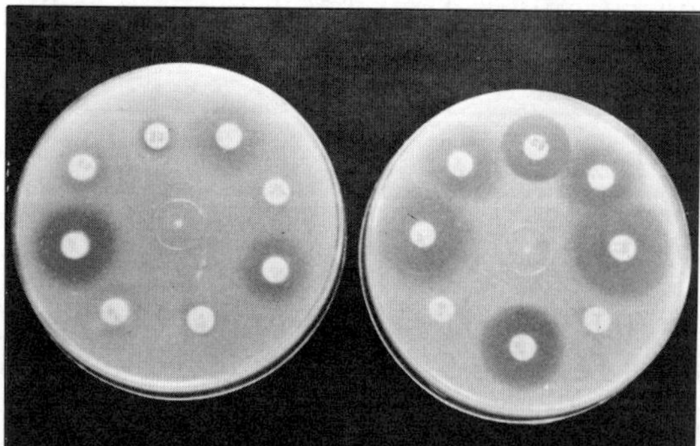

Abb. 121.
Antibiogramm – antibiotischer Resistenztest. Links: Nur wenige Medikamente sind noch wirksam.

Abb. 122.
Wirkungsspektrum der gebräuchlichsten Medikamente auf bakterielle Erreger beim Geflügel.

	Erythromycin	*Tylosin*	*Streptomycin*	*Chloramphenicol*	*Tetracyclin OTC u. CTC*	*Neomycin*	*Lincospectin*	*Furazolidon*
Mykoplasmen	••	••	•	•	•		••	
Clostridien	•	•	••	••	••	•	••	•
Streptokokken	•	•	•	••	••	•	••	•
Staphylokokken	•	•	•	••	••	•	••	•
Haemophilus gall.	•	•	••	••	••	•	••	•
E. coli		•	••	••	••	••	••	••
Salmonellen			•	••	•	••	••	••
Proteus vulg.			•	•		••	•	••
Vibrionen								••

OTC), Lincospectin sowie Furazolidon, über Trinkwasser oder Futter verabreicht, bewährt.
Bevor aber endgültig das Medikament zur Behandlung eingesetzt wird, sollte noch der Resistenztest für die spezielle Auswahl aus der indizierten Medikamentengruppe herangezogen werden.
Der Resistenztest oder das sogenannte Antibiogramm überprüft die Wirkung der einzelnen Präparate vor allem auf die am Krankheitsgeschehen beteiligten Keime.

8.4.3. *Richtlinien für den Einsatz von Medikamenten*

Ist ein Medikament nach dem Wirkungsspektrum und vor allem bei Enterobakterien auch nach Erstellung eines Antibiogrammes zur Behandlung einer Infektionskrankheit ausgewählt, so gibt es noch eine Reihe wichtiger Überlegungen hinsichtlich Verträglichkeit und lebensmittelhygienischen Belangen.

8.4.3.1. *Verträglichkeit von Medikamenten*

Zur Therapie und Metaphylaxe ist es angezeigt, wirkungsvolle, hohe Dosierungen von Antibiotika und Chemotherapeutika zu wählen, diese aber nicht länger als 4 bis 6 Tage einzusetzen. Hohe Dosierungen deshalb, damit größtmögliche Hemmung des Bakterienwachstums erzielt wird. Mit dem verbleibenden Rest muß die Widerstandskraft und der Abwehrmechanismus des Organismus selbst fertig werden.
Antibiotika und Chemotherapeutika haben neben ihrer bakteriostatischen Wirkung aber auch noch einen mehr oder weniger starken toxischen Einfluß auf bestimmte Organe, wie vor allem auf Leber und Nieren, auf bestimmte Stoffwechselvorgänge und können die Vitaminversorgung stören. Daher ist es nicht zu empfehlen, solche Medikamente in konzentrierter Form in Anwendung zu bringen, sondern in wohldurchdachten Abmischungen in Verbindung mit entsprechenden Vitaminen, um ihre Verträglichkeit zu fördern.
Für Küken, Masttiere und Junghennen gibt es nur wenig kontraindizierte Medikamente, sofern die entsprechenden Dosierungen eingehalten werden.
So ist nur Procain-Penicillin für alle Vogelarten toxisch.
Nitrofurane sollen niemals bei Gans und Ente eingesetzt werden. Nitrofurane und das Kokzidiostatikum DOT ist für alle Geflügelarten bei Zusammentreffen toxisch, ebenso wie ionophore Kokzidiostatika und Thiamutin.
Sulfonamide sollten nicht gleichzeitig mit höheren Kupfersulfat-Dosierungen als im Futter üblicherweise enthaltenen zusammen verabreicht werden.
Bei der therapeutischen Versorgung von Legehennen und Zuchthennen ist zu beachten, daß Nitrofurane, Chloramphenicol und Sulfonamide nicht nur die Legeleistung, sondern auch die Schlupfprozente der Bruteier negativ beeinflussen. Diese Medikamente sollten an Legetiere nur mit Vorsicht gegeben werden.
Das Kokzidiostatikum Nicarbazin beeinträchtigt bereits bei 30 p.p.m. im Futter Legeleistung, Ei- und Schalenqualität sowie Schlupf der Bruteier. Piperazin führt bei Zuchthennen zu Fertilitätsstörungen. Unbedenklich hinsichtlich der Verträglichkeit sind bei Lege- und Zuchthennen die Tetracycline.

8.4.3.2. *Wartezeit und Absetzfristen*

Hinsichtlich der Lebensmittel Geflügelfleisch und Ei sind bei der medikamentösen Behandlung die entsprechenden Wartefristen einzuhalten. Für Mastgeflügel kann ganz allgemein gelten, daß 10 Tage vor Schlachtung kein Medikament, welches eine Absetzfrist hat, eingesetzt werden darf. Es hätte auch keinen Sinn, so kurz vor der Schlachtung noch zu therapieren. Die Wirkung des Medikamentes würde kaum mehr das Schlachtergebnis verbessern. Vitamine können jederzeit zur Stärkung der Widerstandskraft und zur Beeinflussung gegebener Stoffwechselstörungen verabreicht werden.
Für Aufzuchtküken und Junghennen bestehen insofern keine Behandlungsbeschränkungen, denn sie werden nicht zur Lebensmittelgewinnung verwendet.
Bei Legehennen gelten die Absetzfristen für das Produkt Ei. Da jedoch bei der hygienisch aufgezogenen und gehaltenen Legehenne, wie dies durch die Käfighaltung möglich gemacht wird, bakterielle Infektionen kaum mehr auftreten, haben antibiotische Präparate nur eine untergeordnete Bedeutung.
Bei den viel häufigeren viralen Infektionen sind Impfungen während der Aufzuchtszeit und diätetische Präparate zur Unterstützung der Widerstandskraft und Vitalität, die keine Absetzfristen haben, zu bevorzugen. Nur bei Zuchthennen hat der Einsatz von Antibiotikas zur Reduzierung des bakteriellen Druckes in der Bodenhaltung und zur Verbesserung der Bruteiqualität eine sinnvolle Anwendung. Diese Eier werden aber zur Brut verwendet und dienen nicht für den menschlichen Konsum.

8.4.3.3. *Dosierung der Medikamente*

Tabelle 33: Dosierungstabelle

Präparat	Dosierung mg/kg/KGW	Dauer der Verabr./Tage	Absetzfrist/ Tage
Erythromycin	10–30 mg	3–6	5
Tylosin	25 mg	2–4	5
Dihydrostreptomycin	100–200 mg	1–2	3
Chloramphenicol	50–100 mg	2–4	10
Oxitetracyclin	20–50 mg	3–6	5
Chlortetracyclin	20–50 mg	3–6	5
Sulfonamide	75–100 mg	2–3	14
Furazolidon	50 mg	3–7	3
Lincospectin	50–150 mg	3–5	2

Tabelle 34: Dosierungsgewichte in der Mast für je 1000 Tiere (Faustzahlen)

Alter	KGW/kg	tägl. Futter/kg	tägl. Wasser/l
Küken	40	–	20
1. Woche	120	16	30
2. Woche	300	42	75
3. Woche	580	65	100
4. Woche	910	85	120

Nach der 4. Woche ist eine Behandlung mit Antibiotika oder Chemotherapeutika nicht mehr durchzuführen, da die Absetzfrist bis zur Schlachtung nicht mehr ausreicht, es sei denn, daß die Tiere erst später, 7. bis 8. Woche, geschlachtet werden.

Tabelle 35: Dosierungsgewichte in der Aufzucht für je 1000 Tiere (Faustzahlen für weiß und braun)

Alter	KGW/kg	tägl. Futter/kg	tägl. Wasser/l
Küken	35	8	15
4. Woche	250	30	55
8. Woche	500	45	100
12. Woche	800	60	120
16. Woche	1000	70	140
20. Woche	1300	80	160

Tabelle 36: Dosierungsgewicht für Legehennen je 1000 Tiere (Faustzahlen)

Typ	KGW/kg	tägl. Futter/kg	tägl. Wasser/l
Weißer Typ	1.500	115	200–250
Brauner Typ	1.800	125	200–250
Masteltern	2.600	160	250–300

Die Verabreichung von Antibiotika und Chemotherapeutika an Konsumeier produzierende Legehennen ist nur bei Einhaltung der Absetzfristen für Eier zu gestatten, bei Zuchthennen, deren Eier zur Brut verwendet werden, besteht keine Beschränkung.

Tabelle 37: Dosierungstabelle für Präparate mit g/Liter Angaben (Faustzahlen)

500 g eines Präparates reichen täglich für ca:

Alter	1 g/Liter	2 g/Liter	3 g/Liter	4 g/Liter	
Eintagsküken	–	24.000	12.000	9.000	6.000
Aufzuchtküken	3.–4. Wo.	10.000	5.000	3.750	2.500
Mastküken	3.–4. Wo.	8.000	4.000	3.000	2.000
Junghennen	10.–12. Wo.	4.000	2.000	1.500	1.000
Legehennen leichte	–	2.500	1.250	900	625
Legehennen schwere	–	1.700	850	640	425

8.5. Die Immunisierung

Unter der Bezeichnung „Immunisierung" faßt man alle jene Vorgänge zusammen, die zu einer erworbenen Unempfindlichkeit des Organismus gegenüber Krankheiten führen. Die erworbene Krankheitsresistenz entsteht durch zwei verschiedene Wirkungsmechanismen, entweder durch „Interferenz" oder durch „Immunität".

Als Interferenz bezeichnet man den Vorgang, bei dem die Vermehrung eines Virus durch das Vorhandensein eines anderen, ähnlichen oder gleichartigen, verhindert wird. Dieser Prozeß ist örtlich in der Zelle begrenzt.

Als Immunität versteht man eine im Verlauf einer vor allem viralen Infektion erworbene Unempfindlichkeit, die auf zellulären und humoralen Abwehrkräften und -vorgängen beruht.

Die Immunität kann aktiv oder passiv erworben werden. Von einer aktiven Immunisierung spricht man, wenn es im Verlauf einer natürlich oder durch Verimpfen von lebenden oder inaktivierten Krankheitserregern, künstlich herbeigeführten Infektion, zur Ausbildung spezifischer Abwehrstoffe kommt.

Die passive Immunität wird durch Injizieren von antikörperhältigem Immunserum, welches von einem anderen Organismus stammt, erreicht. Auch auf natürlichem Wege, z. B. mit dem Brutei, können vom mütterlichen Organismus stammende Schutzstoffe auf das Küken übertragen werden und dort zu einer zeitlich begrenzten passiven Immunität führen.

In diesem Falle spricht man von maternaler Immunität.

Aufgrund des besseren Schutzes und der länger anhaltenden Wirkung wird in der Regel heute nur noch die aktive Schutzimpfung angewendet. Je nach dem Zustand der im Impfstoff enthaltenen Viren spricht man von einer Lebend-

oder Totvakzine. Lebendvakzine enthalten ein aktives, vermehrungsfähiges, jedoch abgeschwächtes, nicht krankmachendes Virus; Totvakzine hingegen ein inaktives, nicht mehr vermehrungsfähiges Virus.
Zur Bekämpfung von Viruskrankheiten beim Geflügel werden in erster Linie Lebendvakzine verwendet, die in gefriergetrocknetem Zustand unter Vakuum-Abfüllung in exakt standardisierten Dosierungen im Handel erhältlich sind. Durch die Einverleibung aktiver vermehrungsfähiger, in ihrer pathogenen Wirkung abgeschwächter Impfviren wird die Ausbildung von Schutzstoffen, wie bei einer natürlichen Infektion, aktiviert. Die erzielte Impfimmunität entspricht daher weitgehend dem Zustand einer Krankheitsimmunität und vermag über eine bestimmte, mehr oder weniger lange Zeit eine Erkrankung zu verhindern. Um aber einen längeren oder belastungsfähigeren Schutz zu erreichen, müssen bei bestimmten Viruskrankheiten zwei oder mehr Wiederholungsimpfungen in bestimmten zeitlichen Abständen durchgeführt werden. Lebendimpfstoffe aktivieren sehr schnell, vor allem die zelluläre und örtliche Infektionsabwehr, nehmen aber in ihrer Wirkung oft rasch ab (ca. 3 Monate), während Adsorbatimpfungen, als Boosterung (Steigerung der Immunabwehr) mehr die Ausbildung der im Blutserum vorhandenen spezifischen Immunglobuline fördert, wodurch der Immunschutz verlängert und die Herdenimmunität verbessert wird. Ebenso werden auch die maternalen Schutzstoffe, die mit dem Ei dem Küken übermittelt werden, durch Adsorbatimpfung vermehrt und verbessert. Daraus ergibt sich, daß bei bestimmten Virusseuchen nur durch das Zusammenwirken von Lebendimpfungen und Adsorbatimpfungen ein Schutz erreicht werden kann, der mit Sicherheit eine Produktionsperiode andauert und den Küken ausreichende maternale Schutzstoffe mitgibt.
Bei der Applikation von Lebendimpfstoffen wird in der Regel die Form der Trinkwasservakzination bevorzugt, da sie am leichtesten und bequemsten an große Tierzahlen durchführbar ist. Sprayvakzinationen können bei IB und ND durchgeführt werden, vor allem dann, wenn es notwendig ist, Küken unter einem Alter von 4 Lebenswochen zu vakzinieren. Für Impfungen gegen Laryngotracheitis wird derzeit die Augentropfmethode bevorzugt, wenn auch schon Spray- und Trinkwasservakzination gute Erfolge gezeigt haben. Die Lebendimpfung gegen Marek'sche Krankheit wird bei Eintagsküken nur mittels der Injektionsmethode durchgeführt. Die einzelnen Applikationen werden bei den jeweiligen Impfungen beschrieben, nur für die Trinkwasservakzination gelten allgemeine Richtlinien:
Grundsätzlich dürfen nur gesunde Tiere geimpft werden. Die Tiere dürfen zum Zeitpunkt der Impfung an keiner infektiösen, parasitären oder Mangelkrankheit leiden. Eine tierärztliche Untersuchung ist vor der Impfung unbedingt erforderlich.

Vor der Verabreichung der Vakzine sollen die Tiere 1 bis 2 Stunden lang dursten. Es hat sich als praktisch erwiesen, die Wasserzufuhr schon am Vorabend des Vakzinationstages, kurz vor Lichtende abzuschalten. Am nächsten Tag, nach Lichtbeginn, sind die Wasserreste bereits aufgebraucht oder werden noch rasch getrunken. Eine Stunde nach dem Leerwerden der Tränken kann dann sofort mit der Verabreichung der Vakzine begonnen werden. Bei der Verabreichung über das Trinkwasser wird die zuerst in einer kleinen Menge aufgelöste Vakzine (in reinem Trinkwasser), nach folgender Anweisung verdünnt:
1000 Dosen in 15 Liter Wasser und 40 g Magermilchpulver für 4 Wochen alte Küken.
1000 Dosen in 20 Liter Wasser für 50–60 g Magermilchpulver für über 4 Wochen alte Küken;
für schwere Rassen (Mastelterntiere) oder bei sehr heißem Wetter kann die Wassermenge auf 20 bzw. auf 30 Liter erhöht werden. Die Menge des Magermilchpulvers bleibt gleich. Das mit Vakzine versehene Trinkwasser soll bei Bodenhaltung in so vielen Tränken verteilt werden, daß 2/3 bis 3/4 der Tiere gleichzeitig trinken können. Über Vorlaufbehälter und Schlauchsysteme soll die Verabreichung der Trinkwasservakzine vermieden werden; wenn dies trotzdem nicht anders sein kann, so sollen die Tränkanlagen auf alle Fälle frisch gereinigt, auf keinen Fall aber desinfiziert werden. Ebenso darf zur Lösung der Vakzine niemals gechlortes oder mit Desinfektionsmittel versehenes Wasser verwendet werden.
Der Zusatz von Trockenmagermilchpulver (Sprühkasein) 40–60 g pro 1000 Dosen schützt die Viruspartikeln vor zerstörenden Einflüssen und verlängert dadurch die Haltbarkeit der gelösten Impfstoffsuspension.
Bei der Käfigaufzucht mit Wasserleitungssystem und Nippeltränken wird, nachdem die Tiere 1–2 Stunden gedurstet haben, die Vakzinelösung über die Vorlaufbehälter verabreicht. Da es jedoch einiger Zeit bedarf, bis das Leitungssystem vom Vorlaufbehälter bis zum Stallende gefüllt ist, ist es zweckmäßig, den Stall während dieser Zeit dunkel zu halten, damit die vorderen Tiere nicht zu früh zu trinken beginnen. Erst wenn man sich überzeugt hat, daß auch am Ende der Trinkwasserleitung den Tieren Vakzine-Trinkwasser zur Verfügung steht, ist das Licht wieder einzuschalten. Während der Vaccination darf den Tieren kein anderes Trinkwasser zur Verfügung stehen. Alle diese Vorsichtsmaßnahmen haben den Sinn, daß alle Tiere gleichmäßig eine wirkungsvolle Impfdosis erhalten.

8.5.1. *In Österreich derzeit zugelassene Impfstoffe*

– Gegen folgende Virusseuchen sind in Österreich derzeit Lebendvakzine für Hühner zugelassen und im Handel:
  Marek'sche Krankheit – Putenherpesvirus (Rispen-Stamm in Diskussion)
  Infektiöse Bronchitis (I.B.): Massachusetts IB-Vac. H 120 oder IB I, I.B Vac. H 52 od. IB II
  Gumboro (IBD): Gumboro Vaccine
  Aviäre Encephalomyelitis (AE): AE-Vaccine.
– In Österreich zugelassene Adsorbatimpfstoffe:
  Geflügelpest (ND) – Adsorbatimpfstoff, Öladsorbatimpfstoff
  Gumboro (IBD) – Gumboroöl-Adsorbatimpfstoff sowie Gumboro + ND Öladsorbatimpfstoff.

Daraus ergibt sich derzeit in Österreich ein sehr bescheidenes Impfprogramm, woraus eine nicht von der Hand zu weisende seuchenhygienische Diskriminierung der österreichischen Geflügelwirtschaft entsteht, die gegebenenfalls volkswirtschaftliche Bedeutung erlangen könnte.

8.5.2. *Impfprogramme*

8.5.2.1. *Impfprogramm in Österreich (derzeit)*

Tabelle 38: Übliche Impfungen in Österreich

Alter	A	B	Verabreichung
1. Tag	Marek	Marek	Injektion
3.–5. Wo.	Gumboro	Gumboro	T.W.
	I.B. H 120	I. B. H 120	T.W.
10.–13. Wo.	I. B. H 52	I. B. H 52	T.W.
	A.E.*	A.E.*	R.W.
15.–17. Wo.	I. B. H 52*	I. B. H 52*	T.W.
16.–20. Wo.	ND-Adsorbat*	ND-Adsorbat	Inj.
		Gumboro Ads.	Inj.

A: Legehennen für Konsumeier
B: Zuchttiere
*: wenn erforderlich oder gewünscht

Die Termine können nach den individuellen Notwendigkeiten eingerichtet werden.

8.5.2.2. *Impfprogramm in der BRD*

Tabelle 39

Alter	A	B	Verabreichung
1. Tag	Marek	Marek	Injektion
7. Tag	ND Hitchner B1	ND Hitchner B1	T.W.
14. Tag	Gumboro	Gumboro	T.W.
21. Tag	ND Lasota	–	T.W.
21. Tag	–	ND + I. B. I.	T.W.
28. Tag	I.B. I	–	T.W.
5. Woche	Gumboro	Gumboro	T.W.
7. Woche	ND Lasota	–	T.W.
7. Woche	–	ND + Pocken	Intracut Inj. wing-web
8. Woche	Pocken	–	Intracut Inj. wing-web
10. Woche	I.B. II.	I.B. II.	T.W.
12. Woche	AE.	AE.	T.W.
14. Woche	ND-Lasota	ND-Lasota	T.W., Spray
16. Woche	I.B., III	I.B. III	T.W.
20.–22. Woche	ND-Lasota	–	T.W.
20.–22. Woche	–	ND-Gumboro	Adsorbat Inj.

A: Legehennen für Konsumeier
B: Legehenne für Bruteier

Adsorbatimpfung gegen EDS ist jederzeit verfügbar. Auch gegen inf. Bronchitis werden im Ausland Adsorbatimpfstoffe verwendet.

8.5.2.3. *Komplexe Impfprogramme*

Impfprogramme müssen immer wieder nach den neuesten Erkenntnissen und in Hinsicht auf die örtliche Seuchenlage modifiziert und neu erstellt werden. Nicht immer kann auf plötzlich gegebene Seuchensituationen eingegangen werden, da die Gesetzgebung neuen Erkenntnissen und Entwicklungen infolge ihrer administrativen Vorgangsweise, hineingezwängt in eine Überfülle von Gesetzen, einfach nicht folgen kann. Dies wird allein schon durch den Umstand bewiesen, daß es für die Registrierung und Einfuhrbewilligung eines neu entwickelten Impfstoffes mindestens zwei Jahre bedarf, um die Notwendigkeit

über das Tierseuchengesetz (veterinärmedizinische Entscheidung) und über das Arzneimittelgesetz (pharmakologische Entscheidung) zu treffen.
Daher gibt es in den einzelnen Ländern Europas nicht nur unterschiedliche Programme hinsichtlich der Seuchenlage, sondern auch hinsichtlich der gesetzlichen Bestimmungen.

9. Spezifische Krankheiten bei Geflügel

Die Häufigkeit der einzelnen spezifischen Krankheiten haben mit der Haltungsform beim Geflügel die größten Änderungen erfahren. Basieren doch die Haltungsänderungen, von dem Auslauf bis zur Käfighaltung, auf grundlegende Erkenntnisse hygienischer Zusammenhänge im Invasions- und Infektionsgeschehen der Krankheitserreger und zielen sinnvoll auf eine Trennung der Tiere von ihren Ausscheidungen und auf die Gestalt einer hygienisch einwandfreien und für den Organismus des Huhnes physiologisch abgestimmten Umwelt ab. Nicht zuletzt steht die verbesserte Gesundheit der Tiere durch Krankheitsvorbeuge und die daraus resultierende Leistungssteigerung wie Qualitätsverbesserung der daraus erzeugten Lebensmittel im ursächlichen Zusammenhang mit einer jahrzehntelangen Forschungsarbeit und nicht, wie immer wieder Laien in Zeitungen und Massenmedien behaupten, mit dem Einsatz von Medikamenten und verbotenen Hormonen. Wie die Tabelle zeigt, hat die Haltungsform erheblichen Einfluß auf das Krankheitsgeschehen beim Huhn.

Tabelle 40: Haltung – Leistung – Krankheiten (nach Hilbrich 1983)

	bis 1920	1920–1950	1950–1960	1960–1983
Schlupfzeit	Mai/Juni	März/April	ganzjährig	ganzjährig
Brut	Naturbrut	Flächenbrüter	Schrankbrüter	Schrank-Großraum-brüter
Aufzucht	Naturglucke	Kückenheim	Aufzuchthaus Junghennenhütte	Käfigaufzucht
Tiermaterial	rasselos	reine Rassen	Hybridhuhn	Hybridhuhn
Stall	Verschlag	Stall a. d. Weide	intensive Bodenhaltg.	Käfighaltung
Streu	keine	Wechselstreu	Dauerstreu	–
Lebensdauer	bis zum Tod	2jährig. Umtrieb	1jährig. Umtrieb	70 Wochen
Auslauf	Hof – Wiese	eigener Auslauf	ganzjährige Stallhaltung	
Fütterung	Hinterkorn	Rezeptmischung	Handelsmischfutter	
Legeleistung Eier	90	120	200	270
Krankheiten	Tuberkulose, Pest, Cholera, Pocken, Parasitosen, Avitaminosen	Pullorum, Kokzidiose, Pocken, Parasitosen Avitaminosen	NCD, I.B. AE., AE., Mykoplasmose Pocken, Parasitosen Kokzidiose	Kontrolle der Infektionskrank-heiten durch Vakzination (Prophylaxe)
Aufzuchtsverluste	25–50%	25–50%	20%	5%
Legehennenverluste	25–35%	25%	20%	8%

9.1. Ektoparasiten – Außenparasiten

Die Ektoparasiten des Geflügels gehören alle zum Kreis der Gliederfüßler oder Arthropoden und sind einerseits Insekten (Hexapoda oder Sechsfüßler) wie Fliegen, Käfer, Flöhe und Federlinge oder Spinnentiere (Arachnida mit acht Füßen) wie Milben und Zecken.

9.1.1. *Fliegen- und Käferbekämpfung*

Fliegen, Mücken und Käfer sind zwar nicht direkte Parasiten am Körper des Geflügels, sie schädigen dadurch auch nicht direkt den Wirtsorganismus, sind aber, besonders wenn sie massenhaft in Schwärmen auftreten, lästige Stallbewohner, sie beunruhigen die Hühner und übertragen eine ganze Reihe Krankheitserreger unterschiedlicher Natur. Sie dienen nicht nur dem Bandwurm als Zwischenwirt, sondern können auch rein mechanisch Kokzidien-Oocysten und Wurmeier übertragen, selbstverständlich auch Bakterien und Viren.

Die Fliegenbekämpfung hat zeitig im Frühjahr, schon bei den Fliegenlarven in den Kotgruben und bei den ersten Schlüpfen einzusetzen, wenn einer massenhaften Vermehrung vorgebeugt werden soll.

Zur Fliegenbekämpfung sollen alle Möglichkeiten angewendet werden:
- Unterbindung des Zufluges von Außen (Fliegengitter);
- Trockenhalten des Kotes, Kotbelüftung, Abdeckung von Dungplätzen;
- chemische Fliegenbekämpfung mit Insektiziden;
- technische Verfahren wie Fliegenfallen mit Lockstoffen oder Elektrofanggeräte mit UV-Licht.

Von den Käfern werden in Geflügelstallungen besonders Getreide-, Mehl-, Dung-, Speckkäfer, in jüngster Zeit besonders der Getreideschimmelkäfer angetroffen. Diese Käfer dienen nicht nur einigen Bandwurmarten als Zwischenwirte, sondern sind auch gefährliche Überträger von Salmonellen, dem Virus der Gumboro- und der Marek'schen Krankheit.

9.1.2. *Federlinge und Flöhe*

Federlinge und Flöhe sind Ektoparasiten, die auf der Haut leben, wo sie sich entweder dauernd aufhalten wie die Federlinge oder nur zur Nahrungsaufnahme, wie die blutsaugenden Flöhe, einfinden.

Kein geringes Problem stellen die Federlinge (Mallophagen) dar, von denen es ca. 40 verschiedene Arten gibt. Diese Parasiten leben ständig am Huhn und nähren sich von Haut und Federteilen. Die Eier der Federlinge werden vorzugsweise an den Federschäften, am Unterbauch und Hals, einzeln oder in ganzen

Abb. 123.
Federling, stark vergrößert.

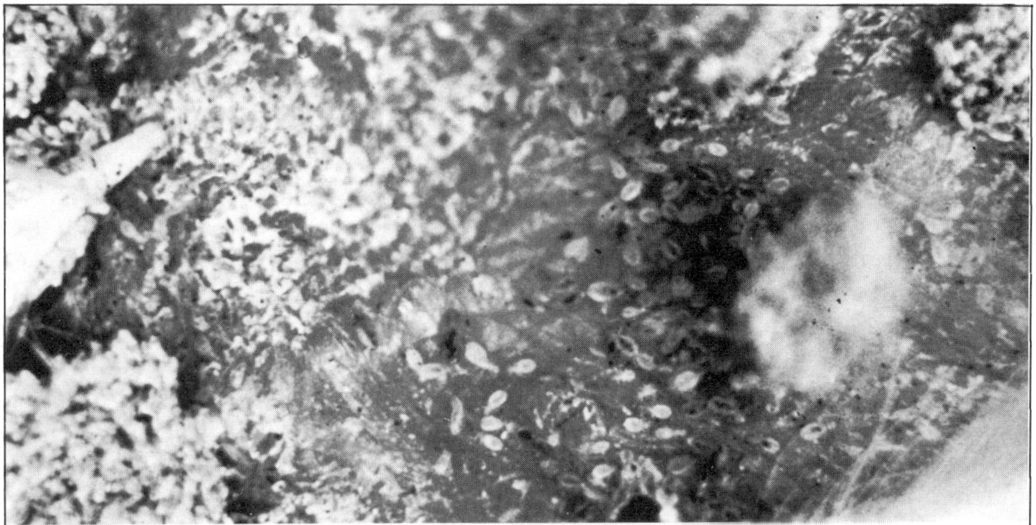

Abb. 124. Federlinge am Unterbauch einer Henne.

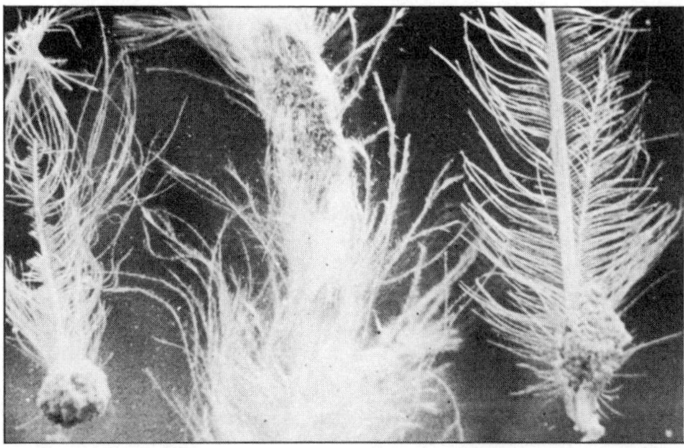

Abb. 125.
Eier der Federlinge an den Federschäften.

Trauben abgelegt, wo sie nach Auseinanderstreichen des Gefieders zu finden sind. Ein starker Federlingsbefall kann die Eiproduktion beträchtlich vermindern und manchesmal auch die Ursache von Federpicken und Kannibalismus sein.

9.1.3. *Milben und Zecken*

Milben und Zecken gehören zu den Spinnentieren mit vier Beinpaaren. Die wichtigste Milbe bei Hühnern ist die blutsaugende Vogelmilbe, die besonders in intensiven Bodenhaltungen auftritt, gelegentlich aber auch in Käfighaltungen eingeschleppt werden kann.

Die Folge eines Massenbefalls mit roten Vogelmilben, die nachts das Geflügel anfallen und Blut saugen, sich tagsüber in Fugen und Ritzen, z. B. an der Unterseite der Sitzstangen aufhalten, sind Blutarmut, Abmagerung und schlechte Legeleistung. Das Auffinden der Milben ist, da sie nur nachts am lebenden Tier anzutreffen sind, nicht ganz einfach. Erst bei genauer Besichtigung von Fugen und Ritzen fallen einem ganze Konglomerate von Milben und deren Exkremente auf.

Andere Milben haben wenig Bedeutung und werden nur gelegentlich angetroffen. In Auslaufhaltungen bei älteren Hühnern, Puten, Fasanen und Tauben kann man manchesmal Tiere mit Kalkbeinen oder Fußräude feststellen, die durch die Kalkbeinmilben hervorgerufen werden.

Weitere Milben wie Bindegewebsmilben, Luftsackmilben, Federmilben und Federspulmilben sind so selten anzutreffen, daß sie keine wesentliche krankmachende Bedeutung aufweisen.

Abb. 126. Vogelmilbe, stark vergrößert.

Futtermilben schädigen Geflügel höchstens indirekt, da vermilbtes Futter der Ausdruck eines verdorbenen, vor allem nicht mehr vollwertigen Futters ist.

9.1.4. *Bekämpfung der Ektoparasiten*

Zur Bekämpfung dieser Parasiten setzt man heute moderne Insektizide (Tabelle) ein. Für eine restlose Vernichtung müssen die Ektoparasiten sowohl im Stall als auch auf dem Huhn selbst bekämpft werden. Die chemische Industrie stellt wirksame Mittel her, die sowohl in flüssiger als auch in gas- oder pulverförmiger Form angewendet werden können.
Weiters ist bei der Bekämpfung von Ektoparasiten auch deren biologische Entwicklung zu berücksichtigen. Alle bekannten Mittel wirken nämlich nur auf die Parasiten selbst, nicht aber auf deren Fortpflanzungsprodukte wie Eier und Dauerformen ein, so daß eine mehrmalige Behandlung notwendig ist. Bei Stalltemperaturen von über 20° C ist eine Behandlung nach 5 bis 6 Tagen, bei Temperaturen von 15° bis 20° C nach 7 bis 10 Tagen zu wiederholen. Das Bestreichen der Sitzstangen und Holzteile mit Karbolineum kann ebenfalls zur Bekämpfung der Ektoparasiten bestens empfohlen werden. Bei Anwendung der einzelnen Insektizide sind die Gebrauchsanweisungen der Herstellungsfirmen genauestens zu beachten.

9.2. Endoparasiten – Innenparasiten

Endoparasiten werden mit wenigen Ausnahmen im Verdauungstrakt angetroffen. Sie gehören entweder dem Kreis der Würmer (Rundwürmer, Plattwürmer) oder der Urtiere (Protozoen) an.

9.2.1. *Wurmbefall beim Geflügel*

Wurmbefall ist beim Geflügel in Käfighaltungen bedeutungslos, da die Tiere zu ihrem Kot, wenn überhaupt, nur in geringem Maße gelangen können, wodurch der Entwicklungszyklus unterbrochen wird. Anders ist dies bei intensiver Bodenhaltung, wo sich in erster Linie jene Eingeweidewürmer entwickeln können, die für ihre Vermehrung keine Zwischenwirte benötigen. Die mit dem Kot ausgeschiedenen Wurmeier gelangen in die Einstreu und können nach der Reifungszeit von einigen Wochen wieder von den Hühnern aufgenommen werden. Die Reifungszeit, in der sich im Wurmei eine Larve entwickelt, hängt weitgehend von der Temperatur, der Feuchtigkeit und dem Sauerstoff der Umgebung ab; unter günstigen Voraussetzungen kann dies schon nach zehn

bis zwölf Tagen der Fall sein. Im Darm wird durch die Verdauungssäfte die Larve von den Eihüllen befreit und kann sich nach einigen Zwischenstufen wieder in einen geschlechtsreifen Wurm entwickeln. Diese direkte Entwicklung ist für Spulwürmer und Pfriemenschwänze charakteristisch.
Bei Auslaufhühnern gibt es kaum eine Herde, die frei von Würmern wäre. Zu den Würmern mit direkter Entwicklung reihen sich noch eine Anzahl von Wurmarten, die zu ihrer Entwicklung während des Larvenstadiums Zwischenwirte wie Schnecken, Fliegen, Käfer, vor allem Regenwürmer benötigen. Daher ist nicht nur eine Entwurmung mit bestimmten Medikamenten, sondern auch eine Bekämpfung der Zwischenwirte auf den Ausläufer miteinzubeziehen.
Die Diagnose eines Wurmbefalls ist aufgrund des Nachweises der Parasiten bei der Sektion oder durch Feststellung von Wurmeiern durch eine mikroskopische Kotuntersuchung leicht zu stellen.

9.2.1.1. *Spulwürmer (Ascariden)*

Starke Verwurmung mit Ascariden führt zu Abmagerung, Depigmentierung der Ständer und teilweisem Durchfall. Infolge der Verwurmung sinkt die

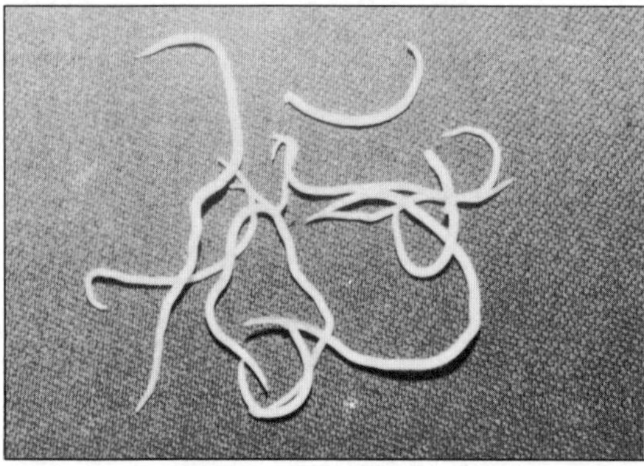

Abb. 127. Spulwürmer (nat. Größe).

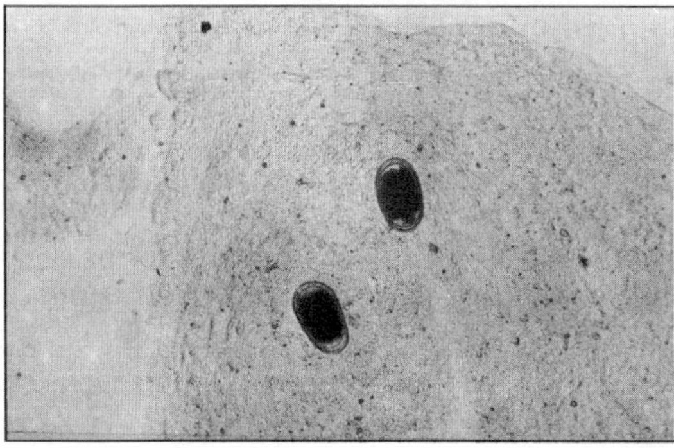

Abb. 128. Spulwurmeier (300fach vergrößert).

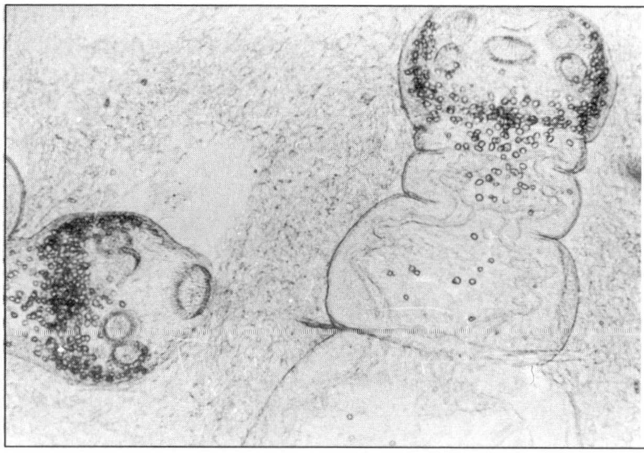

Abb. 129.
Kleiner Hühnerbandwurm, Mikrofoto.

Legeleistung stark ab und die Eidotter werden heller. Jedenfalls ist es notwendig, der Spulwurminvasion besonderes Augenmerk zu schenken und darauf zu achten, daß während der Entwicklung der Junghennen kein Überhandnehmen des Wurmbefalls stattfindet.

Bekämpfung:
Trockene Einstreu verhindert oder verringert die Reifung der Wurmeier und beugt einer massiven Wurminvasion vor. Andererseits bekämpft man Spulwürmer am besten mit Piperazin-Präparaten. Wurmkuren sollen nach ca. 3 Wochen wiederholt werden, anderenfalls kann durch die Entwicklung neuer Würmer der Erfolg der Behandlung ausbleiben.
Vorsicht ist geboten bei einer Behandlung von Legehennen und Zuchttieren, da Legeleistung und Brutfähigkeit der Bruteier durch Wurmmittel beeinträchtigt werden. Die Einhaltung der Absetzfristen bei Wurmmitteln ist zu beachten.

9.2.1.2. *Pfriemenschwänze (Heterakiden)*

Pfriemenschwänze sind 7 bis 25 mm lange gelbliche Rundwürmer mit einem zugespitzten Hinterende. Sie werden fast ausschließlich in den Blinddärmen aufgefunden. Ihre Entwicklung ist direkt.
Bei schwachem bis mittelgradigem Befall werden kaum irgendwelche Krankheitssymptome festgestellt. Erst ein stärkerer Befall führt zu Entzündungen und Verdickung der Blinddarmschleimhaut.

9.2.1.3. *Haarwürmer (Capillarien)*

Haarwürmer sind farblose 15–80 mm lange Rundwürmer und wegen ihrer haardünnen Dicke kaum mit dem freien Auge im Darmschleim zu erkennen.

Von den sechs verschiedenen Arten, die beim Huhn vorkommen, hat nur eine, Capillaria obsignata, eine direkte Entwicklung und kann daher auch in Intensivhaltungen vorkommen; die anderen benötigen für ihre Entwicklung in der Regel Regenwürmer als Zwischenwirte.
Haarwurmbefall verursacht Wachsstumsstörung, Mattigkeit, Durchfall, Abmagerung und Legeleistungsminderung.

9.2.1.4. *Luftröhrenwürmer – Syngamus*

Der Luftröhrenwurm (Syngamus trachea) ist selten ein Parasit bei Hühnern, vor allem kommt er häufig bei Fasanen in Fasanerien vor. Er parasitiert in der Luftröhre und verursacht hochgradige Atemnot, Abmagerung, Lungenentzündung und Blutarmut.
Als Zwischen-, Transport- oder Stapelwirt werden Regenwürmer, Schnecken, Fliegenlarven, Tausendfüßler und andere Insekten nachgewiesen.
Bekämpfung: Futterarzneimittel, Febendazol.

9.2.1.5. *Bandwürmer-Cestoden*

Von den zahlreichen Bandwurmarten beim Geflügel ist der kleine Hühnerbandwurm so klein, daß er mit bloßem Auge im Darmschleim nicht zu erkennen ist, während die großen Bandwürmer eine Länge von 10 cm und mehr erreichen und daher leicht im Dünndarm festgestellt werden können. Als Zwischenwirte für das Finnenstadium kommen für den kleinen Bandwurm Nackt- und Gehäuseschnecken, für die großen Bandwurmarten Fliegen, Ameisen, Dung- und Mehlkäfer sowie Regenwürmer in Frage.
Krankheitserscheinungen sind nicht sehr ausgeprägt, mäßiger Durchfall und Abmagerung. Die Legeleistung wird auf alle Fälle ungünstig beeinflußt.
Die Behandlung stößt auf einige Schwierigkeiten, da es kaum gut wirkende Bandwurmmittel gibt.

9.2.2. *Protozoen als Endoparasiten bei Hühnern und Puten*

Von den Protozoen oder einzelligen Urtierchen sind die Kokzidien die wichtigsten Krankheitserreger bei Hühnern. Histomonaden sind verantwortlich für die Schwarzkopfkrankheit vornehmlich bei Puten und Trichomonaden (Geißeltierchen) für den gelben Knopf bei Tauben.

9.2.2.1. *Kokzidien – Kokzidiose*

Als Kokzidiose bezeichnet man die durch einzellige Parasiten der Ordnung Cocidiaria, Gattung Eimeria, hervorgerufene Darmentzündung. Die Übertragung erfolgt durch die Dauerform der Kokzidien, die Oozysten, die mit dem Kot infizierter Tiere ausgeschieden werden und in der Einstreu bei entsprechender Feuchtigkeit und Temperatur durch einen Reifungsprozeß (Sporolierung) zur Infektionsreife gelangen.

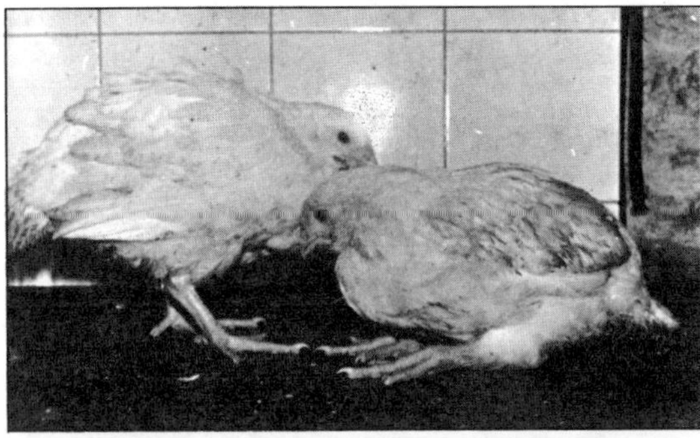

Abb. 130.
Mastküken mit Kokzidiose, Trauern, gesträubtes Gefieder, Durchfall und Beinschwächen.

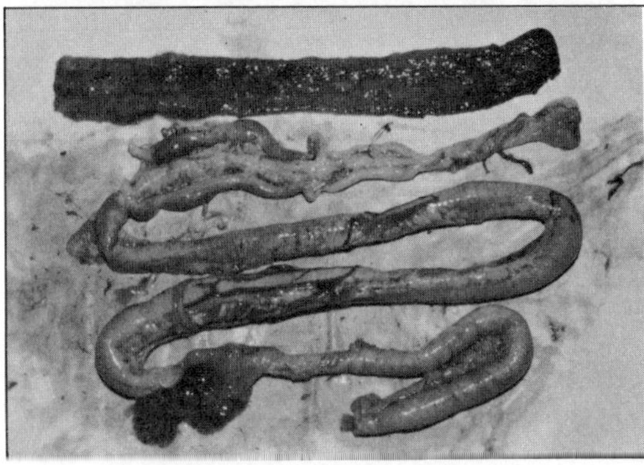

Abb. 131.
Dünndarmkokzidiose, geschwollener Dünndarm.

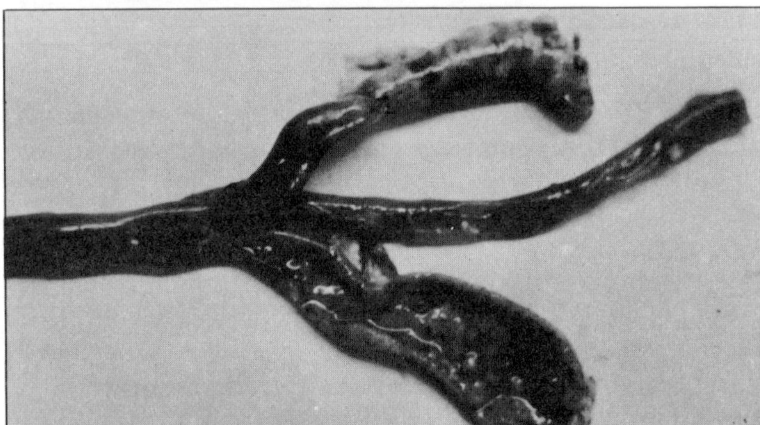

Abb. 132.
Blinddarmkokzidiose, blutig entzundene Blinddärme.

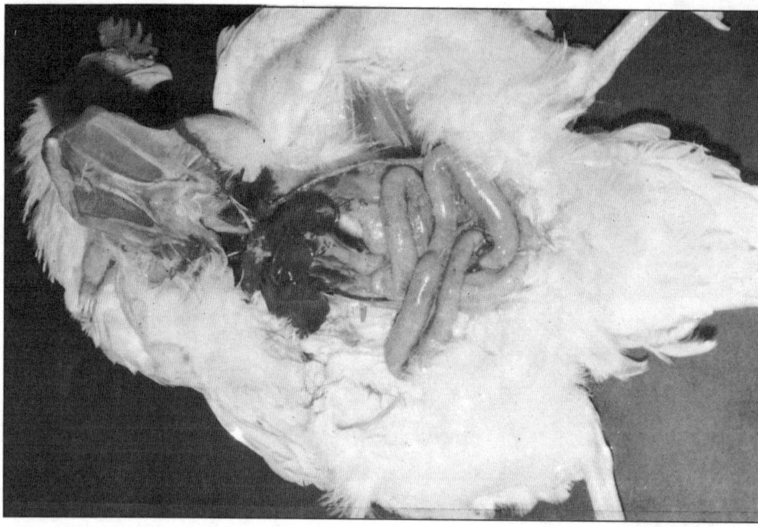

Abb. 133.
Auch Legehennen können bei Bodenhaltung Dünndarmkokzidiose bekommen. Elterntierhenne, nachdem sie 5 Wochen lang Legefutter ohne Kokzidiostaticum erhalten hat.

Nach der Aufnahme reifer Oocysten mit verschmutztem Futter oder Wasser werden aus diesen mehrere Sporozoiten frei, die in die Epithelzellen des Darmes eindringen und diese zerstören. Durch weitere Teilungsformen werden in kurzer Zeit (4–7 Tage) immer mehr Darmepithelzellen befallen und zerstört, wodurch eine schwere, oft blutige Darmentzündung entsteht. In der weiteren Folge kommt es zur Ausbildung geschlechtlich orientierter Zellformen, die schließlich nach geschlechtlicher Vereinigung die Oocysten als Dauerform erzeugen. Diese Oocysten selbst sind infolge ihrer starken Lipoidhüllen gegenüber Kälte, Austrocknung und vielen Desinfektionsmitteln sehr widerstandsfähig.

Die beim Huhn wichtigsten Kokzidienarten sind:

Eimeria tenella als Ursache für die Blinddarmkokzidiose, Eimeria necatrix, acervulina, maxima und brunetti für Formen der Dünndarmkokzidiose. Andere haben nur untergeordnete Bedeutung.
Die Schäden, die durch Kokzidiose ausgelöst werden, können je nach Befall verschiedenartig sein:
- Tod der Tiere durch starken Blutverlust bei schweren Darmblutungen wie bei Blinddarmkokzidiose (Ei. tenella) od. Dünndarmkokzidiose (Ei. necatrix). Sterblichkeit bis 70%;
- Bei geringerer Darmschädigung sind die Krankheitserscheinungen mehr schleichend, gesträubtes Gefieder, verminderte Futteraufnahme, unblutiger Durchfall (Ei. acervulina);

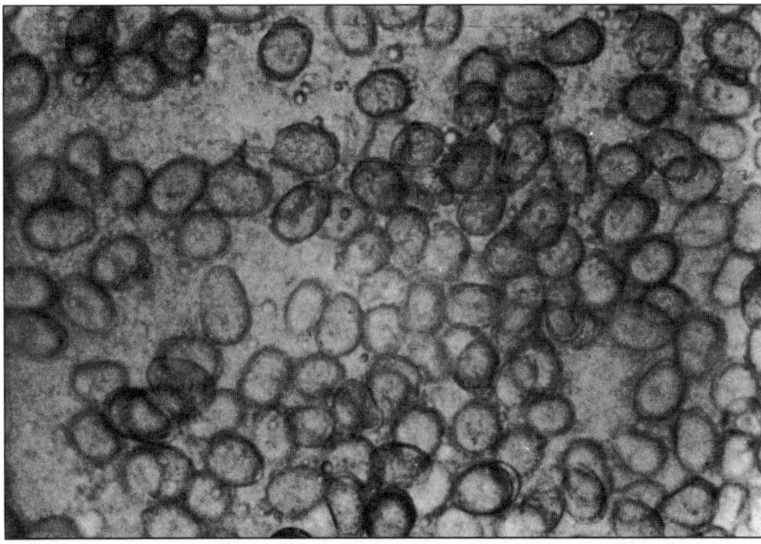

Abb. 134. Massenhaft unreife und reife Oocysten aus einem Blinddarmabstrich (300fach vergrößert).

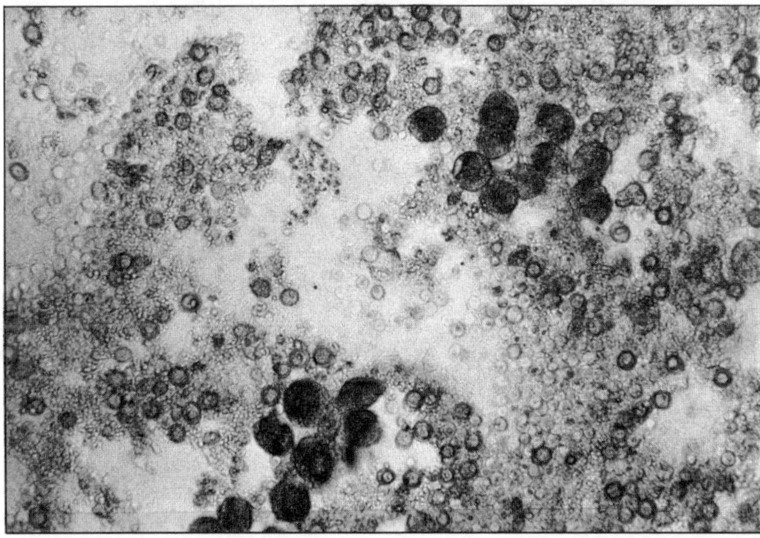

Abb. 135. Oocysten und Schizonten aus einem Dünndarmabstrich (60fach vergrößert).

- Durchseuchte Junghennen können sich wieder erholen und zeigen als Legehennen keine offensichtlichen Krankheitserscheinungen. Je nach Schädigung der Darmschleimhaut kann jedoch die Legeleistung um 5–20% vermindert sein.
- Masttiere ergeben ein schlechteres Mastergebnis, verringerte Gewichtszunahmen und Futterverwertung.
- Bei Legeherden verursacht ein Kokzidioseausbruch, der in der Regel nur zu

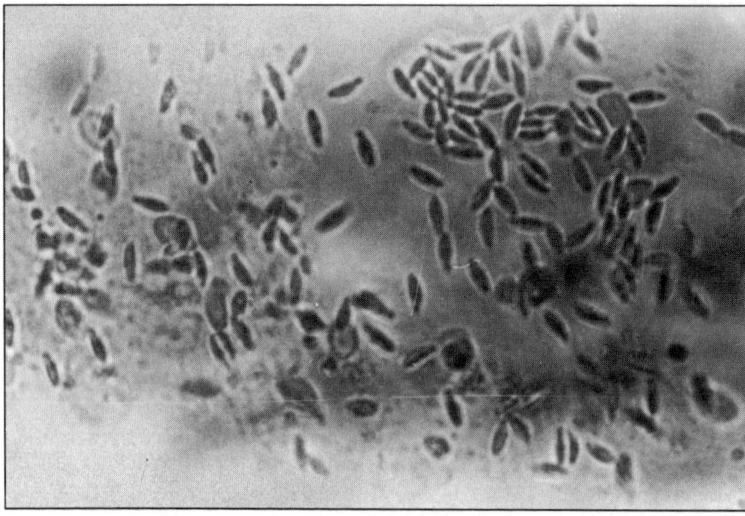

*Abb. 136.
Kokzidien, Mikrofoto, 400fach vergrößert.*

Leistungsanfang beobachtet wird, einen starken Abfall der Legeleistung, Durchfall und Abmagerung.

- Die Kokzidiose ist infolge ihres Infektionskreislaufes eine Krankheit der Bodenhaltung. In gut geführten Käfighaltungen sollen die Tiere keinen Kontakt zu ihrem eigenen Kot haben, so daß nur in unhygienischen Käfigen die Kokzidiose gelegentlich auftreten kann.

9.2.2.2. *Verschiedene Bekämpfungsmaßnahmen gegen Kokzidiose*

Bei der Bekämpfung der Kokzidiose haben hygienische Maßnahmen die gleiche Bedeutung wie die Chemoprophylaxe und Chemotherapie.

- Als hygienische Maßnahmen muß auf eine wirkungsvolle Desinfektion des Stallbodens (Bodendesinfektionsmittel) geachtet werden. Zweitens auf die Trockenhaltung der Einstreu durch bautechnische Maßnahmen, Ventilation, Stallklima, geeignete Tränken und Fütterungsgeräte.
- Zur Chemoprophylaxe stehen uns eine ganze Reihe von sog. Kokzidiostatika, die aufgrund der Futtermittelverordnung im Hühnermastfutter, Kükenaufzucht- und Junghennenfutter enthalten sein dürfen (Tabelle).
  Bei der Kokzidiostatika-Verabreichung muß grundsätzlich zwischen Junggeflügelmast und Junghennenaufzucht unterschieden werden. Bei der Mast ist wegen der kurzen Lebensdauer der Tiere jegliche Entwicklung von Kokzidien zu unterbinden. Dadurch werden in der Mast fast ausschließlich nur mehr die neueren Kokzidiostatika, die sogenannten Ionophoren, deren Wirkung auf elektrolytischer Wirkung basiert, laut Futtermittelverordnung und lebensmittelhygienischen Forderungen, bis zur 4. Lebenswoche eingesetzt. Im Ge-

gensatz dazu versucht man bei Junghennen durch ein gesteuertes Auseinandersetzen mit den Kokzidien eine zur Legeperiode hin belastungsfähige Immunität, besser gesagt, ein Gleichgewicht zwischen Erreger und Abwehrkraft des Wirtes zu erreichen. Dazu dienen die im Futtermittelgesetz angeführten Kokzidiostatika für Junghennen. Da nicht immer dieser Vorgang nach Wunsch abläuft und bei erhöhtem Infektionsdruck die Gefahr eines akuten Ausbruches besteht, ist eine regelmäßige tierärztliche Kontrolle durch Probesektionen und Kotproben erforderlich, um rechtzeitig eine wirkungsvolle Therapie gegen Kokzidiose einzuleiten.

Therapeutische Maßnahme bei Kokzidiose ist in erster Linie der Einsatz von Sulfonamiden im Rahmen eines wohldurchdachten Behandlungsablaufes. Die Behandlung bei in Produktion stehenden Legehennen wird besser mit Amprolsol durchgeführt, da Sulfonamide die Legeleistung beeinträchtigen.

9.2.2.3. *Typhlohepatitis der Puten und Hühner* *Blinddarm-Leberentzündung*

Die Blinddarm-Leberentzündung, auch Schwarzkopfkrankheit (Blackhead) genannt, ist vornehmlich eine Krankheit bei Puten und kommt nur selten bei Hühnern vor. Der Erreger ist ein Protozoon, Histomonas meleagridis, welcher im Darm gesunder Puten und Hühner vorkommt und erst dann pathogen wird, wenn resistenzmindernde Faktoren und Streßsituationen die natürliche Abwehrkraft schwächen. Die Übertragung erfolgt durch kranke Tiere und gesunde Keimträger, die mit ihrem erregerhältigen Kot die Umgebung verseuchen. Histomonaden werden aber auch durch die Eier von Pfriemenschwänzen (Heterakiden), in die sie durch die Aufnahme von den Würmern in deren Eier gelangen können, verbreitet.

Es kommt bei dieser Erkrankung zu einer, wie der Name schon sagt, Entzündung der Leber mit Nekrosenherden und Nekrosen in den Blinddärmen. Die Diagnose wird durch Sektion und Laboruntersuchung gestellt.

Zur Behandlung werden Dimetridazol, Furoxon und Enheptin empfohlen, welches über Trinkwasser oder Futter verabreicht werden kann. Bei besonderer Gefährdung der Aufzucht kann Dimetridazol als prophylaktische Medikamentierung des Futters oder Trinkwasser empfohlen werden.

9.2.2.4. *Trichomoniasis – Gelber Knopf*

Der gelbe Knopf ist eine weitverbreitete Aufzuchtkrankheit der Haus- und Wildtauben, hervorgerufen durch Trichomonas gallinarum oder Trichomonas columbae. Dieses Geißeltierchen lebt im Schnabel, Kropf und Speiseröhre von

Tauben, Puten und Hühnern, führt aber nur bei Jungtauben zu dem Krankheitsbild des gelben Knopfes, charakterisiert durch gelbkäsige Beläge in Schnabel und Speiseröhre. Bei Puten tritt gelegentlich eine Kropfentzündung auf, bei Hühnern sehr selten eine geschwürige Entzündung des Drüsenmagens.
Zur Therapie und Prophylaxe kann Dimetridazol und Enheptin verwendet werden.

9.3. Pilzinfektionen, Mykosen

Als wichtigste Krankheit, hervorgerufen durch Pilze, ist beim Wirtschaftsgeflügel die Aspergillose, während die Hautpilzerkrankungen Favus oder Kammgrind und die Moniliasis oder Soor, eine Schleimhauterkrankung des vorderen Verdauungstraktes, nur vereinzelt und selten vorkommen.

9.3.1. *Aspergillose – Schimmelpilzkrankheit*

Die Aspergillose tritt bei allen Vögeln, sowohl beim Wirtschaftsgeflügel wie auch bei Wild- und Ziervögeln auf. Die Erreger dieser Krankheit sind verschiedene Schimmelpilze, vor allem Aspergillus fumigatus, Aspergillus niger und Aspergillus glaukus. Die Sporen dieser Pilze werden in der Regel aus verschimmelter Einstreu, seltener aus verschimmeltem Futter oder verschimmelter Baumrinde bei Rindenheizungen von den Tieren eingeatmet. Auch aus frischem Holz hergestellte Hobelspäne können mit Schimmelpilzen stark befallen sein. Schimmelpilzinfektionen im Schlupfbrutapparat sind weniger zu erwarten und würden auf eine nachlässige Brütereihygiene hinweisen.
Die Aspergillose ist eine Krankheit der jungen Küken unter 10 Tage, weil mit

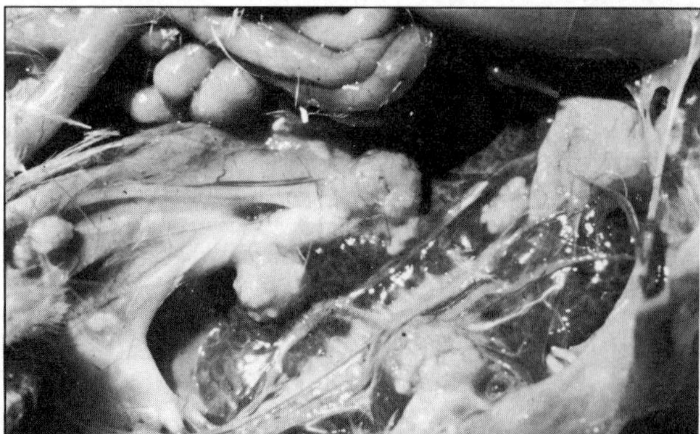

Abb. 137. Aspergillusknötchen in den Luftsäcken.

Abb. 138.
Schimmelpilz, Mikrofoto, Myzel und Sporangien aus Sektionsmaterial gezüchtet.

zunehmendem Lebensalter eine Resistenz gegen Schimmelpilze entwickelt wird, die eine weitere Infektion bei älteren Tieren weitgehend verhindert.
Als klinische Zeichen einer Schimmelpilzerkrankung werden Atemnot, meist ohne Atemgeräusche, vereinzelt Nasenausfluß, Abmagerung und Schläfrigkeit beobachtet. Die Mortalität kann über 10% ansteigen, nimmt aber mit zunehmendem Lebensalter ab. Nach Abklingen der akuten Krankheitserscheinungen verbleiben immer noch etliche Tiere, die eine mehr chronische Verlaufsform aufweisen. Vor allem beobachtet man in Mastbeständen Tiere, die nicht mehr weiter wachsen, kümmern und gegebenenfalls eine Bauchwassersucht entwickeln, die als entzündlich-allergische Reaktion der Serosen und Luftsäcke zu erklären ist.
Die Diagnose wird durch das Auffinden der stecknadelkopf- bis erbsengroßen weiß-gelblichen Pilzknötchen gestellt. Eine Behandlung erkrankter Tiere ist nicht möglich. Die Verabreichung von Vitamin A im Trinkwasser ist als Unterstützungstherapie zur Steigerung der Abwehrbereitschaft der Schleimhäute zu empfehlen.

9.3.2. *Kammgrind-Favus*

Der Kammgrind ist eine seltene Hautkrankheit (Dermatomykose), hervorgerufen durch einen Hautpilz Trichophyten. Dieser Pilz befällt unbefiederte Körperteile wie Kamm, Kopfanhänge und Gesicht und zeigt sich durch einen grauweißen, mehlartigen, kleinschuppigen Belag, besonders im Augenbereich und Kamm. Eine Behandlung ist mit Fungistatika und Desinfektionslösungen lokal möglich.

9.3.3. *Soor-Moniliasis*

Soor ist eine seltene Erkrankung der Schnabelhöhle, des Kropfes und Schlundes, hervorgerufen durch den Sproßpilz Candida albicans. Die Diagnose wird bei der Sektion durch das Auffinden weiß-gelblicher Beläge in der Schnabelhöhle, im Schlund und an Teilen der Schleimhaut des Kropfes gestellt.

9.4. Bakterielle Infektionskrankheiten

9.4.1. *Mykoplasmose – Chronische Atmungskrankheiten – C.R.D.*

Ursache: Als Erreger ist das Mykoplasma gallisepticum anzusehen. Das Bakterium gehört zur Gruppe der pleuropneumonieähnlichen Organismen (P.P.L.O) und ist unter den Geflügelbeständen weit verbreitet, kann sowohl von schnupfenkranken wie auch von gesunden Hühnern isoliert werden. Allein das Vorhandensein des Erregers vermag noch keine Krankheit auszulösen. Zum Zustandekommen des Schnupfens spielen eine Reihe Streßfaktoren eine entscheidende Rolle: Schlechte Belüftung der Ställe, Überbesatz, schroffer Temperaturwechsel, feucht-kalte Witterung, Transport, Virusinfektion (Inf. Bronchitis) und auch Vakzination können Atmungskrankheit auslösen. Häufig treten Komplikationen der C.R.D. durch andere Bakterien, vor allem durch E. coli, auf; dies trifft besonders bei Luftsackinfektionen zu.

Übertragung:
Die Einschleppung des Erregers in P.P.L.O.-freie Bestände kann durch infizierte Hühner oder Bruteier, durch bakterienhaltigen Kot, verunreinigtes Futter oder Trinkwasser sowie durch verunreinigte, staubige Luft (aerogene Infektion) erfolgen.

Krankheitserscheinungen:
Bei Küken und Junghennen beginnt die Erkrankung mit einer katarrhalischen Entzündung der Schleimhäute der oberen Luftwege, Bindehautentzündung und wäßrigem Nasenausfluß. Die Futteraufnahme geht merklich zurück und bei fortschreitender Krankheit treten auch Atembeschwerden auf. Legehennen zeigen Nachlassen der Legeleistung um 5% bis 30%, Schnupfen (Kopfschlenkern), gelegentlich Atemnot. Sehr häufig entwickelt sich in weiterer Folge die

Mykoplasmose bei der Legehenne zur sogenannten chronischen Atmungskrankheit (C.R.D.). Die Erkrankung dauert dann Wochen und Monate, wobei immer nur ein Teil, in der Regel ca. ein Drittel des Bestandes, krank ist. Die Sterblichkeit ist selten übermäßig hoch. Der schwere wirtschaftliche Schaden, den die C.R.D. für die Geflügelhaltung hervorruft, liegt im Leistungsabfall der Legehennen für Monate, in schlechten Schlupfergebnissen der Bruteier aus Zuchtbeständen und erhöhter Sterblichkeit bei den aus infizierten Bruteiern geschlüpften Küken. Bei der Geflügelmast werden durch C.R.D. schlechte Gewichtszunahmen und Minderung der Schlachtqualität (blaue Ware) hervorgerufen.

Behandlung:
Da die Mykoplasmose und C.R.D. eine Faktorenkrankheit ist, deren Ursachen in erster Linie im Zusammenwirken ungünstiger Umwelteinflüsse liegt, müssen vorerst die Haltungsmängel, die zum Ausbruch der Krankheit wesentlich beitragen, abgestellt werden, bevor eine medikamentelle Behandlung begonnen werden kann.
Zur Behandlung erkrankter Bestände eignen sich, solange noch keine Komplikationen eingetreten sind, die spezifisch gegen Mykoplasmen wirksamen Antibiotika Tylosin-Tartrat, Erythromycin und Lincospectin.
Da aber außer den Mykoplasmen häufig noch andere bakterielle Infektionen, vor allem E. coli, beteiligt sind, kommt man nicht umhin, ebenso Antibiotika mit breiterem Wirkungsspektrum anzuwenden, Aureomycin (CTC), Terramycin (OTC), Lincospectin und mit Vorbehalt Chloramphenicol mit dem Trinkwasser und Futter.

Vorbeuge:
Infolge der großen wirtschaftlichen Bedeutung der Mykoplasmose wurde auch eine Reihe vorbeugender Bekämpfungsverfahren ausgearbeitet, die im besonderen die Erregerübertragung durch das Brutei verhindern sollen:

- Chemoprophylaxe bei Aufzucht- und Mastküken: Vom 2. Lebenstag an werden 2 bis 3 Tage hindurch mykoplasmosewirksame Antibiotika oder Breitbandantibiotika verabreicht. Diese Behandlung sollte dann, je nach Bedarf, in Problembetrieben in der 3. bis 4. Woche bei der Mast und bei Junghennen in der 12. Woche wiederholt werden. Absetzfrist bei Masttieren beachten!
- Mykoplasmose – Erradikation (Egg-Dipping): Dieses Verfahren wird in den großen ausländischen Zuchtbetrieben zur Ausmerzung der Mykoplasmen verwendet. Dabei werden die Bruteier nach Reinigung und Desinfektion in eine Antibiotikalösung getaucht.

9.4.2. *Geflügelschnupfen (Coryza contagiosa)*

Der Geflügelschnupfen ist eine Erkrankung der oberen Atemwege. Nasenausfluß und Schwellung sowie beulenartige Auftreibung im Nasen-Augen-Bereich sind zwar charakteristisch, trotzdem ist es schwierig, den ansteckenden Geflügelschnupfen von anderen Erkrankungen der oberen Atemwege wie Mykoplasmose und virusbedingten Infektionskrankheiten als selbständige Krankheit diagnostisch abzugrenzen.

Ursache:
Der Erreger ist Haemophilus gallinarum, ein gramnegatives Bakterium. Sekundärinfektionen können den Krankheitsverlauf verschlimmern. Die Übertragung erfolgt durch Kontakt, infiziertes Futter, unsaubere Trinkgefäße und Zukauf fremder Tiere.

Krankheitserscheinungen:
Die ersten Krankheitssymptome sind Niesen und wäßriger Nasenausfluß. Nachdem die Futter- und Trinkwasseraufnahme einige Zeit zurückgegangen ist, sinkt auch die Legeleistung der erwachsenen Hennen ab. Entzündungen der Nebenhöhlen und Augen verursachen Auftreibungen des Gesichtes (Sinusitis). Auch Anschwellung der Augenlider und Ödeme der Kehllappen können fallweise beobachtet werden.
Eine Massenbehandlung über das Trinkwasser durch mehrtägige hochdosierte Verabreichung von Aureomycin oder Terramycin hat nur dort Erfolg, wo die Herde genau kontrolliert wird und schwer erkrankte Tiere ausgemustert werden.

9.4.3. *Geflügelcholera – Läppchenkrankheit*

Die Geflügelcholera ist eine septikämische Krankheit, die eine akute, subakute oder chronische Verlaufsform aufweist. Sie ist mit Ausnahme der chronischen

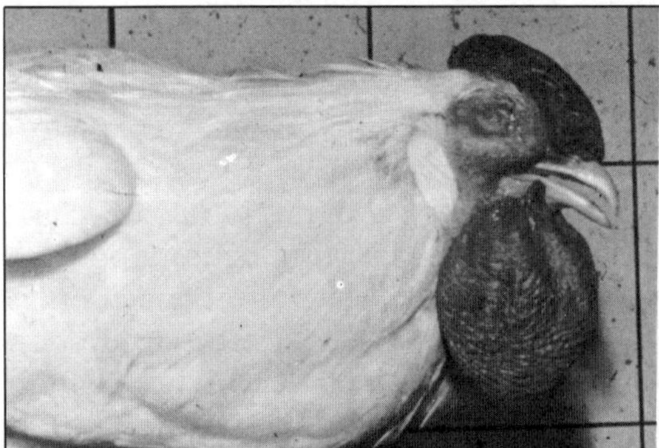

Abb. 139.
Geflügelschnupfen, verschwollene Augenlider und Ödeme der Kehllappen (Sinusitis).

Form (Läppchenkrankheit) eine anzeigepflichtige Seuche. Infolge der verbesserten Haltungsbedingungen und Hygiene tritt diese Krankheit in Österreich derzeit nicht auf. Wirtschaftliche Bedeutung hat diese häufig seuchenartig verlaufende Infektionskrankheit jedoch derzeit noch in Osteuropa, in einigen Gebieten Amerikas und in südlich-warmen Klimazonen. Vorsicht bei Geflügelimporten aus diesen Ländern ist deshalb geboten.

9.4.4. *Coli-Infektion (Coli-Ruhr, Coli-Septikämie, Coli-Bazillose)*

Ursache:
Das Bakterium Escherichia coli ist ein Darmbakterium, das zur normalen Darmflora gehört und für gewöhnlich in den unteren Darmabschnitten (Blinddärmen) gesunder Tiere ständig anzutreffen ist. Die meisten zahlreichen, serologisch unterschiedlichen Coli-Stämme verursachen demnach keinerlei Krankheitserscheinungen; nur ganz bestimmte, serologisch identifizierbare Coli-Bakterien sind es, die eine Reihe von verschiedenen Krankheitsbildern bei allen Altersklassen von Hühnern auslösen. Allerdings genügt die alleinige Infektion mit spezifisch-pathogenen Coli-Stämmen nicht, um die Tiere krank zu machen; erst die Einwirkung belastender Umwelteinflüsse wie unsachgemäße Haltung oder Fütterung fördern den Ausbruch und den Verlauf einer Coli-Infektion. Die Coli-Keime werden mit dem Kot ausgeschieden und gelangen in den Staub, wo sie um so länger am Leben bleiben, je trockener er ist. Dadurch spielt bei der Keimübertragung die Kotverschmutzung und der Staub eine wesentliche Rolle. Bei der Bodenhaltung und in unhygienisch geführten Käfighaltungen verursachen Coliinfektionen höhere Verluste und Leistungseinbußen.

Krankheitserscheinungen:
- Bei Küken lösen Frühinfektionen mit pathogenen Coli-Keimen bereits nach eintägiger Inkubationszeit Mattigkeit und Schwäche, erhöhtes Wärmebedürfnis, Durchfall, verklebte Flaumfedern im Kloakenbereich und rasch zunehmende Sterblichkeit aus. Todesfälle können in wenigen Tagen auf 10% und mehr ansteigen. Sind die Infektionen bereits im Brutschrank erfolgt, wobei die Coli-Keime vom infizierten Ei stammen können und geringe Brutfehler als Hilfsfaktoren mithelfen, so treten vermehrt Nabelentzündungen und Dottersackinfektionen auf. Bei Erkrankungen wenige Tage alter Küken steht die Infektion oft mit der niedrigen Luftfeuchtigkeit (20% bis 35% rel. Luftfeuchtigkeit) warmluftbeheizter Aufzuchtställe, einer starken Staubentwicklung und unzureichender Desinfektion des leeren Stalles in Zusammenhang.
- In Mastbetrieben können Coli-Septikämien besonders in Zusammenhang mit Mykoplasmose-Infektionen erhebliche Verluste verursachen. In diesen Fäl-

len kommt es zu den schweren Formen der C.R.D. mit fibrinösen Entzündungen des Herzbeutels und der Luftsäcke. Hohe Ausfälle, schlechte Gewichtszunahme und schlechte, pigmentlose Schlachtware sind die Folgeerscheinungen nicht bewältigter Coli-Infektionen.
- In Zuchthennenbetrieben verursachen Coli-Infektionen keine deutlichen Krankheitserscheinungen. Seröse Herzbeutelentzündungen und Luftsackkatarrhe können auch hier das Wachstum beeinträchtigen und sehr leicht später bei der Legehenne zu Leistungsrückgängen und schwankenden Legeleistungen führen.

Die dabei beteiligten Hilfsursachen können in einer zu dichten Aufstallung und einer ungenügenden Klimagestaltung des Stalles gefunden werden, wobei zu bedenken ist, daß die jungen Legehennen am Beginn der Legeleistung sowieso schon verschiedenen unvermeidbaren Streßmomenten ausgesetzt werden.

Diagnose:
Die Diagnose ist durch Sektion und bakteriologische Untersuchung zu stellen.

Behandlung:
Da die Coli-Infektion wie viele bakteriell bedingte Krankheiten eine Faktorenseuche ist, müssen gleichzeitig mit jeder medikamentösen Behandlung auch alle Maßnahmen zur Vermeidung der Umweltbelastung und der Desinfektion in Anwendung gebracht werden.
Die medikamentelle Beeinflussung kann mit Antibiotika und Furazolidon durchgeführt werden.

9.4.5. Salmonellen

Salmonellen kommen weltweit in mehr als 1800 verschiedenen serologischen Typen bei allen Kalt- und Warmblütern vor, wobei es durch Erregereinschleppung zu Infektionen bei Tier und Mensch kommen kann.
Die Ausbreitung, das Vorkommen und der Kreislauf der Salmonellen zwischen Mensch und Tier – deren Ausscheidungen – landwirtschaftlichen und kommunalen Abfällen – Oberflächengewässer – Zwischenträger – Kontamination von Lebens- und Futtermitteln, sind ausgeprägte Umwelt- und Hygieneprobleme.
Dieses Problem hat es eigentlich schon immer gegeben, nur hat es in den 50iger Jahren vermehrte Bedeutung insofern erlangt, da durch Importe von eiweißreichen Futtermitteln wie Fischmehl, Knochenmehl, Blutmehl aus dem tropischen Ausland verschiedene Typen von sogenannten exotischen Salmonellen nach Europa eingeschleppt und verbreitet wurden.
Die Infektion der Geflügelbestände wurde deshalb für eine Erkrankung beim

Menschen so relevant, weil die Hühner durch Salmonellen in den Futtermitteln in der Regel nicht erkranken, die Außenhaut der Schlachtkörper aber durch hygienische Schwachstellen beim Schlachtvorgang mit Salmonellen kontaminiert werden kann. Allerdings müssen sich diese Enteritissalmonellen außerhalb des tierischen oder menschlichen Körpers meist in eiweißreichen Nährmedien vermehren, bevor sie in Keimdosen von mindestens 10^5 durch die thermostabilen Endotoxine eine lokale Entzündung des Dünndarmes hervorrufen. Bei dieser Anreicherung der Salmonellen auf den primär oder sekundär mit Salmonellen kontaminierten Lebensmitteln ist dann der Mensch selbst durch fehlerhafte Hygiene bei der Zubereitung der Speisen verantwortlich und nimmt eine zentrale Stellung in der Salmonellen-Epidemiologie ein.
Das Krankheitsbild äußert sich beim Menschen in einer Kombination von Intoxikation und Infektion und wird als „bakterielle Lebensmittelvergiftung" bezeichnet. Somit werden Salmonellen als Lebensmittelvergifter angesehen und eingestuft.
Frischeier spielen als Kontaminations- und Infektionsquelle des Menschen nur eine untergeordnete Rolle, solange die Eischale intakt ist, da transovarielle Infektionen fast auszuschließen sind. Salmonellen können nur infolge Penetration durch die Eischale vor allem bei verschmutzten Eiern in das Eiinnere gelangen. Dies läßt sich aber durch hygienische Maßnahmen bei der Käfighaltung weitgehend verhindern.
Anders sieht die Situation bei der Verwertung von Brucheiern oder Aufschlageiern, wie sie gelegentlich zur Herstellung von Teigwaren verwendet werden, aus, da die Eimasse ein ausgezeichnetes Nährmedium für Krankheitserreger darstellt. Die Pasteurisierung der Frischeimasse wurde daher obligatorisch eingeführt, wodurch die Herstellung hygienisch einwandfreier Nahrungsprodukte aus Eiern absolut gesichert ist.
Für die Bekämpfung der Salmonellenkontamination wurde aufgrund eines reichlichen, empirisch bearbeiteten Materials besonders für die Mastgeflügelproduktion folgendes Bekämpfungsprogramm ausgearbeitet.
Auf diese Weise wurden zahlreiche Maßnahmen auf allen Stufen der Infektkette eingeleitet. Die Herstellung von Tierkörpermehlen wird unter strengsten hygienischen Kontrollen durchgeführt und die Forschung hat wirksamere Untersuchungsmethoden und Kontrollen der Futtermittel in Anwendung gebracht.
Es wurde 1982 ein Fleischuntersuchungsgesetz beschlossen und aufgrund dieses eine Fleischhygieneverordnung und eine Geflügelfleisch-Hygieneverordnung in Kraft gesetzt. Weiters hat es sich als zweckmäßig erwiesen, das Küchenpersonal im Rahmen von Schulungskursen zu unterweisen und die Bevölkerung über küchenhygienische Fragen aufzuklären.

9.4.5.1. *Prophylaktische Maßnahmen zur Verhinderung der Verbreitung von Salmonellen*

Infektionsquelle	Vorbeugende Maßnahmen
– Tierische Eiweißfuttermittel wie Fischmehle, Tiermehle, Knochenschrote ausländischer Herkunft	– Importkontrolle, bakteriologische Untersuchung – Bei positivem Befund Dekontamination durch Erhitzen in unseren Tierkörperverwertungen
– Inländische Tiermehle	– hygienische Erzeugung und bakteriolog. Untersuchung in den einheimischen Tierkörperverwertungen – Strikte Trennung der unsauberen Anlieferung und sauberen Auslieferung
– Kontamination in den Futtermühlen durch Ratten, Mäuse, Vögel und andere Schädlinge	– Sauberkeit in der Futtermühle – Regelmäßige Schädlingsbekämpfung – Pelletieren des Mastgeflügelfutters (Geflügelhygieneverordnung)
– Kükenaufzucht und Masttiere: Infizierte Eintagsküken	– Bakteriologische Kontrolluntersuchung der Ausfallsküken in den ersten 5 Tagen. – Bei Auftreten einer Salmonellose medikamentelle Behandlung nach Erstellung eines Antibiogrammes. Schlachtung erst möglich nach Aufhören der Ausfälle und nach einer negativen Kontrolluntersuchung. Absetzfrist des Medikamentes beachten!
– Kontaminiertes Futter oder Wasser	– Futterhygiene, Trinkwasserqualität. Bakteriologische Wasseruntersuchung.
– Infizierte Stallungen	– Reinigung und strenge Desinfektion bei jedem Neubesatz. – Nur eine Altersgruppe im Stall.

Infektionsquelle	Vorbeugende Maßnahmen
– Einschleppung von Außen (Personen, Haustiere, Wildvögel, Nager, Fliegen u. Käfer)	– Besucher nur mit Stallbekleidung und Überschuhen, Desinfektionswanne – Keinen Kontakt mit anderen Haustieren, vor allem Enten, Tauben und Auslaufhühnern – Keine Nistmöglichkeit für Sperlinge, Schwalben und Tauben – Ständige Bekämpfung von Nagetieren und Insekten
– Legetiere, Elterntiere und Legehennen für Konsumeier	– Nesthygiene, öfteres Wechseln der Nesteinstreu und öfteres Abnehmen der Eier – Abrollnester bei Bodenhaltung od. Käfighaltung – Tägliche Begasung der Bruteier – Konsumeier ohne Schalendefekte – Aufschlageier, Pasteurisieren
– Brüterei	– entsprechende Brütereihygiene – Desinfektionsschleuse für Bruteier – Bruteier und die daraus geschlüpften Küken müssen identifizierbar sein – bakteriologische Untersuchung der steckengebliebenen Embryonen, besonders bei schlechtem Brutergebnis – Regelmäßige bakteriologische Überprüfung des Hygienestatus der Brüterei u. der Bruteier – Einwegverpackung für Küken – Seuchensichere Beseitigung der Brüterei-Abfälle (TKV) – Wasseruntersuchung
– Schlächterei	– Strenge Trennung von Anlieferung der Lebendtiere und Auslieferung des Geflügelfleisches.

Infektionsquelle	Vorbeugende Maßnahmen
– Schlächterei	– Aussortieren schlecht entwickelter, kranker oder kümmernder Tiere vor der Schlachtung – Regelmäßige Reinigung und Desinfektion der Räume und Geräte in den Arbeitspausen und nach Arbeitsschluß – Verwendung von heißem Wasser zum Waschen und chloriertem Wasser (20 ppm Chlor, Zumischgeräte)* zur Desinfektion – Regelmäßige Desinfektion durch Abbrausen mit chloriertem Wasser bei bevorzugten Kontaminationsstellen. (Für jede Schlächterei besonders auszuarbeiten) – Rasches Abkühlen der Schlachtkörper nach der Schlachtung. – Versand des Frischgeflügels nur in Kunststoff- oder Metallbehältern, die leicht zu reinigen und zu desinfizieren sind. – Regelmäßige Überprüfung des Hygienestatus d. Schlächterei u. d. Schlachtware.

* In der BRD ist die Verwendung von Chlorzusätzen im Wasser derzeit nicht gestattet, in Österreich aufgrund der Hygieneverordnung obligatorisch.

9.4.5.2. *Salmonellen beim Geflügel-Salmonellosen*

Im allgemeinen kommt es beim Geflügel sehr selten zu klinischen Krankheiten, am ehesten noch, wenn Küken einer Frühinfektion anheimfallen.

Krankheitserreger:
Als Salmonellose wird ausschließlich die klinisch akute Erscheinungsform bezeichnet, bei der Darmentzündung mit Durchfällen mit vermehrten Todesfällen infolge von Septikämien auftreten.

Diese Erscheinungsform tritt fast ausschließlich nur bei Küken in den ersten beiden Lebenswochen auf. Nach einer Inkubationszeit von 3–5 Tagen zeigen sich unspezifische Krankheitserscheinungen wie Mattigkeit, Appetitlosikeit, teilnahmsloses Herumstehen, gesträubtes Gefieder, erschwertes Atmen, Konjunktivitis und wäßrige Durchfälle.
Aufgrund der Inkubationszeit kann beim Auftreten der klinischen Erscheinungen unter drei Tagen auf eine vertikale Infektionsquelle von latent infizierten Elterntieren durch schalenkontaminierte Bruteier und einer Ausbreitung der Infektion im Brutschrank geschlossen werden. Treten Krankheitserscheinungen nach 3 Tagen oder später auf, ist eher eine horizontale Infektion über Futtermittel oder Umweltfaktoren (Stall, Nagetiere, Käfer) in Betracht zu ziehen.
Treten in den ersten 3 Wochen über 3% Ausfälle bei Mastküken auf, so ist nach dem Geflügel-Hygienegesetz (1983) der Verdacht auf Salmonellose zu stellen und eine entsprechende tierärztliche Untersuchung und Behandlung einzuleiten. Eine Verdachtsherde darf vorderhand nicht geschlachtet werden. Erst die Diagnose, gesichert durch kulturellen Erregernachweis und serologische Typendifferenzierung, bestätigt oder verneint den Verdacht. Liegt tatsächlich eine Salmonellose vor, so wird eine Behandlung der Herde in der Regel mit Furazolidon, Nitrofuranpräparaten oder Breitbandantibiotika durchgeführt. Nach Aufhören der Ausfälle und Abklingen aller Krankheitserscheinungen sowie nach einer bakteriologischen Kontrolluntersuchung der Herde (Kotproben), womöglich in einer behördlichen Untersuchungsanstalt, darf die Herde, da keine Krankheit mehr besteht, geschlachtet werden.

9.4.5.3. *Pullorumseuche, weiße Kükenruhr, Hühnertyphus*

Die Pullorumkrankheit ist eine spezifische Salmonellose des Geflügels. Früher war sie einer der auf der ganzen Welt verbreiteten und verlustreichsten Geflügelkrankheiten überhaupt; heute ist sie durch ständige intensive Bekämpfung und Ausmerzung infizierter Bestände praktisch bedeutungslos.

Abb. 140. Pullorum-infizierte Küken, Trauern, gesträubtes Gefieder und Durchfall.

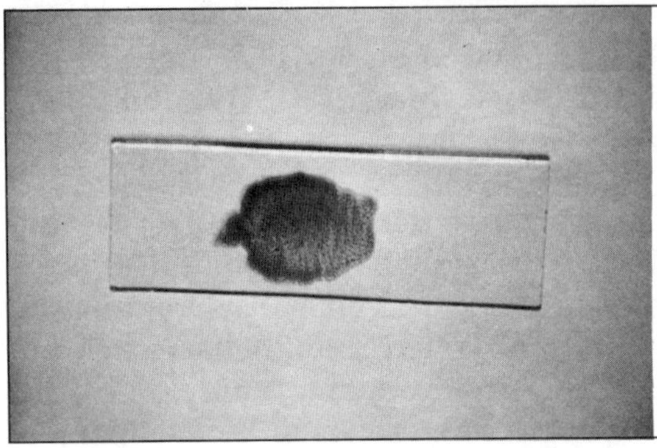

Abb. 141.
Frischblutschnellagglutination auf Pullorum positiv, bei negativ keine Agglutination.

Ursache:
Der Erreger wird als Somonella gallinarum pullorum bezeichnet. Bei Küken in den ersten Lebenswochen ist die Krankheit als Pullorumseuche (weiße Kükenruhr) bekannt, bei Alttieren wird sie Hühnertyphus genannt. Die Infektionswege sind folgende:
- Kongenital; vom Eierstock über das Brutei der infizierten Henne auf das Kücken.
- Oral; durch Aufnahme von Ausscheidungen kranker Tiere.
- Aerogen: durch Inhalation bakterienhältigen Kükenstaubes eiinfizierter Küken während des Schlupfes im Brutschrank.

Eiinfizierte Küken erkranken und verenden meist in den ersten zwei bis drei Lebenstagen ohne merkliche Krankheitserscheinungen. Küken, die sich kurz nach dem Schlupf infiziert haben, zeigen frühestens nach 3 bis 7 Tagen Krankheitserscheinungen. Die Mortalität beträgt oft 50 bis 90%. Überlebende Tiere werden zumeist Bakterienträger und verursachen die kontinuierliche Weiterverbreitung der Krankheit durch infizierte Faeces und bakterienhaltige Eier. Besonders groß ist die Infektionsgefahr unmittelbar nach dem Schlupf im Brutapparat selbst, wo nur wenige kranke Küken oft Hunderte gesunder Tiere infizieren können.

Krankheitserscheinungen:
Die klinischen Symptome der Pullorumkrankheit der Küken bestehen im Zusammendrängen unter der Wärmequelle, Hängenlassen der Flügel und des Kopfes, gesträubtem Gefieder, in Durchfällen, in Verklebung der Kloake mit kreidigem, meist hartem Kot. Bei älteren Küken äußert sich die Pullorumseuche oft durch Sehnenscheiden- und Gelenksentzündungen, besonders an den Sprunggelenken. Die Krankheitserscheinungen des Hühnertyphus bei Alttieren sind Mattigkeit, Durchfall, Eierstock- und Eileiterentzündungen mit Eifollikeldegeneration und Bauchwassersucht.

Diagnose:
Die Diagnose wird durch die Sektion und die bakteriologische Untersuchung gestellt.
Von besonderer Bedeutung ist jedoch die serologische Blutuntersuchung, der Agglutationstest. Die Frischblutschnellagglutination, an Ort und Stelle durchgeführt, stellt die einfachste und schnellste Methode zur Diagnose der Pullorumseuche dar.

Behandlung:
Eine medikamentöse Behandlung von Zuchttieren, die mit Salmonella pullorum gallinarum infiziert sind, ist nicht sinnvoll, da diese dadurch nicht erregerfrei gemacht werden können.

Vorbeuge:
Wenn auch keine gesetzliche Verpflichtung mehr besteht, Elterntiere einer serologischen Frischblutagglutination auf Pullorum zu unterziehen, so ist dennoch die stichprobenweise Untersuchung von 250 Tieren, gleichgültig wie groß die Herde ist, zu empfehlen, da die Möglichkeit der Einschleppung durch Auslaufhühner nicht ausgeschlossen werden kann.
Der Verkäufer von Eintagsküken garantiert laut Verkaufsbedingungen Pullorumfreiheit.
Die Gewährsfrist beträgt 48 Stunden.

9.4.6. *Staphylokokken-Infektion*

Staphylokokken-Infektionen kommen in der heutigen Geflügelhaltung nicht selten vor. Sie verlaufen in der Regel lokalisiert und sind auf Wundinfektionen beschränkt. So findet man bei der bakteriologischen Untersuchung die Beteiligung von Staphylokokken bei Ballenabszessen, bei Gelenks- und Sehnenscheidenentzündungen, ebenso bei Nabelentzündungen der Eintagsküken. Seuchenartige Staphylokokkeninfektionen sind vielfach die Ursache von entzündlichen, nekrotisierenden Veränderungen im Bereich der Zehen und Sprunggelenke.
Bei allen derartigen Infektionen, wenn sie auch vorerst örtlich sind, besteht die Gefahr einer starken Vermehrung der Staphylokokken und Generalisierung im ganzen Organismus. Man spricht dann von einer Staphylokokken-Septikämie, die mit schweren Leistungsminderungen und vermehrten Todesfällen einhergeht.

Ursache:
Staphylokokken sind bekannte Eitererreger und kommen bei jeder Tierart, so auch beim Geflügel, verbreitet vor, wenn hygienische Grundsätze nicht beachtet werden.

9.4.7. *Ansteckende Gelenks-Sehnenscheiden-Entzündung* (Infektiöse Synovitis)

Ursache:
Die infektiöse Synovitis ist eine Entzündung der Gelenkskapsel und der Sehnenscheiden am Fersen- und Zehengelenk sowie des Schleimbeutels am Brustbein. Hühnerküken besonders schwerer Mastrassen erkranken ab der vierten Lebenswoche, wobei die häufigsten Krankheitsfälle zwischen der 8. bis 14. Lebenswoche auftreten. Hähne scheinen anfälliger als Hennen zu sein. Als Ursache kommt eine Reihe von Erregern wie Salmonellen (S. pullorum, S. typhimurium), Streptokokken, Staphylokokken, Pasteurellen und E.-colli-Keime in Frage. Am häufigsten werden jedoch Mykoplasmen (M. synoviae und M. gallinarum) sowie Staphylokokken aus den Gelenken und Sehnenscheiden bakteriologisch nachgewiesen.

Übertragung:
Die infektiöse Synovitis wird durch Kontakt und mit dem Brutei übertragen. Hilfsursachen sind genetisch bedingte Schnellwüchsigkeit der Mastküken und unsachgemäßes Schnabelstutzen, wobei die Wundstelle am Schnabel als Eintrittsstelle für Staphylokokken dient.

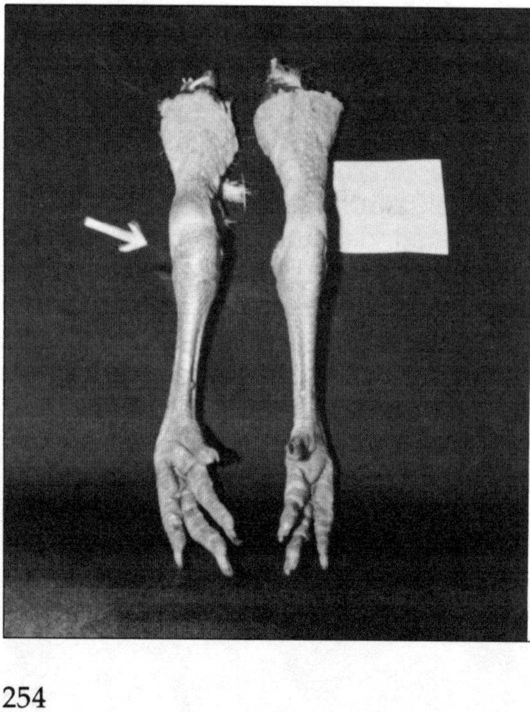

Abb. 142.
Infektiöse Synovitis, linkes Sprunggelenk und Sehnenscheide verdickt.

Krankheitserscheinungen:
Infizierte Tiere beginnen ein-, oder seltener beidseitig, zu lahmen. Bald zeigen sich Verdickungen an Sprung- und Zehengelenk, Sehnenscheiden und der Brustblase. Gelenke und Sehnenscheiden füllen sich mehr oder weniger mit einer gelblichen, flockigen, oft fadenziehenden Flüssigkeit, die in chronischen Fällen zu einem gelbkäsigen Sekret wird. Die Milz ist vergrößert, und in der Leber finden sich oft zahlreiche kleine nekrotische Herdchen.

Behandlung:
Sichtbar kranke und lahme Tiere sind als unheilbar auszumerzen. Der gesamten Herde können Breitbandantibiotika wie Aureomycin, Terramycin oder Chloramphenicol über das Trinkwasser oder Futter zur Verhinderung der weiteren Ausbreitung der Krankheit verabreicht werden.

9.4.8. *Geflügeltuberkulose*

Die Geflügeltuberkulose hat in der heutigen modernen Erwerbsgeflügelzucht infolge der Intensivhaltung, der verbesserten Zucht- und Stallhygiene keine Bedeutung mehr und ist nur noch in kleinbäuerlichen Extensivhaltungen mit ihren überalterten Hühnern anzutreffen. Empfänglich sind alle Haus- und Wildvögel sowie von den Säugetieren besonders das Schwein.

9.4.9. *Ansteckende Leberentzündung der Hühner-Campylobakter-Hepatitis*

Die Ansteckende Leberentzündung ist eine selten auftretende, meist chronisch verlaufende Infektionskrankheit, die besonders Junghennen und Legehennen befällt. Ihr wirtschaftlicher Schaden liegt weniger in erhöhten Todesfällen (2–15%), als vielmehr in einem empfindlichen Rückgang der Legeleistung um 10% für mehrere Wochen.

Ursache:
Die Ursache ist Campylobakter jejuni, ein zu den Spirillen gehöriger Erreger.

Krankheitserscheinungen:
Die Symptome sind wenig charakteristisch. Die Tiere trauern und kümmern, ihre Kämme schrumpfen und trocknen ein, ebenso sind Durchfälle und Abmagerungen zu beobachten. Die Legeleistung wird schwer gestört. Die Leber ist geschwollen und mit zahlreichen nekrotischen Herdchen und Blutungen durchsetzt.

Diagnose:
Sie wird durch die Sektion und die bakteriologische Untersuchung gestellt.

Behandlung:
Am wirksamsten hat sich die Behandlung mit Furazolidon erwiesen. Um Rezidive auszuschließen, müssen längere Zeit hohe Dosen Furazolidon in Form eines Arzneifutters verabreicht werden. Zu achten ist auf eine gleichzeitige oder nachfolgende Verabreichung von Vitaminen, besonders des Vitamin-B-Komplexes. Bei der Langzeitbehandlung mit Furazolidon muß der Besitzer auf einen Rückgang des Eigewichtes und bei Zuchtherden auf eine Minderung der Schlupfprozente aufmerksam gemacht werden.

9.4.10. *Pseudomoniasis*

Infektionen von Pseudomonas aeruginosa sind in der Regel der Ausdruck vernachlässigter Hygiene bei gleichzeitigem Auftreten prädisponierender Faktoren. Der Erreger verursacht Embryosterblichkeit bei Bruteiern, Septikämien bei Küken und kommt bei älteren Tieren als Sekundärerreger vor.

Krankheitserscheinungen:
Erhöhte Embryosterblichkeit, erhöhte Kükenausfälle, in der ersten Lebenswoche oft über 10%. Die Tiere zeigen schwere Allgemeinstörungen, Atmungsgeräusche, entzündliche Ödeme an der Kopfunterhaut und den Kehllappen, Blutungen und Ödeme im Bereich der Unterhaut, der Serosen, Nekrosen in den Parenchymen, katarrhalisch-hämorrhagische Enteritis. Bei Infektionen durch Einatmen können fibrinöse Pericarditis, Perihepatitis und Luftsackentzündung auftreten.

Diagnose:
Durch Sektion und bakteriologische Untersuchung.

Behandlung:
Breitbandantibiotika und Chemotherapeutika.

Vorbeuge:
Hygienische Maßnahmen, Sauberkeit und Desinfektion sowie Ausschalten prädisponierender Faktoren, vor allem schlechter, sauerstoffarmer Luft in den Stallungen.

9.4.11. *Geschwürige Darmentzündung – Nekrotisierende Enteritis – Ulcerative Enteritis (Quail disease)*

Die nekrotisierende Darmentzündung ist hauptsächlich eine Krankheit des Mastgeflügels und tritt vereinzelt, in der Regel ab einem Alter von 3 Wochen auf.

Ursache:
Die Krankheit wird durch ubiquitäre, sporenbildende Clostridien (Clostridium perfringens, Clostridium colinum) und deren Toxine hervorgerufen.
Die Krankheit entsteht durch die Aufnahme großer Erregermengen und deren Exotoxine, die im Futter, Kot oder Einstreu jahrelang infektiös bleiben.

Krankheitserscheinungen:
Bei einem sonst guten Gesamteindruck der Herde treten bei einzelnen Tieren ab der 3. Woche Krankheitserscheinungen wie gesträubtes Gefieder und Mattigkeit auf. Plötzlich werden auch Todesfälle verzeichnet.

Diagnose:
Sie wird durch die Sektion, bei der zahlreiche Geschwürbildungen in den einzelnen Darmabschnitten aufgefunden werden, erstellt. Differentialdiagnostisch ist vor allem Kokzidiose durch Ei. brunetti, die ähnlich pathologische Veränderungen verursacht, auszuschließen.

Behandlung:
Breitbandantibiotika, Nitrofuranderivate über Trinkwasser mindestens 7–10 Tage.
Absetzfrist bei Schlachtgeflügel beachten!

Vorbeuge:
Verbesserung der Hygiene, Sauberkeit, Reinigung und Desinfektion, vor allem aber kein Überbesatz.

9.4.12. *Botulismus (Limberneck)*

Der Botulismus verursacht oft in der warmen Jahreszeit ein Massensterben unter wildlebenden Wasservögeln (z. B. am Neusiedler See) und kann, zwar selten, auch beim Nutzgeflügel, vor allem bei Mastgeflügel, festgestellt werden.

Ursache:
Nicht der Erreger selbst, Clostridium botulinum, sondern erst die orale Aufnahme des vom Erreger erzeugten Exotoxins in Faulstoffen tierischer und pflanzlicher Herkunft verursacht die Krankheit.

Krankheitserscheinungen:
Die Krankheitserscheinungen sind abhängig von der Menge des aufgenommenen Toxins. Tod oder Durchseuchen treten innerhalb von 4 Tagen ein. Die Genesung braucht 2–4 Wochen. Auffällig ist der gestreckte Hals als Ausdruck einer Lähmung, Lähmungen der Gliedmaßen, Schlingbeschwerden und Nickhautvorfall. Auch Durchfall und Federausfall wird beobachtet.

Behandlung:
Eine Behandlung verspricht wenig Erfolg.

Vorbeugung:
Hygiene und tägliche Beseitigung verendeter toter Tiere.

9.5. Virusbedingte Infektionen

9.5.1. *Die ansteckende Gehirnrückenmarksentzündung der Küken – Aviäre Encephalomyelitis (AE)*

Die aviäre Encephalomyelitis, kurz A.E. genannt, ist eine virusbedingte Krankheit des Zentralnervensystems junger Küken. Die geographische Ausbreitung der A.E. kann zur Zeit als weltumspannend bezeichnet werden. In Österreich wurde sie erstmals 1959/60 bei Küken aus Bruteiern ausländischer Herkunft festgestellt. In der folgenden Zeit wurde sie auch des öfteren bei Küken von inländischen Elterntieren beobachtet.
Die Krankheit wird durch ein Virus verursacht und befällt vor allem das Gehirn und Rückenmark. Das Virus wird in der Regel vom Magen-Darm-Kanal aufgenommen und mit dem Kot ausgeschieden.
Zwei Übertragungswege, und zwar die Kontaktinfektion direkt oder indirekt von Tier zu Tier oder Herde zu Herde sowie die Eiübertragung von der infizierten Zuchthenne über das Brutei auf das Küken sind möglich und gleichwertig.

Krankheitserscheinungen:
Bei jungen Küken: Je jünger die Küken, desto weniger typisch sind die Symptome und um so höher kann die Sterblichkeit sein (40–50%). Die Küken bleiben einfach liegen, sterben und werden zertrampelt. Oft kann man einen auffallen-

Abb. 143.
Seitenlage und schlaffe Lähmung bei ansteckender Gehirnrückenmarksentzündung (A. E.).

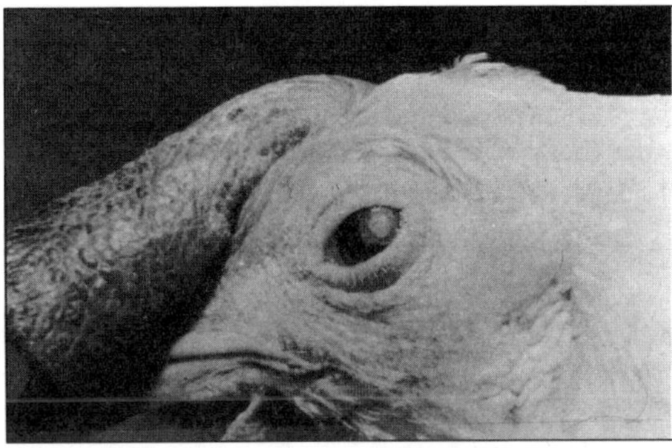

Abb. 144.
Linsentrübung als Spätfolge einer A. E.-Infektion bei bereits legereifer Junghenne.

den, krankhaften Zustand der Tierleichen beobachten, wobei die verendeten Tiere, den Kopf und Hals nach hinten gebogen, auf der Brust liegen und dabei die Beine nach hinten ausstrecken. Erkranken die Küken im Alter von 10–14 Tagen, so lassen sich deutliche, typische Symptome erkennen. Die Sterblichkeit kann hoch sein und schwankt zwischen 5–15%. Die erkrankten Küken liegen in der Regel mit gelähmten Flügeln und Beinchen auf der Seite oder sie bewegen sich hockend mit unsicherem Gang weiter. Ein Zittern (Tremor) von Kopf und Hals, der sich manchmal über den ganzen Körper ausbreitet, kann jedoch nur selten beobachtet werden, ist aber ein sicheres Kennzeichen für diese Erkrankung. Als Spätfolge können sich bei Junghennen vereinzelt Zurückbleiben im Wachstum sowie Lähmungserscheinungen einstellen. Auch typische Augenveränderungen, welche durch Katarakte gekennzeichnet sind, werden beobachtet.
Bei der Infektion legereifer Hennen treten keinerlei klinische Symptome auf, es sei denn, daß die Legeleistung während einiger Tage um 10 bis 30 Prozent absinkt. Die Schlupfergebnisse aus den während der Durchseuchungsphase gelegten Bruteiern sind in der Regel etwas niedriger, und die Küken zeigen innerhalb der ersten 14 Tage Erscheinungen der A.E. Es entwickelt sich jedoch bei den Zuchthennen schnell eine Immunität, so daß fast immer nur die Küken aus 2–3 wöchentlich aufeinanderfolgenden Schlupfterminen erkranken.

Diagnose:
Anamnese, klinisches Erscheinungsbild, Histologie von Gehirn, Drüsenmagen und Pankreas.
Virusnachweis über Dottersackinfektion empfänglicher Embryonen. Differenzialdiagnostisch müssen Enzephalomalacie und Intoxikationen (Mykotoxikosen) in Betracht gezogen werden.

Behandlung:
Keine.

9.5.1.1. *Vakzination gegen AE*

Einmalige Vakzination mit Lebendimpfstoff nicht vor einem Alter von 10 Wochen, da jüngere Tiere empfänglich sein können und nicht später als 4 Wochen vor Beginn der Legeleistung, damit die Leistung nicht beeinträchtigt wird und die Bruteier eine ausreichende Immunität besitzen.

Durch einen Eiempfänglichkeitstest soll die Immunität festgestellt werden. Ein entsprechendes Zeugnis darüber dient zum Beweis bei evtl. Küken-Reklamationen.

Zur Durchführung des Eierempfänglichkeitstestes müssen mindestens 30, besser jedoch 60 brutfähige Eier von einer Stallgemeinschaft an ein Untersuchungslabor eingesendet werden. Diese Eier werden nach einer 4–6tägigen Bebrütung mit einem eiadaptierten Virusstamm infiziert und bis zum 18. Tag weiterbebrütet. Am 18. Tag werden die Embryonen auf typische Veränderungen untersucht, die dann Aufschluß über die Immunitätslage der Herde geben. Der Impfschutz persistiert unter normalen Verhältnissen mindestens eine Legeperiode.

9.5.2. *Reovirusinfektionen des Huhnes*

Reoviren (*R*espiratoric-*E*nteritic-*O*rphan) sind weit verbreitet, haben unterschiedliche Pathogenität und werden oft auch bei Tieren ohne Krankheitserscheinungen nachgewiesen. Bisher kennt man bis zu 11 Serotypen mit einem gemeinsamen gruppenspezifischen Antigen. Beim Geflügel können durch Reoviren verschiedene Krankheitsbilder ausgelöst werden:

- Reovirusinfektion als Maladsorbtionssyndrom
- Virusarthritis – Tenosynovitis
- Infektiöse Myocarditis des Gössels (IMG)
- Rotavirusinfektion, Enteritis mit Durchfällen

9.5.2.1. *Maladsorbtions-Syndrom*

Das Maladsorbtions-Syndrom, auch Stunting- and leg-weakness-Syndrom (Kümmern und Beinschwäche-Syndrom) oder Pale-Bird-Syndrom, wird unter anderem auch mit Reovirusinfektionen in Zusammenhang gebracht.

Die Krankheit tritt vor allem bei Broilern auf und zeigt sich mit einem unausgeglichenen Herdenwachstum, Kümmern der Tiere, Störung der Befiederung (Helicopter Disease), der Mineralisation des Skelettes (Osteoporose) sowie zum Teil auch durch Femurkopfnekrosen. Darmkatarrhe mit Durchfall, Drüsen- und Muskelmagenschäden verhindern eine normale Resorption der Nährstoffe.

Abb. 145.
Wenige Tage alte Küken mit Maladsorbtionssyndrom.

Da diese Krankheit mit den gleichen Symptomen, aber auch ohne Reovirusinfektion, infolge einer Mykotoxikose als Mangelsyndrom oder einer Gumboro-Infektion auftreten kann, ist eine Abrenzung der Ätiologie des öfteren sehr schwierig (siehe Kap. 6.9.3.2.)

Behandlung:
Erregerspezifisch nicht möglich.
Vitamin- und Mineralstoffgaben sowie Elektrolyte können empfohlen werden.

Vorbeugung:
Im Ausland (Holland) werden neuerdings Impfungen mit Lebendimpfstoffen und Adsorbatimpfstoffen empfohlen. Allerdings müßte die Virus-Ätiologie gesichert sein.

9.5.2.2. *Virusarthritis (Infektiöse Tenosynovitis)*

Die Virusarthritis, in Österreich noch nicht nachgewiesen, ist eine hauptsächlich bei Broilern, aber auch bei Puten verbreitete infektiöse Erkrankung der Sehnen, Sehnenscheiden und Gelenke, hauptsächlich des Fersengelenks und wird verursacht durch eine Reihe serologisch verschiedener Reovirustypen.

Krankheitssymptome:
Meistens erkranken die Tiere in der 2.–3. Lebenswoche, wobei in Broilerherden 5–10% der Tiere erfaßt werden. Die Küken zeigen Bewegungsstörungen, Lahmheiten, Gelenkschwellungen, unphysiologische Beinstellung u.ä.m.

Diagnose:
Bei der Sektion zeigen sich in den geschwollenen Gelenken Ansammlungen rötlich verfärbten Exudates, fibrinös-exsudative Entzündungen, Sehnenrisse.

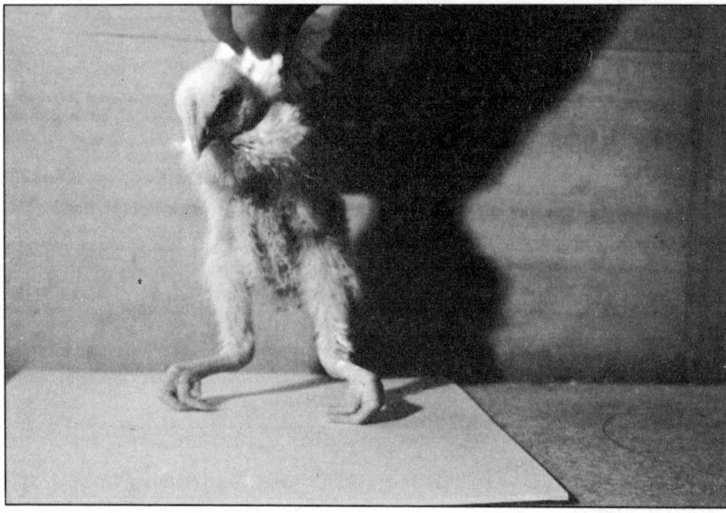

Abb. 146.
Virusarthritis,
inf. Tenosynovitis.

Erreger- und Antikörpernachweis (AGP und Virusneutralisation) dienen zur Bestätigung der viralen Infektion.

Behandlung:
Nicht möglich. Bekämpfung der Sekundärinfektionen mit Antibiotika oder Chemotherapeutika ist zu empfehlen.

9.5.3. *Orthomyxovirusinfektionen*

Zu dieser Familie gehören die Influenzaviren, von denen nur die Influenzaviren des Typ A für Geflügel Bedeutung haben.
Derzeit hat nur die Influenza-A-Virusinfektion der Pute und Ente Bedeutung, da die Influenza-A-Virusinfektion beim Huhn, bekannt als „Klassische Hühnerpest" (KP) oder Fowl Plague seit ca. 50 Jahren, zumindest in Europa, nicht mehr aufgetreten ist.

9.5.4. *Paramyxovirusinfektion beim Huhn, Newcastle-Disease (ND) – Atypische Geflügelpest*

Die Familie der Paramyxoviridae besteht aus drei Gattungen, die bei Vögeln und Säugern bedeutsame Krankheiterreger darstellen. Unter der Gattung der Paramyxoviren befinden sich das für Geflügel bedeutsame Virus der Newcastle-Krankheit oder atypischen Geflügelpest (PMV 1) sowie weitere, für andere Vögel pathogene, PMV-Serotypen 2–9.
Der Erreger ist ein Virus und wird mit dem Kot sowie Nasen-, Schnabel- und Konjunktivalsekret ausgeschieden. Bei der Weiterverbreitung spielt die Über-

tragung durch lebendes oder totes Geflügel, tiefgefrorenes Schlachtgeflügel, Schlachtabfälle und Bruteier die größte Rolle. Gerade bei niedrigen Temperaturen (–20°), wie sie bei der Tiefkühlung üblich sind, behält das Virus über 300 Tage seine volle Virulenz. So können geschlachtetes Geflügel und Schlachtabfälle zum Ausgangspunkt neuer Infektionen werden. Am öftesten wird die Krankheit durch krankes Geflügel selbst verbreitet, aber auch klinisch nicht kranke oder bereits genesende Tiere sind eine zeitlang Keimträger und können die Krankheit verbreiten. Auch Wildvögel und Tauben stellen ein ständiges Virusreservoir dar und tragen immer wieder zur Seuchenverschleppung bei. So können Standvögel die Seuche in ihrem Bereich von Betrieb zu Betrieb übertragen; Zugvögel und aus fremden Ländern importierte Ziervögel (Papageien) haben die Möglichkeit, das Virus weit über Ländergrenzen hinweg zu verbreiten.
Gerade bei der Geflügelpest sind daher alle Maßnahmen, die das Einschleppen der Krankheitserreger verhindern können, strengstens zu beachten.

Krankheitserscheinungen:

Die Inkubationszeit beträgt durchschnittlich 5 bis 6 Tage. Als Krankheitserscheinungen können Mattigkeit, hochgradige Atemnot, verbunden mit heiserem Krächzen, völlige Appetitlosigkeit und anfangs großer Durst, zyanotische Kopfanhänge und Durchfall beobachtet werden. Anschließend können sich bei einem Teil der Tiere nervale Erscheinungen wie Tremor, Krämpfe, Halsverdrehen und Paralyse der Extremitäten ausbilden. Bei Legehennen sinkt die Legeleistung in kurzer Zeit auf wenige Prozente ab.
Wesentlich für die Höhe der Mortalität und die Stärke der Krankheitserscheinungen erweisen sich die Unterschiede in der Pathogenität der verschiedenen, serologisch allerdings identischen PMV-1-Serotypen. So erfolgt schon seit langem die Unterteilung der ND-Stämme in drei Pathotypen:

- lentogen, apathogen oder nahezu apathogen; das sind alle Impfstämme;
- mesogen, pathogen mit geringer Virulenz;
- velogen, pathogen mit großer Virulenz.

So zeigte sich erstmalig in Österreich im Jahre 1984/85 ein Seuchenzug, der bei Flugtauben und Haustauben seine Verbreitung gefunden und bei diesen zu schweren nervalen Erscheinungen und Todesfällen geführt hat. Infolge dieses Seuchenzuges kam es auch bei einigen Legeherden zu Infektionen und Krankheitsausbrüchen, die jedoch einen mesogenen Charakter hatten, da nur geringe klinische Erscheinungen wie Futterverweigerung und Mattigkeit für 2–3 Tage beobachtet werden konnten, keine Todesfälle auftraten, dagegen aber die Legeleistung in 8 Tagen von 92% auf 5% absank. Erst nach 6 Wochen war die Legeleistung halbwegs wieder in Ordnung.

Veterinärpolizeiliche Bekämpfung der Geflügelpest in Österreich

Die Geflügelpest gehört zu den in § 16 des Tierseuchengesetzes aufgezählten anzeigepflichtigen Seuchen. Nach § 17 dieses Gesetzes ist der Besitzer von Tieren verpflichtet, schon bei einem bloßen Verdacht dieser Seuche unverzüglich die Anzeige zu erstatten. Die Bekämpfungsmaßnahmen sind dazu im § 45a Geflügelpest enthalten: nach behördlicher Feststellung der Geflügelpest hat die Bezirksverwaltungsbehörde die Tötung des seuchenkranken und verdächtigen Geflügels (Hühner, Truthühner, Gänse, Enten u. dgl.) des verseuchten Bestandes und die Schutzimpfung (Adsorbatimpfung) aller gefährdeten Geflügelbestände des betreffenden Ortsteiles oder Ortes anzuordnen. Wenn anzunehmen ist, daß durch derartige Schutzimpfungen der Weiterverbreitung der Seuche wirksam vorgebeugt wird, kann der Landeshauptmann bei Auftreten der Geflügelpest anordnen, daß die Schutzimpfung auch in größeren Gebieten (Gemeinden, Verwaltungsbezirken) allgemein durchgeführt wird.
Da bisher in Österreich nur jene Form der Geflügelpest aufgetreten ist, die mit erheblichen Krankheitserscheinungen und Verlusten einhergegangen ist, fand jedesmal, nach behördlicher Feststellung, die Keulung des Bestandes statt. Erst das Auftreten der mesogenen Form, ohne vermehrte Ausfälle, führte, trotz Feststellung der Seuche zu einer Abkehr der Keulungsanordnung von Seiten der Behörde. Es bleibt daher abzuwarten, wie in Zukunft die Behörde entscheidet, die Lebendimpfung wird jedoch nach wie vor nicht gestattet. Adsorbatimpfungen dürfen durchgeführt werden.

9.5.4.1. *Vakzination gegen ND*

Zur Bekämpfung der Geflügelpest in Österreich verbleiben neben den bekannten hygienischen Maßnahmen und der Keulung bei Feststellung der Seuche nur die Impfung mit Adsorbatimpfstoff, die Einzelimpfung mittels der Injektion. Auf der ganzen Welt, nur mit vereinzelten Ausnahmen, hat die Lebendvakzination über Trinkwasser oder Spray die größte Bedeutung erlangt, sie ist einfach in der Anwendung, wirtschaftlich und vor allem auch bei ganz jungen Küken schon von guter Wirksamkeit.
Die Grundlagen der Lebendvakzination bilden schwachvirulente (mesogene) bis avirulente (lentogene) Virusstämme. In Europa werden nur avirulente Stämme (Hitchener B1 und La Sota) verwendet. Der Nachteil der Lebendvakzination ist eine relativ kurze Immunitätsdauer von nur 3–4 Monaten, die es erforderlich macht, die Vakzination nach diesem Zeitabschnitt immer wieder zu wiederholen.
Soll eine Legeherde während ihrer gesamten Produktionszeit vor ND geschützt werden, so ist die Kombinationsvakzination, während der Aufzucht 2- bis 3mal Trinkwasserimpfung und mit ca. 18 Wochen eine Öladsorbatimpfung durch-

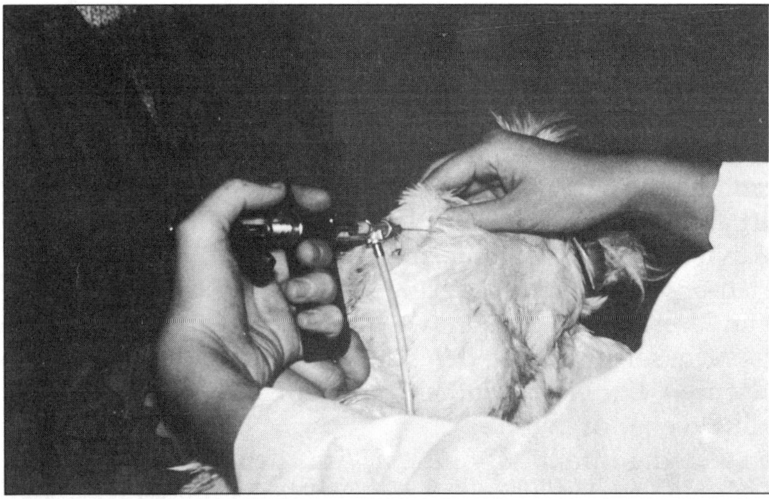

Abb. 147. Technik der Adsorbatimpfung. Die Impfnadel wird über dem Brustbein in Richtung Kopf in die Brustmuskulatur eingestochen.

zuführen, besser zu empfehlen. Diese Kombinationsimpfung vermittelt einen guten Schutz für die gesamte Produktionsperiode und hat bei Elterntieren noch den Vorteil, daß den Nachkommen für die ersten 3 Lebenswochen maternale Antikörper mit dem Brutei mitgegeben werden.

Folgendes Impfprogramm reicht zur Bekämpfung der ND aus:

3.– 4. Lebenswoche	1. Trinkwasservakzination
8.–10. Lebenswoche	2. Trinkwasservakzination
18.–20. Lebenswoche	Öladsorbatimpfung i. m.

Eine Kombination der Impfungen ist über das Trinkwasser vor allem bei der Erstimpfung mit I. B. möglich. Auch bei A.E. und N.D. wird eine gegenseitige Beeinflussung der Impfviren nicht beobachtet. Für Adsorbatimpfungen gibt es Kombinationen mit ND + Gumboro, ND + Gumboro + EDS sowie Kombinationen mit IB-Öladsorbatimpfstoffen; in Österreich derzeit nur ND + Gumboro.

9.5.5. *Coronavirusinfektion des Huhnes – Infektiöse Bronchitis (IB)*

Durch Coronaviren ausgelöste Krankheiten sind uns bisher nur zwei bekannt: Die infektiöse Bronchitis des Huhnes und die infektiöse Enteritis der Pute.
Die infektiöse Bronchitis ist eine meist akut verlaufende Viruserkrankung des Atmungstraktes, die alle Altersklassen von Hühnern befallen kann. Als Folge der hohen Infektionskraft und der damit verbundenen raschen Ausbreitung der Krankheit beobachtet man in der Regel ein gleichzeitiges, schlagartiges Einsetzen der Krankheitserscheinungen bei einem Großteil der Tiere einer Stalleinheit.

Krankheitserscheinungen:
Küken haben erhöhtes Wärmebedürfnis und drängen zur Wärmequelle. Sie röcheln, husten und zeigen Atemnot. Seröser, schleimiger Nasenausfluß, schaumige Sekretstauungen in den Augenwinkeln und eventuell Sinusschwellungen können beobachtet werden. Besonders bei Mastküken leiden Gewichtszunahme und Schlachtqualität sehr. Bei gutartigem Verlauf tritt Heilung in 1 bis 2 Wochen ein. Oft aber treten im Verlauf der infektiösen Bronchitis Komplikationen durch Aktivierung von Mykoplasmen und E.-coli-Keimen auf, die infolge des geschwächten Organismus günstige Vermehrungsbedingungen vorfinden. Diese sekundären Keime dringen weiter in die tieferen Abschnitte des Respirationstraktes ein, setzen sich in den schlecht durchbluteten Nischen der Luftsäcke fest und rufen die bekannten, schweren Formen der chronischen Atmungskrankheit, CRD genannt, hervor.
Bei Junghennen wirkt sich die Infektion mit dem Virus der infektiösen Bronchitis weniger drastisch aus. Im Vordergrund stehen Wachstumdepressionen und Entwicklungsstörungen. Junghennen in gutem Allgemeinzustand überwinden die Infektion im allgemeinen ohne nennenswerte Störungen.
Zu den empfindlichsten wirtschaftlichen Verlusten führt die Bronchitis-Infektion bei erwachsenen Legehennen. Diese reagieren mit einem starken Abfall der Legeleistung, oftmals um mehr als 30%. Diese erhebliche Legedepression kann bis zu 3 Monaten anhalten und verschwindet nach dieser Zeit nur sehr langsam, wobei die Legeleistung die dem Alter entsprechenden Normalwerte selten wieder erreicht. Die Eier bleiben nach Durchseuchung der Herde lange Zeit hindurch klein, und die schlechte Eischalenqualität, verunstaltete und oft weiche Schale, führt zu Beanstandung seitens der Vermarktungsfirma.

Diagnose:
Die Diagnose wird gestellt durch die Anamnese, Pathologie, Histologie, wird aber erst abgesichert durch den Erregernachweis über Eikultur mit Nachweis des gruppenspezifischen Antigens durch Agrargelpräzipation und ELISA.
Differentialdiagnostisch kommen alle Erkrankungen des Atmungstraktes in Frage, bei Legeleistungsabfall alle nicht infektiöse Noxen sowie Adenovirusinfektionen wie Egg-drop-Syndrom und Celovirusinfektion.

9.5.5.1. *Vakzination gegen J. B.*
Eine kausale Therapie ist nicht möglich. Unterstützend wirken alle diätetischen Maßnahmen über die Fütterung. Abschirmung von Sekundärerregern durch Antibiotika.
Da gegen die infektiöse Bronchitis kein wirksames Medikament bekannt ist, hat

sich neben allgemein hygienischen Maßnahmen allein die Vakzination als einzige in der Praxis durchführbare Abwehrmaßnahme bewährt.
Bei den derzeitig gebräuchlichen Impfstoffen handelt es sich um Lebendvakzinen, die in der Regel mit dem Trinkwasser verabreicht werden.
Grundsätzlich wird für Legehennen und Elterntiere, um einen halbwegs ausreichenden Immunschutz zu erreichen, eine zweimalige Impfung empfohlen. Bei der Erstimpfung (Vorbereitungsimpfung) in der 4. Lebenswoche, nach Abklingen der maternalen Immunität, darf nur der schwach virulente Virusstamm H-120 (Massachusetts) oder der I.B. Vak. I verwendet werden, damit keine Impfreaktion hervorgerufen wird. Die durch diese Erstimpfung erzielte Basisimmunität hält bestenfalls 16 Wochen. Noch vor dieser Ablaufzeit, am besten in der 9.–12. Lebenswoche, muß daher mit einem stärker wirkenden Impfstamm Massachusetts H-52 oder I.B. Vakc. II nachvakziniert werden, um durch diese Boosterimpfung einen länger anhaltenden Impfschutz zu erreichen. Diese zweite Impfung erzeugt einen Schutz von etwa 5–6 Monaten. Daher ist man in den letzten Jahren besonders bei Elterntieren immer häufiger dazu übergegangen, noch ein zweites Mal mit H-52-Stämmen nachzuvakzinieren, also eine 3. Impfung zwischen der 16.–18. Lebenswoche, d. h. rechtzeitig vor Legebeginn durchzuführen, um die Immunität weiter zu stabilisieren.
Neuerdings werden Vakzine auf der Basis von inaktivierten Erregern, Adsorbatimpfstoffe empfohlen, die bisher jedoch in Österreich nicht zugelassen sind.
Mastküken werden, nur wenn die Notwendigkeit besteht, entweder am 1. Lebenstag mit einer Sprayvakzine (H 120) oder am 10.–12. Tag mit einer Trinkwasservakzine geimpft.
Um postvakzinale Komplikationen zu vermeiden, dürfen nur gesunde Tiere vakziniert werden. Die Tiere dürfen zum Zeitpunkt der Impfung an keiner infektiösen, parasitären oder Mangelkrankheit leiden. Eine tierärztliche Untersuchung ist vor der Impfung unbedingt erforderlich. In klinisch inapparaten, mit Mykoplasmen infizierten Beständen können Erkrankungen an Mykoplasmose auftreten. In solchen Fällen ist die Verabreichung von Mykoplasmen wirksamen Medikamenten (Tylan, Erythromycin, Lincospectin) für 3 Tage nach der Impfung zu empfehlen.
Die Zweitimpfung mit dem virulenteren Impfstamm darf ebenfalls normalerweise zu keiner sichtbaren Reaktion führen, wenn die Impfanweisungen streng befolgt werden und eine entsprechende Basisimmunität durch die Erstimpfung erreicht wurde. Sollten trotzdem Impfreaktionen auftreten, so ist in gleicher Weise wie bei der Erstimpfung zu verfahren.
Da das Vakzinevirus bis ca. 30 Tage nach der Impfung von den Tieren ausgeschieden wird, kann es sich auf die in der Umgebung befindlichen, ungeimpften, empfänglichen Hühner übertragen. Diese Infektion ist nicht aktiv genug,

um eine Immunität hervorzurufen, kann aber gelegentlich, wenn es auf eine ungeschützte Legeherde trifft, Legeleistungsdepression hervorrufen. Wenn daher ein Impfprogramm gegen infektiöse Bronchitis begonnen wird, sollen alle Tiere eines Bestandes in das Vakzinationsprogramm eingeschlossen werden.

Weiters sollen zur Verhinderung einer Impfvirusverbreitung geimpfte Tiere erst 30 Tage nach der Vakzination aus den Aufzuchtbeständen abgegeben werden.

9.5.6. *Leukosen des Huhnes*

Als Leukose bezeichnet man eine virusbedingte Krankheit, welche mit tumorartigen Wucherungen der blutbildenden Organe einhergeht. Sie ist wirtschaftlich bedeutungsvoll und hat während der letzten 40 Jahre sowohl in den Überseeländern als auch in Europa die häufigsten Todesfälle unter den Hühnern verursacht. Wenn diese Krankheit gegenwärtig bei den Hybriden weniger häufig auftritt, so verdanken wir dies den ständigen Bemühungen der Hybridfirmen, zur Zucht nur relativ resistente Linien zu verwenden.

Die Leukose ist keine einheitliche Krankheit, sondern tritt, je nach dem Ausgangspunkt des blutbildenden Organes, in verschiedenen Formen auf; man spricht daher von einem Leukosekomplex und unterscheidet eine lymphatische

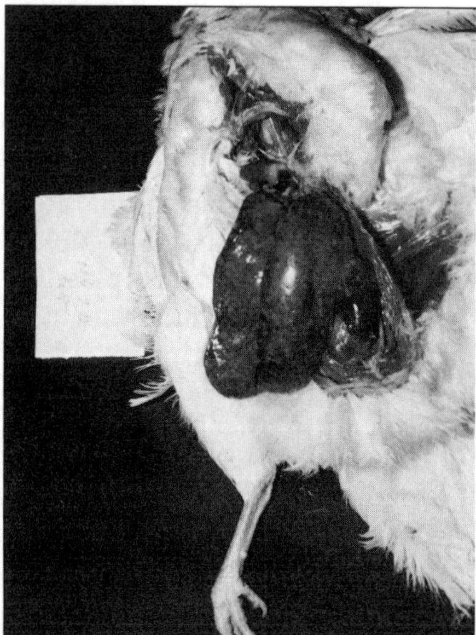

Abb. 148.
Leukose, hochgradig vergrößerte und marmorierte Leber.

und eine myeloische Leukose sowie eine Erythroleukose. Die häufigste ist jedoch die lymphatische, die als Lymphomatose bezeichnet wird.
Der Erreger wird häufig über das Ei von der Henne auf das Küken übertragen und die Infektion kann schon während des Schlupfes im Brutapparat erfolgen. Weiters kann das Virus aber auch durch die Ausscheidung von Nasensekret und Kot kranker Tiere weiterverbreitet werden. Ausschlaggebend für die Erkrankung ist auch das Alter der Tiere. Je jünger die Tiere sind, desto leichter haftet die Infektion.
Althennen zeigen gegenüber Leukose eine Altersresistenz. Die Diagnose wird in der Regel bei der Sektion gestellt. Am häufigsten sind Leber, Milz, Nieren und Eierstock leukotisch verändert, aber auch alle anderen Organe können erkranken. Leber, Milz und Nieren sind hochgradig vergrößert, die Konsistenz dieser Organe ist weich und mürbe. Knotige Leukoseformen sind seltener und stellen offenbar eine mehr chronische Form dar.

9.5.7. *Infektiöse Bursitis (Gumboro)*

Die infektiöse Bursitis ist eine akut verlaufende Virusallgemeinkrankheit der Küken und Junghennen.

Krankheitsverlauf:
Das akute Stadium der Erkrankung besteht in einer hämorrhagischen Entzündung der Bursa Fabricii. Daneben treten schwere Darmentzündungen mit Durchfällen auf. Außerdem werden Vergrößerung, Ödematisierung und gelbliche Verfärbung der Bursa sowie Blutungen in der Skelettmuskulatur beobachtet. Die Inkubationszeit beträgt im allgemeinen 1–5 Tage oder länger und ist abhängig vom Alter und dem Immunstatus der Herde. Die Krankheitsdauer beträgt kaum mehr als 8 Tage, wobei bis zum 4. Krankheitstag die Todesfälle

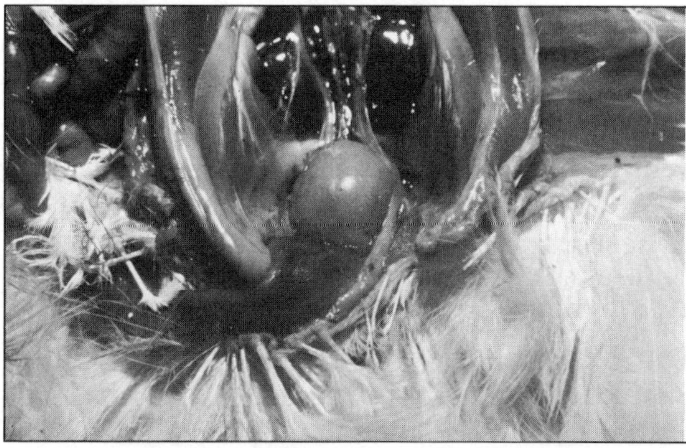

Abb. 149.
Vergrößerte, geschwollene Bursa bei akuter Gumboro.

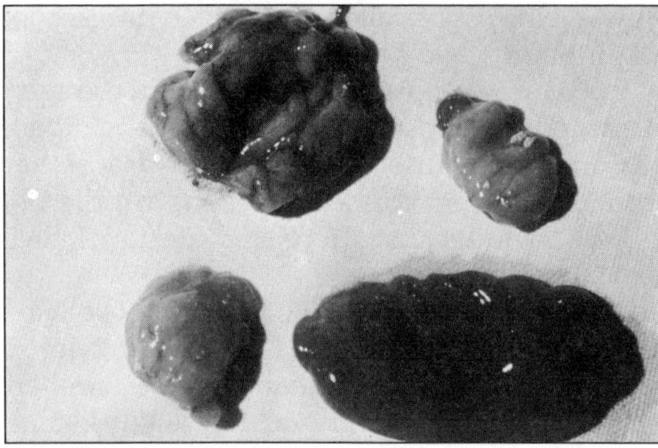

Abb. 150.
Infektiöse Bursitis, Gumboro, verschiedene Stadien der Bursa.

ansteigen, um dann bis zum 8. wieder abzufallen. Nach dem 9. Tag ab Krankheitsbeginn werden meist keine Todesfälle beobachtet, die unmittelbar auf die Krankheit zurückzuführen sind; allerdings können sich durch Sekundär- und Mischinfektionen (z. B. durch E. coli) weitere Krankheitsbilder und Verlaufsformen einstellen. In Mastbetrieben führt die Gumboro-Krankheit zu einer erheblichen Verschlechterung des Mastergebnisses und der Futterverwertung. Bevorzugt werden 2 bis 11 Wochen alte (nur in Ausnahmsfällen bis 18), hauptsächlich aber 3 bis 6 Wochen alte Küken von der Infektion befallen, weil gerade in diesem Zeitraum die höchste Aktivität der Bursa Fabricii besteht. Durch die starken Veränderungen an der Bursa, wie hämorrhagische Entzündung mit rascher Rückbildung und vorzeitiger Verödung dieses Organes, wird das Abwehrsystem bei den überlebenden Kücken auf das Schwerste geschädigt.

Mit der Bursa werden gleichzeitig auch die übrigen für die Infektabwehr verantwortlichen Organe wie Milz, Thymus und die caecalen Tonsillen zumindest vorübergehend in ihrer Funktion beeinträchtigt. Zum Unterschied zur Bursa setzt bei diesen Organen eine Regeneration nach 5 bis 6 Tagen ein.

Als Folge der Infektion und Schädigung des Abwehrsystems entsteht eine erheblich erhöhte Empfindlichkeit gegen andere Infektionserreger. So kann als Folge einer Gumboro-Infektion eine Reihe von Ausfallserscheinungen erwartet werden:

- die eigentliche Krankheit (infektiöse Bursitis);
- eine Schwächung der Vitalität und verringerte Zunahme des Körpergewichtes;
- Beeinflussung und Aktivierung anderer latenter Infektionen wie Einschlußkörper-Hepatitis, Marek'sche Krankheit, infektiöse Anämie, gangränöse Dermatitiden und andere bakteriell bedingte Infektionen und Kokzidiose;

- Beeinträchtigung der Immunitätsausbildung, eine sog. Immunsuppression nach Vakzinationen (Impfungen werden unwirksam).

Epidemiologie:
Das Virus wird bis 14 Tage lang mit dem Kot ausgeschieden und ist hoch kontagiös. Es kann durch direkten, aber auch indirekten Kontakt (Stallungen, Futter, Geräte) und durch Überträger (Getreideschimmelkäfer, andere Insekten) verbreitet werden. In verseuchten Ställen kann das Virus mindestens 122 Tage, im verseuchten Futter bis zu 52 Tage infektiös bleiben.

Diagnose:
Die Diagnose wird durch die klinischen Erscheinungen und die Sektion gestellt. Da aber die Veränderungen nicht unbedingt pathognomonisch sind, muß die Diagnose durch Virusisolierung, zumindest aber durch serologische Untersuchung gesichert werden. Differentialdiagnostisch kommen alle Erkrankungen, die unter dem Bild eines hämorrhagischen Syndroms einhergehen wie Sulfonamidüberdosierung, Mykotoxikosen, Nephritis-Nephrose-Syndrom, Newcastle Disease und Staphylokokkeninfektionen in Frage.

Behandlung:
Keine spezifische Behandlung.

9.5.7.1. *Vakzination gegen Gumboro-Disease*
Die in der Geflügelwirtschaft üblichen Reinigungs- und Desinfektionsmaßnahmen reichen wegen der starken Stabilität des Virus gegenüber Umwelteinflüssen nicht aus, eine Entseuchung herbeizuführen. Bei einmal befallenen Geflügelhaltungen kommt es bei jedem weiteren Aufzucht- und Mastdurchgang zu erneutem Ausbruch der Seuche.
Allein die Vakzination mit Lebend- und Öladsorbatimpfstoff führt zu einem entsprechenden Schutz für Elterntiere und Küken.
Die Vakzination gegen die Inf. Bursitis ist heute wohl die wichtigste Impfung überhaupt, da sie eine Entzündung der Bursa Fabricii des jungen Kükens verhindert und damit die Ausbildung und Erhaltung des gesamten Abwehrsystems sicherstellt, wodurch die Widerstandskraft gegen Krankheiten, die Immunitätsausbildung nach Infektionen oder Impfungen gewährleistet wird.
Die erste Vakzination braucht bei Kücken mit ausreichenden maternalen Antikörpern nicht vor einem Alter von 3–4 Wochen erfolgen. Geimpft wird mit einem Lebendimpfstoff als Trinkwasservakzination. Der Impfschutz tritt sehr schnell ein und ist bereits nach 4 Tagen belastbar. Die ersten Antikörper treten ab dem 5. bis 6. Tag nach der Vakzination auf. Die Immunität persistiert nach einer ordnungsgemäßen Vakzinierung mehr oder weniger für eine Legeperiode.

In letzter Zeit setzt sich eine Öladsorbat-Vakzine zur Boosterung der Elterntiere vor der Legeperiode mehr und mehr durch. Die Wirkung dieser Vakzine ist von besonderer Bedeutung, wenn ihre Anwendung auf Tiere beschränkt wird, die bereits aktiv gebildeten Antikörper besitzen. Der erzeugte Boostereffekt ist so stark, daß die Antikörperwerte höher als nach einer Revakzinierung mit Lebendvakzinen sind. Dadurch wird gewährleistet, daß während der gesamten Legeperiode ausreichend hohe Antikörperwerte persistieren und auf das Ei übertragen werden. Bei Küken für die Broilermast, deren Eltern mittels Trinkwasservakzine und einmal kurz vor der Legeperiode mit der Öladsorbatvakzine geimpft wurden, ist deshalb eine zusätzliche Gumboroprophylaxe nicht mehr nötig, da die maternalen Antikörper bis in die 7. Lebenwoche anhalten.
Die Impfdosis beträgt bei den gebräuchlichsten Impfstoffen 0,5 ml pro Tier und muß intramuskulär injiziert werden. Diese Impfung soll, um eine optimale Übertragung von maternalen Antikörpern zu sichern, 3 bis 7 Wochen vor Legebeginn (16. bis 20. Lebenswoche) durchgeführt werden.
Diese Öladsorbatvakzination kann auch in Kombination mit anderen Impfstoffen wie z. B. gegen Newcastle Disease oder Egg-drops-Syndrom verabreicht werden.

9.5.8. *Adenovirusinfektionen des Huhnes*

Zu den Adenovirusinfektionen des Huhnes ist eine Reihe von Krankheiten einzuordnen wie die Celo-Virusinfektion, Einschlußkörperchen-Heptatitis, infektiöse Anämie und das Egg-Drop-Syndrom 76. Für die Pute sind die hämorrhagische Enteritis und beim Fasan die Marmormilzkrankheit charakteristische Adenovirusinfektionen.

9.5.8.1. *Celo-Virusinfektion*

Die Celo-Virusinfektion hat ihren Namen von der Abkürzung für *c*hick *e*mbryo *l*ethal *o*rphan und wird durch eine relativ mild oder subklinisch verlaufende Krankheit der Legehenne charakterisiert.

Krankheitserscheinungen:
Verursacht wird die Krankheit durch Serotypen FAV 1–12 (Fowl-Adenovirus). Die klinischen Symptome sind oft so gering, daß sie durch den Geflügelmann übersehen werden. Kurzfristige, respiratorische Symptome und Absinken der Futteraufnahme leiten die Krankheit ein und führen in der weiteren Folge zu einem Absinken der Legeleistung um ca. 5–15% sowie zu einer vorübergehenden Verschlechterung der Eischalenqualität, die gekennzeichnet wird durch das vermehrte Auftreten von Fließeiern. Braunschalige Eier werden vorübergehend auch heller.

Übertragung:
Adenoviren besitzen eine große Resistenz in der Außenwelt, wodurch eine weite Verbreitung gesichert wird. Die Infektion kann horizontal von Tier zu Tier, durch die Luft von Herde zu Herde, durch Kot, Futter, Wasser, Kleidung und Eierkartons erfolgen.

Diagnose:
Bei der Sektion sind die pathologisch-anatomischen Veränderungen oft so gering, daß sie übersehen werden, sie zeigen sich in geringen Schwellungen der Leber, Milz und Nieren sowie durch eine milde Katarrhalpneumonie. Histologische Veränderungen zeigen sich durch eine Hepatitis, leichtgradige Lungenentzündung und eine vorüberehende katarrhalische Entzündung mit Ödemen und zelluläre Infiltration der Uterusschleimhaut.
Die Sicherung der Diagnose wird durch serologische Blutuntersuchung mittels des AGP-Tests und der histopathologischen Ergebnisse bei gleichzeitiger Abwesenheit von pathogenen Bakterien gestellt.
Differentialdiagnostisch müssen andere respiratorische Krankheiten, vor allen I.B. und Mykoplasmose, in Betracht gezogen werden.

Behandlung:
Keine, außer der konsequenten Kontrolle der einzelnen Ausbrüche. Den Krankheitsverlauf verkürzen und beeinflussen günstig Vitamin-Elektrolyt-Verabreichungen für 5 bis 7 Tage und spezielle Streß-Prämixe über das Futter für 7 bis 14 Tage. Die Verabreichung von hohen Dosen eines Breitbandantibiotikums ist nicht üblich und wegen der Absetzfrist problematisch.

Vorbeuge:
Verbesserung der Hygiene, Beschränkung des Siedelns und Zusammenbringen verschiedener Aufzuchtherden vermindern die Gefahr des Einschleppens der Krankheit.

9.5.8.2. *Including-Body-Hepatitis*

Die Including-Body-Hepatitis, kurz IBH, wird auch als aplastische Anämie oder Hepatomyelopathie bezeichnet und wird durch das Adenovirus Tipton hervorgerufen. In Österreich wurde die IBH im Jahre 1974 von Köhler und Hromatika-Vasicek diagnostiziert, hat aber seither keine besondere wirtschaftliche Bedeutung erlangt. Latente Infektionen unter erwachsenen Hühnern scheinen demnach weit verbreitet zu sein, da bei routinemäßigen serologischen Untersuchungen des öfteren Antikörper gegen Tipton im Agargelpräzipitationstest festgestellt werden.

9.5.8.3. *Egg-Drop-Syndrom 76 (EDS 76)*

Das „Egg-Drop-Syndrom 76" ist eine Virusallgemeinkrankheit, die durch ein plötzliches Absinken der Legeleistung und Defekte an den Eischalen charak-

Abb. 151. Windeier, Gummieier bei Egg-Drop-Syndrom.

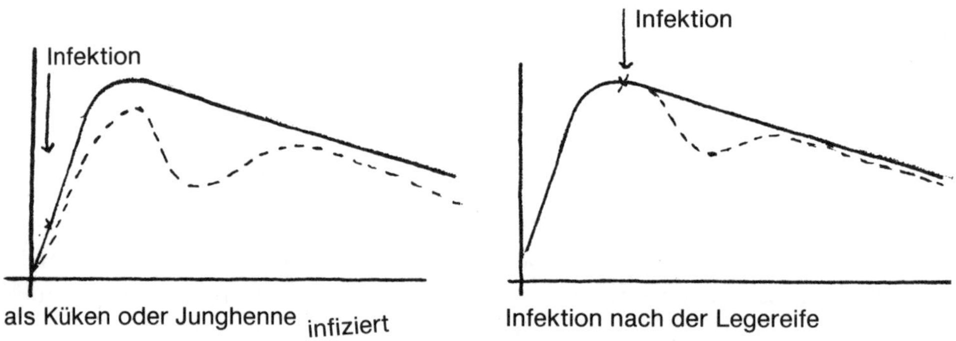

Abb. 152. Legeleistung bei EDS 76 unterschiedlich nach Infektionszeitpunkt.

terisiert wird. Für eine kurze Zeit werden Eier mit außerordentlich dünnen oder weichen Schalen, mit unnormalen Kalkeinlagerungen sowie Eier ohne Schalen gelegt. Bei Tieren, die braunschalige Eier legen, hellt die Pigmentierung auf. Die Legeleistung kann geringfügig bis stark sinken oder für einige Zeit auch ganz sistieren.
Die Diagnose wird durch serologische Untersuchung gestellt. Das EDS-Virus verhält sich wie andere Adenoviren, wobei die Infektion von Tier zu Tier deutlich beobachtet werden kann. Ist in einem Mehrstufenbetrieb das Egg-Drop-Syndrom endemisch, so tritt die Krankheit mit einger Sicherheit bei jeder neu eingestallten jungen Legeherde wenige Wochen nach dem Kontakt mit den Althühnern auf.

Vorbeuge:
Ein Impfstoff wurde in Form einer Öladsorbatvakzine in Holland entwickelt, die nach einer Impfung zwischen der 14. und 18. Lebenswoche einen guten Schutz für die ganze Legeperiode vermittelt.
Die Impfung kann ohne nachteilige Folgen auch mit der Impfung gegen ND oder Gumboro kombiniert weden. Der Erfolg dieser Impfung ist in befallenen Beständen augenscheinlich und vom wirtschaftlichen Standpunkt unbedingt notwendig.

9.5.9. *Herpesvirus-induzierte Krankheiten beim Huhn*

Die bedeutendsten und schwierigsten Krankheiten beim Wirtschaftsgeflügel werden durch Herpesviren hervorgerufen. Es sind dies die infektiöse Laryngotracheitis und die Marek'sche Krankheit beim Huhn und die Entenpest beim Wassergeflügel (Ente, Gans und Schwan).

9.5.10. *Infektiöse Laryngotracheitis (ILT)*

Die infektiöse Laryngotracheitis, auch unter ILT bekannt, ist eine zyklisch verlaufende Virusallgemeinkrankheit, die durch ein Herpes-Virus verusacht wird und sich als Krankheit der Atemwege im oberen Respirationstrakt manifestiert.

Krankheitserscheinungen:
Wie bei allen Infektionen mit dem Erreger einer Herpesvirusart führt auch eine ILT-Infektion zu unterschiedlichen Krankheitsbildern beim Einzeltier und zu verschiedenen Verlaufsformen innerhalb einer Hühnerherde.
So werden nach Seifried (1938) am Einzeltier drei Befunde je nach dem Infektionsweg erklärt:

- Schnupfenform, infolge Erregerübertragung durch die Luft, nur beschränkt auf die Kopfschleimhäute;
- Kehlkopf-, Luftröhrenentzündung, die durch indirekte Aufnahme der Erreger entsteht;
- Mischform, beginnend im Kopfbereich und absteigend bis in die tiefen Atemwege.

Der Krankheitsverlauf in einer Herde wird von Seddon (1958) folgendermaßen eingeteilt:
- stürmische Durchseuchung mit Krankheits- und Todeshäufigkeit über 50%;
- rasche Erkrankung von mehr als 50%, tödlicher Ausgang aber nur bei 10% bis 15% der Tiere;
- langsame Ausbreitung in der Herde mit Krankheits- und Todesfällen unter 10%;
- keine Störung des Allgemeinbefindens der Tiere, allenfalls Leistungseinbuße.

Schwere der Erkrankung und Verlaufsform sind von einer Reihe verschiedener Faktoren wie Virulenz des Erregers, aufgenommene Erregermenge und Infektionsweg abhängig, aber auch Tierbesatzdichte und Klimabedingungen, naßkaltes Wetter beeinflussen den Krankheitsverlauf. Die Inkubationszeit beträgt 6–12 Tage.

Bei den schwersten Veränderungen am Kehlkopf und Luftröhre kommt es zu Blutaustritt in die Luftröhre und Erstickungstod.

Bei milden Verlaufsformen kommt es nur zu leichten respiratorischen Symptomen ohne Verluste mit mehr oder weniger starkem Rückgang der Legeleistung. Die Krankheit kann in jedem Alter auftreten, vornehmlich jedoch werden ältere Tiere betroffen.

Übertragung:

Das ILT-Virus wird mit dem Kot, Augensekret und Trachealschleim ausgeschieden und ist hoch kontagiös.

Die natürliche Übertragung erfolgt ausschließlich über den Respirationstrakt. Dabei kommt es in der Regel zu direkten Kontaktinfektionen. In den meisten Fällen wird die ILT durch zugekaufte Tiere im Bestand eingeschleppt.

Indirekte Übertragung über verseuchte Gegenstände, vor allem durch virushältigen Staub auf Transportsteigen und Eierkartons sind bekannt. Eine Eiübertragung des Erregers findet nicht statt, da von der Mutter infizierte Embryonen vor Ablauf der Bebrütungszeit absterben.

Das Virusreservoir stellen Hühner dar, die nach Infektion praktisch lebenslang Virusträger sein können. Bei etwa 2% aller Rekonvaleszenten muß man mit diesen für alle Herpesviren charakteristischen persistierenden Infektionen rechnen.

Dies trifft auch bei Herden zu, die durch Vakzination einen Impfschutz besitzen, selbst nach einer gegebenen Infektion nicht erkranken, das Feldvirus aber ausscheiden und weiterverbreiten. Aus diesem Grunde kann die Impfung nur mit einigen Einschränkungen und nicht generell empfohlen werden.

Diagnose:
Die Diagnose wird gestellt durch die klinischen Symptome, aufgrund des Sektionsergebnisses und der histologischen Untersuchung der Trachea. Zur Absicherung, besonders bei klinisch milden Verlaufsformen, dient der spezifische Antikörpernachweis oder der Virusnachweis selbst.

Behandlung:
Eine spezifische Behandlung gibt es nicht. Chemotherapeutika und Antibiotika können zur Verhinderung von Sekundärinfektionen über das Futter eingesetzt werden. Zur schnelleren Durchseuchung, Abkürzungen der Rekonvaleszenz und Wiedererreichen der Legeleistung eigenen sich besondere Diät- und Streßprämixe, die über das Futter verabreicht werden.
Der Impfstoff ist in Österreich nicht zugelassen. Sollten aber, wie beim letzten Seuchenzug, sporadische Fälle auftreten, wird vom zuständigen Gesundheitsministerium für bestimmte Fälle die Vakzination unter behördlicher Aufsicht freigegeben.

Vorbeuge:
In erster Linie sind hier alle seuchenhygienischen Grundsätze zu nennen, die zur Verhütung der Seucheneinschleppung beitragen.
Vorsicht bei Zukauf und Ortswechsel von Tieren!
Die Vakzination ist nur in akut gefährdeten Betrieben einzusetzen.
Großflächige Impfungen sind abzulehnen.

9.5.11. *Marek'sche Krankheit*

Die Marek'sche Krankheit stellt eine den virusbedingten aviären Neoplasien zugeordnete, von der Geflügelleukose streng zu trennende, beim Haushuhn häufige, bei anderen Hühnervögeln seltener auftretende, weltweit verbreitete, sehr kontagiöse Erkrankung dar. Sie wird auch Polyneuritis gallinarum, Marek'sche Geflügellähme, Marek'sche Diseaase (MD), Neurallymphomatose, Viscerallymphomatose genannt.
Die von Marek schon 1970 eingehend beschriebene infektiöse Hühnerlähmung hat durch die Intensivierung der Geflügelhaltung besondere Bedeutung erlangt. Im Jahr 1967 wurde von Churchill der Erreger als ein Herpes-Virus identifiziert. Der Erreger kann im Gehirn, in der Nervensubstanz, den Nieren, im Kot, aber auch an der Hautoberfläche, in den Federfollikeln nachgewiesen

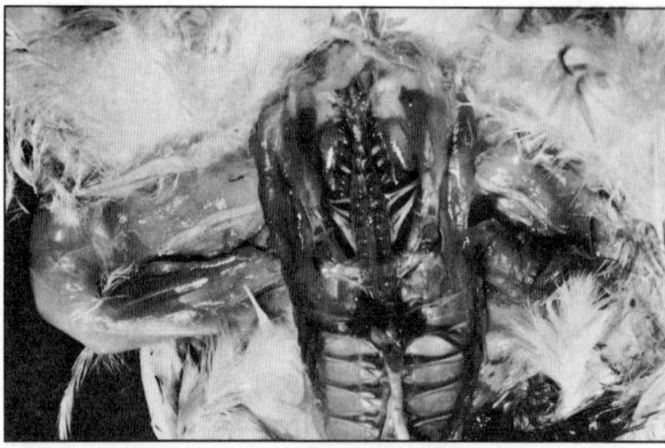

Abb. 153.
Stark verdickter Nervenstrang, Lumbalgeflecht und Ischiasnerv.

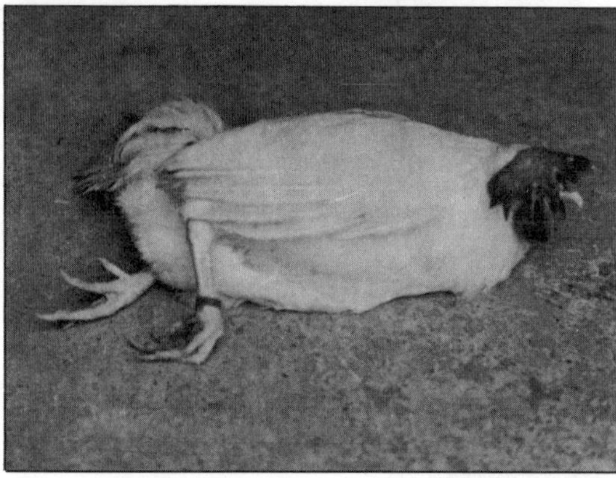

Abb. 154.
Marek'sche Krankheit; Nervenform, vollständige Lähmung.

Abb. 155.
Tumor im Drüsenmagen.

werden. Das Virus wird vom infizierten Tier überwiegend durch Abstoßung von Zellen der Hautoberfläche ausgeschieden. Für die Weiterverbreitung spielt der Staub in den Stallungen, in dem das Marek-Agens bis zu 8 Monaten in infektiöser Form enthalten sein kann, die bedeutendste Rolle. Am empfänglichsten sind frisch geschlüpfte und wenige Tage alte Küken. Nach ca. 6 Wo-

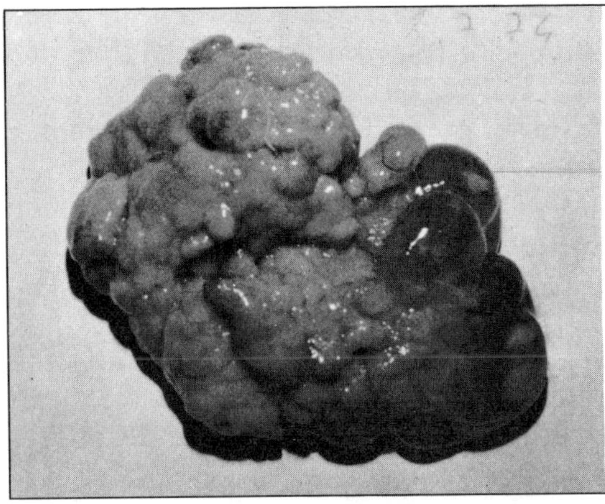

Abb. 156.
Tumor des Eierstockes einer legereifen Henne (Marek'sche Krankheit, Tumorform).

chen entwickelt sich verhältnismäßig rasch eine Immunität, so daß über 16 Wochen alte und ältere Tiere kaum mehr zu infizieren sind. Die Inkubationszeit beträgt 3 Wochen bis 8 Monate.
Neuere Erkenntnisse haben gezeigt, daß in einer erwachsenen Hühnerherde verschiedene Marek-Virusarten unterschiedlicher Virulenz gleichzeitig vorhanden sein können. Für den Ausbruch einer Krankheit und die Höhe der Verluste ist es entscheidend, welche krankmachende Potenz jenes Marekvirus besitzt, das den Tierkörper zuerst befällt.
In der Praxis treten zwei verschiedene Formen der Marek'schen Krankheit auf:

Die klassische Form, seit langem bekannt, tritt mit ca. 1% bis 5% Verlusten zwischen der 10. bis 25. Lebenswoche auf. Es kommt dabei zu Wucherungen im Nervensystem, wodurch die ersten klinischen Symptome, ein etwas steifer Gang und Lähmungserscheinungen an Flügeln und Beinen beobachtet werden. Da verschiedene Nerven befallen sein können, treten vielseitig klinische Erscheinungen auf. Bei Erkrankung des Nervus vagus wird die Motorik des Kropfes und Magens gelähmt, und es entstehen daraus Kropferweiterungen und Muskelmagen-Atrophien. Bei Befall der Zwischenrippennerven kommt es zu Atemnot und bei Lähmung der Ciliarmuskulatur zu Pupillendeformationen. Gelähmte Tiere magern ab, verhungern und verdursten, da sie keine Möglichkeit haben, zu Futter- und Trinkplätzen zu gelangen.

Die akute Form der Marek'schen Krankheit ist gekennzeichnet durch Geschwülste an den inneren Organen: Vormagen, Eierstock, Nieren, Milz, Herz und Leber. Durch diese Krankheitsform können Verluste bis zu 40% auftreten. Diese Tumorform tritt zwischen der 12. und 35. Lebenswoche auf und verursacht oft schwere wirtschaftliche Verluste.

Übertragung:
Die natürliche Übertragung des Marekvirus erfolgt hauptsächlich über den Respirationstrakt.
Daneben wird auch die indirekte Übertragung mit belebten und unbelebten Vektoren beobachtet. Als belebte Vektoren sind die Vogelmilbe, der Hühnerfloh und auch der Getreideschimmelkäfer bekannt. Unbelebte Vektoren sind Haut- und Federpartikel, Staub, Futter und Trinkwasser sowie alle Einrichtungsgegenstände und Stallgeräte.
Eine Eiübertragung gilt als nicht wahrscheinlich.
Die Virusausscheidung beginnt etwa 1–2 Wochen nach der Infektion und kann bis zu 18 Monate anhalten. In einem Bestand breitet sich die Infektion rasch aus und führt innerhalb 8 Wochen zur Verseuchung des ganzen Bestandes. Klinische Erkrankungen sind jedoch weit weniger häufig.
Neben dem Vorkommen unterschiedlich virulenter Virusstämme wird das Auftreten von Erkrankungen auch durch die unterschiedliche Empfänglichkeit ingezüchteter Hühnerlinien sowie durch das Alter der Tiere beeinflußt. Ab der 13. Lebenswoche verringert sich die Krankheitsempfänglichkeit beträchtlich. Das Virusreservoir bilden infizierte Tiere, die das Virus beherbergen, selbst aber nicht erkranken.

Diagnose:
Die Diagnose ist leicht aufgrund der klinischen Symptome, der pathologisch-anatomischen Veränderungen, im Zweifelsfall durch pathohistologischen Befund zu stellen.

Behandlung:
Keine.

9.5.11.1. *Impfung gegen Marek'sche Krankheit*
Wegen der hohen Kontagiosität des Marek-Virus spielt die Ein- und Verschleppung des Erregers die größte Rolle. Aus diesem Grunde ist auch das „all-in-, all-out"-Prinzip bei der Aufzucht von Küken zu empfehlen. Zu den hygienischen Maßnahmen gehören konsequente Bruthygiene, die Trennung von Altersgruppen und das Ausmerzen klinisch kranker Tiere. Neben diesen hygienischen Maßnahmen wäre noch auf die Zucht genetisch resistenter Hühnerlinien zu verweisen. Die hauptsächlichste Prophylaxe bei der Marek'schen Krankheit stellt jedoch die Schutzimpfung der Eintagsküken mit Lebendimpfstoffen dar.
Geimpft werden Eintagsküken, kurz nach dem Schlupf, mittels einer intramuskulären Injektion einer bestimmten Dosis Marek-Vakzine in den Oberschenkel oder Nackenhaut. In Österreich sind zur Zeit für die Vakzination ausschließlich

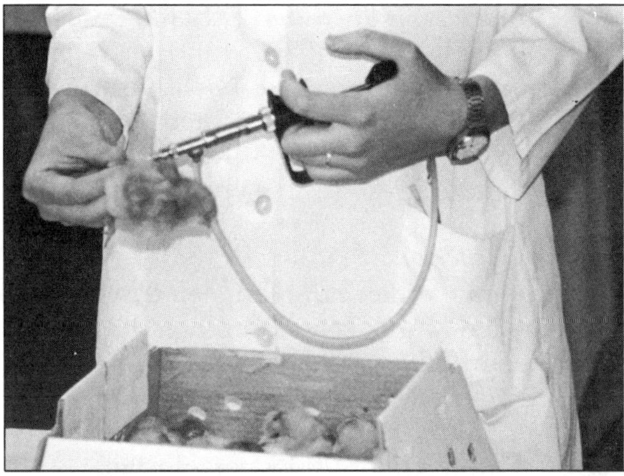

Abb. 157.
Impfung gegen Marek'sche Krankheit bei Eintagsküken.

Puten-Herpes-Virusstämme zugelassen, die apathogen für Hühner sind und die Küken nach parenteraler Applikation gegen Infektionen mit virulentem Marek-Feldvirus zu schützen vermögen.
In letzter Zeit bemüht man sich auch den homologen Impfstamm (Rispen) nach Österreich zu bringen, damit die Möglichkeit zur Bekämpfung der Marek'schen Krankheit erweitert wird.
Im Handel sind sowohl zellassoziierte Impfstoffe, die nur in tiefgekühltem Zustand bei ca. –170° C (flüssiger Stickstoff) bis zu dem angegebenen Ablaufdatum haltbar sind und gefriergetrockente, lyophilisierte, die im gewöhnlichen Kühlschrank bei 2°–4° C lagerfähig sind. Da beide Formen gleich wirksam sind, werden die lyophilisierten Impfstoffe bevorzugt.

9.5.11.2. *Durchführung der Marek-Vakzination*
Die auf der Verpackung oder dem Beipacktext angegebene Impfdosis muß genau beachtet werden, da es Impfstoffe gibt, deren Impfdosis mit 0,1 ml, und andere, deren Dosis mit 0,2 ml pro Tier angegeben wird.
Die tiefgefrorene Zellsuspension wird in handwarmem Wasser aufgetaut und anschließend mittels steriler Spritze und Nadel mit der entsprechenden Menge Lösungsmittel verdünnt.
Die lyophilisierte Substanz wird in 2 ml Lösungsmittel aufgelöst und nach der Auflösung gleichfalls in dem entsprechenden Volumen Lösungsmittel weiterverdünnt.
Das empfohlene und günstigste Alter für die Impfung ist der erste Lebenstag. Die Injektion erfolgt mittels einer automatischen, selbst dosierenden Impf-

spritze, gleich einer Pipettierspritze, intramuskulär in den Schenkel. Gelöste und gebrauchsfertig verdünnte Vakzine soll innerhalb 1 Stunde verwendet werden, da sie nach dieser Zeit rasch an Wirkung verliert. Nicht verwendete Vakzinelösungen sind nach Abschluß der Impfung zu vernichten.
In großen Betrieben, bei der Vakzination mehrerer 100.000 Küken sind automatisch dosierende Impfgeräte in Verwendung.

9.5.11.3. *Mögliche Ursachen von Impfdurchbrüchen:*
Da keine einwandfreien Beweise gefunden werden konnten, daß das Vorhandensein von maternalen Antikörpern gegen Marek'sche Krankheit die Schutzwirkung der Vakzination wesentlich beeinflußt, wird das Auftreten von sogenannten Impfdurchbrüchen auf verschiedene Faktoren zurückgeführt:
- *Marek-Virus:* als erster und wichtigster Faktor fungiert eindeutig der Erreger selbst, das Feldvirus, seine Virulenz, Pathogenität und Kontagiosität.
- *Genetik:* die Empfänglichkeit der Hühner für das Marek-Virus ist genetisch veranlagt. Zucht auf hohe Legeleistung bedingt höhere Empfänglichkeit.
- *Alter:* altersbedingte Resistenz; je früher die Küken infiziert werden, desto höher ist die Mortalitätsrate. Mit ca. 16 Wochen tritt Altersresistenz ein.
- *Geschlecht:* Hennen erkranken häufiger als Hähne.
- *Interferenz:* Die Infektion junger Küken mit milden oder avirulenten Feldstämmen vermag eine nachfolgende Infektion mit virulenten Stämmen zwar nicht zu verhindern, aber die Tumorbildung wird entweder ganz unterbunden oder doch drastisch reduziert. Der Impferfolg bei Eintagsküken wird in den ersten Tagen bis zur Ausbildung von Paraimmunitäts- und Immunitätsreaktionen ganz wesentlich durch die Interferenz bestimmt.
- *Frühinfektion:* Das Einstellen der vaccinierten Eintagsküken in eine kontaminierte, nicht genügend gereinigte und desinfizierte Umgebung verursacht eine Frühinfektion vor der Ausbildung der Immunität. Eine Frühinfektion kann auch infolge gemeinsamer Aufzucht junger Küken in Kontakt mit Hühnern verschiedener Altersgruppen auftreten.
- *techn. Fehler:* fehlerhafte Lagerung der Vakzine; Fehler bei der Lösung der Vakzine; fehlerhaftes Impfbesteck und dadurch bedingte falsche Dosierung; Fehler bei der Impftechnik, wobei die Vakzinelösung, ehe die Nadel in den Muskel eingedrungen ist, ausgepreßt wird; zu rasches Arbeitstempo – normal können 1000–1200 Küken pro Stunde und Impfperson vakziniert werden; Titerverlust der gebrauchsfertigen Virusverdünnung infolge zu langsamer Impfung – der gelöste Impfstoff soll binnen einer Stunde verimpft sein –, Verwechslung von Kartons oder Containern mit geimpften und ungeimpften Küken, so daß einige Küken ungeimpft bleiben.
- *Streß bei Einstallung der Küken*: Zu langer Transport nach der Impfung; Einstel-

lungsstreß; Mykotoxine im Futter; Gumboro-Infektion bei Küken mit ungenügenden maternalem Schutz gegen Gumboro. Selbst starker Transport- u. Einstallungsstreß bei schon älteren Junghennen kann Marek auslösen. Werden alle diese Punkte bei der Vakzination gegen Marek'sche Krankheit beachtet und streng eingehalten, so wird das Auftreten dieser Krankheit durch die Impfung weitgehend reduziert und auf ein Minimum von 0% bis höchstens 3% Ausfälle herabgedrückt.

9.5.12. *Geflügelpocken – Pockendiphtheroid*

Geflügelpocken waren vor dem Zweiten Weltkrieg in Österreich noch eine häufige Krankheit (Gratzl und Köhler 1968). Heutzutage tritt diese durch ein epitheliotropes Virus hervorgerufene Erkrankung im süddeutschen Raum äußerst selten auf.
Geflügelpocken treten in zwei verschiedenen Verlaufsformen mit unterschiedlichen Krankheitserscheinungen auf.
– *Die Hautform* wird gekennzeichnet durch die Ausbildung von reiskorn- bis kirschengroßen Pocken von dunkelbrauner bis schwarzer Farbe im Nasenbereich und Schnabelwinkel, an Kehllappen und Ohrscheiben, an den unbefiederten Körperteilen, besonders an Kamm und Augenlid, selten an den Ständern, an Hals, Bauch, Rücken und Kloakenbereich.

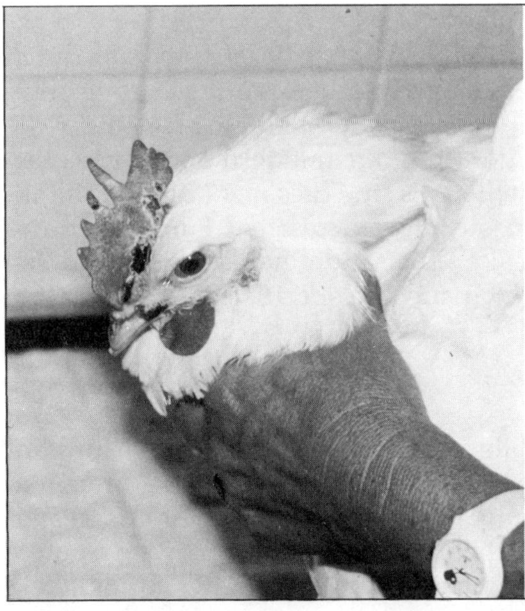

Abb. 158. Geflügelpocken.

– *Die Schleimhautform* führt zur Ausbildung von diphteroiden Belägen auf der Schleimhaut der Schnabelhöle, der Gaumenspalte, der Rachenhöhle, der Zunge und des Kehlkopfes. Durch die Beläge im Kehlkopf kann es zu schwerer Atemnot und zu Erstickungstod kommen.
Beide Formen können auch gemeinsam als gemischte Hautpocken-Schleimhautform in einer Herde auftreten. Der wirtschaftliche Schaden, den diese Krankheit anrichtet, wird weniger durch die dabei auftretenden Todesfälle als vielmehr durch die beträchtliche Leistungsminderung (Legeleistungsabfall für Monate und schlechte Mastleistung) hervorgerufen.
Zur Schutzimpfung der Hühner werden zwei verschiedene Impfstoffe verwendet, der Hühnerpocken- und der Taubenpocken-Impfstoff.
Der Taubenpocken-Impfstoff wird schon jahrzehntelang zur Schutzimpfung gegen Hühnerpocken verwendet. Zur Impfung wird am Unterschenkel des Huhnes nach Entfernen einiger Federn der Impfstoff mittels einer Trephine in die Federfollikel eingerieben. Nach Ausbildung einer Einzelimpfpocke ist der Impfschutz vorhanden, der allerdings nur 6–8 Monate anhält.
Der Hühnerpockenimpfstoff ist in Österreich nicht zugelassen, er vermittelt jedoch eine lebenslange Immunität und seine Handhabung ist durch Flügelstichmethode (Wing-Web.) wesentlich bequemer.

9.6. Faktorielle Erkrankungen

Als Faktorenkrankheiten können wir alle jene Zustände bezeichnen, die durch das Zusammenwirken verschiedener Ursachen und Umstände Leistungsminderungen bei einer Geflügelherde herbeiführen, die mehr oder weniger die Produktivität herabsetzen, die Qualität der Produkte mindern und so die Wirtschaftlichkeit eines Betriebes in Frage stellen. Es sind dies nicht direkte Krankheiten, mehr krankhafte Zustände, die die physiologischen Funktionen des Organismus beeinträchtigen, die Streßkompensation herabsetzen und bei Nichtabstellen der Ursachen letztlich doch auch zu spezifischen Krankheiten führen können.

9.6.1. *Transport- und Einstellungsstreß*

Streß bedeutet für den Organismus Mobilisierung allgemeiner Abwehrfunktionen infolge außergewöhnlicher funktioneller Belastung der Organe. Trotzdem ist während dieser Zeit erhöhter Forderung die Gefahr einer Erkrankung kaum gegeben, erst wenn der Körper in die Ruhephase zurückversetzt wird und die Abwehrkraft hormonell gebremst wird, entsteht der Moment der Anfälligkeit.

- *Transportbelastungen:* langer Transport über 24 Stunden, Wärmestau, Unterkühlung, zu langer Flüssigkeitsentzug, Exsiccose.
- *Einstellbelastung:* Stallklima, zu kalt, zu warm, zu trocken, Staubentwicklung, Formalindämpfe von der Desinfektion, Tränken zu hoch, zuwenig Futtertassen, schimmelige Einstreu.

Krankheitserscheinungen:
Vermehrte Ausfälle in der ersten Lebenswoche durch Nierengicht, Virceralgicht, Muskelmagenerosionen, Coliseptikämie, Colibazillose, Salmonellose, Mykoplasmose, Luftröhrenkatarrhe, Lungenkongestion, Kreislaufkollaps, Aspergillose.

Bekämpfung:
Ursachen weitgehendst vermeiden, auf Wasser- und Futteraufnahme achten. Einstellmedikament ab dem 2. Lebenstag zur Verhinderung der Ausbreitung von Krankheitserregern (Antibiotika und Vitamine) verabreichen.

9.6.2. *Muskelmagenerosion*

Sowohl bei Aufzuchtküken, vornehmlich bei braunen als auch Mastküken, verursachen Muskelmagenerosionen oft schwere wirtschaftliche Einbußen infolge mangelnder Gewichtsentwicklung, verschlechterter Futterverwertung und erhöhter Ausfälle.

Ursache:
Schon am Ende der Bebrütung können Blutungen im Muskelmagen der Embryonen auftreten, die später abheilen oder durch Hinzutreten anderer Faktoren wie verspätete Wasser- und Futteraufnahme sich verschlechtern oder erst

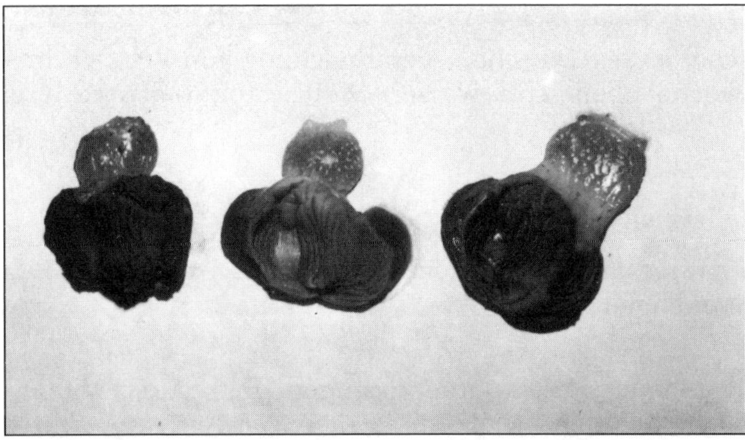

Abb. 159. Muskelmagenerosion.

entstehen können. Später auftretende Muskelmagengeschwüre und Muskelmagenerosionen werden mit Vitamin-B_6- und Vitamin-B_{12}-Mangel, erhöhten Histaminmengen im Futter wie auch mit Mykotoxikosen in Verbindung gebracht.

Vorbeuge und Behandlung:
Ausreichende und geeignete Trink- und Futtergefäße, Vitamingaben (Vit. E, B_6 und B_{12}).

9.6.3. *Osteopathien – Bein- und Skelettveränderungen – Rachitis*

Verkalkungsstörungen während des Wachstums werden als Rachitis, chronisch fortschreitende Entkalkungen bei Legehennen als Osteomalazie bezeichnet.

Ursachen:
Genetisch verankerte Schnellwüchsigkeit der Mastküken und verzögerte Ossifikation, Störung des Calcium-Phosphor-Verhältnisses, Vitamin-D_3-Unterversorgung, eventuell infolge von Mykotoxikosen oder Oxidation von Futterfetten mit nachfolgender Vitamin-D_3-Blockade. Resorptionsstörungen des Darmes infolge katarrhalischer Enteritis, zu hohen NaCl-Gaben, oft in Verbindung mit Melasse oder Pelletbindern oder abwegige Proteinverdauung durch zu hohe Proteingaben und Fett im Starterfutter.

Krankheitserscheinungen:
Mattigkeit, Freßunlust, Wachstumsstörungen, Steh- und Gehbeschwerden, Biegsamkeit der Röhrenknochen, Zehenverkrümmungen, Brustbeinverbiegung.

Vorbeuge und Behandlung:
Ergründung und Ausschalten der Ursachen, Verabreichung von Vit. D_3 schon in der ersten Lebenswoche übers Trinkwasser, Multivitaminpräparate und Elektrolyte.

9.6.4. *Osteomalazie – Käfigmüdigkeit*

Tritt meistens bei käfigaufgestallten Legehennen nach ausgezeichneter Leistung in den Sommermonaten auf.

Ursache:
Störung des Mineralhaushaltes, Resorptionsstörungen, Hitzestreß, Vit.-D_3-Blockade durch autoxidiertes Futter.

Krankheitserscheinungen:
Leistungsrückgang, schlechte Eischalenqualität, Knochenbrüchigkeit.

Vorbeuge und Heilung:
Feststellen und Abstellen der Ursachen, Futteranalyse, Vitamingaben von Vit. C 100 mg/Tier und Tag und Vitamin D_3 3000 IE/kg Futter oder Multivitamine.

9.6.5. *Perosis (Fersenbeinkrankheit)*

Abgleiten der Achillessehne vom Rollhöcker des Tarsalgelenkes.

Ursachen:
Rasches Jugendwachstum, ungenügende Bewegung, zu hohe Aufzuchttemperatur, zu hohe Besatzdichte, Cholin-, Mangan-, Biotin-Unterversorgung, überwiegende Maisrationen.

Krankheitserscheinungen:
Unphysiologische Beinstellung, Verdickung des Sprunggelenkes und Ausdrehen des Beines.

Vorbeuge:
Ausgewogene Mineralstoff- und Vitaminversorgung, Verminderung der Besatzdichte, Bewegungsmöglichkeit.

9.6.6. *Encephalomalazie*

Die Encephalomalazie wird auch als Vitamin-E-Mangel bezeichnet, ein Ausdruck, der nur bedingt zutrifft. Vitamin E hat neben seiner Beeinflussung des Stoffwechsels von Eiweiß, Kohlehydraten, Fetten, Mineralien und Wasser sowie seiner hormonalen Funktion als Sterilitätsvitamin eine wesentliche Bedeutung als Oxidationsschutz gegenüber oxidationsempfindlichen Substanzen in den Geweben.
Bei der Fettverderbnis entstehen ungesättigte Fettsäuren, bei deren Oxidationsreaktionen Vitamin E in größerem Maße verbraucht wird, sodaß es zu Vitamin-E-Mangelerscheinungen kommen kann. Nicht nur ranzige Futterfette, sondern auch hohe Gehalte an ungesättigten Fettsäuren im geschroteten Mais können Encephalomalazie hervorrufen.

Krankheitserscheinungen:
Encephalomalazie tritt frühestens bei zwei Wochen alten Tieren auf. Im Alter von 3 bis 3½ Wochen sind die häufigsten Krankheitsausbrüche. Es kommt zu nervösen Erscheinungen wie Lähmungserscheinungen, Seitenliegen, Radfahrbewegungen und Verdrehen des Kopfes (Opisthotonus) nach oben rückwärts

Abb. 160. Encephalomalacie, Bewegungsstörungen, Kopfverdrehen und Lähmungserscheinungen. Kann durch Verabreichung hoher Vitamin-E-Gaben bekämpft werden.

sowie seitlich-rückwärtiges Überschlagen. Ödeme und Blutungen verursachen cerebrale Erscheinungen.
Die histologische Untersuchung des Kleinhirns gibt Aufschluß über die Krankheit. Differentialdiagnostisch muß aviäre Encephalomyelitis (AE) ausgeschlossen werden.

Vorbeuge und Behandlung
Eine Behandlung erkrankter Tiere ist nicht möglich, der rasche Einsatz von Vitamin E über das Trinkwasser verhindert die weitere Ausbreitung in der Herde. Die Behandlung muß unter Umständen nach einer Woche wiederholt werden.

9.6.7. *Exsudative Diathese*

Exsudative Diathese tritt vornehmlich bei Mastküken in den Wintermonaten auf, wenn aus Gründen der Energieeinsparung die Tiere zu lange (mehr als 14 Tage) auf der zur Hälfte reduzierten Stallfläche gehalten werden und ihnen zu spät der ganze Stall zur Verfügung gestellt wird.
Es ist der Ausdruck eines chronischen Sauerstoffmangels, weil Stalltemperaturen und Belüftung in Mißverhältnis zum Bedarf der Tiere geraten.

Krankheitserscheinungen:
Verminderte Futteraufnahme, oft bis zu 80% erkrankter Tiere, Todesfälle nach kurzer Krankheitsdauer infolge Kreislaufkollaps. Vermehrte Ödeme im Unterhautbindegewebe, an Kopf, Hals, Brust und Bauch mit rotvioletter Verfärbung. Flüssigkeitsvermehrung in der Subkutis, Hydropericard, Aszites. Die Schlachtware aus solchen Betrieben ist leicht verderblich.

Vorbeuge und Behandlung:
Rasches Abstellen aller Ursachen und Verabreichung von Vitamin E, Vitamin K_3 und Vitamin C.

9.6.8. *Hämorrhagisches Syndrom*

Erhöhte Blutungsbereitschaft infolge verzögerter Blutgerinnung und Permeabilitätsstörungen in den Blutkapillarien treten im Gefolge zahlreicher belebter und unbelebter Faktoren auf. In der Regel tritt diese Krankheit vorwiegend bei Mastküken und Junghühnern auf.

Ursache:
Erniedrigung des Prothrombingehaltes durch primäre oder sekundäre Vitamin-K-Unterversorgung.
Hämmorhagisches Syndrom tritt im Gefolge einer Reihe von Intoxikationen auf wie Sulfonamid- oder Furazolidonüberdosierungen, im Verlauf von Mykotoxikosen oder septikämischen Allgemeinerkrankungen infolge von Bakterientoxinen. Fördernd sind schlechte Haltungsbedingungen und ungenügende Sauerstoffversorgung.

Krankheitserscheinungen:
Struppiges Gefieder und Trauern der Tiere, Entwicklungsstörungen, Blauverfärbung des Gesichtes, Durchfall, Blutungen petechial bis flächenförmig in der Unterhaut und in den Muskeln, besonders an den Flügelgelenken, Oberschenkeln und der Brustmuskulatur, ebenso in den Schleimhäuten des Verdauungskanals, seltener an den Innenorganen.

Vorbeuge und Bekämpfung:
Abstellen der Ursachen und Verabreichen von Vitamin K_3.

9.6.9. *Fettlebersyndrom*

Das Fettlebersyndrom ist eine durch das Zusammenwirken vieler Faktoren bedingte Stoffwechselstörung der noch jungen Legehenne.

Ursache:
Vermehrte Fettsäure- und Fettbildung im Lebergewebe (fettige Leberdegeneration) infolge der Bewegungsbeschränkung in der Käfighaltung bei gleichzeitiger kohlenhydratreicher Ernährung und hohem Leistungsniveau, wobei der Insulin- und Östrogenspiegel im Blutserum erhöht und die Kortikoidkonzentration erniedrigt ist.

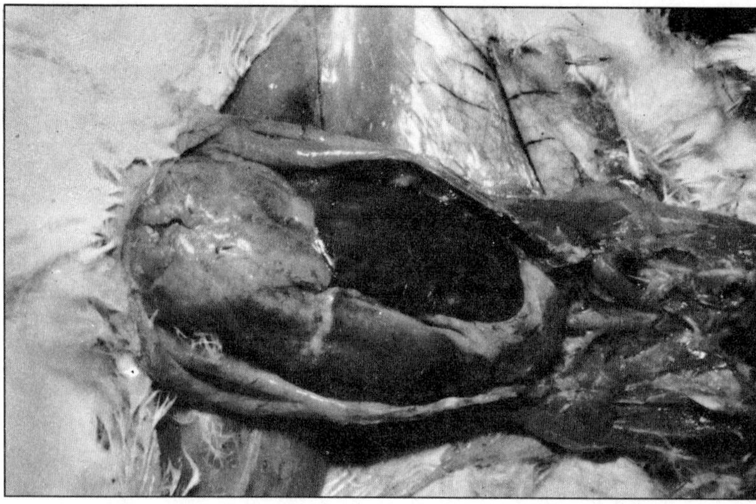

Abb. 161. Hochgradige Verfettung einer Legehenne. Fettleber, Fettlebersyndrom. Die Legeleistung geht in solchen Herden stark zurück, und Ausfälle treten häufig infolge Leberzerreißung und innerer Verblutung auf.

Krankheitserscheinungen:
Rückgang der Legeleistung bis zu 20%, vermehrte Todesfälle bis 4% pro Monat infolge Leberruptur und inneres Verbluten.

Vorbeuge und Behandlung:
Isokalorischer Austausch von Kohlehydraten (Mais) durch Fettzusätze mit möglichst hohem Linolsäureanteil kurz vor Legebeginn mehrere Wochen hindurch.
Behandlung mit Fettleberprämix kann versucht werden.

9.6.10. *Eileiterbauchfellentzündung (Salpingitis)*

Die Eileiterentzündung, meistens mit einer Bauchfellentzündung vergesellschaftet, ist eine in wirtschaftlicher Hinsicht bedeutungsvolle multifaktoriell bedingte Krankheit.

Ursache:
Die Eileiterentzündung könnte man fast als „Berufskrankheit" der Legehennen bezeichnen, da des öfteren gerade die besten Leistungstiere daran zugrunde gehen. Tatsächlich ist die Mortalität an Salpingitis eng verknüpft mit dem Jahres-Hennen-Eigewicht und einer hohen Legekapazität. Beide werden als Ausdruck genetischer Faktoren gewertet.
In den meisten Fällen beginnt die Krankheit mit einer von der Kloake ausgehenden aufsteigenden Entzündung. Unsaubere Legenester, verkotete Einstreu, Fehlen von Kotkästen und Sitzstangen sind oft Umstände, durch die die Eileiterbauchfellentzündung erheblich häufiger auftritt als in hygienisch einwand-

frei eingerichteten Stallungen. Aber auch in Käfig- und Batterieanlagen ist eine gegenseitige Infektion leicht möglich, wenn es an Hygiene mangelt. Als Krankheitserreger selbst werden in erster Linie Colibakterien gefunden und verantwortlich gemacht. Auch ein Zusammenhang mit Mykoplasmose als Hilfsfaktor kann angenommen werden.

Krankheitserscheinungen:
Hennen mit Salpingitis sitzen trauernd herum, äußern Inappetenz und Atemnot, haben ferner dünnflüssigen, graugrünen bis schokoladefarbenen Durchfall. Der Kamm wird welk, zunächst an der Spitze und später auch am Kammgrund blau. Die Legeleistung ist zunächst nicht aufgehoben. Bald jedoch werden Eier mit Kalkauflagerungen, später Fließ- und Windeier gelegt. Der Tod tritt nach 4–8 Tagen ein.

Behandlung und Vorbeuge:
Eine Behandlung der an Eileiterbauchfellentzündung erkrankten Henne ist nicht erfolgversprechend.
Wichtiger sind vorbeugende Maßnahmen, die aber nichts anderes beinhalten als angewandte Stallhygiene und Desinfektion: Sauberkeit im Stall, Klimagestaltung, Einstreupflege und Nesthygiene bei Bodenhaltung und vor allem Staubbekämpfung bei Käfighaltung.

9.7. Faktoren des Legeleistungsrückganges

Die Legeleistung und der Legeleistungsrückgang sind ein für den Legebetrieb immer aktuelles Thema, da die Leistung der Legeherde das wirtschaftliche Kriterium für die Rentabilität der Legetierhaltung ist.
Der Abfall der Legeleistung und mit ihm eine Reihe von Vor- und Begleiterscheinungen wie kleinere Eier, mangelhafte Eischale, Veränderung der Eischalenfarbe, schlechtere innere Eiqualität sowie gegebenenfalls erhöhte Ausfälle von Hennen sind Symptome, wo der Tierarzt dringendst zu Rate gezogen wird; trotzdem oftmals verspätet, da Frühsymptome nicht richtig erkannt, übersehen oder bagatellisiert oder falsche Hoffnungen auf einen Vitaminstoß gesetzt worden sind. Vielfach wird auch bei Eintreten eines Leistungsrückganges an eine mindere Futterqualität gedacht, da gerade nach einer neuen Futterlieferung das Absinken der Eileistung festzustellen war. In diesen Fällen wird der Futterlieferant verständigt, es wird herumprobiert und dabei kostbare Zeit vergeudet. Öfters als angenommen ist nicht nur eine Ursache, sondern erst das Zusammenwirken von zwei oder mehreren Faktoren für einen Legerückgang verantwortlich zu machen.

Wesentlich für das Erkennen und zur Beurteilung eines Leistungsrückganges gehören tägliche Aufzeichnungen über Anzahl der gelegten Eier und deren graphische Darstellung auf einer Legeleistungskurve. Weitere Aufzeichnungen über die täglichen Verluste an Tieren durch Krankheit oder Unfälle geben Auskunft über Gesundheit und Lebenskraft einer Herde. Weiters wären Aufzeichnungen über Futter- und Wasserverbrauch sowie regelmäßige Daten über Stallklima (Temperatur, Luftfeuchtigkeit), Notizen über Störungsfälle bei Ventilation und Licht sehr zweckdienlich.

9.7.1. *Ursachen vom Tiermaterial*

Ausgeklammert bleibt die genetische Veranlagung der Tiere, von der wir voraussetzen, daß gute Legeleistung und Eiqualität bei den verschiedenen Hybridherkünften im gleichen Maße vorhanden sind. In unsere Verantwortung fällt jedoch die Aufzucht der Junghennen, bei der wir zur Kenntnis nehmen müssen, daß während dieser Zeit schon ein Teil der Produktionskraft verlorengehen kann.

9.7.1.1. *Unterschiedliche Entwicklung der Junghennen*

Es ist gleichgültig, wodurch eine unausgeglichene Herde entstanden ist, ob durch Überstallung, falsche Fütterungstechnik, falsches Lichtprogramm oder schlechtes Stallklima. Eines ist sicher, daß jeder dieser Fehler die Legeleistung zumindest im ersten Drittel der Produktionszeit beeinflußt. Während nämlich die gut entwickelten Hühner voll im Legen sind, fangen die unterentwickelten Tiere erst mit der Eiproduktion an. Eine Spitzenleistung wird in solchen Herden kaum erreicht. Durchschnittsleistungen sind jedoch erreichbar, vor allem dann, wenn der Käufer der Junghennen sich beim Einstallen der Tiere der Mühe unterzieht, gleichentwickelte Tiere in den einzelnen Käfigen zusammenzustallen.

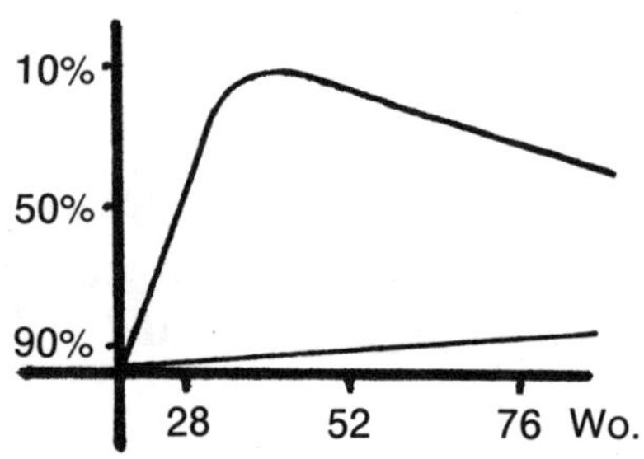

Abb. 162. Normale Lege- und Ausfallskurve.

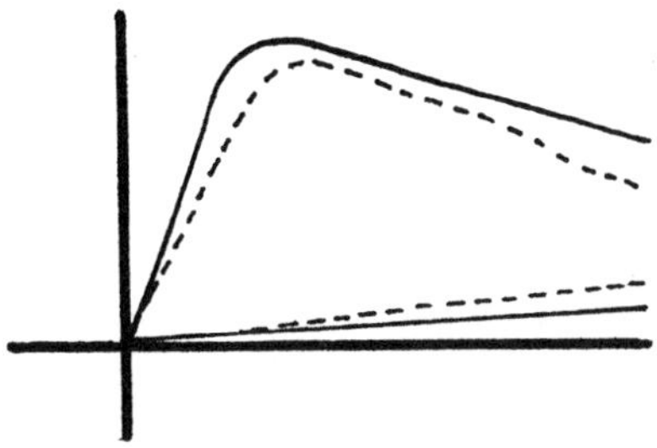

9.7.1.1 Unterschiedliche Entwicklung der Junghennen

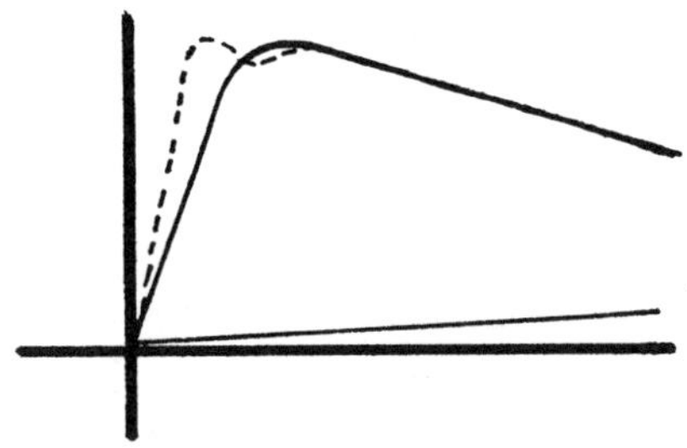

9.7.1.2. Umstallung bereits legender Hennen

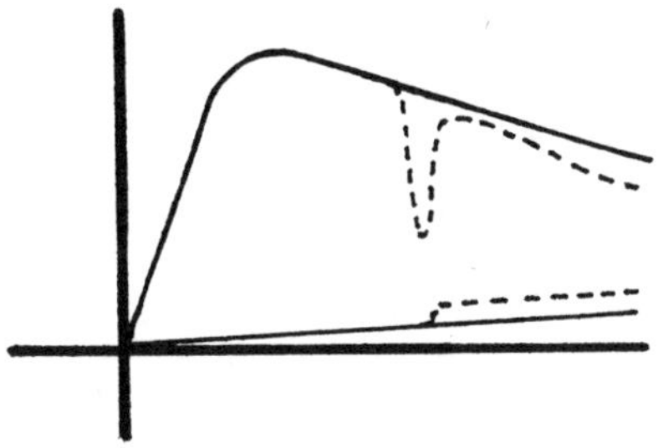

9.7.2.4. Wasserausfall

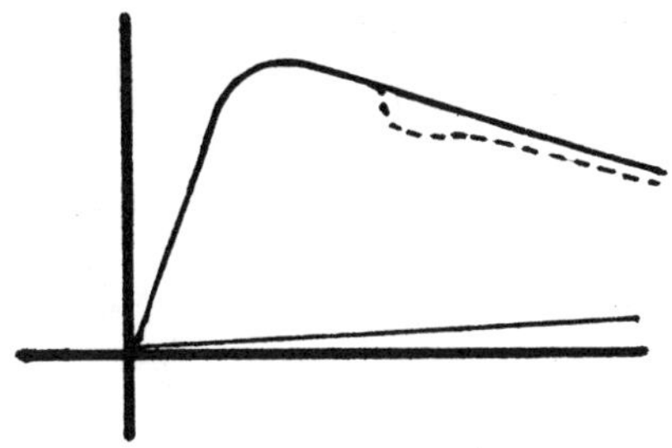

9.7.2.4. Gestörtes Lichtprogramm

Abb. 163. Legestörungen aufgrund fehlerhaften Managements.

9.7.1.2. *Umstallung bereits legender Hennen*

Ein bekannter Wunsch der Legehennenhalter ist es, in ihrem Betrieb weniger Leerlauf zu haben, um eine gleichmäßige Eiproduktion sicherzustellen. Oft stehen die Stallungen kaum acht Tage leer, keineswegs Zeit zu einer gründlichen Reinigung und Desinfektion, werden sie schon wieder mit Junghühnern neu besetzt, die oft schon mit dem Legen beginnen. Umstallungs- und Eingewöhnungsstreß fallen mit der beginnenden Produktionsbelastung zusammen. Nicht jede Herde ist dieser extremen Belastung gewachsen. Vermehrte Ausfälle, ein Leistungseinbruch kurz vor oder nach der erwarteten Legespitze sind die Folgen. Auch die Marek'sche Krankheit kann durch solche Handhabungen hervorgerufen werden.

Mindestens drei bis vier Wochen sollte jede Legeherde zum Eingewöhnen Zeit haben, um sich mit allem Fremdartigen, dem neuen Käfig, dem anderen Futter und nicht zuletzt auch den ungewohnten, stallspezifischen Erregern auseinandersetzen zu können. Die Eingewöhnung und die Ausbildung während der Aufzucht nicht erworbener und durch den Kontakt mit fremden Tieren provozierter Immunität, wie es in den Mehrstufen-Betrieben der Fall ist, sollte abgeschlossen sein, bevor die Leistung einsetzt.

9.7.1.3. *Immunitätsstatus durch Impfungen*

Eines der wichtigsten Kriterien für die Qualität einer Junghenne ist ihr Immunitätsstatus zum Zeitpunkt des Legebeginns. Alle in Österreich zugelassenen Impfungen, wie die Vakzination gegen Marek'sche Krankheit, infektiöse Bronchitis, Gumboro und aviäre Encephalomyelitis, werden während der Aufzuchtperiode durchgeführt und dienen dazu, die Produktionsphase der Legeherde abzusichern.
Wichtig wäre auch noch die Impfung gegen die Newcastle-Disease, die zwar weltweit durchgeführt wird, in Österreich jedoch nicht zugelassen ist. Außerdem wären auch Kombinationsimpfungen mit inaktiven Impfstoffen zu empfehlen, damit der Schutz sicher eine Produktionsphase anhält.
Neben den Vakzinationen sollte auch das erreichte Immunitätsniveau durch Blutuntersuchungen kontrolliert werden; unerläßlich ist es jedoch, daß alle durchgeführten Impfungen durch ein Impfzeugnis vom Impftierarzt bestätigt werden.
Die Kosten dieser Impfungen sind ein geringfügiger Betrag gegenüber dem Verlust, der durch eine Infektion in einer Herde ohne ausreichenden Immunschutz auftreten kann.

9.7.1.4. *Leistungsstörung durch Kokzidiose*

Wenn auch die Bodenaufzucht von Legetieren zur Konsumeierzeugung nur mehr selten praktiziert wird, so muß der Vollständigkeit halber auch auf die produktionshemmende Wirkung der Kokzidiose hingewiesen werden. Vor allem kann eine während der Aufzucht überstandene und ausgeheilte Kokzidiose infolge der zurückgebliebenen Darmschädigungen eine Leistungsminderung von 5 bis 20 Prozent hervorrufen. Noch viel kritischer, da in einer Käfighaltung unerwartet, ist ein Kokzidioseausbruch bei einer Legeherde kurz nach der Einstallung während der beginnenden Legeperiode zu beurteilen.

9.7.2. *Legerückgänge, verursacht durch Mängel in Haltung und Management*

Haltung, Stallklima, Hygiene und Management sind für das Wohlbefinden der Tiere verantwortlich und sichern die Leistung weitaus mehr, als von den Tierhaltern allgemein angenommen wird, ab. Mindestens 12, im Extremfall bis zu 16 Monate soll eine gute Legeherde ihre Legeleistung, entsprechend der Leistungskurve, erbringen. Jede einzelne Henne produziert dabei mehr als das Sieben- bis Achtfache ihres Körpergewichtes an Eimasse. Legepausen, wie sie bei Freilandhühnern während der Herbst- und Wintermonate, naturbedingt durch die Verkürzung der Tageslichtlänge und das Absinken der Temperatur, ausgelöst durch hormonelle Veränderungen, auftreten und durch einen teilweisen oder totalen Federwechsel gekennzeichnet sind, müssen vermieden werden. Der Tierhalter, der es am besten versteht, seine Hühner vor diesen jahreszeitlichen Einflüssen abzuschirmen, und der seinen Tieren mittels Klimagestaltung und Lichtprogramm immer Frühling und Sommer vortäuschen kann, wird von einem jahreszeitlichen Leistungsabfall verschont bleiben. So muß eine Reihe von Faktoren wie Standort, Standortklima, bauliche Überlegungen des Stalles, die Besatzdichte und die Ventilation in jene Wechselbeziehung gebracht werden, daß zu jeder Jahreszeit und Witterung, gegebenen Falles auch bei Wetterstürzen und Föhnwetter, annähernd gleichmäßige, optimale Werte erreicht werden können.

9.7.2.1. *Überstallung*

Die Beurteilung einer Überbesetzung eines Stalles hängt weniger von der Anzahl der Hennen in einem Käfig oder der flächenmäßigen Größe des Käfigs, auch nicht von der Anzahl vorhandener Tiere, berechnet auf den Quadratmeter Stallbodenfläche, sondern einzig und allein von Futtertroglänge pro Käfig ab. Jede Henne soll ihren eigenen Futterplatz haben. Für unsere gebräuchlichen Käfigtypen mit annähernd 50 cm Troglänge können optimal 4 Hennen und maximal 5 Hennen gehalten werden.
Wesentlich ist auch die Wasserversorgung. So soll jeder Käfig mit mindestens zwei Nippeltränken versorgt werden, damit eine ausreichende Wasserversorgung gewährleistet wird. Überstallung führt zu minderer Legeleistung, kleineren Eiern, vermehrt Brucheier und Eier mit Blutflecken und erhöht, besonders in der 2. Hälfte der Legeleistung, die Ausfälle.

9.7.2.2. *Stallklima*

Legehennen fühlen sich bei 15 Grad Celsius am wohlsten, aber auch Temperaturen zwischen 12 Grad und 24 Grad sind noch vertretbar.
Die Produktion leidet jedoch merklich, sowie die Temperatur höher wird oder unter diese Grenze absinkt. Eiqualität, Eigröße und Eischale leiden außerordentlich bei heißem Wetter. Durch die mit hoher Stalltemperatur verbundene Trockenheit wird die Staubbildung gefördert. Staub wird vermehrt eingeatmet und verursacht katarrhalische Erkrankungen der Luftröhre, hustenartige Ge-

räusche werden hörbar. Regelmäßiges Besprühen der Stallwände und des Bodens mit Wasser bindet nicht nur den Staub, sondern erhöht auch die Luftfeuchtigkeit und läßt die Temperatur absinken. Weiters könnte ein eigenes Sommerfutter (erhöhtes Rohprotein und verminderte Energie) Legeleistung und Schalenstärke etwas absichern. Günstig erweist sich auch die Verabreichung von B-Vitaminen und Vitamin C während heißer Tage.
Das Absinken der Stalltemperatur in der kälteren Jahreszeit ruft besonders bei schon länger in Produktion stehenden Legeherden leicht Halsmauser und einen damit verbundenen Leistungsabfall hervor. Gute Isolation der Stallwände und der Decke, verbunden mit einer richtig funktionierenden Ventilation, mildern die jahreszeitlichen Übergänge und schaffen ein gesundes Stallklima. In exponierten Lagen wäre eine Heizung, jedenfalls ein Wärmetauscher zu empfehlen.
Sauerstoffmangel und Ammoniakdämpfe verursachen Augenentzündungen, Blindheit und fördern die Entstehung von Mykoplasmose, Entzündungen der Luftsäcke und allgemein Atmungserkrankungen. Die Legeleistung sinkt, und die Ausfälle steigen. Ebenso folgen Erkältungskrankheiten oftmals nach plötzlichen Wetterumschlägen. Trotz jeder noch so durchdachten Automatik sollte sich der Mensch niemals blindlings darauf verlassen, sondern sich immer wieder rechtzeitig, als übergeordnetes Kontrollorgan, einschalten und mit seinem Gefühl und seiner Erfahrung jene Fehler ausgleichen, die von der Technik nicht beherrscht werden.

9.7.2.3. *Hygiene*

In jeder Herde gibt es viele Arten von sogenannten Sekundär-Erregern, die bekanntesten sind Colikeime und Staphylokokken. Wenn sie auch normaler-

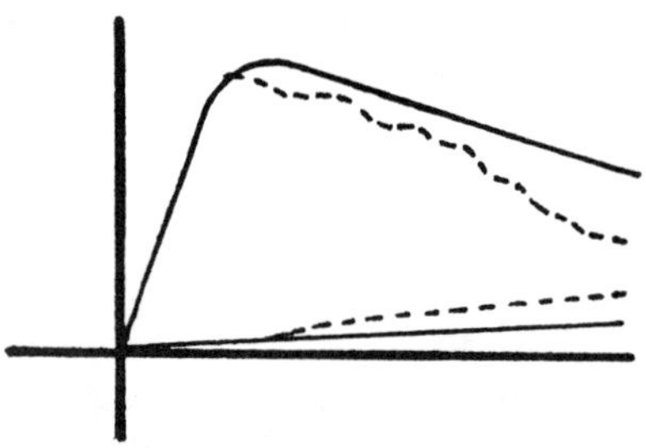

9.7.2.2. Mykoplasmose

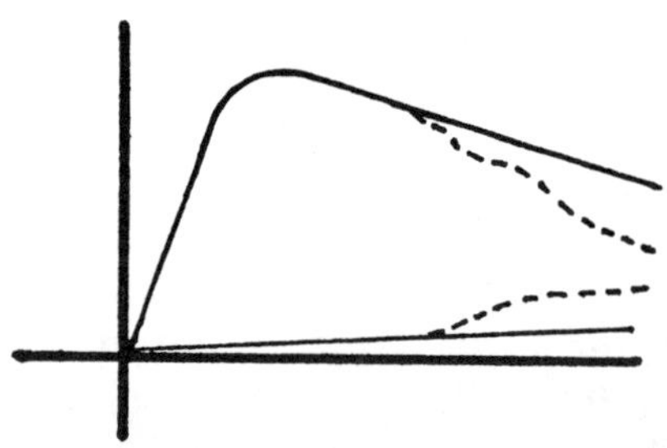

9.7.2.3. unhygienischer Stall

Abb. 164. Legestörungen bakteriell bedingt.

weise harmlos sind, so warten sie nur auf die Gelegenheit, sich entfalten zu können. Die Möglichkeit dazu darf auf keinen Fall gegeben werden.
Wenn nun ein Legebetrieb die Eier direkt vermarktet und seine Kunden das ganze Jahr hindurch gleichmäßig versorgen will, ist es verständlich, daß er zwei oder mehrere Altersgruppen von Legehühnern halten muß. Werden aber mehrere Altersgruppen in einem Betrieb gehalten, kommt es durch den unvermeidlichen Kontakt von älteren und jüngeren Herden und durch die Erschwernis einer gründlichen Reinigung und Desinfektion zu einer wesentlichen Vermehrung solcher Sekundär-Erreger. Mag es vielleicht noch angehen, diese Schwierigkeiten durch verstärkten Einsatz von Sauberkeit und Desinfektion auszugleichen, vorausgesetzt, daß die verschiedenen Altersgruppen in eigenen, von einander getrennten Stallungen untergebracht sind, so ist dies unmöglich, wenn verschiedene Altersgruppen in ein und demselben Stall gehalten werden.
Eine höhere Keimbelastung kann aber auch in Stallungen mit einer Altersgruppe auftreten, vor allem dann, wenn die Herde schon längere Zeit den Stall bewohnt und dieser durch seine bauliche Eigenschaft, meistens handelt es sich um Einbaustallungen in vorhandene Gebäude, schwierig sauberzuhalten ist.
Als Folge solcher vermehrter Keimbelastung treten in erster Linie Erkrankungen der Legeorgane wie Kloakenentzündungen, Eileiterkatarrhe und Eileiterbauchfellentzündung auf. Staphylokokkenerkrankungen äußern sich mehr durch Wundinfektionen der Zehen und der Ballen, aber auch Hautdefekte werden beobachtet. Eine Behandlung solcher Herden mit Medikamenten bringt bestenfalls nur vorübergehend Erfolg, wenn nicht gleichzeitig auch die mangelnde Hygiene, als eigentliche Ursache, abgestellt wird.

9.7.2.4. *Management*

Für das Management bleibt nicht mehr viel zu sagen übrig. Vieles ist im Kapitel Haltung, Stallklima und Hygiene enthalten. Beobachten, sehen und hören ist das Wichtigste für den Betrieb. Der „Sound" im Hühnerstall gibt Auskunft, ob die Herde sich wohl fühlt oder leidet. Das Aussehen des Kammes und der Kehllappen spiegelt den Gesundheitszustand der Tiere. Akuter Wassermangel durch verstopfte oder im Winter zugefrorene Leitungen hat schon des öfteren eine Legeleistung zum Erliegen gebracht. Ein verändertes Lichtprogramm, hervorgerufen durch einen nicht beachteten, vorübergehenden Stromausfall, kann das größte Unheil anrichten und bis zu einer totalen Mauser führen. Der Ausfall der Ventilation kann zur Überhitzung des Stalles und zum Ersticken oder Überhitzen der Hühner führen.
So mancher Hühnerhalter wird aus der Erfahrung heraus diese Liste der Umweltstörungen, die zu einem vorübergehenden Leistungsabfall führen, noch erweitern können, da nur die wichtigsten aufgezählt wurden.

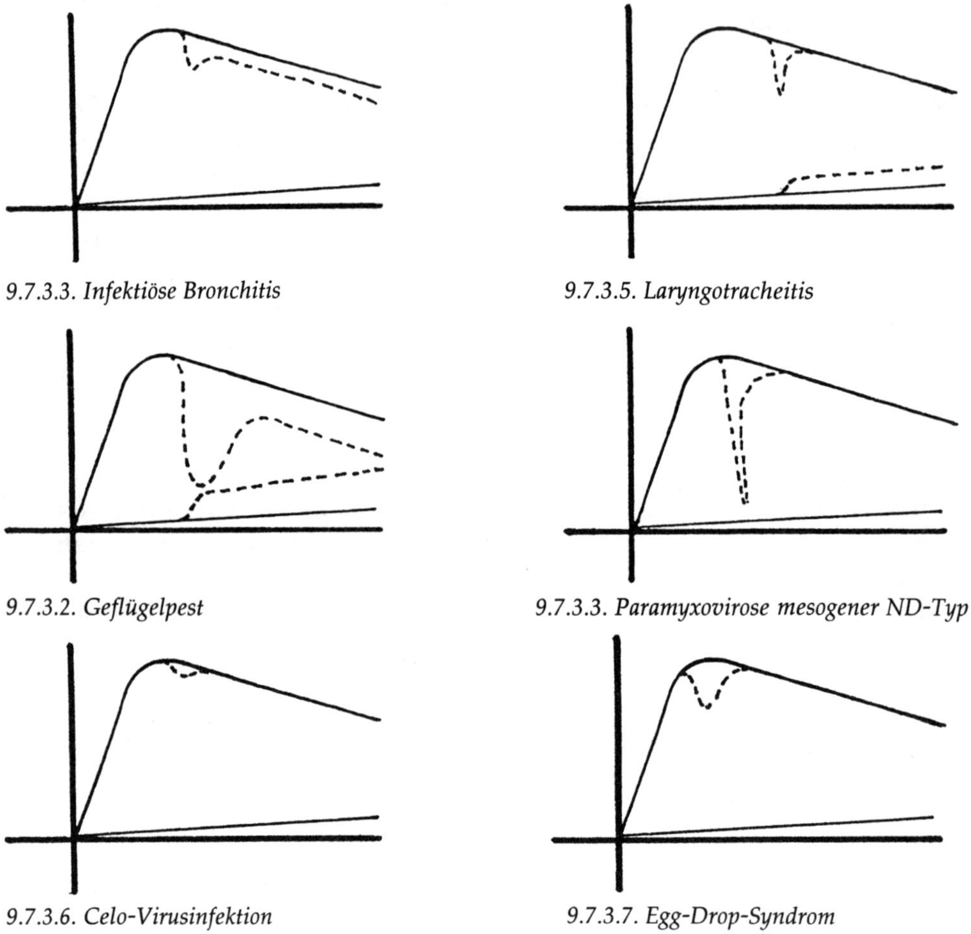

9.7.3.3. Infektiöse Bronchitis

9.7.3.5. Laryngotracheitis

9.7.3.2. Geflügelpest

9.7.3.3. Paramyxovirose mesogener ND-Typ

9.7.3.6. Celo-Virusinfektion

9.7.3.7. Egg-Drop-Syndrom

Abb. 165. Legestörungen infolge viraler Infektionen.

9.7.3. *Legerückgänge durch virale Infektionen*

Die Bedeutung viraler Infektionen hat in den letzten 20 Jahren bei der Käfighaltung zugenommen, während bakteriell bedingte Krankheiten weniger geworden sind und parasitäre kaum mehr vorkommen. Dieser Wechsel des Krankheitsspektrums drückt sich gleichermaßen auch in der Prophylaxe und Therapie des Krankheitsgeschehens aus. Impfungen zur Verhinderung virusbedingter Krankheiten haben zugenommen, während medikamentelle Behandlungen bakterieller Krankheiten seltener angewendet werden. Daher

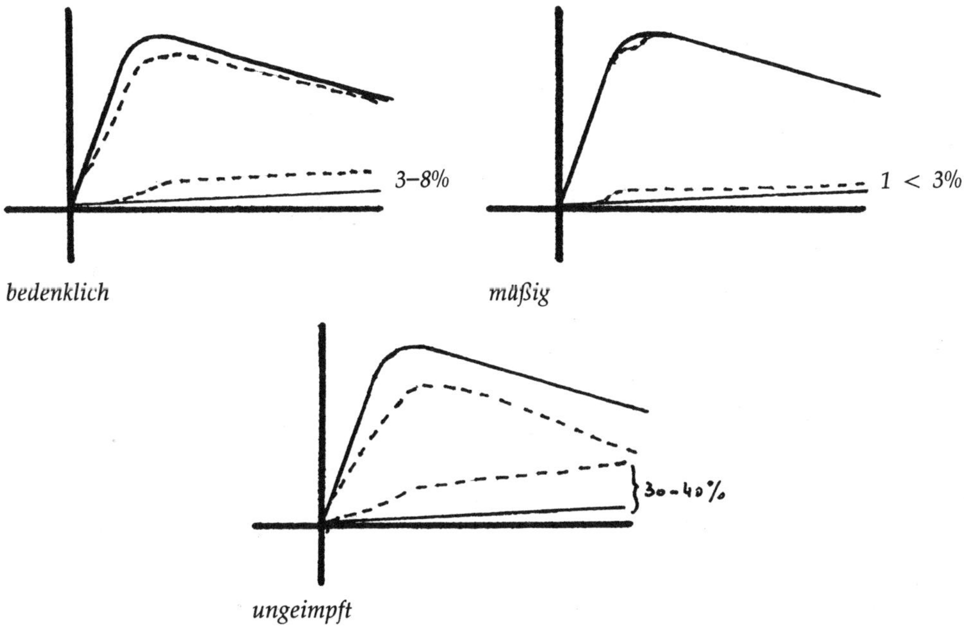

Ab. 166. Nicht vollständiger Impfschutz bei Marek'scher Krankheit.

sollte gegen alle Viruskrankheiten, die in einem Land vorkommen und gegen die es Impfstoffe gibt, vakziniert werden. Trotzdem verbleibt noch eine Reihe von viralen Infektionen, gegen die noch keine wirkungsvollen Impfstoffe entwickelt werden konnten.
Die Legeleistungsrückgänge, verursacht durch virale Infektionen, werden in der Folge graphisch dargestellt, die Krankheiten selbst sind im speziellen Teil nachzulesen.

9.7.4. *Fütterungsbedingte Legeleistungsrückgänge*

Die optimale Versorgung der Legehühner mit Nährstoffen gehört schon immer zu den schwierigsten Problemen der Fütterungslehre. Schwierig deshalb, da das ganze Legejahr hindurch ein einziges, in der Zusammensetzung gleichwertiges Legefutter verabreicht wird, obwohl der Nahrungsanspruch von der Rasse und Herkunft der Tiere, vom Alter, der jeweiligen Leistung, vom herrschenden Stallklima, von der Futterkonsistenz und noch einigen weniger wichtigen Faktoren abhängt. Demzufolge steht einem jeweils unterschiedlichen Nahrungsbedarf ein immer gleichartiges Nahrungsangebot gegenüber. Wenn auch die

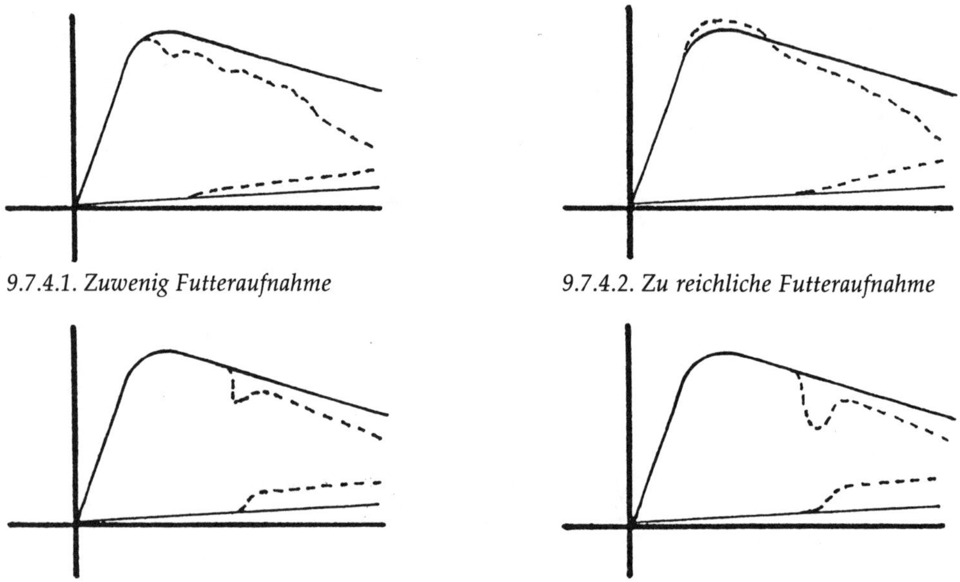

9.7.4.1. Zuwenig Futteraufnahme

9.7.4.2. Zu reichliche Futteraufnahme

9.7.4.5. Mykotoxikosen

9.7.4.6. Fehlmischungen

Abb. 167. Legestörungen von seiten der Fütterung.

einzelne Henne durch ihr körpereigenes Steuerungssystem versucht, dieses Mißverhältnis durch vermehrte oder verminderte Futteraufnahme auszugleichen, so gelingt ihr dies bei unseren heutigen Haltungs- und Fütterungsmethoden nur in bescheidenem Ausmaß. Ein Leistungseinbruch ist daher immer im Bereich des Möglichen.

Es muß eben zur Kenntnis genommen werden, daß die gegenwärtige Legehenne, gezüchtet auf eine Spitzenleistung, sehr empfindlich auf kleinste Fütterungsfehler reagiert und viel mehr als die einstige Bauernhenne das Sprichwort, daß die Leistung durch den Schnabel erbracht wird, unter Beweis stellt. Auch muß beim Verdacht eines fütterungsbedingten Leistungsrückganges darauf hingewiesen werden, daß es immer wieder vorkommt, daß mit Beginn der Verfütterung einer neuen Futterlieferung zufällig ein Leistungseinbruch oder ein Anstieg von Verlusten zusammenfällt. Die Ursache kann, in vielen Streßmomenten witterungsbedingter, technischer oder gesundheitlicher Natur, manchmal aber auch in einer fehlerhaften Futtersorte liegen. Bevor jedoch das Futter unter engere Kritik gezogen wird, müssen vorerst alle Möglichkeiten technischer Mängel im eigenen Betrieb ausgeschlossen werden. Weiters sollte durch Zuziehung eines Tierarztes, durch Einsendung einiger Tiere in ein Labor sonstigen Krankheitsursachen nachgeforscht werden. Erst dann, wenn das Krankheitsbild bei den Tieren selbst Hinweise auf einen fütterungsbedingten Schaden gibt, ist die Möglichkeit einer Futterschädlichkeit in Betracht zu ziehen und näher darauf zu untersuchen.

9.7.4.1. *Zuwenig Futteraufnahme*

Käfighennen verzehren etwas weniger Futter als am Boden gehaltene Tiere und benötigen durch ihre eingeschränkte Bewegungsfreiheit täglich auch um 40–50 Kalorien weniger. Eine auf Käfighaltung zugeschnittene Futtermischung muß daher im Vergleich zu einer Futtermischung für Bodenhaltung mit leicht reduziertem Energiegehalt, aber höherem Protein- und Wirkstoffgehalt hergestellt werden. Käfighennen können nur dann über längere Zeit, besonders in der ersten Hälfte der Legeperiode, Höchstleistungen erbringen, wenn das ihnen verabreichte Futter auch bei reduzierter Aufnahme ihren Bedarf an allen Nähr- und Wirkstoffen sicherstellt.
Dies gilt in erster Linie für die weißen Legehybriden, während braunschalige Leger mehr zur Überfütterung neigen.
Weiters müssen die Faktoren, die zu einer verminderten Futteraufnahme führen, bekannt sein. So führt eine an Rohfaser arme, in der Regel durch Lichtprogramm bewerkstelligte, restriktive Fütterung während der Aufzuchtsperiode zu einem Huhn, dessen Futteraufnahmevermögen von vornherein geringer sein wird als bei einem gleichartigen, dessen Aufzuchtsfutter voluminöser gehalten wurde.
Zeitlich vorübergehende Minderung der Futteraufnahme von ca. 5–10% tritt bei hohen Sommertemperaturen ein. Versuche haben gezeigt, daß Legetiere auch bei ständig um 30° C liegenden Temperaturen und sehr niedriger Futteraufnahme sogar ganz ausgezeichnet legen, wenn der tägliche Bedarf an Aminosäuren und Wirkstoffen durch ein entsprechend zusammengestelltes Futter sichergestellt ist.
Sehr ungern wird auch zu fein gemahlenes Futter aufgenommen, während zu grob gemahlenes zu Entmischung neigt und von der Henne nach der Korngröße selektiert wird. Von Vorteil ist granuliertes Futter.
Ebenso führt ein krasser Farbwechsel des Futters, von einer Lieferung zur anderen, zu vorübergehender Einschränkung der Futteraufnahme und dadurch zu temporärer Leistungsminderung.

9.7.4.2. *Zu reichliche Futteraufnahme*

Eine zu reichliche Futteraufnahme wird in der Regel nur bei braunschaligen Legetypen und bei Masthybrid-Elterntieren beobachtet.

Zuviel Futteraufnahme bedeutet aber gleichzeitig zu viele Kohlehydrate und Energie und führt, besonders im zweiten Legeabschnitt, zu vorzeitiger Verfettung und Leistungsminderung. Sekundärkrankheiten wie Kloakenentzündung, Eileiterbauchfellentzündung, Fettleber mit Leberruptur rufen dabei erhöhte Ausfälle hervor.
Bei solchen Tieren ist es daher unumgänglich notwendig, den Futterverbrauch durch Gewichtskontrollen zu überwachen und gegebenenfalls zu rationieren.

9.7.4.3. *Durchfall bei Legehennen*

Durchfall bei Legehennen führt, wenn er längere Zeit anhält, zu Leistungsminderung. Zu dünner oder zu wäßriger Kot, wie er in Käfigen oder Batterien auftreten kann, ist oftmals durch eine geringfügige Erhöhung der Rohfaser und Erniedrigung des Energiegehaltes zu korrigieren.
Manchmal kann auch eine etwas zu hohe Kochsalzgabe in der Ration die Ursache eines dünnflüssigen Kotes sein. Kochsalz verursacht eine erhöhte Wasseraufnahme, wodurch der Kot wäßrig und dünnflüssig wird.
In vielen Fällen kann die nicht oder schlecht durchgeführte Trinkwasserhygiene als auslösende Ursache eines Darmkatarrhs festgestellt werden. In den Kunststoffleitungen siedeln sich unzählige Bakterien, Hefen, Algen und Pilze an, können ungehindert wachsen, bilden schleimige Schlieren und grüne Beläge. Sicherlich sind viele dieser Keime ungefährlich, doch manche können Darmkatarrhe verursachen. Entsprechende regelmäßige Leitungsdesinfektion ist anzuraten.
Durchfälle werden in erster Linie durch Erforschung und Abstellen der Ursachen behandelt. Während der Zeit des Durchfalles können Vitamin-Elektrolyt-Präparate verabreicht werden, um Leistungsminderungen vorzubeugen.

9.7.4.4. *Qualität der Rohstoffe*

Sehr wichtig, vielleicht gleich wichtig wie die Ausgewogenheit des Futters, ist die einwandfreie Qualität der Rohstoffe.
Seit bei uns der Maisanbau in kurzer Zeit einen derartigen Aufschwung genommen hat, so daß wir von einem Maisimportland zu einem Mais-Überschußland geworden sind, besteht ohne Zweifel die technische Schwierigkeit, die Maisernte in kurzer Zeit, oft bei schlechtem, feuchtem Herbstwetter, unbeschadet in die Silos zu bringen. Durch Lagerung von ungetrocknetem Mais können Mykotoxikosen hervorgerufen werden.
Aber auch durch schlechte Lagerung der getrockneten Güter können Verpilzungen und Pilzgifte entstehen.

9.7.4.5. *Fehlmischungen*

Fehlmischungen sind eigentlich einer der seltensten Futterfehler. Eher kommt es zu Verwechslungen bei der Auslieferung des Futters, daß z. B. Junghennenfutter statt Legefutter geliefert wurde, oder zu Entmischungen, wenn die einzelnen Futterteilchen in ihrer Größe zu unterschiedlich sind. Auch Schwankungen im Rohprotein- oder Energiegehalt schlagen sich kaum in Leistungsminderungen nieder, wenn diese nicht ständig eine Unterversorgung bewirken. Fehlmischungen, die rasch zu Leistungsminderungen führen, sind überhöhte Viehsalzgehalte, Fehlen oder Unterversorgung mit Calcium oder Vitamin D_3 oder irrtümliche Fehlgehalte von Nicarbacin oder ionophoren Kokzidiostatika.

9.7.5. *Maßnahmen bei Legeleistungsstörungen*

Frühzeitiges Erkennen einer Legestörung ist die wichtigste Voraussetzung für eine rasche Behandlung. Dazu sind aber tägliche Aufzeichnungen über Leistung und Todesfälle, womöglich auch über Futter- und Trinkwasserverbrauch notwendig. Früh und abends sollte durch Kontrollgänge das Verhalten der Tiere beobachtet, das Stallklima festgestellt und die Automatik der einzelnen Aggregate überprüft werden. Alarmanlagen sollten vor Strom- und Ventilationsausfall und vor Über- und Untertemperaturen im Stall schützen. Die Ursachen eines Leistungsrückganges sollten rasch erkannt werden, um diese früh und rechtzeitig abstellen zu können. Damit ist aber auch schon die wichtigste Maßnahme getan. In der weiteren Folge kann nur versucht werden, die Legeleistung so rasch wie möglich wieder anzuregen. Bei Unterversorgung werden mittels Diätprämixen vermehrt Vitamine und Aminosäuren zur Verfügung gestellt, Fettleberprämix wird gegen Übergewicht und Verfettung eingesetzt, und ein eigens zusammengestellter Streßprämix wird bei allen Streßmomenten und bei viralen Infektionen Erfolg bringen. Allerdings müssen diese unterstützenden und die Widerstandskraft fördernden Futterprämixe mindestens eine, besser 2 bis 3 Wochen verabreicht werden, um einen Erfolg sicherzustellen.
Für geringfügige und kurzfristige Leistungsstörungen genügt manchmal auch nur ein mäßiger Vitaminstoß mit Vitamin A, D_3, E oder bei durchfallhafter Erkrankung Elektrolyte über das Trinkwasser.
Ein direkter Einsatz von Medikamenten wie Antibiotika und Chemotherapeutika hat, entgegen der Hoffnung vieler Legetierhalter, nur untergeordnete Bedeutung. Sinnvoll nur dort, wo Mykoplasmose oder starke bakterielle Belastung zum Legeleistungsrückgang geführt hat, unwirksam bei jeder viralen Infektion. Zu bedenken und zu beachten sind bei Medikamenteneinsatz die

einzuhaltenden Absetzfristen für die während der Behandlungszeit und einige Tage nachher gelegten Konsumeier. Daher ist eine medikamentelle Behandlung viel öfter bei Elterntieren in Bodenhaltung zur Bruteierzeugung von Bedeutung, als dies bei Konsumeiererzeugung der Fall ist.

10. Hygiene und Krankheitsvorbeuge bei der Kunstbrut

Der große Aufschwung in der Wirtschaftsgeflügelzucht sowie überhaupt die Massentierhaltung von mehreren Tausend Legehennen und Mastküken wurde erst durch die Vervollkommnung der Kunstbrut möglich. Die künstliche Brut bringt den Vorteil, daß praktisch eine unbegrenzte Anzahl von Eiern zu jeder beliebigen Jahreszeit ausgebrütet werden kann.

Die Kunstbrut ist keine Errungenschaft unseres technischen Zeitalters, sondern war schon in den alten Kulturländern Ägypten und China bekannt.

Im Jahre 1745 wurden die ersten Versuche der Kunstbrut von Reaumur in Europa durchgeführt. Aber erst in den letzten Jahrzehnten, seit die Elektrizität als Energiequelle zur Beheizung herangezogen wurde und die Elektronik die automatische Steuerung der Brutapparate übernommen hat, konnte die Kunstbrut so verbessert werden, daß sie heute als perfekt bezeichnet werden kann.

Abb. 168. Naturbrut früher . . .

Wenn nun auch die modernsten Brutapparate vollkommen automatisch und mit Alarmeinrichtungen ausgestattet arbeiten, ist es dennoch falsch, zu glauben, daß es lediglich auf die technische Bedienung der Brutapparate ankommt. Sollen gute Brutergebnisse erzielt und gesunde, lebenskräftige Küken erbrütet werden, so muß man sich auch mit den Grundlagen der Kunstbrut, ihren physikalischen und physiologischen Gesetzen und mit der Bruthygiene vertraut machen.

10.1. Die Brüterei

Die Brüterei, einschließlich der Lagerräume für Bruteier und Versandmaterial, muß von der Geflügelhaltung möglichst weit entfernt sein. Sie stellt einen eigenen Bereich in der Geflügelproduktion dar und sollte auch innerhalb einer Integration sowohl in hygienischer Hinsicht, aber auch ökonomisch ein Eigenleben mit Eigenverantwortung führen.
Die bauliche Gestaltung einer Brüterei teilt sich in verschiedene Funktionsbereiche, die hinsichtlich ihrer hygienischen Trennung gewisse Anforderungen stellen:

– *keimreicher Bereich*
  A Bruteianlieferung und Bruteibearbeitung
  G Hordenwaschraum
  H Bruteiabfallraum
– *entkeimter Bereich*
  B Desinfektionsschleuse
– *keimarmer Bereich*
  C Vorbrutraum
  D Transferraum für Eierhorden zur Vorbrut zur Schlupfbrut und Schlupfbrut zum Waschraum
  E Schlupfbrutraum
– *Kükenbereich*
  F Selektions- und Impfraum
  I Kükenbearbeitungsraum (Sortieren und Verpacken)
  K Kartonagenlager
  L Auslieferung
– *Kommunikationsräume*
  N Garderobe
  O Duschraum

P Kommunikationsräume zum Vorbrutbereich und Kükenbereich
Q Sozialraum
– *Fremdbereich*
M Vorraum
R Büro

10.1.1. *Hygienekontrollen der Brüterei*

Eine regelmäßige Hygienekontrolle der Brüterei, zumindest 4- bis 6mal im Jahr, wenn erforderlich auch öfter, sollte eine selbstverständliche Routineangelegenheit darstellen.
Es werden dabei Tupfer- oder Agar-Abklatschproben sowie Agar-Schalenproben von verschiedenen Stellen der Brüterei entnommen und auf vorhandene Keime und Keimzahlen untersucht. Durch diese Untersuchung können Schwachstellen im Produktionsablauf aufgedeckt und Brütereiinfektionen raschest abgestellt werden.
Auch geben solche regelmäßigen Kontrolluntersuchungen im Bedarfsfall Nachweise, daß weder Salmonellen noch Aspergillen aus der Brüterei stammen, wenn sie später beim Küken aufgefunden werden.
Die regelmäßigen Untersuchungen von nicht geschlüpften, steckengebliebenen Embryonen dienen dem gleichen Zweck, geben aber weiter auch Aufschluß über den Hygienestatus der Elterntierherde, wobei die Ergebnisse dieser Untersuchung in Verbindung mit Aufzeichnungen über Legeleistung, Befruchtungsrate und Schlupfergebnisse zu einer kompletten Erkenntnis über den Gesundheitszustand der Zuchtherde führen.

Abb. 169.
Brüterei in der Steiermark.

Bei Durchführung aller dieser Maßnahmen kann man sicher sein, daß Infektionskreisläufe schnellstens erkannt und rasch bekämpft werden können, noch bevor diese größeren Schaden anrichten.

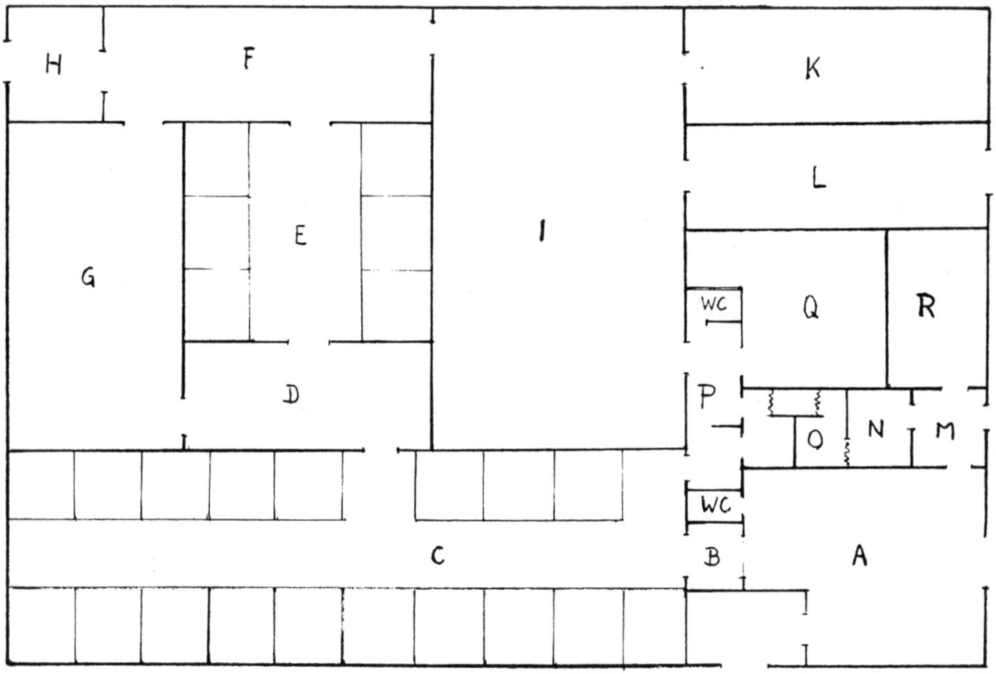

Abb. 170. Schema einer Brüterei.

10.2. Bruteiqualität

Ein gutes Brutei ist Ausgangspunkt für ein gesundes, lebenskräftiges Leistungsküken. Die Qualität der Bruteier ist in erster Linie verantwortlich für den Schlupferfolg und für die Gesundheit der Küken. Eine Reihe von Faktoren ist für die Erzeugung guter Bruteier wichtig und notwendig.

10.2.1. *Die genetische Veranlagung*

Die erbliche Voraussetzung für gute Qualität müssen wir in Österreich als gegeben hinnehmen. Wir sind zur Gänze auf die Zuchtprodukte ausländischer Hybridfirmen angewiesen. Doch können wir in dieser Hinsicht auf unsere Geschäftspartner im Ausland vertrauen; wir wären kaum in der Lage, Zuchtprogramme in so großem Umfang, wie sie z. B. in Deutschland, Holland, Frankreich und in den USA möglich sind, selbst durchzuführen.

10.2.2. *Umwelt für Elterntiere*

Die Gestaltung der Umwelt für die als Küken importierten Zuchttiere obliegt unseren Bruteilieferbetrieben allein. Der Elterntierbestand muß in einem gut ventilierten und temperierten Stall mit einer trockenen, nicht verkoteten und verkrusteten Einstreu untergebracht sein. Ein genaues Lichtprogramm sowohl während der Aufzucht als auch während der Legeperiode muß ebenso eingehalten werden wie ausreichende Fütterungs- und Tränkmöglichkeiten. Eine regelmäßige Beobachtung der Luftfeuchtigkeit und Umgebungstemperatur sowie der Luftqualität muß ein günstiges Stallklima sicherstellen. Die Einstreu sollte nicht allzu tief sein, damit die Hühner nicht allzu viele Bruteier in die Einstreu legen, wo sie verschmutzen. Statt Hobelspänen ist es besser, groben Sand als Streumaterial zu verwenden. Wo Tränken über der Einstreu stehen oder hängen, dürfen keinesfalls feuchte Stellen entstehen. Ein glatter Beton- oder Asphaltboden kann wirkungsvoll desinfiziert werden und bringt beste Voraussetzungen zum Schutz vor Kokzidien und Verwurmung.

10.2.3. *Gesundheit der Elterntiere*

Die Gesundheit der Elterntiere ist eng mit der Bruteiqualität verknüpft. Nicht nur offensichtliche Krankheiten, sondern auch subklinische Infektionen in der Zuchtherde können auf die Eier übertragen werden und führen zu Eiinfektionen.

10.2.3.1. *Eiinfektionen*

Vor allem können Atmungskrankheiten wie infektiöse Bronchitis, Mykoplasmose und C. R. D. höheren Keimgehalt der Bruteier hervorrufen. So mancher Brüter hat es erfahren müssen, daß bei gleicher Herkunft der Bruteier nach einer Reihe von guten Schlupfergebnissen (80% und mehr) plötzlich schlechtere, oft weniger als 60%, auftreten. Es dauert dann in der Regel immer 2 bis 3 Wochen, manchesmal auch länger, bis sich dieser Mangel wieder ausgleicht. Dabei sterben die Embryonen kurz vor dem Schlupf ab oder bleiben während des Schlupfes in der Schale stecken.

Die Kükenqualität ist dementsprechend schlecht, ein Teil der Küken ist verklebt, schmierig und schwach und kann nicht auf den Beinen stehen.

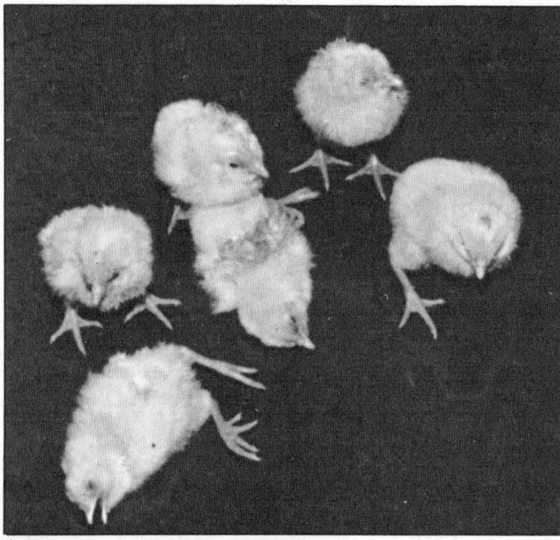

Abb. 171.
Vermehrte Ausfälle in den ersten Lebenstagen, Nabelentzündungen und Dottersackinfektion.

Abb. 172.
Embryonen sterben kurz vor dem Schlupf ab oder bleiben in der Schale stecken. Eiinfektion.

Für den Geflügeltierarzt, der in einem solchen Fall die Ursache des schlechteren Brutergebnisses klären soll, ist es oft schwer, den Zusammenhang zwischen den Ausfallerscheinungen beim Schlupf und einer Krankheit der Elternherde aufzudecken, denn zum Zeitpunkt des Schlupfes sind bereits 3 bis 4 Wochen seit der Erkrankung der Elterntierherde vergangen; die klinische Untersuchung dieser Tiere muß daher zu diesem späten Zeitpunkt keineswegs zum angenommenen Ergebnis führen. In diesen Fällen ist die Kontrolle der Legeleistungskurve der Elterntierherde sehr aufschlußreich, da diese meistens 3 Wochen vor dem schlechten Schlupfergebnis einen Leistungseinbruch aufweist.
Weiters kann das Absterben der Embryonen und Eintagsküken als Folge einer Eiinfektion durch eine Anzahl verschiedener ortsüblicher Stallbakterien, vor allem aber durch E. coli, hervorgerufen werden. Diese Bakterien kommen normalerweise im Verdauungstrakt der Hennen vor und verursachen für gewöhnlich keine Krankheit. Eiinfektionen nehmen in der Regel ihren Ausgang vom Verdauungstrakt der Zuchthenne, von wo die Bakterien durch Verschmutzung auf die Oberfläche der Eischale gelangen und auf ihrem weiteren Weg in das Eiinnere einwandern können. Ein niederer Stand der Hygiene in manchen Bruteierlieferbetrieben und mancher Brüterei fördert diese Infektionsmöglichkeit. Daneben gibt es auch noch Krankheiten in den Elterntierherden selbst, die trotz guter Stall- und Bruthygiene zu vermehrter Brutei-Infektion führen können.
Dazu zählen alle jene Krankheiten, die bei den Hennen mit chronischen Durchfällen wie z. B. Dünndarmkokzidiose, Verwurmung und Darmentzündung einhergehen. Bei diesen Krankheiten kommt es immer wieder zu stürmischer Vermehrung der Darmbakterien, wodurch die Infektionsmöglichkeit der Bruteier zunimmt. Sind solche Bakterien einmal in das Eidotter gelangt, so vermögen sie durch ihre spezifischen Enzyme das Dotterprotein zu verändern. Fallweise ermöglichen toxinbildende Bakterien, die Produktion eines entzündlichen Exsudates vom Dottersack her zu stimulieren. Das Absterben der Embryonen ist dabei bei einem Teil der Bruteier meist schon am Anfang des Bebrütens zu beobachten. Bei infiziert geschlüpften Küken ist der Tod mit der Ausbildung sichtbarer pathologischer Veränderungen verbunden. Der Dottersack wird nicht resorbiert, der Dotter selbst ist koaguliert und manchesmal hämorrhagisch. Die Leber ist fast immer von hellgelber Farbe, fleckig und von speckiger Konsistenz.
Auch während des Schlupfes und der ersten Stunden nach der Brut können solche Bakterien, vom Verdauungstrakt infizierter Küken ausgehend, durch den noch nicht verschlossenen Nabel in den Dottersack gesunder Eintagsküken eindringen. Diese Küken erkranken an Nabelentzündung und Dottersackinfektion.

10.2.3.2. *Pullorumseuche*

Der Vollständigkeit halber muß auch die Pullorumseuche erwähnt werden, die einen großen Einfluß auf Schlupfergebnis und Kükensterblichkeit hat. Die Diagnose ist verhältnismäßig leicht und sicher durch die bakteriologische Untersuchung zu stellen. Früher war dies die bedeutungsvollste über das Brutei übertragbare Krankheit der Eintagsküken, heute sind die Zuchtherden als Folge eines jahrzehntelangen Bekämpfungsverfahrens durch serologische Blutuntersuchungen praktisch frei von dieser Seuche.

10.2.3.3. *Nest-Hygiene*

Die Verunreinigung von Bruteiern beginnt in der Regel im Elterntierstall. Mikro-Organismen können unter bestimmten Voraussetzungen durch die Eischale einwandern, daher sind vor allem die Legenester sauberzuhalten. Auch muß verhindert werden, daß Hennen auf oder in den Nestern schlafen und diese verkoten.
Die Nesteinstreu wird mit der Zeit verunreinigt und muß zumindest alle 14 Tage durch neue Einstreu ersetzt werden, wenn notwendig, auch öfters.
Bodeneier sind grundsätzlich keine Bruteier. Die Eier, die am Boden gelegt werden, sind einer wesentlich größeren Menge von Bakterien ausgesetzt. Solche Eier kühlen rascher aus, wodurch das Eindringen der Bakterien durch die Schale begünstigt und erleichtert wird.

Abb. 173. Spritze zur Nesthygiene.

Zumindest sollten Bodeneier getrennt von den normalen Nesteiern gesammelt, gelagert und bebrütet werden.
Eier, die in Käfigen oder Abrollnestern gelegt werden, kühlen schneller aus als solche in normalen Nestern und müssen bei kaltem Wetter öfters abgesammelt werden.
Werden Sammelbänder verwendet, müssen diese regelmäßig gereinigt und desinfiziert werden, außerdem sollen diese immer trocken sein.

10.2.3.4. *Medikamentelle Beeinflussung der Eiinfektion*

Um während der gesamten Nutzungszeit einer Zuchtherde möglichst keimarme Bruteier zu bekommen, stehen dem Zuchtbetrieb neben der Verbesserung der Haltung (z. B. Einbau von Wärmetauschern) und der Hygiene durch regelmäßige Desinfektionsmaßnahmen besonders der Legenester auch die Verabreichung geeigneter Medikamente in bestimmten Krisenzeiten durch den Tierarzt zur Verfügung. In der Praxis hat es sich gezeigt, daß sich nach ca. 5–6 Monaten Legeperiode der bakterielle Druck oft so verstärkt hat, daß eine Behandlung der Zuchtherde Verbesserungen der Bruteiqualität mit sich bringt. Regelmäßige, 3 bis 4 tierärztliche Besuche während der Legeperiode zur Hygienekontrolle und zur Feststellung des Hygiene-Status der Herde versetzen den Elterntierbetrieb in die Lage, rechtzeitig und gezielte Gegenmaßnahmen zu ergreifen. Die dafür aufgewendeten Kosten kommen mit einiger Sicherheit um ein Vielfaches infolge besserer Legeleistung und Bruteiqualität zurück.

10.2.4. *Immunitätsstatus der Elterntiere*

Als Folge der Intensivierung und der damit verbundenen Verbesserung der hygienischen Haltungsbedingungen verlieren bakterielle Krankheiten immer mehr an Bedeutung, während virale Infektionen in zunehmendem Maße zu beobachten sind. Daraus ergibt sich aber die steigende Bedeutung des Immunitätsstatus der Elterntiere für die mit entsprechenden maternalen Antikörpern ausgestatteten Küken.
Ein Impfprogramm für Legehennen zur Konsumeierzeugung reicht bei weitem nicht mehr für Zuchthennen aus, die ihre durch Impfungen erworbenen Immunitäten über das Brutei auf ihre Nachkommen weitergeben sollen.
Da es sich in diesem Falle in erster Linie um humorale Abwehrstoffe (Immunglobuline) handelt und diese, weitaus besser und anhaltender, durch Adsorbatimpfungen erzielt werden, so gewinnt die Adsorbatimpfung kurz vor der Legeperiode immer mehr an Bedeutung.
Zum heutigen Zeitpunkt sind daher Impfungen mit inaktivierten Vakzinen gegen Gumboro und ND bereits zu fordern.

Ob weitere Impfungen, wie gegen I. B. oder Reoviren, noch dazukommen, muß regional entschieden werden.

10.2.5. *Fütterung der Zuchtherde*

Faktoren, die Schädigungen der Embryonen oder Küken hervorrufen, können auch in der Ernährung der Zuchttiere liegen. Besonders wichtig für die Vitaminversorgung der Zuchtherde, da davon der Vitamingehalt der Bruteier stark abhängt. So beträgt der Vitamingehalt in 100 g Frischei:
Vitamin A 500–3000 IE
Vitamin D 50– 200 IE
Vitamin E 1–3 mg
um nur drei der wichtigsten herauszugreifen. Die Vitaminvorräte im Brutei haben einen maßgeblichen Einfluß auf die Embryonalentwicklung, die Lebensfreudigkeit und das Wachstum der Küken. Sicherlich wird in den meisten Fällen ein entsprechendes Zuchthennenfutter verabreicht; dennoch ist der Vitaminbedarf eine variable Größe, die von verschiedenen Einflüssen bestimmt wird. Schon allein durch Streßsituationen kann der Eigenbedarf der Zuchthühner an Vitaminen erhöht sein, so daß weniger Vitamine zur Ablagerung in den Eiern verbleiben. Daher sollten, auch bei ausreichenden Vitamingaben im Futter, in Zeiten höheren Bedarfs zusätzlich Vitamine in Form eines Vitaminstoßes mit dem Trinkwasser verabreicht werden.

10.2.6. *Das Hähne-Hennen-Verhältnis*

Um eine gute Befruchtung der Bruteier zu garantieren, darf weder ein Mangel noch ein Überschuß an Hähnen vorhanden sein. Bei leichten Rassen gilt als Grenze 8–10 Hähne, bei schweren Mastrassen 10–12 Hähne auf 100 Hennen.

10.3. Behandlung der Bruteier auf der Farm

Das Sammeln und Aufbewahren von Bruteiern unterliegt Gesetzen, die genau befolgt werden müssen. Die Bruteier müssen ein- bis dreimal täglich gesammelt werden. Werden sie nicht oft genug gesammelt, so werden, wenn keine Abrollnester in Verwendung stehen, die früher gelegten Eier durch die Hennen während des Legevorganges immer wieder angewärmt, wodurch die Keime nicht zur Ruhe kommen, sondern zur Weiterentwicklung immer wieder angeregt werden. Der Schlupf solcher unterschiedlich angebrüteter Eier ist dementsprechend ungleichmäßig. Nach dem Legen soll das Ei, welches zu diesem

Zeitpunkt eine Temperatur von 41° C hat, in ca. 6 Stunden auf 27° C abkühlen. Bei dieser Temperatur bleibt die Entwicklung des Embryos stehen.
Das besagt, daß die Bruteier nach dem Sammeln so bald wie möglich in eine Umgebung gebracht werden sollen, bei der 21–27° C herrschen. Das kann am besten so bewerkstelligt werden, daß man im Vorraum des Stalles einen kleinen, für die täglich anfallende Eimenge ausreichenden Raum baut oder einen Begasungsschrank aufstellt, in dem die Eier lagern und auch täglich begast werden können. Von dort werden sie dann erst in den eigentlichen Eierlagerraum gebracht.

10.3.1. *Begasung auf der Farm*

Das Begasen der Eier mit Formaldehyd, noch bevor sie vom Stall weggebracht werden, reduziert die Anzahl der Bakterien, die sich auf den Schalen, den Höckern und dem Transportgerät befinden.
Diese Begasung findet in einem kleinen Begasungsraum oder Begasungs-

Abb. 174. Eier-Begasungsschrank (Foto Lohmann, Cuxhaven).

schrank statt, der auf ca. 25–27° C erwärmt werden kann und eine Umluft- bzw. Abluftventilation besitzt. Die Formalinbegasung erfolgt nach den gleichen Richtlinien wie in der Brüterei (10.7.1.).
Pro Kubikmeter Rauminhalt werden 35 ml 40%iges Formalin, 35 ml Wasser und 17,5 g Kaliumpermanganat in einer entsprechend großen Porzellanschale zur Verdampfung gebracht.

10.4. Transport der Bruteier

Der Transport der Bruteier hat im allgemeinen keinen nachteiligen Einfluß auf die embryonale Entwicklung der Küken, vorausgesetzt, daß dieser Transport ordnungsgemäß und ohne zu starke Erschütterung vor sich geht. Durch einen unsachgemäßen Transport können viele Knickeier, wanderndes Eigelb, wandernde Luftblasen und abgerissene Hagelschnüre entstehen. Solche Eier sind natürlich bruduntauglich.
Ein Transport im Winter kann bei Frostwetter zu unterkühlten Eiern führen. Ohne äußerlich sichtbare Schäden können dabei die Keimlinge durch die Kälte derart gelitten haben, daß sie sich nicht mehr richtig entwickeln können und am 1. oder 2. Bebrütungstag absterben.

10.5. Behandlung der Eier in der Brüterei

Bevor die Bruteier in der Brüterei gelagert werden, werden sie in den meisten Fällen sortiert und wenn notwendig gereinigt.

10.5.1. *Sortieren und Reinigen der Bruteier*

Bei der Aussortierung für Bruteier wird die Größe, Schalenqualität und Eiform berücksichtigt, wobei bei Bruteier für Legehennen höhere Ansprüche gestellt werden als für Masttiere.
Untauglich für die Brut sind:
schmutzige Eier
gesprungene Eier
Eier mit dünnen Schalen
Eier mit unförmigen und rauhen Schalen
deformierte Eier
Eier mit abnormaler innerer Qualität, losen oder fluktuierenden Luftkammern, zu großen Luftkammern.

Was das Gewicht des Bruteies anbelangt, so hat es sich gezeigt, daß die Eier mittleren Gewichtes am besten schlüpfen und die vitalsten Küken erbringen. Man verwendet daher Eier für leichte Legetiere zwischen 51 und 62 g und für schwere Mastrassen zwischen 54 und 65 g.
Eier, die nicht zu schmutzig sind, können trocken mit feinem Glaspapier oder Glaswolle gereinigt werden. Das Waschen von Bruteiern ist keineswegs günstig, weil dadurch immer wieder das Eindringen von Bakterien in das Eiinnere erleichtert wird.

10.5.2. *Waschen der Bruteier*

Das Waschen der Bruteier kann nur dort empfohlen werden, wo es korrekt und unter strengsten hygienischen Voraussetzungen durchgeführt werden kann, ansonsten verursacht das Waschen von Bruteiern mehr Schaden als Nutzen.
Die hygienischen Voraussetzungen zum Bruteiwaschen sind:
- Trennung von Bodeneier und Nesteier, Nesteier zuerst waschen
- Temperatur im Waschraum 21–27° C
- Waschwasser mit Chlorzusatz 60 ppm, nicht höher als 75 ppm Überprüfung mit einem Chlortestgerät; nur eisenfreies Trinkwasser verwenden
- Temperatur des Waschwassers 43–49° C
- Waschzeit maximal 3 Minuten
- Nach dem Waschen spülen mit Waschwassertemperatur
- Bei der Spülung Chlorzusatz *oder* quartäre Ammoniumbasen verwenden. Quartäre Ammoniumbasen bis zu 120 ppm und nicht mehr als 150 ppm
- Chlor und Quats niemals in *einer* Spülung mischen
- Alle 1–1½ Stunden Waschwasser wechseln
- Raumtemperatur des Waschraumes ca. 20–24° C
- Die Eier müssen vollkommen trocken sein, bevor sie gelagert oder bebrütet werden.

10.6. Aufbewahren der Bruteier

Die Aufbewahrung der Bruteier soll in einem dafür eigens eingerichteten Raum erfolgen. Dieser Eieraufbewahrungsraum hat zwei getrennte Abteilungen, einen Raum für die Reinigung und Sortierung sowie für das Aufbewahren von Verpackungsmaterial, den zweiten für die eigentliche Lagerung der Bruteier. Der Eieraufbewahrungsraum muß gut verschließbar und isoliert sowie mit einem Beheizungs- und Kühlsystem ausgestattet sein. Die Größe richtet sich

nach der Brutkapazität, wobei man pro Quadratmeter Bodenfläche 21 Eierkartons zu je 360 Eiern oder 7560 Eier Lagermöglichkeit zugrunde legt und auf bequeme Arbeitsgänge nicht vergessen darf. Die Eierkartons werden nicht direkt auf den Boden, sondern auf hölzerne Plateaus gestellt.
Die idealen Verhältnisse für die Aufbewahrung von Bruteier sind Temperaturen von 14 bis 16° C und eine relative Luftfeuchtigkeit von 70 bis 80%. Solange die Luft im Aufbewahrungsraum genügend mit Wasserdampf gesättigt ist, werden die Eier nicht austrocknen und die Luftkammer im Ei wird sich nicht über die zulässige Grenze vergrößern. Ist das Ei von zu trockener Luft umgeben, so wird die Feuchtigkeit aus dem Ei beschleunigt verdunsten und die Luftkammer wird sich rasch vergrößern. Dieser Umstand kommt einer frühzeitigen Alterung des Bruteies mit all seinen nachteiligen Folgen gleich. Bei zu trockener Luft schafft Aufstellen von wassergefüllten Gefäßen Abhilfe.
Auch eine geringe Ventilation ist im Bruteiaufbewahrungsraum notwendig, nicht so sehr wegen des Sauerstoffbedarfes der Keime, sondern vielmehr, um die Kohlendioxid-Ausscheidung der Frischeier abzuführen. Ein frisch gelegtes Ei gibt während der ersten 24 Stunden etwa 7 ml Kohlendioxid ab, somit produzieren 1000 Frischeier in einem Tag 7 Liter CO_2.

Abb. 175.
Hygienischer Eieraufbewahrungsraum.

Aufbewahrt in einem Raum von einem Kubikmeter würde dies eine Zunahme des CO_2-Gehaltes der Umgebungsluft um 0,7% bedeuten. Dieser Gehalt kann aber für Bruteier bereits schädigende Folgen haben. In der Regel genügt für eine ausreichende Ventilation das zeitweise Öffnen von Türen und Fenstern. Durch diese Belüftung von außen kann jedoch einmal wärmere Luft und ein anderes Mal kühlere Luft zugeführt werden.
Trifft einströmende Warmluft auf kühle Eier, so schlägt sich die Luftfeuchtigkeit in Form von Kondenswasser auf den Eiern nieder. Dieses sogenannte „Schwitzen" beobachtet man in gleicher Weise, wenn die Eier aus einem kalten in einen warmen Raum gebracht werden. Die Bildung von Kondenswasser auf den Eiern muß jedoch vermieden werden, weil dadurch eine Schwellung der Eihaut eintreten kann, Feuchtigkeit durch die Poren der Eischale hindurchgelangt und das Eindringen von schädlichen Mikroorganismen erleichtert wird. Weiters hat die Dauer der Aufbewahrung einen nachteiligen Einfluß auf das Schlupfergebnis. So konnte festgestellt werden, daß die Schlupffähigkeit der Bruteier mit steigendem Alter nachläßt.
So werden die Schlupfprozente nach 4–6 Tagen um 1–2% sinken, danach noch einmal um 1–2% pro Tag, abhängig von der Rasse, vom Alter der Zuchtherde und dem Lagerraum.
Es gibt noch verschiedene andere Möglichkeiten, die Schlupffähigkeit von Bruteiern auch über einen längeren Zeitraum zu erhalten:
Z. B. kann man die Eier in Kartons luftdicht verpacken und mit der Spitze nach oben lagern. Dies lohnt sich schon bei Lagerzeiten von mehr als 5 bis 6 Tagen. Der Gewichtsverlust durch Verdunstung ist in 7 Tagen 0,6 g, in 14 Tagen 0,8 g, in 21 Tagen 1,5 g.

Abb. 176. Eiersortierraum. Die offene Tür rechts führt in die Desinfektionskammer.

Tabelle 41: Die besten Bedingungen für die Bruteilagerung

	4 Tage	7 Tage	14 Tage	21 Tage
Temperatur	17–18°	16–17°	13–16°	12–13°
Rel. Luftfeuchtigkeit	80%	85%	85%	85%
Verp. im Karton	nein	ja	ja	ja
Spitzes Eiende oben	nein	ja	ja	ja
Plastikbeutel	nein	nein	ja	ja
Begasung mit Stickstoff	nein	nein	nein	ja

10.7. Desinfektion der Bruteier

Da die Gefahr einer Kontamination der Bruteier mit Mikroorganismen bereits unmittelbar nach dem Legen besteht, ergibt sich die Notwendigkeit, die täglich gelegten und gesammelten Eier schon auf der Farm selbst einer ersten Desinfektion zu unterziehen. Dazu wäre es jedoch erforderlich, daß jeder Bruteilieferbetrieb mit einer eigenen Desinfektionskammer ausgestattet ist.

Abb. 177.
Desinfektionskammer. Nach erfolgter Desinfektion werden die Bruteier in den Vorbrutraum gebracht.

Abb. 178.
Formalinverdampfer.

10.7.1. *Formalinbegasung vor der Brut*

Ansonsten ist aber auf alle Fälle die Desinfektion der Bruteier sofort nach dem Eintreffen in der Brüterei durchzuführen. Erst nach der Desinfektion werden die bereits sortierten Eier in den Eierlagerraum gebracht.
Die Desinfektion der Bruteier erfolgt am besten und sichersten in eigens dafür eingerichteten Begasungskammern mit Formalin. Für eine Formalinbegasung verwendet man pro Kubikmeter Rauminhalt 35 ml 40prozentiges Formalin, 35 ml Wasser und 17,5 g Kaliumpermanganat. Diese Chemikalien bringt man in einer entsprechend großen Porzellanschale zur Verdampfung. Die Raumtemperatur soll dabei ca. 25° C und die Luftfeuchtigkeit ca. 75% betragen.
Die Formalindämpfe sollen mindestens eine halbe Stunde einwirken und nachher abventiliert werden.
Ist in kleineren Brütereien kein Begasungsraum vorhanden, können die Eier etwa 1–2 Stunden nach der Einlage in den Vorbrüter 20–30 Minuten lang mit Formalindämpfen begast werden. Während dieser Zeit unterbleibt die Frischluftzufuhr, lediglich die Luftumwälzung bleibt in Betrieb. *Wenige Tage bebrütete* Eier dürfen *nicht* begast werden, da die Gefahr einer schädigenden Einwirkung auf die Embryonen gegeben ist.

10.7.2. *Begasung während der Brut*

Eine erneute Begasung mit Formalin nach der Umlage in den Schlupfbrüter oder während des Schlupfes ist nur dann notwendig, wenn eine Brutinfektion vorliegt oder zu befürchten ist. Der richtige Zeitpunkt des Begasens schlüpfender Küken im Schlupfbrüter ist dann eingetreten, wenn ca. ein Drittel der Tiere geschlüpft ist und die Küken noch feucht sind. In diesem Falle werden pro Kubikmeter Rauminhalt 17 ml Formalin 40prozentig mit gleichen Teilen Wasser verdünnt und 8 g Kaliumpermanganat dazugegeben. Die entsprechenden Dämpfe läßt man höchstens 20 Minuten einwirken, wobei das Verhalten der Tiere zu beobachten ist, denn durch zu lange Einwirkung der Formalindämpfe kann es gelegentlich zu Atembeschwerden und Augenentzündungen kommen.

10.8. Technik der Kunstbrut

Für eine erfolgreiche Brut ist eine Reihe von Faktoren von besonderer Bedeutung:
Temperatur, Feuchtigkeit, Ventilation und Wenden der Eier.

10.8.1. *Bruttemperaturen*

Die Körpertemperatur der brütenden Henne bewegt sich zwischen 39° und 41° C. Im Vergleich dazu haben die Eier bei der Naturbrut während der ersten Wochen eine Temperatur von 37,8° C, diese steigt in der zweiten Woche auf 38,5° C und erreicht in der dritten Woche 39–39,5° Celsius. Bei der Naturbrut kann es zu keiner Übertemperatur kommen, wohl aber zu einer Untertemperatur, falls die pflichtvergessene Henne ihr Nest öfter und für längere Zeit verläßt.
Bei der Kunstbrut können sowohl Übertemperaturen als auch Unterkühlungen eintreten. Da die modernen Brutanlagen jedoch sehr zuverlässig arbeiten und außerdem mit Alarmeinrichtungen versehen sind, wird man kaum Schwierigkeiten durch Über- oder Untertemperatur bekommen. Übertemperaturen wirken sich bis zum 10. Bebrütungstag wachstumsfördernd, zu niedrige Temperaturen wachstumshemmend auf die Keimlinge aus. Nach dem 10. Tag wird sowohl durch Über- als auch durch Untertemperatur das Wachstum der Embryonen gehemmt. Falsche Temperaturen verändern nicht nur den Zeitpunkt des Schlupfes, sondern auch die Qualität der Küken.
Auch kurzzeitige Störungen der Bruttemperatur wirken sich schädigend auf die Embryonen aus. Dabei ist das Alter der Embryonen zum Zeitpunkt der Einwirkung fehlerhafter Temperaturen von ausschlaggebender Bedeutung. So beobachtet man, daß Überhitzung in der ersten Bruthälfte viel schwerwiegendere Folgen hat als in der zweiten, während im Gegensatz dazu Unterkühlung nur gegen Ende der Brut Ausfallserscheinungen hervorruft.

Überhitzungen in der ersten Brutwoche bringen Embryonen zum Absterben, wobei die Bildung von roten Blutringen charakteristisch ist. In der zweiten Bruthälfte führen lediglich lang anhaltende Übertemperaturen zu Schäden durch vorzeitiges Anpicken der Eier, verfrühten Schlupf und höhere Anzahl abgestorbener Embryonen. Die geschlüpften Küken sind sehr klein, haben verklebten Flaum, der Dottersack ist oft nicht richtig eingezogen und mit Blut gefüllt.

Eine etwaige Untertemperatur in der ersten Bebrütungshälfte bewirkt meist nur eine Verzögerung des Schlupfes. Viel kritischer sind Untertemperaturen in der zweiten Halfte der Brut. Embryonen, die im zweiten Brutabschnitt einer Unterkühlung ausgesetzt waren, sterben zwar nicht ab, doch sind sie meist so schwach, daß sie beim Schlupf die Eischale nicht durchbrechen können und steckenbleiben. Geschlüpfte Küken sind schwach, sie stehen schlecht auf den Beinen, haben einen großen wäßrigen Bauch und zeigen meist Durchfälle.

Ein weiterer Temperaturfehler, der zwar nur in älteren Brutapparat-Typen anzutreffen ist, ist eine ungleichmäßige Wärmeverteilung. Diese führt zu einem in die Länge gezogenen Schlupf. Die Folge davon ist, daß die zuerst geschlüpften Küken zu lange im Brutschrank bleiben müssen und dadurch zuviel Wasser verlieren und austrocknen. Diese Tiere werden schwach, fallen ein und haben einen Dottersack mit hartem, eingedicktem Inhalt. Diese Beeinträchtigung der Küken führt zu minderer Qualität. Die Ausfälle an Küken in der ersten Lebenswoche übersteigen die normale Quote, den überlebenden Küken sieht man die Belastung noch 2 bis 3 Wochen an. Der Wasserverlust von Küken, die zu lange im Brutapparat bleiben, ist keineswegs unbedeutend. Nach eigenen Untersuchungen konnten z. B. folgende Werte bei Eintagsküken einer schweren Masthybridrasse gefunden werden:

Tabelle 42: Gewichtsverlust bei Küken

	Gewicht in Gramm			Gewichtsverlust in 24 Stunden	
	Schlupf-gewicht	nach 12 Std.	nach 24 Std.	in Gramm	in Prozent
1.	47,0	44,5	42,5	4,5	9,5
2.	48,5	46,8	44,7	3,8	7,8
3.	47,2	43,5	42,6	4,6	9,9
4.	48,6	46,7	43,8	4,8	9,9
5.	44,8	44,0	41,3	3,5	7,8

Abb. 179. Vorbrutraum.

Abb. 180. Brutraum vollklimatisiert mit filtrierter Überdruckbelüftung (Brüterei Schropper, Aue, Schottwien).

10.8.2. *Feuchtigkeit im Brutschrank*

Ein überaus wichtiger Faktor ist die relative Luftfeuchtigkeit im Brutschrank. Für die normale Entwicklung des Embryos ist es notwendig, daß die Luftkammer gleichzeitig mit dem Embryo mitwächst und am Ende der Brutzeit eine Höhe von 8–10 mm hat. Die Vergrößerung der Luftkammer kommt nur durch den Wasserverlust des Eies zustande. Die Atmung des Embryos steht in enger Verbindung mit der Vergrößerung der Luftkammer, insbesondere während der letzten Tage vor dem Anpicken. Daher muß die Luftfeuchtigkeit in den Brut-

Abb. 181.
Schlupfbrüter mit Luftdefensor, Ventilation und Temperierschlange.

maschinen so liegen, daß das Ei weder zuviel noch zuwenig Wasser verliert. Eine relative Luftfeuchtigkeit von 50 bis 60% im Vorbrüter ist gerade das Richtige. Während des Schlupfes soll dann die Feuchtigkeit im Schlupfbrüter 80 bis 90% betragen, damit die Eintrocknung und Verhärtung der Eihäute vermieden und den Küken dadurch das Schlüpfen erleichtert wird.

Tabelle 43: Zusammenhang zwischen Schlupf und Luftfeuchtigkeit im Vorbrüter

Relative Luftfeuchtigkeit in %	von den befruchteten Eiern geschlüpfte Küken in %
20–25	88
50–55	97
60–65	79
70–75	65

Bei zu trockenem Brüten schlüpfen kleine, wasserarme Küken mit eingedicktem, schwer verdaubarem Dotterrest. Bei zu feuchtem Brüten sind die Küken abnormal groß, schwammig und haben oft einen aufgetriebenen Bauch.

Abb. 182.
Wenden der Bruteier im Vorbrüter (Brüterei Schropper, Aue, Schottwien).

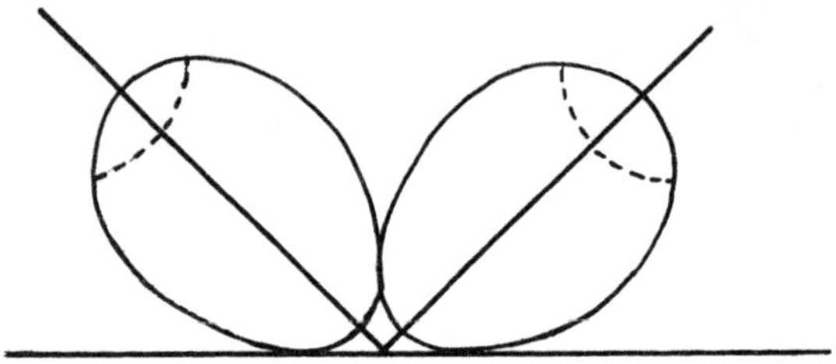

Abb. 183.
Wendewinkel der Bruteier im Brutapparat.

10.8.3. *Ventilation im Brutraum und Brutschrank*

Wenig bekannt ist, daß der Schlupf auch dann reduziert wird, wenn der Kohlendioxid-Gehalt im Brutapparat bestimmte Grenzen übersteigt.
Für richtige Ventilation sorgen aber bereits die Brutapparatehersteller und geben für die von ihnen erzeugten Fabrikate Bedienungsanleitungen bekannt.

10.8.4. *Die Lage und das Wenden der Bruteier während der Brut*

Die Lage der Eier auf den Eierhorden der Brutmaschinen muß so gewählt werden, daß das stumpfe Ende des Eies am höchsten liegt, so wie dies bei der natürlichen Lagerung im Nest der Fall ist. Bei der Entwicklung des Embryos geht der Kopf immer zum höchsten Punkt im Ei und erreicht zum richtigen Zeitpunkt vor dem Schlupf die Luftblase.
Ändert man die natürliche Lage des Eies und bringt das spitze Ende des Eies nach oben, so folgt der Kopf dorthin. Die Folge davon ist, daß das Küken

Abb. 184. Geschlechtssortieren (Sexen) von Eintagsküken (Foto Lohmann, Cuxhaven).

zur Zeit des Schlupfes sich nicht mehr von der Schale befreien kann und abstirbt. Daher werden die Eier beim Brüten schräg auf die Spitze gestellt.
Über die Notwendigkeit des regelmäßigen Wendens der Bruteier während der Brut gibt es keinen Zweifel; denn die Beobachtung der Bruthenne bei der natürlichen Brut erbrachte das geeignete Vorbild.
Da jedoch alle modernen Brutapparate mit automatischen Wendevorrichtungen ausgestattet sind, wird es kaum zu Ausfallerscheinungen durch falsche Wendetechnik kommen, die sich in der Regel nur in der ersten Bruthälfte durch Ankleben und Absterben der Keime äußern.

10.9. Brutfehler und ihre Ursachen

Ausfallserscheinungen	Mögliche Ursachen
Viele unbefruchtete Eier – ohne Blutringe – keine Embryonalentwicklung	Mangelhafte Befruchtung der Eier durch: Unfruchtbare Hähne oft infolge Unterernährung oder Verfettung Verfettete Hennen in der Regel nur bei Mastrassen infolge unbeschränkter Futteraufnahme Zu viele oder zu wenig Hähne Zu alte oder zu junge Hähne Jahreszeitlicher Fruchtbarkeitsrückgang in Spätsommer und Herbst Erfrierungen an Kamm und Kehllappen Beschädigung der Eier durch Frost Bruteier zu lange oder ungünstig gelagert (Bruteier sollen nicht älter als 7–10 Tage sein)
Viele abgestorbene Embryonen – Eier oft klar, bei Durchleuchtung jedoch Blutringe erkennbar	Zu stark unterkühlte oder in zu hoher Temperatur aufbewahrte Eier Ungeeignete Bruttemperatur Sauerstoffmangel durch mangelhafte Ventilation Falsche Formalin-Begasung im Vorbrüter, Eier in frühem Brutstadium begast Zu seltenes Wenden der Eier Erblich bedingte schlechte Brutfähigkeit
Absterben der Embryonen in späteren Brutstadien	Außer den im vorigen Abschnitt angeführten Ursachen (Temperatur, Sauerstoffmangel, Wenden) kommen noch in Betracht: Zuchtherde in schlechtem Gesundheitszustand (vor allem Mykoplasmose und infektiöse Bronchitis) Unsaubere Gewinnung der Bruteier

Ausfallserscheinungen	Mögliche Ursachen
Steckenbleiben der Küken beim Schlupf	Zu niedrige Luftfeuchtigkeit im Schlupfbrüter (richtig sind 80–90%) Mangelhafte Belüftung oder zu starke Formalin-Begasung während des Schlupfes Krankheiten in der Zuchtherde zur Zeit der Bruteientnahme (Bronchitis, Mykoplasmose, C.R.D.)
Feuchte, klebrige Küken	Zu niedrige Bruttemperatur Zu hohe Luftfeuchtigkeit
Trockene, verklebte Küken	Zu niedrige Feuchtigkeit während des Schlupfes
Küken schlüpfen zu früh und zeigen blutigen Nabel	Zu hohe Bruttemperatur
Zu kleine Küken	Kleine Eier Zu trocken gebrütet Zu hohe Bruttemperatur
Große, aufgeschwemmte Küken, verendete Tiere übelriechend	Zu niedrige Bruttemperatur Schlechte Belüftung Infizierte Eier, Entzündung des Nabels, Brutschrankinfektion
In die Länge gezogener Schlupf	Gleichzeitige Erbrütung von frisch gelegten und alten Eiern Temperaturunterschied innerhalb des Brutapparates
Mißbildung der Küken und Embryonen	Erbfehler Brutfehler Wirkstoffmangel im Futter der Zuchttiere

11. Das Ei als Lebensmittel

Tabelle 44: Das Ei im Vergleich

Nährwert	Eiweiß g	Fett g	Kohlehydrate g	Cholesterin mg	Energie	
					kJ	kcal
Hühnerei/100 g	11	10	1	410	615	147
1 Ei (ca. 57 g)	7	6	+	270	350	84
Vollmilch/100 g	3,5	3,5	5	12	275	66
Schweinefleisch/100g	22,5	26,2	–	90	1445	345

Das Ei war schon immer eines der wichtigsten Nahrungsmittel tierischer Herkunft. Ei ist Eiweiß, und ohne Eiweiß gibt es kein Leben. Das Ei ist nährstoffreich, sehr leicht verdaulich, hat eine physiologisch abgestimmte Zusammensetzung der einzelnen Nahrungsstoffe und besitzt die für die menschliche Ernährung wichtigen Aminosäuren, Vitamine, Mineralstoffe und Spurenelemente.

Ein Ei deckt den täglichen Bedarf eines durchschnittlich Erwachsenen:
- ca. 10% des Eiweißbedarfes
- ca. 9% des Fettbedarfes
- ca. 4% der Energiebedarfmenge
- ca. 15% des Phosphorbedarfes
- ca. 10% des Eisenbedarfes

Das Energie- und Eiweißverhältnis ist ausgesprochen günstig. Eier gehören zu den cholesterinreichen Lebensmitteln, ebenso wie Butter und Schweinefleisch. Cholesterin ist ein wichtiger Ausgangsstoff für Gallensäure, Vitamin D, Sexualhormone und Hormone der Nebenniere. Wenn es sich an der Innenseite unserer Arterien ablagert, führt das zur Arteriosklerose. 10 Gramm Cholesterin produziert unser Körper jeden Tag, aber weniger als ein Zehntel davon stammt aus der Nahrung (ein Ei enthält ca. 280 mg).

Neuere Forscher lassen vermuten: Cholesterin ist nur ein Symptom der Arteriosklerose. Die wirklichen Ursachen sind Übergewicht und Sauerstoffarmut im Kreislauf durch Rauchen und Bewegungsmangel. Vor diesem Hintergrund ist es völlig unbedenklich, ein Ei täglich und zusätzlich pro Woche noch eine Eierspeise zu verzehren.

11.1. Die Qualitätsnormen für Hühnereier

Seit 1970 bestehen in Österreich Qualitätsnormen für Hühnereier, die durch eine Qualitätsklassenverordnung, enthalten in den Bundesgesetzblättern Nr.

303-1970, Abänderung BGBl. Nr. 37/1973 und BGBl. Nr. 589/1978, festgelegt sind. Diese Bestimmungen der Eierqualitätsklassenverordnung gelten für Hühnereier in Schale, die im frischen oder ohne Zusätze von Konservantien haltbar gemachten Zustand zum unmittelbaren Verbrauch oder zur Verwertung in Verarbeitungsbetrieben bestimmt sind.

Als Qualitätsklassen werden ausgewiesen und im Gesetzestext festgehalten:
„Klasse Extra"
„Klasse I" – „vollfrische Eier"
„Klasse II" – „frische Eier"
„Klasse III" – „Kocheier"
„Klasse Industrieeier"

Außer der Klasse „Industrieeier" müssen die Eier nach Gewicht sortiert sein:
„1": Eier mit einem Gewicht von 70 g und darüber
„2": Eier mit einem Gewicht von 70 g bis 65 g
„3": Eier mit einem Gewicht von 65 g bis 60 g
„4": Eier mit einem Gewicht von 60 g bis 55 g
„5": Eier mit einem Gewicht von 55 g bis 50 g
„6": Eier mit einem Gewicht von 50 g bis 45 g
„7": Eier mit einem Gewicht unter 45 g

11.1.1. *Eigröße*

Die Eigröße ist in erster Linie erblich bedingt, doch stimmt eine Reihe von Umweltfaktoren darauf Einfluß:
- *Schlupfmonat der Tiere.* Bei Frühbrutküken mit Schlupfmonat November, Dezember und Jänner liegt das Eigewicht niedriger. Entsprechendes Beleuchtungsprogramm kann ausgleichen.
- *Alter der Tiere bei Legebeginn.* Frühreife Tiere, die mit 20 Wochen bereits zu legen beginnen, legen weitaus mehr kleine Eier als gleiche Tiere, die erst mit 23 legereif sind. Lichtprogramm!
- *Futterqualität.* Zu niedriger Eiweiß- und Kaloriengehalt sowie zu niedrige Calcium- und Vitamin-D_3-Versorgung verringern das Eigewicht.
- *Trinkwasser.* Großen Einfluß hat die Trinkwasserversorgung. Zuwenig oder nicht einwandfreies Trinkwasser führt unweigerlich infolge Wassermangels zu kleinen Eiern, im Extremfall zum Leistungsrückgang bis zum Aufhören des Legens.
- *Stalltemperatur.* Hohe Temperaturen über 25° C bedeuten erheblichen Streß für die Legehennen, die Eier werden kleiner, die Legeleistung sinkt.

11.1.2. *Eischale*

Die Eischale ist die natürliche Verpackung des Eies. Da die Zahl der Brucheier im hohen Maße die Rentabilität der Legehaltung belasten kann, ist auf die Eischalenqualität größtes Augenmerk zu legen. Faktoren, die die Eischale beeinträchtigen, sind:

- *Haltung und Fütterung.* Richtige Versorgung mit Calcium, Phosphor, Vitamin D_3 und Natrium. Austernschalen oder Muschelgrit zur freien Aufnahme bei Bodenhaltung.
- *Stalltemperatur.* Während der Sommermonate vermindern hohe Stalltemperaturen den Kalkspiegel im Blut. Vitamin-C-Präparate wirken sich dabei günstig aus.
- *Alter der Tiere.* Je älter die Tiere werden, desto dünner werden die Eischalen. Haltungsdauer daher 12–14 Monate oder rechtzeitig eine Ruhe- und Erholungspause durch bewußt eingeleitete Mauser herbeiführen.
- *Überstürzter Legebeginn.* Am Anfang der Legeleistung können öfters vermehrt schalenlose, sogenannte Windeier auftreten.
- *Erschrecken der Tiere.* Plötzliches Erschrecken der Tiere führt zu verfrühtem Legen noch nicht voll ausgebildeter Eier.
- *Stalleinrichtung.* Lichtsprung-, Knick- und Brucheier können auch infolge schlechter Stalleinrichtungen (Bodengitter bei Käfigen), zu geringer Nestanzahl, schlechter Nestform oder ungeeigneter Nesteinstreu verursacht werden. Eierfressen kann als Folge eintreten.
- *Krankheiten.* Entzündliche Veränderungen des Eileiters verursachen deformierte, poröse, rauhschalige Eier, wie sie im Verlauf von Kloaken- und Eileiterentzündungen hervorgerufen werden. Virale Krankheiten, die zu schlechter Eischale führen, sind: Infektiöse Bronchitis, Geflügelpest, NCD, Adenovireninfektionen wie Celovirus- und vor allem Egg-Drop-Syndrom.
- *Schmutzeier.* Bei schmutzigen Eiern hat in erster Linie der Hühnerhalter oder Betreuer selbst Schuld; denn das Ei wird sauber gelegt. Saubere Nester, öfteres Abnehmen und staubfreie Bodengitter bei Käfighaltung sind Grundforderungen für saubere Eier.

11.1.3. *Eiweißqualität*

Die Eiweißqualität wird nur zu einem geringen Teil von ererbten Anlagen und durch Fütterung und Haltung beeinflußt. Am meisten wird die Eiweißqualität durch die Art der Lagerung verändert.
Alterserscheinungen bestehen keineswegs in Nährstoffeinbußen, sondern vielmehr im Wasserverlust (Vergrößerung der Luftkammer), in Veränderungen der

Abb. 185.
Eiersortierung im Familienbetrieb.

Abb. 186.
Automatische Eiersortierung, Großanlage.

Abb. 187. Eierverpackung im Großbetrieb.

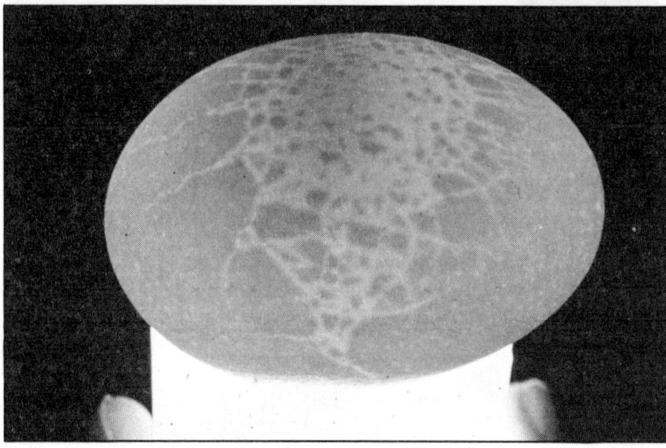

*Abb. 188.
Eischale mit Lichtsprung, bei der Durchleuchtung auszusortieren.*

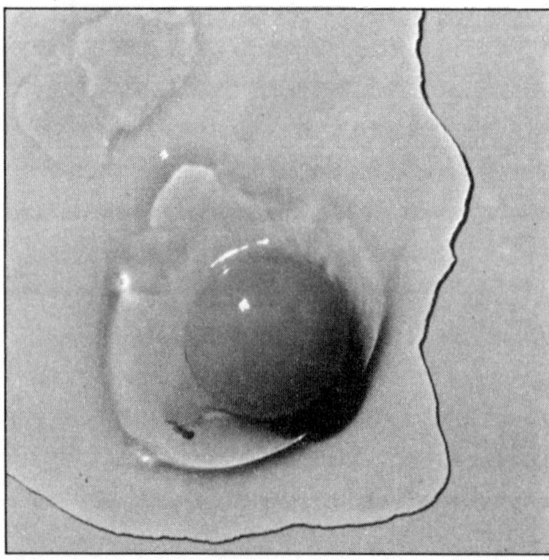

*Abb. 189.
Eiweißqualität eines frischen Eies, Dotter entsprechend hoch, gute Abgrenzung der beiden Eiklarsorten.*

Viskosität und in der Abnahme der Zähigkeit des Eiklares. Die „Alterung" des Eies geht allerdings nicht gleichlaufend mit der Aufbewahrungszeit, sondern ist am meisten abhängig von der Art der Lagerung selbst. Für die Lagerung von Eiern über einen Zeitraum von nicht mehr als 14 Tagen ist eine Temperatur von 12° bis 15° C und eine relative Luftfeuchtigkeit von 70 bis 80% im Lagerraum zu empfehlen.

11.1.4. *Eidotter*

Beim Eidotter unterliegt in erster Linie die Dotterfarbe der stärksten Kritik von seiten der Konsumenten, wenn auch lichte Dotter keinen geringeren Nährwert haben als dunkle.
Die Dotterfarbe wird durch eine Reihe von Carotinoiden, die im Mais und in Grünmehlen vorhanden sind, durch das Futter beeinflußt. Durch Zusatz dieser Carotinoide oder Paprikamehl kann jederzeit die gewünschte Dotterfarbe erreicht werden, wenn durch hohe Legeleistung oder Alter der Hennen die notwendige Menge dieser Farbkomponenten im Mais und Grünmehl nicht mehr ausreicht.
Durch Darmerkrankungen können Resorptionsstörungen der Darmschleimhaut auftreten, die in weiterer Folge zu einer verminderten Aufnahme dieser Farbstoffe führen, so daß auch aus diesem Grunde einmal hellere Dotter entstehen können. Bei Kokzidiose, starker Verwurmung und Darmkatarrhen anderer Genese trifft dies zu.
Unterschiedliche Dotterpigmentierung innerhalb einer Legeherde läßt auf Erkrankungen einzelner Hennen schließen, wobei an Darmkatarrhe und Mykoplasmose zu denken ist.

11.1.5. *Blut- und Fleischflecken*

Kleinste Fleischstückchen im Ei entstehen durch Reizung oder Entzündung der Eileiterschleimhaut. Kleine Zellen- und Gewebeteilchen der Schleimhaut werden abgestoßen und können gelegentlich im Eidotter abgelagert werden.
Das Vorkommen von Blutflecken ist zum großen Teil abhängig von der Jahreszeit und der Haltung und, besonders bei braunen Hennen, ein genetischer Faktor. Auch beim Erschrecken der Tiere kann es zum Zerreißen kleinster Blutgefäße im Legeapparat kommen, wodurch Blut ins Eiinnere gelangt.
Genügend Tränken mit frischem, sauberem Wasser, genügend Vitamin A und Calcium sowie Ruhe im und um den Stall beugen diesem Übel vor.
Eier mit Fleisch- und Blutflecken werden beim Durchleuchten im allgemeinen leicht entdeckt und sind auszusortieren.

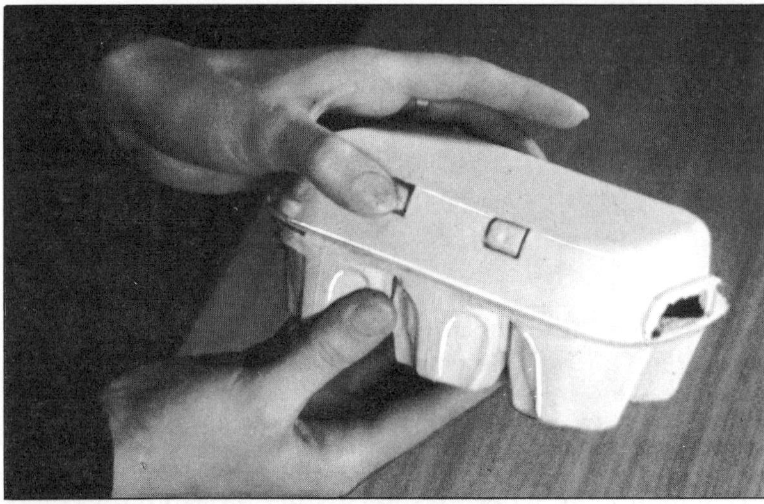

Abb. 190.
Die Verpackung der Eier.

Abb. 191.
Verschiedene Verpackungen von Eiern, Wiener Messe 1986.

11.1.6. *Aroma*

Erstaunlicherweise ist entgegen unserer gefühlsmäßigen Einstellung die Abhängigkeit des Aromas vom Futter äußerst gering. Trotz verschiedener Fütterung schmecken Eier immer gleich. Auch der manchmal festgestellte Fischgeschmack einzelner Eier hat mit dem Anteil eines Fischmehls selten etwas zu tun. Dieser abwegige Geschmack wird vielmehr durch eine bestimmte Eileiterentzündung hervorgerufen. Bei sorgfältiger Durchleuchtung können solche Eier herausgefunden werden, da Dotterkugel und Eiklar in der Regel abgegrenzt sind und ineinanderfließend am Durchleuchtungsbild erscheinen.

- *Alter.* Mit zunehmendem Alter geht der Wohlgeschmack mehr oder weniger verloren.
- *Lagerung.* Der wichtigste Faktor bei der Erhaltung des Aromas ist die Lage-

Abb. 192. Eierangebot im Supermarkt.

rung, vor allem das Bewahren der Eier vor Fremdgeruch und Fremdgeschmack. Die Eier sind wie die Milch gegenüber fremden Gerüchen sehr empfindlich, da sie diese sofort annehmen.

Bereits im Stall muß Vorsorge getroffen werden, daß vor allem die Nesteinstreu von Milben- und Schimmelgeruch frei ist. Kotgeruch wird sofort von den in der Einstreu gelegten Eiern aufgenommen. Im Futterraum aufbewahrte Eier nehmen sehr leicht den Fischmehlgeruch vom Futter her an. Auch mit schmutzigen Händen gesammelte Eier können Fremdgeruch annehmen. Schließlich dürfen Eier in den Verkaufsläden niemals in Nachbarschaft stark riechender Produkte stehen wie Kartoffeln, Kohl, Seife, Zitronen und vieles mehr. Ebenso können Eier auch den Geruch des Verpackungsmaterials annehmen, wenn dieses nicht einwandfrei ist.

12. Die Qualität des Schlachtgeflügels

Der Erfolg bei der Mast hängt entscheidend von der erblichen Qualität der Küken ab; diese wird uns jedoch durch das ausländische Zuchtprodukt vorgegeben und in zweiter Linie von der Hygiene, dem Management und der Fütterung im Mastbetrieb selbst. Alle diese Grundlagen wurden jedoch in den vorangegangenen Kapiteln ausführlich behandelt. So verbleibt noch der Ablauf der Schlachtung und die weitere Bearbeitung der Schlachtware als wesentlicher Faktor für die Qualität des für die Ernährung hochwertigen Lebensmittels Hühnerfleisch.
In den letzten Jahrzehnten haben sich unsere Geflügelschlächtereien beträchtlich vergrößert und modernisiert. In voll mechanisierten Schlächtereien wird durch ein Fließbandsystem der gesamte Bearbeitungsprozeß genau gesteuert und rationalisiert. In solchen gewerblichen Betrieben kann die Schlachtung einwandfrei und kontrolliert durchgeführt werden.

12.1. Der Vorgang der Schlachtung

Die Schlachtung beginnt mit der Entladung des Geflügels im Vorraum. Kombinierte Schlachtgeräte betäuben die Tiere durch elektrischen Schock und töten sie mittels Schlachtzange und elektrischen Schlachtmessers. Am Fließband bluten die Tiere 2 bis 3 Minuten lang aus, bevor sie durch Tauchen in 52° bis 56° C heißes Wasser abgebrüht werden. In der weiteren Folge gelangen die Tiere am Fließband hängend durch einen automatischen Vor- und Fertigrupfer.

Abb. 193. Anlieferung des Schlachtgeflügels (Steirische Geflügelmast Fehring).

Abb. 194.
Die Schlachtung der Tiere (Lavanttaler Geflügelmast).

Abb. 195.
Geschlachtete Tiere am Fließband (Lavanttaler Geflügelmast).

Abb. 196.
Entdärmung der Tiere (Lavanttaler Geflügelmast).

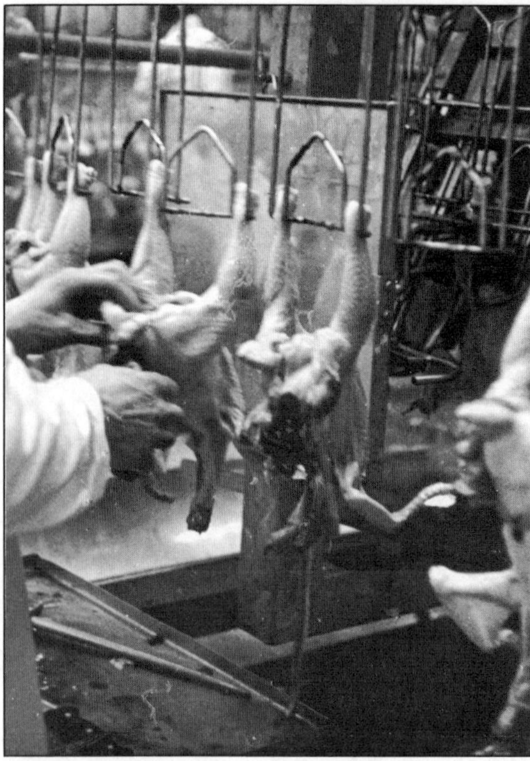

Abb. 197.
Qualitätskontrolle des Schlachtgeflügels am Fließband.

Abb. 198. Angebot inländischen, aber auch ausländischen Schlachtgeflügels im Supermarkt.

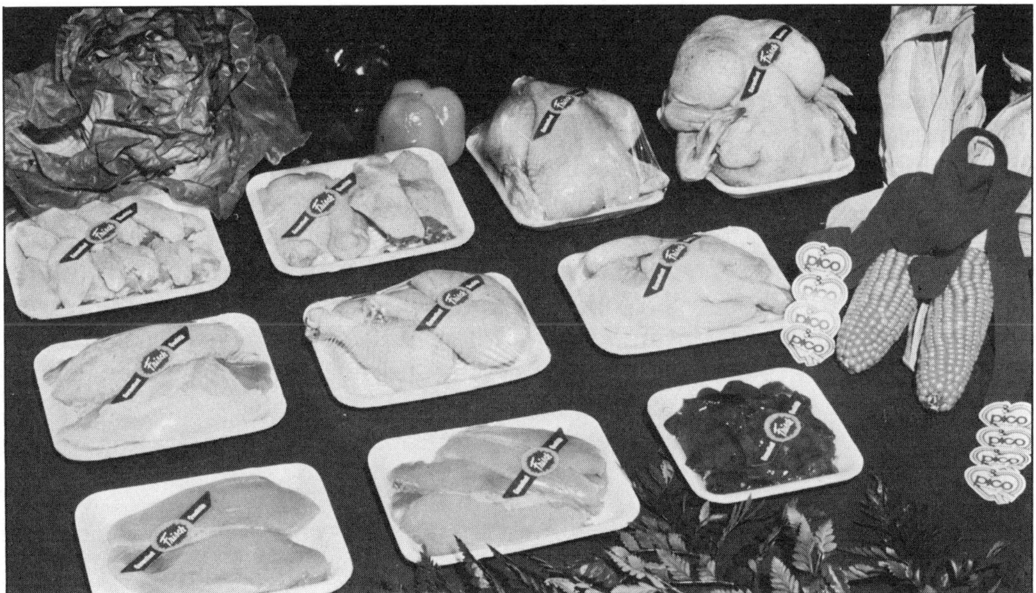

Abb. 199.
Ein Sortiment verschiedener Produkte der Hühnermast, Teile wie Keulen, Hühnerbrust, Hühnerschnitzel, Hühnerleber (Foto Fa. Stanzel, Marchtrenk).

Nach dem Rupfen werden die Tiere über einer Gasflamme abgesengt. Anschließend entdärmt, werden sie als sogenannte „Frischware" marktfähig zugerichtet, dressiert und gewichtsmäßig sortiert.
In zunehmendem Maße wird aber von der Hausfrau heute auch vollständig ausgenommene, sogenannte küchen- und bratfertige Ware verlangt. Diese Tiere müssen ganz aufgeschnitten, sämtliche Innereien entfernt und die genießbaren Teile sauber gereinigt werden. Die Leber ohne Galle, das Herz, der Magen ohne Inhalt und ohne Magenhaut werden in Hüllen gepackt und wieder in den Rumpf geschoben.
Wenn auch heute noch der größere Anteil unseres Marktgeflügels als „Frischware" abgesetzt wird, so wird daneben auch ein gewisser Teil des Jungmastgeflügels tiefgefroren und über Tiefkühlketten vertrieben. Bei ordnungsgemäßer Schlachtung und Verarbeitung kann tiefgefrorenes Geflügel mit frischer Ware durchaus konkurrieren.
In zunehmendem Maße werden auch Hühnerteile wie Keulen und Hühnerschnitzel hergestellt und in tiefgekühltem Zustand verpackt der Hausfrau angeboten; eine Zubereitungsform, die immer mehr Zuspruch von seiten des Konsumenten erfährt.

12.2. Schlachtungshygiene

Die Vollziehung einer im Lebensmittelgesetz BGBl. Nr. 86/1975, im Fleischuntersuchungsgesetz BGBl. Nr. 522/1982 verankerten und durch die Fleischhygieneverordnung BGBl. 280/1983 angewiesenen Hygiene bei der Schlachtung und Fertigung der Verkaufsware ist oberster Grundsatz jedes Schlachtbetriebes und wird durch die Lebensmittelkontrollbehörde regelmäßig überprüft.
Anzuraten wären öftere, regelmäßige Hygieneüberprüfungen der Schlächterei vor und nach entsprechenden Reinigungs-Desinfektionsmaßnahmen auf freiwilliger, privater Basis, um auf gelegentlich auftretende Schwachstellen im Schlacht- und Bearbeitungsablauf frühzeitig aufmerksam zu werden, damit diese rechtzeitig abgestellt werden können.
Entsprechende Vorschläge wurden im Kapitel Salmonellenbekämpfung bereits angegeben.

Abb. 200.
Umweltfreundliche Beseitigung der Schlachtabfälle (Steirische Geflügelmast Fehring).

Literaturhinweise

Spezial-Periodika

Archiv für Geflügelkunde, Verlag Eugen Ulmer, Stuttgart.
Avian Disease, The Amer. Assoc. of Avian Pathologists, Amherst, Mass. U. S. A.
Avian Pathologis, WVPA; Houghton, Huntingdon, Cambs., PE 17 2 DA, U. K.
British Poultry Science, Oliver and Boyd, Edinburgh, U. K.
Deutsche Geflügelwirtschaft und Schweineproduktion, Verlag Eugen Ulmer, Stuttgart.
Feed International, James W. Watt, Publisher, Mount Morris, Illinois, U. S. A.
Österreichische Geflügelwirtschaft, Verlag Algö, 1050 Wien.
Poultry International, Watt Publishing Co., Mount Morris, Illinois, U. S. A.
Poultry, Misset International, Doetinchern – The Netherland.
World Poultry, The farmers publishing group business press internat. LTD. Carew House, Wallington, Surrey, IM6 ODX, England.
World's Poultry Science Journal, WPSA, London, NW4 4XD, U. K.

1. Die Entwicklung vom Wildhuhn zum heutigen Leistungshuhn

2. Zuchtziele – Zuchtgrenzen

Bartsch: Züchtungs- und Vererbungslehre für Geflügelzüchter. Verlag Fritz Pfenningstorf, Stuttgart und Berlin, 1954.
Mehner: Lehrbuch der Geflügelzucht, Verlag Paul Parey, Berlin und Hamburg, 1962.
Steiner/Hübner: Erfolgreiche Hühnerwirtschaft, Verlag Steyrermühl, 1935.
Wegner: Leistungsgrenzen, WPSA-Tagung, DGS 27, 1982.
Scholtyssek: Leistungsgrenzen, WPSA-Tagung, DGS 26, 1982.
Flock: Leistungsgrenzen, WPSA-Tagung, DGS 25, 1982.

3. Die volkswirtschaftliche Bedeutung der Geflügelproduktion

Bundesministerium für Land- und Forstwirtschaft: Ökologie und Ökonomie, Verlag „Förderungsdienst des Bundesministeriums für Land- und Forstwirtschaft", Wien 1982.
ALGÖ: Handbuch der österreichischen Geflügelwirtschaft 1983, Arbeitsgemeinschaft der landwirtschaftlichen Geflügelwirtschaft Österreichs, 1050 Wien.
Henk: Hühnerhaltung heute, Verlag Leopold Stocker, Graz und Stuttgart, 1974.

4. Unbelebte Umwelt und deren Gestaltung

Baldamus-Beeck: Illustriertes Handbuch der Federviehzucht, Verlag Paul Parey, Berlin, 1908.
H. Ebbell: Eier-Erzeugung in Legekäfigen und -batterien, Verlag Eugen Ulmer, Stuttgart, 1967.
B. Haneberg: Neuzeitliche Geflügelwirtschaft, Bayrischer Landesverlag, München–Basel–Wien, 1965.
A. Mehner: Das Buch vom Huhn, Verlag Eugen Ulmer, Stuttgart, 1968.
Krax: Geflügelproduktion, Verlag Paul Parey, Hamburg und Berlin, 1974.
Pingel/Jeroch: Biologische Grundlagen der industriellen Geflügelhaltung, VEB Gustav Fischer Verlag, Jena, 1980.
Schmidt: Moderne Geflügelhaltung, Verlag Eugen Ulmer, Stuttgart, 1970.
Scholtyssek: Handbuch der Geflügelproduktion, Verlag Eugen Ulmer, Stuttgart, 1968.
Scholtyssek/Doll: Nutz- und Ziergeflügel, Verlag Eugen Ulmer, Stuttgart, 1978.
Vogt: Jahrbuch der Geflügelwirtschaft, Verlag Eugen Ulmer, Stuttgart, jährliche Neuauflage.

5. Der Einfluß der belebten Umwelt

W. Bessei: Haltung und Verhalten, WPSA Kongreß in Helsinki, 1984.

D. W. Fölsch: Ethologische Aussagen zur artgerechten Nutztierhaltung, Birckhäuser Verlag, Basel–Boston–Stuttgart, 1982.

N. O. Lindgren: Der Konflikt zwischen technischem Fortschritt und Ethik in der Tierproduktion. National Veterinary Institut Stockholm, Schweden 1976.

H. Ch. Löliger: Die Beurteilung von Haltungssystemen vom Nutzgeflügel aus klinischer Sicht. Tierärztliche Umschau 40, 10/1985, Terra-Verlag Heizmann, Konstanz, 1985.

M. Rist: Grundlagen der artgemäßen Nutztierhaltung und der baulichen Konsequenz bei der Gestaltung von Volierieställen. Vortrag in der Steiermark, 1983.

Albert Schmidt: Die intensive Hühnerhaltung im Lichte des Tierschutzgedankens. Dissertation aus dem Institut für Anatomie und Physiologie der Haustiere der Rheinischen Friedrich-Wilhelms-Universität Bonn, 1969.

N. Voetz: Die Haltung landwirtschaftlicher Nutztiere im nationalen und internationalen Tierschutzrecht. Tierärztliche Umschau 40, 10/1985, Terra-Verlag Heizmann, Konstanz, 1985.

R. M. Wegner: Qualitative und quantitative Untersuchungen zum Verhalten, zur Leistung und zum physiolog.-anatomischen Status von Legehennen in unterschiedlichen Haltungsformen. Abschlußbericht zum Forschungsauftrag 76 B A 54, Celle, 1982.

6. Die Funktion der Ernährung

A. Mehner und W. Hartfield: Handbuch der Geflügelphysiologie, Verlag S. Karger, Basel–München–Paris–London–New York–Tokio–Sydney, 1983.

7. Die Praxis der Fütterung

D. Dresler: Mineralische Elemente in der Tierernährung, Verlag Eugen Ulmer, Stuttgart, 1971.

R. Ewing: Poultry Nutrition, The Ray Ewing Company, Publisher Division of Hoffmann-La-Roche Inc. Pasadena, California, 1963.

B. Gedek: Kompendium der medizinischen Mykologie. Pareys Studientexte Nr. 25, Verlag Paul Parey, Berlin–Hamburg, 1980.

Kling/Wöhlbier: Handelsfuttermittel, Verlag Eugen Ulmer, Stuttgart, 1977.

W. Liebscher: Die Wirkstoffe in der Ernährung der landwirtschaftlichen Nutztiere, Verlag, Carl Gerold's Sohn, Wien 1963.

8. Auseinandersetzen mit Krankheiten

H. Fey: Kompendium der allgemeinen medizinischen Bakteriologie. Pareys Studientexte Nr. 19, Verlag Paul Parey, Berlin Hamburg, 1978.

Schliessen/Strauch: Desinfektion in der Tierhaltung, Fleisch- und Milchwirtschaft, Verlag Ferdinand Enke, Stuttgart, 1981.

Stellmacher/Schulz/Preissler: Desinfektion, Verlag Gustav Fischer, Jena, 1974.

C. Simon und W. Stille: Antibiotika – Therapie in Klinik und Praxis, Verlag F. K. Schattauer, Stuttgart – New York, 1979.

Marian Horzinek: Kompendium der allgemeinen Virologie, Pareys Studientexte Nr. 4, Verlag Paul Parey, Berlin–Hamburg, 1975.

Roland von Fellenberg: Kompendium der allgemeinen Immunologie. Pareys Studientexte Nr. 20, Verlag Paul Parey, Berlin–Hamburg.

K. Petzoldt: Kompendium der veterinärmedizinischen Mikrobiologie, Verlag M. u. H. Shaper, Hannover, 1977.

Mayr-Eißner-Mayr/Bibrack: Handbuch der Schutzimpfungen in der Tiermedizin, Verlag Paul Parey, Berlin–Hamburg.
Roats, Haupt, Hartwigk: Veterinärhygiene, Verlag Paul Parey, 1972.
Herbert Haupt: Medizinisch-bakteriologische Diagnostik, Verlag Ferdinand Enke, Stuttgart, 1964.
M. Rolle und A. Mayr: Mikrobiologie, Infektions- und Seuchenlehre, Verlag Ferdinand Enke, Stuttgart, 1978.
Boch/Supperer: Veterinärmedizinische Parasitologie, Verlag Paul Parey, 1977.

9. Spezifische Krankheiten beim Geflügel

Dorn: Handbuch der Geflügelkrankheiten, Verlag Eugen Ulmer, Stuttgart, 1971.
Fritzsche/Gerriets: Geflügelkrankheiten, Verlag Paul Parey, Berlin–Hamburg, 1962.
Gratzl/Köhler: Spezielle Pathologie und Therapie der Geflügelkrankheiten, Verlag Ferdinand Enke, Stuttgart, 1968.
Hilbrich: Krankheiten des Geflügels, Verlag H. Kuhn KG, Schwenningen a. N., 1978.
Hofstad/Calnek/Helmboldt/Reid/Yoder jr.: Disease of Poultry, 6. Auflage (vormals Biester/Schwarte). The Iowa State University Press, Ames, Iowa. USA, 1978.
O. Siegmann: Kompendium der Geflügelkrankheiten, Verlag M. u. H. Schaper, Hannover, 1983.

10. Hygiene und Krankheitsvorbeuge in der Kunstbrut

Walter Kupsch: Die künstliche Brut, Verlag Fritz Pfenningstorff, Berlin–Stuttgart, 1953.
Erich Künzel: Die Entwicklung des Hähnchens im Ei, Verlag Paul Parey, Berlin–Hamburg, 1962.
Romanoff: The Avian Embryo, Structural and Functional Development, The Macmillan Co., New York, 1960.
Otto Stichnoth: Anleitungen zur Geschlechtsbestimmung der Eintagsküken nach der japanischen Methode, Verlag Fritz Pfenningstorff, Stuttgart–Berlin, 1953.

11. Qualität der Erzeugnisse

Fangauf-Wich-Strecker-Saft: Eierabsatzkunde, Verlag Eugen Ulmer, Stuttgart, 1964.
Dieter Großklaus: Geflügelfleischhygiene, Verlag Paul Parey, Berlin–Hamburg, 1979.
Hans Jürgen Sinell: Einführung in die Lebensmittelhygiene, Pareys Studientexte Nr. 21, Verlag Paul Parey, Berlin–Hamburg, 1985.
W. Tress: Handelsklassen für Schlachtgeflügel, Verlag Eugen Ulmer, Stuttgart, 1966.